新时代乡村振兴战略

理论研究与规划实践

XINSHIDAI XIANGCUN ZHENXING ZHANLÜE

LILUN YANJIU YU GUIHUA SHIJIAN

2021

胡辉伦　许冲勇　主编

·广州·

版权所有　翻印必究

图书在版编目（CIP）数据

新时代乡村振兴战略理论研究与规划实践/胡辉伦，许冲勇主编．—广州：中山大学出版社，2021.6

ISBN978－7－306－07063－0

Ⅰ.①新… Ⅱ.①胡… ②许… Ⅲ.①农村—社会主义建设—研究—中国 Ⅳ.①F320.3

中国版本图书馆CIP数据核字（2020）第228222号

出 版 人：	王天琪
策划编辑：	嵇春霞
责任编辑：	陈　霞
封面设计：	曾　斌
责任校对：	邱紫妍
责任技编：	何雅涛
出版发行：	中山大学出版社
电　　话：	编辑部 020-84110283，84113349，84111997，84110779，84110776
	发行部 020-84111998，84111981，84111160
地　　址：	广州市新港西路135号
邮　　编：	510275　　　传　真：020-84036565
网　　址：	http://www.zsup.com.cn　　E-mail:zdcbs@mail.sysu.edu.cn
印 刷 者：	广州市友盛彩印有限公司
规　　格：	880mm×1230mm　1/16　23.5印张　745千字
版次印次：	2021年6月第1版　2021年10月第2次印刷
定　　价：	128.00元

如发现本书因印装质量影响阅读，请与出版社发行部联系调换

颂建党百年华诞

——颂建党百年华诞——
"双百"汇辉煌城乡现代化

忆往昔
大地万千年气象遁更新,人间归真乡愁魂诗续新。
自然与人类命运共同体,天地人和全球共创未来。

看今朝
绿水青山就是金山银山,高瞻远瞩成就华夏复兴。
乡村振兴读懂山水方略,志在大展宏图耕耘硕果。
解析政策"三农"齐聚思路,美轮美奂描绘沃野千里。

望未来
致富脱贫帮扶竟亮新招,搭台锻造惠农城乡璀璨。
"双百"汇辉煌城乡现代化,敬献此书庆党百年华诞。

编委会单位及成员

主编单位：广州中大城乡规划设计研究院有限公司
　　　　　华南农业大学
　　　　　广州新城建筑设计院有限公司
　　　　　广东两山乡创产业发展有限公司

主　　任：刘胜嘉　吴晓松
副 主 任：何静秋　胡辉丽　汲　涛　闻雪浩
高级顾问：曹小曙　李永洁　袁　媛　杜黎宏
总 编 辑：曾永浩　欧永坚
副总编辑：孙　虎　严　冬　姚丹霓　缪春媛
总 策 划：丁　炜　邓雪丽　王京南　何松涛
主　　编：胡辉伦　许冲勇
执行主编：罗志军　何佑宏　陈经文　胡志杰
副 主 编：张　乐　蔡克光　方中健　游细斌
主　　审：徐江明　梁子茵　伍帼馨
副　　审：邹钰玲　潘仲涵　胡泽浩　徐建华　张　辉
校　　对：赖嘉慧　罗鸿杰　魏远宏　林慧慧
美术设计：许进胜　黄俊恺
编委成员：孙晓峰　张君芳　林金龙　陈建人　陈焯荣　陈李奔
　　　　　程佳佳　黄　华　张学晨　冯启胜　张兆东　刘　泓
　　　　　伊曼璐　李彦鹏　王湘婉　钟肖健　苏永鹏　张义科
　　　　　侯泓旭　汪华清　陈　满　徐文雄　吴克刚　李永泉
　　　　　姜清彬　邹伟勇　郭迎锋　许小妮　蒋鹏飞　王　凌
　　　　　卢树彬　杨牧梦　萧仰清　彭德循　吴瑞丽　胡骥鹫
　　　　　吴　李　朱峰锋　张　达　陈　俨　耿洪霖　方松川
　　　　　彭静萍　邓永雄　赵红霞　肖　鹤　李振华　叶　平
　　　　　王大强　全冠儒　王晓勇　金　进　何宏峰　雷小玲
　　　　　叶　茹　邓钟尉　李庭坤　龙国辉　曾叶靖　黄译榡
　　　　　江泽勇　许　波　吴奕涛　成向群　彭　俊　周　源
　　　　　叶智超　廖秋成　许丹丹　程　屹　袁丽琴　冯　萍
　　　　　黄衍光　李凌波　黄德林　陈　思　张晓生　寒海林
　　　　　邓惠敏　杨霓汶　李开猛　李晓军　徐进勇　李　滔
　　　　　郭文平　陈伊璐　田立涛　胡　峰　邹　楠　朱伟鹏
　　　　　刘　禹　徐帅韬　胡　毅　邹红梅　陈　杨　胡奕斐

陈琼瑶　项国益　杨　超　何明磊　任立媛　蔡　颖
杨惜敏　徐燕波　徐　刚　潘　婷　方胜浩　丁建伟
许进胜　汤黎明　林芮欣　彭程遥　潘　尧　罗宗斌
黄小燕　何伊淇　万氏兄弟

参编单位： 广东省城乡规划设计研究院有限责任公司
广州市城市规划勘测设计研究院
江西海邦规划设计有限公司
广东中达城乡规划设计研究有限公司
中山大学地理科学与规划学院
浙江省大地生态景观科学研究院
广东两山文旅规划设计研究院
广东省建筑设计研究院有限公司
岭南设计集团有限公司
岭南生态文旅股份有限公司
深圳赛纳策划机构
广州山水比德设计股份有限公司
广州市尚景生态景观有限公司
广州筑鼎建筑与规划设计院有限公司
广州亚城规划设计研究院有限公司
广州智景旅游规划设计有限公司
广东新豪斯建筑设计有限公司
悦城（广州）城市规划设计股份有限公司
贵州诚远嵩森营销策划有限公司
中都工程设计有限公司
广东省产城融合规划研究院
广州怡境景观设计有限公司
广东坤银泰铭投资集团有限公司
星河湾集团
郑州新密市超化镇任沟村委员会
万氏兄弟团队设计
上海同昇城市设计有限公司
南派顿悟（深圳）文化传播有限公司
广东智景城市规划设计院有限公司
广州智景文化旅游研究院有限公司
惠州市高潭老区旅游文化发展有限公司
广州智境设计院有限公司
中媒控股（深圳）有限公司
广东智一策划咨询有限公司

内 容 简 介

　　本书由活跃在我国城乡规划与农村研究、农村产业规划与发展研究等领域前沿的专家和学者合力编写，从全球化视野解读了我国乡村振兴战略的理论和实践，全书内容鲜活、生动、具体，具有很强的创新价值，对各地正在全力推进的乡村振兴工作具有很好的指导性、启发性、实用性和可操作性。

　　全书分为上下两编，将乡村振兴战略的最新理论与规划实践熔于一炉。

　　上编为理论研究，全面梳理了国家层面关于实施乡村振兴战略的相关政策文件，并融会贯通地进行了深入解读。在此基础上，围绕"组织振兴、产业振兴、文化振兴、生态振兴、民生振兴"等乡村振兴战略方针，分析探讨了互联网、全域旅游和康养产业对乡村振兴的助力作用。

　　下编精选了国内乡村规划的 12 个经典实例，通过对这些案例的深入研究和解读，突出了乡村振兴中出现的不同痛点、难点，并剖析和总结了其中的破解办法与实施路径，力求为各地的乡村建设形成符合自身实际的思想、方案与决策提供有效的参照，从而提高乡村振兴之效能和影响。

序 一

中国的大规模城镇化是 20 世纪末至 21 世纪初人类社会最重大、最具历史影响力的事件之一。在这一过程中，经历了近代一个多世纪磨难的中华民族终于摆脱了贫困，实现了全面小康，并继续走向不断崛起之路。中华民族伟大复兴的中国梦正在逐步成为现实。但我们也应该看到，在快速城镇化的过程中，在中华民族不断走向富强的道路上，还存在着巨大的不平衡和不充分。城乡差距依然明显，"三农"问题依然突出。

民族要复兴，乡村必振兴。

今年（2021 年）的中央一号文件，即《中共中央 国务院关于全面推进乡村振兴加快农业农村现代化的意见》（以下简称《意见》），对乡村振兴工作提出了在 2035 年基本实现乡村现代化的目标。该《意见》有两个鲜明亮点，一是衔接，二是全面推进。"衔接"是为脱贫县设置五年过渡期，保障脱贫攻坚与乡村振兴的有效衔接；"全面"是相对于脱贫来说的。自习近平同志提出精准扶贫以来，经过这些年的努力，我们实现了农村全面建成小康社会的目标。继之而来的乡村振兴就是要讲全面，要讲经济、政治、文化、社会、生态，要在解决"三农"问题上充分体现出来。该《意见》的这两个亮点紧密结合，高瞻远瞩，既立足当前，突出年度性和时效性，部署今年必须完成的任务；又兼顾长远，着眼"十四五"规划纲要开局，突出战略性及方向性，并作为党和政府及全国人民今后"十四五"规划纲要工作的思路和重点举措被提出。

乡村现代化不仅是我国全面现代化的重要前提，也是我国城镇化进程中必须解决的核心问题，同时还是新时代中国特色社会主义事业的重要组成部分。党中央历来重视乡村建设和发展问题。21 世纪以来连续 18 年的中央一号文件都聚焦"三农"问题，为我国乡村建设与发展不断指明方向。在以习近平同志为核心的党中央坚强领导下，先后通过统筹城乡发展和社会主义新农村建设重大部署，使我国广大乡村发生了翻天覆地的变化。近年的脱贫攻坚战取得决定性胜利，更是为我国实现全面小康攻克了最后的堡垒。在脱贫攻坚即将全面胜利之际，党的十九大及时提出了"乡村振兴"这一重大国家战略。党的十九届五中全会又进一步提出，要推动乡村振兴与脱贫攻坚有效衔接，将其作为"十四五"期间我国经济社会发展的大事、乡村发展的重要内容和一项必须完成的重要政治任务。乡村振兴，时不我待；乡村振兴，势在必行！

广东作为我国改革开放的先行者，也一直处于乡村振兴事业的前沿。广州中大城乡规划设计研究院有限公司、华南农业大学、广州新城建筑设计院有限公司和广东两山乡创产业发展有限公司的同行们在乡村规划建设、乡村产业振兴和乡村治理方面长期耕耘，硕果累累。他们的实践活动也早已走出广东，辐射全国各地，在国内外都产生了重大的影响。这一次，他们将多年的实践活动进行了全面的总结和提炼。他们还及时进行理论总结，丰富实践成果，对乡村振兴的一系列理论问题进行了深入思考，提出了关于乡村振兴的一整套理论框架和实践路径，为下一阶段我国乡村振兴国家战略的全面推进落实提供了极好的工作样本和思想启示。本书的作者（其中有很多是我熟悉的同道，还有不少是我的同学和校友）在这部皇皇巨著完成之时嘱我写序。我对此主题极少研究，但深感意义重大，欣然应允，作此小序。我确信这本书会在我国乡村振兴的伟大实践中发挥其重要的作用。

伍 江

二零二一年二月二十二日

［伍江，同济大学建筑与城市规划学院教授、原常务副校长，联合国环境署（UNP）-同济大学环境可持续发展学院（IESD）院长，亚洲建筑师协会（ACARSIA）副主席，中国城市规划学会副理事长，上海市城市规划学会理事长］

序 二
读《新时代乡村振兴战略理论研究与规划实践》

保护和修复乡村生态与乡土景观；珍惜和善待乡村文化遗产；在帮助城市居民实现美好生活梦想的同时，带动乡村经济振兴，重建美好乡村社区。

二零二一年二月十六日

（俞孔坚，美国艺术与科学院院士，教育部"长江学者奖励计划"特聘教授，北京大学教授、博士研究生导师）

序 三

当前，正是乡村振兴战略的运行期，关系到"三农"领域的稳定和社会主义现代化的进程。

实施乡村振兴战略是解决好"三农"问题的重要保障，脱贫攻坚战则是乡村振兴战略有效实施和推进的基石。乡村振兴，要以提升人居环境、基础设施和公共服务质量为价值取向。习近平总书记强调"脱贫摘帽不是终点，而是新生活、新奋斗的起点"[①]。乡村振兴是全面振兴，统筹推动农业全面升级、农村全面进步、农民全面发展，让广大农民在全面脱贫、乡村振兴中有更多获得感、幸福感和安全感。

在这个背景下，编辑出版《新时代乡村振兴战略理论研究与规划实践》具有特殊意义。

全书理论研究与规划实践相结合，紧扣新时代乡村振兴战略主题，有以下三个特色。

第一，理论阐述既全面，又有深度。乡村振兴是包括产业振兴、人才振兴、文化振兴、生态振兴、组织振兴的全面振兴，这一战略的总体要求是产业兴旺、生态宜居、乡风文明、治理有效、生活富裕。本书在深入学习、反复领会新时代中国"乡村振兴战略规划"纲领性文件的精神下，将理论研究与规划实践结合，根据党和国家的方针政策，把握好乡村振兴的精神，有一个清晰的定位和目标。本书有助于相关领域的研究人员在实际操作中活学活用，避免浪费财力、物力和人力。本书提出了一系列我们在各领域中综合分析与系统整理出的新的思路、方法和路径，并且总结了有代表性的案例，推广介绍了乡村振兴的模式，具有启发性和一定的价值，让不同层次的读者受众，如上至地方政府主要负责人，下至基层领导和普通技术人员都能学以致用，并将其落实到乡村振兴具体工作中。

第二，通过收集国内优秀案例和规划实践案例，归纳出具有推广借鉴价值的成功模式来指导实际工作。更重要的是，本书所选的实际案例都是有特色并得到过好评的、能起引领借鉴作用的得奖项目，是广东省乃至全国的优秀设计院的老中青设计师们亲自参与和设计并落地的成功模式。这些规划实践案例可作为乡村振兴下一步工作的样板或标杆在全国推广、供借鉴学习。

实现乡村振兴是前无古人的伟大创举，没有现成的、可照抄照搬的经验。我国的耕地资源也不允许各地都像欧美那样搞大规模农业、大机械作业，只能根据客观条件发展农民合作社和家庭农场两类农业经营主体，实现小规模农户和现代农业发展的有机衔接，发展新型集体经济，走共同富裕的中国特色乡村振兴之路。实施乡村振兴战略是改革开放40余年来乡村工作不断探索和不断实践的结果，符合中国的乡村发展规律。从"美丽乡村"建设、社会主义新农村建设、特色小镇建设，再到乡村振兴战略的实施，对城乡关系的处理也经历了从城乡兼顾、统筹城乡，再到城乡融合的发展历程，探索出一条符合中国国情的乡村振兴之路。乡村振兴战略既是顶层设计，又符合中国国情，符合中国乡村建设规律，具有创新性的实践意义。

第三，本书深入浅出，言简意赅，内涵丰富，既有历史综述，又着眼当下和未来；既有理论高度，引领乡村建设，又从实践角度有针对性、指导性、可操作性地将理论贯穿、落实到地。本书对国内乡村振兴规划的实例进行收集、整理和归类，并从中总结出共同的规律，给奋斗在各战线上的城镇乡村各级领导干部、各大专院校和设计院的规划工作者提供了宝贵的参考和借鉴，并以此激发规划设计人员的新思路、新手法和新理念，开拓新的设计理念，为走中国特色社会主义乡村振兴道路、农业

[①] 转引自申国华《脱贫摘帽是新生活新奋斗的起点》，载《共产党员（河北）》2020年第9期，第40页。

现代化和农村现代化一体推进、全面发展做出应有贡献。谨以此书致敬中国共产党成立100周年！

方胜浩
二零二一年三月一日

[方胜浩，浙江省景观设计和建设行业协会会长、浙江省大地生态景观科学研究院院长兼支部书记、浙江启真城乡规划设计有限公司副董事长、浙江省景观设计技能大师（杭州市省级领军人才）、中国民族建筑营造大师、浙江省景观设计和建设行业协会专家委员会主任委员］

序 四

在早期人类社会，狩猎技术的发展促进了原始畜牧业的产生，在采集野生果实的基础上，种植业开始出现，农业革命从此开始。金属工具的开始使用，使农业生产率得到进一步提升，为人类定居提供了基础，定居点开始出现，乡村逐渐形成。

乡村的出现是人类发展历史上一次伟大的进步。社会生产力的继续提高，出现了游牧部落和农业部落分离的第一次社会大分工，分工提高了生产效率，并产生了交换的需求，促使集市的形成。随后，出现了手工业从农业与畜牧业中分离的第二次社会大分工。这次分工使产品交换进一步扩大，市集不断壮大并逐步发展成为城市，从此，人类开始了漫长的城市化进程。

19世纪60年代，西方国家开始了人类历史上伟大的工业化进程。以机器使用为标志的工业革命打破了原有的生产方式，大大提高了生产效率。工业化极大地带动了城市化进程，整个社会经济发展的重心开始转向城市。城市规模不断扩大，并与乡村形成了核心－边缘结构。城市吸引了乡村大量的劳动力、生产资料和资金，剥夺了乡村发展的机会，从此，城市与乡村之间的差别开始出现并不断拉大，城乡矛盾日益突出。西方主要国家在20世纪50年代已经进入成熟工业化时期。

20世纪80年代，计算机的广泛使用以及互联网的普及，使以信息加工处理为核心的信息革命开始出现。信息革命改变了物质产品的传统的生产方式，其带来的生产力、生产关系的巨大改变，以及社会经济结构质的飞跃，使信息基础设施、信息处理和科技创新变得尤为重要。城市由于其固有的优势，其主导地位在这场革命中进一步凸显。城市成为人才聚集、创新发展的中心，而乡村的弱势进一步凸显，城乡之间的差距被进一步拉大。但同时，乡村由于区位上的差异及其生态、文化上的独特价值，其角色也在变化之中。乡村是未来社会发展的希望之地。

纵观世界城乡关系发展的历史，乡村一开始作为人类历史上伟大的进步出现，后从占据农业社会的主导地位，演变为处于工业社会、信息社会的从属地位，并面临许多发展的问题。面对城乡关系的巨大变革以及乡村的衰落，西方国家采取了很多措施来重振乡村并获得成功，其中，乡村规划是最重要的措施之一。

中国是一个传统的农业大国，改革开放后，我国经济发展迅速，短短的40余年间，我国已从一个落后的农业国家快速上升为GDP仅次于美国的世界第二经济大国，以及世界第一制造业大国，城市化水平也由改革开放之初1978年的18%上升到2020年的60%。中国经济发展和城市建设取得了巨大的成就。中国经济发展的成功离不开乡村的支持。中国农村为城市发展提供了丰富的劳动力、充足的土地，使城市得以快速地腾飞。城市成为区域发展的增长极，并不断地从周边地区吸收人口、劳动力和资金。在这个过程中，乡村的发展遭遇到一些困难，例如，乡村产业基础弱、人口减少、特色丧失、基础服务设施差、环境污染等，城乡之间的差距不断地扩大。

2017年10月，党的十九大胜利召开，党的十九大报告指出，农业、农村、农民问题是关系国计民生的根本性问题，必须始终把解决好"三农"问题作为全党工作的重中之重，提出坚持农业、农村优先发展，实施乡村振兴战略。2018年9月，中共中央、国务院印发了《乡村振兴战略规划（2018—2022年）》，提出乡村振兴必须重塑城乡关系，走城乡融合发展之路；必须坚持人与自然和谐共生，走乡村绿色发展之路；必须传承、发展、提升农耕文明，走乡村文化兴盛之路；必须创新乡村治理体系，走乡村善治之路……从此，中国大地拉开了划时代的乡村振兴的序幕，而乡村规划被提升到了一个新高度。

广东地处改革开放的前沿，是中国经济第一大省，乡村规划与建设一直处在中国的前列，有许多成功的经验。本书的作者主要来自广东，由规划实践经验丰富的规划师、管理经验丰富的管理者，以及研究功底深厚的学者组成。全书分为上、下两编，分别论述了乡村振兴的理论研究和规划实践。"理论研究"编论述了乡村振兴的规划路径、组织振兴、产业振兴、文化振兴、民生振兴等内容。"规划实践"编从扶贫攻坚、城乡融合、资源保护、地方特色、文化振兴、教育振兴、乡村旅游、田园综合体，到革命老区、国际合作、"互联网＋大数据"等规划的特色和视角选取不同的案例；在案例地的分布上，以广东成功的案例为主体，并拓展到我国东部、中部及西北、西南地区，案例的选取十分具有代表性。

综观全书，其不仅具有系统性、逻辑性、理论性，选择的案例特色鲜明，全书的信息量大，充分吸收了发达国家乡村建设的经验，而且时代性与前瞻性强，对相关政策把握到位，十分具有操作性。

乡村的出现曾经是人类发展史上最伟大的进步。我相信，随着社会经济的发展和乡村的产业、文化、组织及生态的振兴，乡村将会以一个全新的面貌、全新的角色迎接新时代。我更相信，该书的出版将是中国乡村规划的又一成果，对中国乡村振兴将起到积极的作用。

二零二一年三月十八日

（周春山，中山大学地理科学与规划学院教授、博士研究生导师，新疆大学旅游学院院长，中国地理学会城市地理专业委员会原主任）

导 读
——以梦为马，砥砺前行，不负使命

本书的缘起

庚子年终于过去，华夏大地翻开新的一页，进入了欣欣向荣的 2021 年，春天带着勃勃的生机和强劲的生命力欣欣然向我们走来。本书最初恰是孕育于 2020 年庚子年的春天——当新型冠状病毒肺炎疫情肆虐时，一群多年来跟随着祖国建设的脚步，足迹遍及大江南北，一直走在精准扶贫和乡村振兴工作第一线的策划者和规划人开始在网上激情澎湃地筹划出版一部关于乡村振兴的书，计划对他们这些年的所思所想，这些年的策划、规划、实践予以盘存、梳理、整合，这既是对这个特殊群体多年来工作的总结和记录，同时也是在国家乡村振兴工作如火如荼的推进中，以参与者的姿态来表达对乡村振兴的积极参与和奉献。

于是，便有了这部凝结着群体智慧和共同情怀的乡村振兴专著。此书从构思到编写的过程中，几经波折，凝结了编写团队大量的智力和体力劳动。由于时间紧、任务重，此书的理论深度和规划案例还存在不少问题和瑕疵，还请读者多加包容与理解。因为这部书的编者和作者都是志愿者，没有稿酬、没有补贴，在自己的本职工作之余，持续数月全情投入，殚精竭虑为乡村振兴奉献蝼蚁之力，其心可鉴，殊为可贵。

本书的逻辑与结构

作为乡村振兴理论与规划实践的专著，本书主要作者汇集了活跃在大湾区的资深规划机构与专业人士，他们在全面梳理国内外乡村振兴理论的基础上，对乡村振兴理论进行了专业和系统化的提炼和总结；同时对国内近年来的乡村振兴规划案例进行了归纳、梳理与总结，并剖析了从大都市（广州）到边远少数民族聚居地（黔南州等）一系列有代表性的典型操作案例，力求全面、立体、多角度地发现精准扶贫和乡村振兴的有效模式，探索其发展路径及实现方式。

全书分为上编和下编。上编为理论研究，阐述了乡村振兴作为一个系统工程在我国的历史演进历程；国家层面的政策导航；乡村建设推进中的组织振兴、产业振兴、文化振兴、生态振兴、民生振兴等系统工程中的子系统以及全力推动的方法与路径。下编为规划实践，汇集了国内乡村振兴的各类实战规划和操作案例，为各地地方政府决策和管理者、乡村开发者、策划规划同行、学校与科研机构等提供可资借鉴、可操作性强的案例与样本。综观全书，作者从理论到实践、从宏观到微观对乡村振兴进行了多视角、多维度的分析、解剖与总结，使得本书的逻辑演进更具有科学性，案例更具实用性和可操作性。

本书的意义与价值

现实意义：本书作为一部乡村振兴的理论研究与规划实践的专著，在举国上下基本完成精准扶贫、全面推进乡村振兴战略的时代背景下推出，具有非常重要的现实意义。乡村振兴是一个系统工程，需要整合各方资源，汇集各方力量，众志成城，才能合力推进。而策划和规划是乡村振兴成功推进的一个重要环节。一个科学而务实的规划，有利于科学制定目标，避免盲目行动；有利于有效整合乡村的内外资源，调动各方力量，以推动乡村振兴的各项系统工作。本书在科学理论指导下梳理和总结出的一系列实战案例，为在精准扶贫和乡村振兴中摸索前行的各级地方管理者，面对不同困难与挑战的乡村的企业家、投资者和建设参与者们提供了可资参考与借鉴的经验教训以及有效的方法与路径。

理论意义：本书汇集了广州中大城乡规划设计研究院有限公司、华南农业大学和广州两山乡创产业发展有限公司等大湾区策划和规划的资深机构、行内专家学者及战斗在精准扶贫和乡村振兴第一线的志愿者，他们在全面梳理国内外乡村振兴理论的基础上，通过实战，践行并总结、发展和升华了乡村振兴的相关理论。他们既对国内外的乡村振兴理论进行了系统和科学的研究、总结、思考，也整理和提炼出了数个有价值的国内规划案例，以期在新形势下推动我国关于"三农"问题、城乡问题、乡村发展问题等理论的探索与创新、深化与发展。

精神价值：民族要复兴，乡村必振兴。乡村振兴包含了三重含义和境界：其一是血浓于水的家园情怀，是中国社会生于斯、长于斯的血脉与地脉延续。其二是植根于乡土的家乡情结，如乡镇聚落留下的牌坊、祠堂、楼台、书院、田园、古树等景观，体现了人们在自然和人文生态中的乡土情节和回归。其三是家国情怀。治理国家如同丈量田畴，乡村是百姓安康和国家社会稳定的基石。时至今日，乡村存在与可持续发展仍然是中华民族伟大复兴的重要保障。从精准扶贫到乡村振兴，华夏儿女万众一心，众志成城，战胜困难，实现阶段性目标的过程，就是中华文化的核心价值得到发展和发扬光大的过程。

关于乡村振兴的重要思考

解决"三农"问题是解决当前我国社会主要矛盾的迫切需要。2017年，党的十九大报告对当前我国社会主要矛盾作出了与时俱进的新表述，指出"中国特色社会主义进入新时代，我国社会主要矛盾已经转化为人民日益增长的美好生活需要和不平衡不充分的发展之间的矛盾"，而这些不平衡、不充分最突出地表现在"三农"问题和城乡差别上。中华人民共和国成立70年来，我国绝大部分地区实现了经济跨越式发展。但由于地理环境的差异，部分农村尤其是一些西部地区、边疆地区发展仍然滞后。因此，解决"三农"问题是解决目前社会主要矛盾的突破口和关键所在。而乡村振兴战略是我国社会主要矛盾转化的背景下解决"三农"问题的新战略。一方面，实施乡村振兴战略，推动乡村产业、人才、文化、生态与组织振兴；另一方面，要发挥各地区比较优势，促进生产力布局优化，重点实施三大战略，支持革命老区、民族地区、边疆地区、贫困地区加快发展，实现城乡人民生活水平大体相当，逐步缩小城乡和地区发展差距，实现中华民族共同富裕、共同发展的目标。

重塑城乡关系是乡村振兴破题的关键。乡村振兴必须重塑城乡关系、推进城乡融合，坚持农业农村优先发展。如何重塑城乡关系是我们下一步在乡村振兴策划与规划中要重点关注和解决的问题。首先，要改变"城是城、乡是乡"的城乡空间形态背离的现状，以城市群为主体形态，带动城乡融合，在空间形态上实现城中有乡、乡间有城、城乡相间、城乡一体的新型城乡形态，书写区域内城乡共融、各美其美、美美与共的和美画卷。其次，推动城乡联动与融合。产业兴旺是城乡融合的基础，也是区域经济高质量发展的必然选择。只有城乡联动与融合，才是城市与农村共同的出路。我国的第一轮城市化是中心城市化，建设中心城市化的产业聚生能力，融合各方资源，集中打造城市群产业中心；农村劳动力大量涌入城市，成就了中心城市化，同时也带来了乡村的空心化。第二轮城市化——城镇化建设是指资金、人才、市场、消费等要素从中心城市和城市向小城镇和农村转移的有序过程。这种就地城镇化是通过城乡互补合理配置社会资源，以及城乡联动的方式实现城乡的互赢。城乡融合与联动，一方面，让农民能在自己的山水田园里享受幸福的城镇化；另一方面，城市人也能享有安全、优质的农副产品，可享受、领略美丽乡村和大自然的和谐之美，同时为中华民族伟大复兴打造坚实可靠的基石。

乡村振兴是一个系统工程，一个浩大的全民参与的具长期性和阶段性的系统工程，只有在党中央的号召和领导下，全国上下社会各界和各个阶层积极参与，众志成城，合力推动，才能达到既定目标。同时，只有充分意识到乡村振兴的重要性和艰巨性，感召更多的力量参与其中，才能实现乡村振兴。"乡村振兴，人人有责；乡村振兴，我的责任"，当全国上下都认识到这个国策的重要性，并把它演变成自觉行动时，这个伟大蓝图才能在不远的将来如期实现。能在这个14亿人参与的波澜壮阔的伟大社会主义事业中尽一己绵薄之力，我们必将奋发向前，勇于担当，引以为傲，并深感自豪。

在这项乡村振兴的恢宏的社会主义伟大事业中，本书的奉献或许微不足道，但这种义无反顾的参与、奋斗与拼搏精神，却是一幅有价值的浓缩片段和精神画卷。

最后，谨以此文献给与我并肩前行的同行们和为实现乡村振兴奋斗在各行各业第一线的人们！让我们在乡村振兴和民族复兴的征途上，以梦为马，砥砺前行，不负使命，不忘初心！

邓雪丽
二零二一年三月三日

（邓雪丽，博士，深圳城市化研究会副会长、北京心智栋梁生涯教育规划研究院副院长、深圳赛纳策划机构总经理）

目 录

前 言 1

上编 理论研究

第一章 中国乡村发展的历史责任与规划挑战 3
  第一节 中国乡村建设与发展概况 3
  第二节 新时代乡村振兴的历史责任及战略意义 7
  第三节 乡村振兴规划的机遇与挑战 12

第二章 乡村振兴的总体思路与政策导航 17
  第一节 新时代乡村振兴的总体思路 17
  第二节 中国乡村发展与规划目标 34
  第三节 与时俱进的政策引领 35

第三章 新时代乡村振兴规划策略与技术 53
  第一节 乡村规划发展历程回顾 53
  第二节 新时代乡村振兴特点及规划思路 60
  第三节 新时代乡村振兴规划的技术路线 68

第四章 乡村振兴战略的组织振兴及规划策略 72
  第一节 乡村组织的概念与发展现状 72
  第二节 乡村组织振兴要求与实践 75
  第三节 乡村组织振兴的实施路径与方法 81
  第四节 乡村组织振兴的案例借鉴 88

第五章 乡村振兴战略的产业振兴及规划策略 93
  第一节 中国乡村产业建设概述 93
  第二节 乡村产业振兴的实施路径 95
  第三节 乡村产业振兴的形态和空间组织模式 98
  第四节 乡村产业振兴的融资政策保障 101

第六章 乡村振兴战略的文化振兴及规划策略 103
  第一节 乡村文化建设的现状 103
  第二节 乡村振兴战略的文化振兴策略 105
  第三节 乡村文化振兴的实施路径与方法 106

第七章 乡村振兴战略的生态振兴及规划保护策略 114
  第一节 当前乡村生态振兴面临的问题 114
  第二节 乡村生态振兴问题与困境的原因剖析 114
  第三节 乡村生态振兴的实施路径 115
  第四节 乡村生态振兴的基础设施规划策略 116

第八章 乡村振兴战略的民生振兴及规划策略 138
  第一节 中国乡村民生的现状问题 138

第二节　乡村民生振兴的规划策略⋯⋯⋯⋯⋯⋯⋯⋯⋯⋯⋯⋯⋯⋯⋯⋯⋯⋯⋯⋯⋯⋯⋯⋯⋯　142
第三节　乡村民生振兴的实施路径与技术方法⋯⋯⋯⋯⋯⋯⋯⋯⋯⋯⋯⋯⋯⋯⋯⋯⋯⋯　143

下编　规划实践

✤ 地产扶贫振兴类型⋯⋯⋯⋯⋯⋯⋯⋯⋯⋯⋯⋯⋯⋯⋯⋯⋯⋯⋯⋯⋯⋯⋯⋯⋯⋯⋯⋯⋯⋯⋯⋯　169

第九章　聚焦从化狮象村扶贫攻坚规划实施建设（政府规划引领＋地产融合建设）
迈向新型城镇化的标杆⋯⋯⋯⋯⋯⋯⋯⋯⋯⋯⋯⋯⋯⋯⋯⋯⋯⋯⋯⋯⋯⋯⋯　169
第一节　概况⋯⋯⋯⋯⋯⋯⋯⋯⋯⋯⋯⋯⋯⋯⋯⋯⋯⋯⋯⋯⋯⋯⋯⋯⋯⋯⋯⋯⋯⋯⋯　169
第二节　政府规划引领⋯⋯⋯⋯⋯⋯⋯⋯⋯⋯⋯⋯⋯⋯⋯⋯⋯⋯⋯⋯⋯⋯⋯⋯⋯⋯⋯　171
第三节　地产融合建设⋯⋯⋯⋯⋯⋯⋯⋯⋯⋯⋯⋯⋯⋯⋯⋯⋯⋯⋯⋯⋯⋯⋯⋯⋯⋯⋯　183
案例特色小结⋯⋯⋯⋯⋯⋯⋯⋯⋯⋯⋯⋯⋯⋯⋯⋯⋯⋯⋯⋯⋯⋯⋯⋯⋯⋯⋯⋯⋯⋯　187

第十章　聚焦国际合作指导下的从化区规划建设（中国首席生态设计小镇公园理念）
引领国内外新型城镇化的模式⋯⋯⋯⋯⋯⋯⋯⋯⋯⋯⋯⋯⋯⋯⋯⋯⋯⋯⋯　188
第一节　政府规划引领⋯⋯⋯⋯⋯⋯⋯⋯⋯⋯⋯⋯⋯⋯⋯⋯⋯⋯⋯⋯⋯⋯⋯⋯⋯⋯⋯　188
第二节　生态设计小镇的核心价值⋯⋯⋯⋯⋯⋯⋯⋯⋯⋯⋯⋯⋯⋯⋯⋯⋯⋯⋯⋯⋯⋯　189
第三节　生态设计小镇规划总体构思理念⋯⋯⋯⋯⋯⋯⋯⋯⋯⋯⋯⋯⋯⋯⋯⋯⋯⋯⋯　190
案例特色小结⋯⋯⋯⋯⋯⋯⋯⋯⋯⋯⋯⋯⋯⋯⋯⋯⋯⋯⋯⋯⋯⋯⋯⋯⋯⋯⋯⋯⋯⋯　198

✤ 空间布局振兴类型⋯⋯⋯⋯⋯⋯⋯⋯⋯⋯⋯⋯⋯⋯⋯⋯⋯⋯⋯⋯⋯⋯⋯⋯⋯⋯⋯⋯⋯⋯⋯　200

第十一章　连片开发统筹发展的乡村振兴规划
——龙川县省级新农村示范片乡村振兴规划方案⋯⋯⋯⋯⋯⋯⋯⋯⋯⋯⋯　200
第一节　项目概况⋯⋯⋯⋯⋯⋯⋯⋯⋯⋯⋯⋯⋯⋯⋯⋯⋯⋯⋯⋯⋯⋯⋯⋯⋯⋯⋯⋯⋯　200
第二节　基础条件⋯⋯⋯⋯⋯⋯⋯⋯⋯⋯⋯⋯⋯⋯⋯⋯⋯⋯⋯⋯⋯⋯⋯⋯⋯⋯⋯⋯⋯　200
第三节　示范片连片发展建设思路⋯⋯⋯⋯⋯⋯⋯⋯⋯⋯⋯⋯⋯⋯⋯⋯⋯⋯⋯⋯⋯⋯　204
案例特色小结⋯⋯⋯⋯⋯⋯⋯⋯⋯⋯⋯⋯⋯⋯⋯⋯⋯⋯⋯⋯⋯⋯⋯⋯⋯⋯⋯⋯⋯⋯　212

✤ 精准扶贫振兴类型⋯⋯⋯⋯⋯⋯⋯⋯⋯⋯⋯⋯⋯⋯⋯⋯⋯⋯⋯⋯⋯⋯⋯⋯⋯⋯⋯⋯⋯⋯⋯　213

第十二章　贵州荔波县瑶山古寨村脱贫攻坚实施模式案例⋯⋯⋯⋯⋯⋯⋯⋯⋯⋯⋯⋯⋯⋯　213
第一节　荔波县将瑶山旅游产业与扶贫工作相结合⋯⋯⋯⋯⋯⋯⋯⋯⋯⋯⋯⋯⋯⋯⋯　213
第二节　贵州瑶乡之变：浓缩极贫地区脱贫攻坚奋斗史⋯⋯⋯⋯⋯⋯⋯⋯⋯⋯⋯⋯⋯　221
第三节　脱贫攻坚的精英⋯⋯⋯⋯⋯⋯⋯⋯⋯⋯⋯⋯⋯⋯⋯⋯⋯⋯⋯⋯⋯⋯⋯⋯⋯⋯　221
案例特色小结⋯⋯⋯⋯⋯⋯⋯⋯⋯⋯⋯⋯⋯⋯⋯⋯⋯⋯⋯⋯⋯⋯⋯⋯⋯⋯⋯⋯⋯⋯　227

第十三章　聚焦当代愚公毛相林以"下庄精神"引领下庄村乡村振兴⋯⋯⋯⋯⋯⋯⋯⋯⋯⋯　228
第一节　项目概况⋯⋯⋯⋯⋯⋯⋯⋯⋯⋯⋯⋯⋯⋯⋯⋯⋯⋯⋯⋯⋯⋯⋯⋯⋯⋯⋯⋯⋯　228
第二节　现状特点⋯⋯⋯⋯⋯⋯⋯⋯⋯⋯⋯⋯⋯⋯⋯⋯⋯⋯⋯⋯⋯⋯⋯⋯⋯⋯⋯⋯⋯　229
第三节　振兴发展策略⋯⋯⋯⋯⋯⋯⋯⋯⋯⋯⋯⋯⋯⋯⋯⋯⋯⋯⋯⋯⋯⋯⋯⋯⋯⋯⋯　231
第四节　项目规划设计与实施⋯⋯⋯⋯⋯⋯⋯⋯⋯⋯⋯⋯⋯⋯⋯⋯⋯⋯⋯⋯⋯⋯⋯⋯　232
第五节　项目实施效果⋯⋯⋯⋯⋯⋯⋯⋯⋯⋯⋯⋯⋯⋯⋯⋯⋯⋯⋯⋯⋯⋯⋯⋯⋯⋯⋯　240
第六节　下庄村——新的起点再出发⋯⋯⋯⋯⋯⋯⋯⋯⋯⋯⋯⋯⋯⋯⋯⋯⋯⋯⋯⋯⋯　241
第七节　下庄村乡村振兴规划建设启示⋯⋯⋯⋯⋯⋯⋯⋯⋯⋯⋯⋯⋯⋯⋯⋯⋯⋯⋯⋯　241
案例特色小结⋯⋯⋯⋯⋯⋯⋯⋯⋯⋯⋯⋯⋯⋯⋯⋯⋯⋯⋯⋯⋯⋯⋯⋯⋯⋯⋯⋯⋯⋯　242

✤ 环境整治振兴类型⋯⋯⋯⋯⋯⋯⋯⋯⋯⋯⋯⋯⋯⋯⋯⋯⋯⋯⋯⋯⋯⋯⋯⋯⋯⋯⋯⋯⋯⋯⋯　243

第十四章　创建广州花都港头村岭南特色"美丽乡村"精品示范村
——"文化植入＋基金运营"的乡村振兴新模式⋯⋯⋯⋯⋯⋯⋯⋯⋯⋯⋯　243

		第一节　港头村历史文化积淀深厚 ··· 243
		第二节　以文化复兴引领乡村振兴 ··· 244
		第三节　港头村建设经验总结与启示 ·· 250
		案例特色小结 ··· 252

❖ 生态振兴类型

第十五章　陆河县南万森林小镇项目乡村生态振兴新思路 ··· 253
		第一节　项目概况 ·· 253
		第二节　现状特征 ·· 254
		第三节　项目规划设计 ·· 256
		第四节　振兴发展策略——以自然资源保护与合理开发推动乡村振兴 ···································· 258
		第五节　项目实施效果与启示 ··· 262
		案例特色小结 ··· 263

❖ 产业振兴类型

第十六章　潮州凤凰谷茶旅田园综合体策划与规划项目 ··· 264
		第一节　项目区位 ·· 264
		第二节　现状问题及特色 ··· 265
		第三节　振兴发展策略 ·· 267
		第四节　项目规划设计与实施 ··· 269
		案例特色小结 ··· 273

❖ 旅游振兴类型

第十七章　旅游振兴乡村
					——以汕头市潮阳区金灶镇及诸暨市姚江镇新桌山村为例 ··· 274
		第一节　聚焦汕头市潮阳区金灶镇如何编制旅游总体规划与实践案例 ····································· 274
		第二节　教育和旅游双轮驱动下的诸暨市姚江镇新桌山村振兴规划 ·· 278
		案例特色小结 ··· 286

❖ 红色旅游类型

第十八章　红色文化与乡村振兴
					——以惠州麻姑峰村及韶山市东部石屏村为例 ··· 287
		第一节　惠州麻姑峰村乡村振兴引爆点规划设计 ··· 287
		第二节　韶山云天——科技赋能、绿色发展的红色乡村振兴旗舰 ·· 294
		案例特色小结 ··· 300

第十九章　东江红色文化与旅游发展结合的乡村振兴模式
					——以广东惠东县高潭"东江红都"规划为例 ··· 301
		第一节　项目概况 ·· 302
		第二节　现状特点 ·· 302
		第三节　振兴发展策略 ·· 305
		第四节　项目规划设计与实施 ··· 306
		第五节　项目实施效果 ·· 311
		案例特色小结 ··· 312

❖ 科技振兴类型

第二十章　基于"点状供地"政策及新技术指南指引下的村庄规划
					——从化"万花风情"特色小镇村庄规划编制及其指标研究 ·· 313

第一节　本项目的特色与要点 ··· 313
　　第二节　村庄规划 ·· 314
　　第三节　景观风貌规划 ··· 319
　　第四节　规划评估 ·· 324
　　案例特色小结 ··· 325

第二十一章　新时代乡村振兴规划新理念，成就城乡融合十大乡愁新愿景
　　　　　　——展望未来：迈向城乡现代化全面推进乡村振兴战略新思考 ·························· 326
　　第一节　全面推进乡村振兴关系国之命脉 ·· 326
　　第二节　新时期乡村振兴的切入点和着力点 ··· 329
　　第三节　实现城乡融合十大乡愁的实施策略 ··· 335
　　第四节　久久为功，长期推进乡村全面振兴 ··· 346

编后记与启示 ··· 348

前　言

战略理论是伟大工程的灵魂。不谋全局者不能谋一域，不谋万世者不能谋一时。

2014年，习近平总书记在江苏调研时指出："没有农业现代化，没有农村繁荣富强，没有农民安居乐业，国家现代化是不完整、不全面、不牢固的。"[①] 党的十九大报告强调："农业、农村和农民问题是关系国计民生的根本性问题，必须始终把解决好'三农'问题作为全党工作重中之重。"中国正在全面推动的乡村振兴战略，正是破解我国"三农"问题的一把"金钥匙"，为我国的农业、农村现代化建设指明了前进的航向。

当前，我国正处在全面建成小康社会，实现第一个百年奋斗目标，开启全面建设社会主义现代化国家新征程，迈向第二个百年奋斗目标的历史新起点上。乡村振兴战略对于全面建设社会主义现代化国家、实现第二个百年奋斗目标具有全局性和历史性意义。只有深入学习和实践乡村振兴战略理论，才能有更高的站位，增强战略思维的自觉性，推进党的乡村振兴战略基本路线和基本方略落地生根。

《新时代乡村振兴战略理论研究与规划实践》是以党的十九届五中全会精神和"十四五"规划作为行动纲领和指南来指导本书的理论研究和规划实践的；是为了呼应党的乡村振兴战略精神，胜利完成乡村振兴宏伟蓝图和目标而出版的。

当前，我国农业农村发展虽然取得显著成效，但城乡发展不平衡、农村发展滞后的问题仍然很突出。城乡居民收入的绝对差距还在扩大，农村资金、土地、劳动力等资源要素还在大量流向城市。农村基础设施、公共服务与城市相比还是两重天地，"三农"问题依然是全面实现现代化的"短腿"。

在"四化"中，工业化、信息化、城镇化都是快变量，发展速度可以用"日新月异"来形容，而农业和农村却是慢变量。动植物生长有其自然规律，生产技术变革的制约因素更多、突破周期的更长，这些不利因素严重制约了农村的发展速度，致使农村发展基础长期处于薄弱的状态。因此，对"三农"的发展快马加鞭，是党中央的英明战略决策。如果不能发展得更快一点，城乡和工农差距将会拉得更大，那绝不是未来中国所希望看到的。

乡村振兴战略是继统筹城乡发展、建设社会主义新农村之后，农业农村发展理论和实践的又一重大飞跃，为新时期我国"三农"工作提供了根本遵循和行动指南。这是习近平总书记"三农"思想的集中体现，是党的"三农"政策创新发展和对现代化建设规律的科学把握，是"十四五"时期"三农"工作的主题和主线，必将迎来农业大发展、农村大变化的新时代。

在党的十九大的乡村振兴战略精神的指导下，《中共中央关于制定国民经济和社会发展第十四个五年规划和二〇三五年远景目标的建议》（以下简称《建议》），单列专章部署安排，突出优先发展农业农村，全面推进乡村振兴，明确提出在2035年基本实现农村现代化目标任务，并在2050年全面实现农村现代化。这是针对我国社会主要矛盾新变化和"三农"发展突出短板作出的战略部署。对此，我们要深刻领会、全面贯彻落实，坚持把解决好"三农"问题作为全党工作重中之重，在进一步打牢夯实农业基础的同时，把更多精力、更多资源投向农村，促进农业现代化和农村现代化一体推进、全面发展，走一条具有中国特色的乡村振兴道路。

[①] 鲍文玉：《习近平谈"三农"问题》，https://www.chinanews.com/gn/2017./02-09/8145168.shtml，访问日期：2021年2月10日。

全面推进乡村振兴，加快农业农村现代化，就是要让农业与工业、农村与城镇、农民与市民一起现代化。这要求我们在发展战略上不能把"三农"纯粹当作负担看待，农村有广大的市场、广阔的投资空间，将来城乡基础设施和公共服务要实现大体相当，这是多大的发展空间！同时，农民的消费边际倾向明显高于城市居民，如果6亿农村常住人口的消费水平和消费能力得到了提升，这将是多么大的市场！

可以预见，在实施扩大内需战略、构建新发展的格局中，农业农村将扮演更加重要的角色。如果说在全面实现小康阶段，底线任务是脱贫攻坚、消除绝对贫困，那么在全面推进现代化阶段的重中之重则要转向全面推进乡村振兴，逐步缩小城乡差距。这是经济社会发展的客观要求，也是农民群众的热切期盼。

纵观自然界与人类发展历史长河中的各种自然灾害，特别是2020年突发的疫情给人类带来的各方面重大损失，从中暴露出各个国家面对疫情时不同的应对理念所带来的不一样的结果。而中国人民在以习近平同志为核心的党中央指挥部署下取得了阶段性的胜利。国内外发展的历史证明，唯有在中国共产党领导下才能实现中华民族伟大复兴，让全国人民富裕起来，过上幸福生活，实现中国梦。在中国"两个百年"周年纪念到来之时，在全国城乡真正融合后，当城市与乡村并没有多大区别时，人们将会更加乐于在农村工作、学习和生活。我们坚信，让亿万农民走上共同富裕的战略一定能胜利完成，让亿万农民过上美好生活的中国梦一定会实现。

在乡村振兴战略征途上必须规划先行，科学有序地推动乡村产业、人才、文化、生态和组织的振兴。面对乡村振兴规划工作，如何解读和正确领会国家政策，如何做好乡村振兴工作的政策引导并实施规划和技术支持，不管是基层干部、县镇级领导，还是城乡规划工作者，都迫切需要一份有指导性的参考文献。

本书因应时代的需要，以《国家乡村振兴战略规划（2018—2022年）》等一系列相关政策文件为依据，由大湾区长期工作战斗在农村农业第一线的资深理论专家及高中级规划师联手打造，聚焦县域经济城乡融合、乡村振兴前沿创新发展路径和进展，重点着墨于如何在县域经济发展中全面融合实施乡村振兴战略。同时，本书汇集了社会、政治、经济、城乡建设、生态环保、乡村形象与风貌等研究成果，以丰富的规划实践和案例分享为基础，以系统的政策解读为先导，分析总结了中国乡村建设的历史进程、理论与实践经验。

本书还深入分析了国内先进的城乡规划及已经实施落地的成功案例、发展模式、新业态等思路举措，围绕产业、生态、治理、生活和乡风振兴问题，探讨乡村振兴发展规划的技术路径、实施路径，以强化乡村振兴战略落地生根的生命力。本书力图为从事"三农"工作的学界、业界人士，特别是县乡基层工作者及各级领导和广大建设者提供系统的乡村振兴规划理论与实践知识支持，提供具有前瞻性、实用性的辅助工具和参考资料，为实现伟大的乡村振兴战略提供独特的软实力支撑。

本书的出版得到了史小予、林矗、袁奇峰、杨再高、刘宏、廖重斌、温春阳、陈维明、曾宪川、许朝林等专家及领导的指导和建议，在此致以衷心感谢！

曾永浩　徐江明　丁　炜

二零二一年五月十日

上编　理论研究

第一章　中国乡村发展的历史责任与规划挑战

第一节　中国乡村建设与发展概况

中国从古至今作为农业大国，农耕历史源远流长。作为中国农耕历史的载体——乡村，经历过波澜壮阔的发展与变革，在沧海横流里既有大跨步的前进，也曾有激进冒失的倒退，它的历史成为世界乡村发展史中最具有故事性的大片之一。

中国近代社会时期，乡村的发展是在内忧外患的情况下进行的。第一次鸦片战争后，中国的封建地主及西方列强对中国农民实行了双重的压榨，连年的军阀混战、自然灾害等因素导致农村劳动力大量流失，农业凋敝，中国农村遭到了极大的破坏，百姓食不果腹。在这种局势下，中国共产党领导农民开展土地革命。同时，一批知识分子为救国也进行着各种乡村建设运动，如梁漱溟的乡村建设运动及河北定县晏阳初的"定县实验"等，目的主要是实现乡民合作，推进乡村发展，但是这并不能挽救中国农村贫困落后的总体局面。

中华人民共和国建立后，在中国共产党的领导下，中国乡村建设实现了从赶上时代到引领时代的伟大跨越。在不同阶段，农村改革与发展的路径也在不断深化与完善：从土地改革时期、农业合作化时期，到实行家庭联产承包责任制、取消农业税，再到城乡统筹阶段，打赢脱贫攻坚战、实施乡村振兴战略，农村各方面的发展从总体上呈现出较稳定的趋势，基础设施不断完善、环境越发美丽、农村百姓越发富足。然而，中国乡村在建设发展中仍然存在各种各样的问题，这些问题制约着中国乡村的全面平衡发展。中国共产党因势利导，根据中国乡村的现状与发展实际，在十八大适时提出乡村振兴战略。在党的战略指引下，乡村建设与发展走上了快车道。

（一）中国农村改革发展起始阶段（1949—1978年）

中国农村在该阶段主要经历了两次比较重大的改革，一是开展土地改革；二是实行农业合作社，开展农业合作化运动。

1949年至1952年，为解放广大劳动人民的生产力，我国在新解放区开展了大规模的土地改革运动。1950年6月，《中华人民共和国土地改革法》出台，其目的主要是在全国范围内废除封建土地制度，建立农民土地所有制，解放农村生产力。到了1952年年底，在占全国人口一半多的农村，党领导农民完成了土地革命。土地革命的开展保护了不同层次的农民的利益，发展了农业生产，农业经济作物产量有了很大的提升。但是，土地改革建立起来的仍是农民占有小块土地的农民个体经济，并且当时我国生产方式和生产工具都较为落后，农业基础设施缺乏，难以满足工业化和城镇化对农产品的需求，于是，我国开始了对农村进入社会主义集体经济的实践探索。

在我国社会主义改造时期，通过农业合作化，把农民引导到社会主义道路上来。1953年，中共中央通过《关于发展农业生产合作社的决议》。经过从低到高三个步骤的社会主义改造，到1956年年底，高级社达到54万个，入社农户占到农户总数的87%，[1] 基本完成了土地从私有制向公有制的

---

[1] 邱家洪：《中国乡村建设的历史变迁与新农村建设的前景展望》，载《农业经济》2006年第12期，第3-5页。

转变。农业合作化实现了农业集体化，符合社会主义发展方向，这在当时适应了社会化大工业发展的需求。①

1958年至1978年是人民公社时期。1958年8月，中共中央政治局扩大会议通过了《关于在农村建立人民公社问题的决定》，要求人民公社快速发展，手工业、加工业、运输业等非农产业一并实现了集体化，管理体制上社营、队营并存，统称为"社队企业"。在该阶段，我国农业农村还实行农业统购统销制度和城乡户籍制度改革。1953年到1954年陆续出台实行对粮食、棉花等农作物的农业计划收购和供应的政策文件。农业统购统销制度体系保障了工业化和城镇化的建设发展，在人民公社化结束时，我国建立了完整的工业体系。但是，人民公社化挫伤了农民的生产积极性，平均生产的作业方式没有释放农民的劳动力，生产率低下的问题仍然是中国乡村发展的巨大阻碍。

（二）中国农村探索推进阶段（1978—2001年）

在这个阶段，以"包产到户""包干到户"为主要形式的家庭联产承包责任制开始在我国农村推行。1984年，经中央确立，逐步形成了以家庭承包经营为基础、统分结合的双层经营体制。该经济体制被确立为我国农村的基本经济制度，也是中国农村极具历史性意义的制度改革之一。

1978年，为改变人民公社带来的农村经济发展停滞、农民生活贫困的现状，安徽凤阳县小岗村实行集体土地"包干到户"，拉开了我国农村土地制度改革的序幕。1980年，中共中央颁布《关于进一步加强和完善农业生产责任制的几个问题》，肯定了包产到户的做法。1983年，家庭联产承包责任制被写进《中华人民共和国宪法》修正案。1984年中央一号文件规定土地承包期一般为15年。至此，农民的主观能动性得以释放。

在农业生产方面，由于粮食所有制度的改变，我国粮食生产实现大幅度增产。在非农产业方面，乡镇企业异军突起，乡村工业化快速推进，开启了具有中国特色的乡村工业化道路。在乡村居民就业方面，乡镇企业为"离土不离乡、进厂不进城"就地转移的两栖就业模式提供了条件。1993年，乡镇企业股份合作制改革得到全面推进，乡镇企业历经产权制度改革，转变为支撑乡村经济的现代企业。乡镇企业的发展为乡村劳动力的转移和城镇化发展提供了条件。然而，在发展"两个大局"的战略背景下，农村资源流向东部地区的大中城市，国家改革重心再次向城市和工业倾斜。城市化和工业化的快速发展，在一定程度上给农村的发展带来了阻滞，人才、资本和技术的流失，使得农业在国民生产总值中的比重不断减少，城乡差距日益扩大，"三农"问题成了社会的普遍共识。②

（三）城乡统筹阶段（2002—2012年）

21世纪初，针对城乡差距日益拉大这一状况，党中央及时提出了"两个趋向"的重要论断，制定了农村"多予少取放活"的方针。

同时，随着农村经济与社会发展，农村基层财政压力增大，农民负担过重，不合理的"集资、摊派、收费"成为农村税费的三大问题。2003年，国务院发布《关于全面推进农村税费改革试点工作的意见》，在全国正式拉开了农村税费改革的序幕。2004年，中央一号文件聚焦农民增收，这一时期我国农业农村重点工作围绕农业综合生产能力提升、社会主义新农村建设、加强农业基础设施建设、发展现代农业等主题展开，侧重统筹城乡一体化发展。2005年8月，习近平同志在考察浙江湖州安吉时提出"绿水青山就是金山银山"的科学论断，剖析了经济与生态的相互关系。"两山理论"强调了农村经济发展需要立足生态环境保护。同年10月，党的十六届五中全会提出建设社会主义新农村的重大历史任务，即保障落实农村"生产发展、生活宽裕、乡风文明、村容整洁、管理民主"

---

① 王国敏、何莉琼：《新中国成立以来的农村改革：政策变迁、成就与经验》，载《井冈山大学学报（社会科学版）》2020年第41期，第5-12页。
② 蒋和平：《改革开放四十年来我国农业农村现代化发展与未来发展思路》，载《农业经济问题》2018年第8期，第51-59页。

的具体要求。2005年是农村发展的重要一年，国家围绕推进社会主义新农村建设提出许多政策及具体落实措施，各省市纷纷响应，制定美丽乡村建设行动计划并付诸实施。2006年，党中央正式宣布在全国范围内全面废除农业税，这标志着中国延续了两千多年的农民缴纳农业税的历史宣告结束，农业农村的发展进入了崭新的历史起点。同时，随着政策的调整，我国农业产业结构不断优化，粮食安全得到保障，城乡居民收入差距不断缩小，农村基础设施和生活环境不断改善，农村社会事业和社会保障体系不断完善。

在这一阶段，中国乡村建设与发展的重要性得到了一定的重视，但仍然难以与快速发展的城市相媲美，中国发展的重任仍落在城市。农村基础设施历史欠账较多，城乡公共服务水平差距依然较大，乡村发展在我国东西部区域出现显著差异，东部沿海地区逐步大力开展美丽乡村建设，整治农村人居环境；西部地区大部分乡村仍然贫困落后，发展缓慢。同时，由于我国乡村建设和发展的理论与实践经验都不完备，故这一时期各种理论与思路如雨后春笋般形成，但由于大多不具有完整的理论体系和深度，难以指导中国乡村建设与发展的实践工作。乡村的发展陷入了停滞彷徨期。

（四）全面深化阶段（2012年至今）

党的十八大以来，面对错综复杂的国内外发展环境，党中央、国务院始终把解决好"三农"问题作为工作的重中之重。2013年，中共十八届三中全会审议通过《中共中央关于全面深化改革若干重大问题的决定》，提出了全面深化改革的指导思想、目标任务和重大原则。针对农村问题主要聚焦在以下三个方面。

一是建立精准扶贫机制。2013年以来，以习近平同志为核心的党中央高度重视扶贫工作。同年，习近平在湘西考察时首次提出"精准扶贫"理念。2016年，国务院印发《"十三五"脱贫攻坚规划》。2018年，中共中央、国务院发布《关于打赢脱贫攻坚战三年行动的指导意见》，明确了脱贫攻坚的总体要求，更加有效地推动脱贫攻坚的开展。

二是实施农村土地承包地"三权分置"。2014年中央一号文件首次提出集体所有权、农户承包权和土地经营权三权分离的政策思想。同年11月，中共中央办公厅、国务院办公厅印发了《关于引导农村土地经营权有序流转 发展农业适度规模经营的意见》，正式提出"三权分置"的政策规定，明确土地经营权的目标指向。

三是推进农业供给侧结构性改革。2017年中央一号文件《中共中央、国务院关于深入推进农业供给侧结构性改革 加快培育农业农村发展新动能的若干意见》，通过调结构、转方式、促改革来推进农业供给侧结构性改革，实现农业增效、增收，这是推进农业发展进行的理论创新。

21世纪以来，国家对"三农"的投入力度不断增大，有力助推了"三农"工作的理论创新、实践创新、制度创新，开创了农业生产连年丰收、农民生活显著改善、农村社会和谐稳定的新局面，为乡村振兴战略的制定和实施奠定了扎实基础。然而，从目前来看，相对于城市发展而言，乡村发展仍然滞后，农村空心化问题更加凸显，乡村景观与生态安全严重受损，乡风文明与治理也有缺失的地方。

在发展的浪潮中，时代呼唤着强有力的国家乡村战略成为引领中国乡村建设与发展的总纲领，将发展的思路凝练成实际发展方向与路径。为此，2018年，党的十九大在总结城乡发展关系的基础上，审时度势地提出了乡村振兴战略，并从政策层面积极推进城乡融合发展。① 中国乡村建设发展历程详见表1-1。

---

① 蒋和平：《改革开放四十年来我国农业农村现代化发展与未来发展思路》，载《农业经济问题》2018年第8期，第51－59页。

表1-1 中国乡村建设发展历程

中国农村发展阶段划分	重要改革	相关政策	贡献	不足
改革发展起始阶段（1949—1978年）	土地改革运动	1950年《中华人民共和国土地改革法》	保护不同层次农民的利益，发展了农业生产	小块土地的农民个体经济难以满足工业化和城镇化对农产品的需求
改革发展起始阶段（1949—1978年）	农业合作化	1953年《关于发展农业生产合作社的决议》	完成了土地从私有制向公有制转变，实现农业集体化，适应了社会化大工业发展需求	实行城市乡村剪刀差的经济策略，导致农业生产只能维持在简单再生产水平
改革发展起始阶段（1949—1978年）	人民公社化	1958年《关于在农村建立人民公社问题的决定》	保障了工业化和城镇化的建设发展，建立了完整的工业体系	偏离了客观规律，挫伤了农民的生产积极性
探索推进阶段（1978—2001年）	家庭联产承包责任制时期	1980年《关于进一步加强和完善农业生产责任制的几个问题》；1983年《中华人民共和国宪法》修正案；1984年中央一号文件	适应了农村生产力的发展要求，促进农业劳动生产效率的提高，开启了中国特色乡村工业化道路	改革重心向城市和工业倾斜，城乡差距日益扩大
城乡统筹阶段（2002—2012年）	"两个趋向"重要论断；农村税费改革；"两山理论"的科学论断；社会主义新农村建设	2003年《关于全面推进农村税费改革试点工作的意见》；2004年中央一号文件；2005年"绿水青山就是金山银山"的科学论断、2005年《中华人民共和国国民经济和社会发展第十一个五年规划纲要》	农业产业结构不断优化，农村社会事业及社会保障体系不断完善	乡村衰败在区域出现显著差异
全面深化阶段（2012年至今）	精准扶贫	2014年《关于引导农村土地经营权有序流转 发展农业适度规模经营的意见》；2016年《"十三五"脱贫攻坚规划》；2017年《中共中央、国务院关于深入推进农业供给侧结构性改革 加快培育农业农村发展新动能的若干意见》	为乡村振兴战略的制定和实施奠定了扎实的基础	—

第二节　新时代乡村振兴的历史责任及战略意义

随着中国社会经济整体的高速发展，特别是在改革开放40年来，中国乡村各方面均取得了长足的发展，但底子薄、情况复杂的基本面尚未改变；其在产业、生态、政治、社会、文化等方面都还发展不充分，特别是在城镇化快速发展的大背景下，城乡发展的不平衡更暴露出了中国乡村今后可持续发展的短板。中华民族要实现"两个一百年"的伟大目标，在新时代背景下，乡村振兴战略的出台与推动就显得必不可少与刻不容缓。

一、新时代乡村振兴战略出台的背景

（一）时代背景

1. 中国进入决胜全面建成小康社会阶段，开启全面建设社会主义现代化国家新征程

2017年10月18日，党的十九大报告提出决胜全面建成小康社会，开启全面建设社会主义现代化国家新征程，实现"两个一百年"奋斗目标。第一个百年奋斗目标就是建党一百周年时（2021年）全面建成小康社会。第二个百年奋斗目标就是到新中国成立100年时（2049年）建成富强、民主、文明、和谐的社会主义现代化国家。农村的发展一直以来都是中国社会发展中一个突出的短板，乡村是否能繁荣有序发展，农民是否能顺利从小康奔向富裕，很大程度上决定了"两个一百年"奋斗目标能否顺利实现。

2. 中美贸易争端促使中国重视农村发展，深化供给侧结构性改革

2018年3月以来，中美贸易摩擦频繁，美国拟对进口自中国的600亿美元商品大规模征收关税，我国随后宣布对美国部分进口商品征收对等的关税。中美贸易战中，美国主要针对中国高端制造业，如航空航天、信息通信、医疗制造等行业加征关税，而中国通过加征美国大豆、玉米、猪肉等农产品的关税予以反击。农产品贸易是中美双边贸易最重要的方面之一，我国虽然是农业大国，但并不是农业强国，有些农产品高度依赖进口，且进口渠道单一。例如，我国的大豆来源高度依赖国际市场，而美国是全球第一大大豆生产国，其57%的大豆都销往中国，因此，我国在这次贸易战中对美国农产品加征关税予以反击，必然对我国农产品进出口贸易总量和国内相关农业生产和价格产生一定的影响；我国的部分农产品主要从美国进口，同时，美国也是我国第二大海产品出口市场，中美贸易摩擦会导致我国农产品的进出口受到一定程度的影响，也会短期内导致我国部分农产品价格上涨；因为我国从美国进口的主要是大豆、玉米等农产品，这些农产品除了用于榨油，还作为畜禽饲料，所以，猪、鸡、鸭等畜禽养殖成本的上涨可能会对国内养殖产业造成影响。① 因此，要想稳定国际国内市场和局势，深化供给侧改革，构建以国内大循环为主体、国内国际双循环相互促进的新发展格局就具有重要意义。

3. 新冠肺炎疫情凸显出农村的重要性，农村成为中国现代化推进的稳定后盾和动力储蓄

2020年新冠肺炎疫情的暴发对中国乃至全世界都造成了难以估量的损失，各个国家为了打赢这场抗疫战，从各方面采取应对措施，而按下社会运行暂停键来应对疫情成了防止疫情快速传播的有效措施。但是，与中国用100天左右时间取得初步抗疫胜利相比，其他国家在采取抗疫措施的时候显得犹豫不决，从而使得疫情快速地在其他国家蔓延。

除了体制差异、政府治理手段等因素以外，中国之所以能够在较短时间内控制疫情发展，这和中

---

① 蒋和平：《改革开放四十年来我国农业农村现代化发展与未来发展思路》，载《农业经济问题》2018年第8期，第51-59页。

国是一个农业大国有很大的关系。新冠肺炎疫情暴发正好处于中国春节期间，大量的农民工返乡，中国基层社会组织比较健全，可以在防控期间提供完善的社区服务。欧美国家之所以难以有效控制疫情，是因其城镇化程度高，大部分居民都生活在城市，一旦停止城市社会正常的运作，将会导致居民收入锐减乃至大量人员下岗。而中国是一个农业大国。根据国家统计局显示，截至2019年，农村人口为5.6亿左右，即使疫情导致农民工滞留在农村，没有务工收入，但可以通过农业收入维持生活，且中国家庭一般都有储蓄习惯，同时，农村生活成本较低，农民工在一段时间内失去在城市工作的机会并不会给其生活带来太大的困难。正是农民工对失去城市工作机会的承受力，使得中国具备应对新冠疫情的强大能力，农村成为中国现代化的稳定器和储水池。① 从这一方面也凸显出乡村振兴的重要性，只有乡村发展起来，国家现代化的建设才有保障。

4. 中国是个传统的农业大国，只有农民最终富裕了，才能真正实现全体人民共同富裕，这也是实现中华民族伟大复兴的重要一环

在中国5000年历史的发展进程中，但凡农业发展得好，则此朝代多数繁荣富强，国力强盛。因此，历代王朝都将农业问题视为安邦定国最重要的因素来思考。历史发展到21世纪的今天，在我们解决城市问题的同时，农民问题是我们实现中华民族伟大复兴的关键一步。习近平总书记曾说，"小康不小康，关键看老乡"②，只有贫困地区真正彻底脱贫了，才能全面实现小康；只有农业经济科学发展了，农村变美变好了，广大农民群众都富有了，农业强、农村美、农民富，社会主义现代化强国才有可能真正实现，伟大的民族复兴才算真正完成。

（二）经济背景

1. 农村宏观经济发展矛盾日益显著

农业供给侧矛盾长期存在。改革开放40年来，工业化与城镇化两部巨型机器牵引着中国经济不断向前冲，广大农村得到了空前发展，生产能力有了长足的提升。然而，由于市场机制等诸多因素，当前我国农业单位成本高，劳动生产率低，农民收入增长乏力，有效供给不足，低效无效供给过剩，市场竞争能力弱，供给侧与需求侧长期处于矛盾状态。中国中央农村工作会议于2015年12月24日至25日在北京召开。会议强调，要着力加强农业供给侧结构性改革，提高农业供给体系质量和效率，使农产品供给数量充足，品种和质量契合消费者需要，真正形成结构合理、保障有力的农产品有效供给。

粮食安全问题日益紧张。在大量的农村劳动力前仆后继地奔向城镇的同时，部分农村却变得凋零，农村劳动力相对性短缺，部分地区大量土地荒废，无人耕种；加之，由于我国农村土地制度具有特殊性，大量农村土地零散分布于个体农民手里，这给规模化农业的发展带来了阻力，制约了农业的现代化进程。与此同时，中国的粮食面临着进口需求量大、水土资源制约性强等问题，整体上粮食安全问题日益紧张。

解决中国整体经济面临的转型问题迫在眉睫，而农村问题首当其冲，只有从本质上解决农村问题，中国经济的顺利转型才有可能真正实现。

2. 中国城镇化进程存量比例日益递减

城镇化是国家现代化的重要指标之一，经过改革开放40年来的高速发展，中国城镇化进程取得了长足的发展，而城镇化也是拉动中国高速发展的重要动力来源。据《中华人民共和国2019年国民经济和社会发展统计公报》显示：至2019年年末，全国城镇化总人口约84843万，人口城镇化率达到60.60%，比上年同比增长1.02个百分点。从已有的数据来看，2018年全球平均城镇化率为55%，其中发达国家平均城镇化水平约为80%。由此粗略估算，在我国建成社会主义现代化强国的进程中，

---

① 蒋和平：《改革开放四十年来我国农业农村现代化发展与未来发展思路》，载《农业经济问题》2018年第8期，第51-59页。
② 黎海华、王光煦：《小康不小康，关键看老乡》，见求是网（http://www.qstheory.cn/dukan/qs/2020-07/16/c_1126235145.htm），访问日期：2020年7月16日。

城镇化的存量比例将日益递减。①

城市科学专家鲍世行先生说，城镇化发展是呈现"S"形的，当一个国家的农村人口占到90%以上的时候，城市发展就会很缓慢；当城镇化率达到30%以上，城市又会急速地发展；而当城镇化率达到60%以后，城市发展又会放缓下来。2019年年末，中国城镇化率已经跨过60%中收入国家的门槛了，接下来，城镇化的速率将会逐步放缓。②

3. 中国经济增长模式主动转变

我国经济从粗放型增长向生态文明型科学增长模式转变。城镇化作为中国高速发展的核心动力之一，刺激了投资、城市建设等指标的飙升。从改革开放至今，中国经济发展经历了两个大阶段：第一阶段，从1978年开始实行改革开放至2011年，这个阶段属于高速增长阶段。第二阶段，从2012年起，中国进入了高质量（中国特色新型城镇化）增长阶段。这意味着传统上以牺牲环境为代价的粗放型增长模式开始转变为生态文明型发展模式。在这种新模式背景下，城乡统筹发展就被提升到了新的高度。而由于2019年中美贸易摩擦造成出口严重受阻，经济增速阻力不断增大，要保持中国的高质量发展，乡村无疑是一个广阔的新天地。

4. 城乡区域发展差距较大

中国城乡区域发展在产业、教育投入、城乡居民收入、医疗配套、消费、就业环境等方面的差异都较大。其中，城乡收入支出比最能直接反应城乡之间的差距情况。根据2019年7月国家统计局公布的数据：全国居民人均可支配收入的中位数为13281元，城镇居民人均可支配收入为21342元，实际增长5.7%；农村居民人均可支配收入为7778元，实际增长6.6%。城乡居民人均可支配收入比值为2.74。2019年上半年，全国居民人均消费支出10330元。其中，城镇居民人均消费支出13565元，增长6.4%，排除价格因素，实际增长4.1%；农村居民人均消费支出6310元，增长8.7%，排除价格因素，实际增长6.4%；城乡居民人均消费支出比为1.63。③从数据分析可以得知，城乡区域发展差距虽然在不断缩小，但差距依旧是明显且较大的。

（三）现实背景

在今天的中国，乡村同城市一样，在改革的浪潮中也得到了高速发展，出现了翻天覆地的改变。但与此同时，城乡发展的不平衡问题日益严峻和凸显；在现代商业模式的冲击下，乡村的生态环境、村落风貌等受到不同程度的破坏，传统的乡村民风与优秀乡绅文化日益凋亡，乡村成了记忆中的籍贯，沦为回不去的精神回忆。

中国的乡村文化是伴随着城乡发展路径形成、发展、变化的，乡村就是中国传统文化的发源地。新时代背景下，我们追求中国文化的自信回归，最终目的就是实现"文化灵魂"的自信。无疑，灵魂之地在于农村。只有当我们这片国土上所有的农民都文化自信了，那么，中华文化的复兴才算真正完成。

（四）理论背景

中国历代以农业为治国的首要任务。自中华人民共和国成立以来，党和国家更是始终把"三农"问题作为重中之重来对待。1949年以后，毛泽东同志指导农民走上农业合作化道路；邓小平同志认为，家庭联产承包责任制是对农业生产关系的创新，提出要走中国特色农业现代化道路；江泽民同志提出，要统筹城乡发展，为新农村建设提供制度保障，就要始终维护农民群众的利益；胡锦涛同志坚

---

① 《中华人民共和国2019年国民经济和社会发展统计公报》，见国家统计局（http://www.stats.gov.cn/tjsj/zxfb/202002/t20200228_1728913.html），访问日期：2021年2月28日。

② 转引自《中国的城镇化率与世界各国的比较？》，见新浪网（https://iask.sina.com.cn/b/iRNEH3VifNzn.html），访问日期：2021年3月10日。

③ 《中华人民共和国2019年国民经济和社会发展统计公报》，见国家统计局（http://www.stats.gov.cn/tjsj/zxfb/202002/t20200228_1728913.html），访问日期：2021年2月28日。

持用科学发展观来指导"三农"问题的解决，并提出"两个趋向"的重要论断。这些都为我们党和政府在新形势下发展"三农"事业奠定了重要的理论基础。

从习近平同志2003年在浙江实施的"千村示范万村整治"行动，到2007年10月，党的十七大会议提出"要统筹城乡发展，推进社会主义新农村建设"，再到"十二五"期间（2011—2015）受安吉县"中国美丽乡村"建设的成功影响，浙江省制定了《浙江省美丽乡村建设行动计划》，15年来，从中央到地方，各地美丽乡村建设的实践以及理论的研究为乡村振兴战略提供了充分有力的系统理论基础。

二、乡村振兴发展历史责任及战略意义

乡村振兴发展需要我们直面产业、生态环境、政治、社会、文化等各方面的问题，只有这样，才能从根本上实现乡村的真正现代化。乡村振兴是中华民族的伟大复兴中最重要的环节之一，也是我们无法回避的巨大挑战。乡村振兴发展肩负着重要的历史责任以及国家发展的战略意义，它也必然需要全社会来共同关注与推动。

（一）加速推动中国农业现代化

乡村振兴的整体目标就是农业农村现代化，其中，农业的现代化包括乡村产业振兴的重点。农业现代化就是农民生活方式现代化、生产技术现代化、产业布局科学化、营销方式现代化、生态环境现代化等。没有产业振兴，没有农业现代化，乡村振兴就无从谈起，乡村振兴就是要主动作为，加速推动农业现代化。

（二）缩小城乡贫富差距，实现全民共同富裕

改革开放40年来，中国经济保持着高速增长，2010年超过日本，成为世界第二大经济体，在让一部分人"先富起来"的同时，城乡贫富差距也在不断加剧，两极分化日趋严重；最高收入那10%人群与最低收入那10%人群的差距比从1988年的7.3倍增大到2007年的23倍。[①] 在城市高速发展的大背景下，要缩小贫富差距，主动提高乡村农民的收入就显得更为重要。而乡村振兴就是通过产业的振兴，实实在在地提高农民的收入。只有农民富裕了，全民共同富裕的目标才可能实现。

（三）促进城乡一体化，加速城与乡之间的高度融合

在过去很长一段时期，资源总是相对单向地从乡村流向城市。2003年10月，党的十六届三中全会在统筹发展思想上有了进一步的拓展，明确提出了统筹城乡发展、统筹经济社会发展、统筹人与自然和谐发展、统筹国内发展和对外开放。于是，城市开始正式"带领"乡村协调发展。2018年9月26日，中共中央、国务院在印发的《乡村振兴战略规划（2018—2022年）》中提出："构建乡村振兴新格局、统筹城乡发展空间。"自此，乡村振兴从本质上也主动积极向城市靠拢，联动发展，形成了城与乡双向积极互动、统筹协同的城乡一体化新局面。

（四）为中国经济再发展提供新的原生动力

投资是经济发展的"三驾马车"之一。2019年，中国固定资产投资增速有所下滑。数据显示，2019年1—8月，固定资产投资增速为5.5%，其中，基础设施建设投资增速仅为3.19%。上述数据反映出随着我国城市化的逐步推进和基础设施日益完善，基础设施建设逐步饱和甚至在个别城市面临过剩的问题（如图1-1所示）。

---

① 《十八大报告提"收入分配改革"着重提高两个比重》，见温州网（http://news.66wz.com/system/2012/11/19/103432288.shtml），访问日期：2021年3月20日。

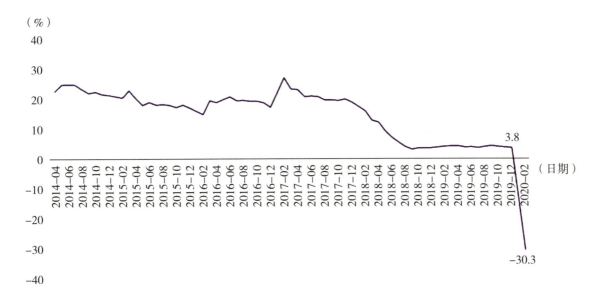

图 1-1 2014—2020 年中国基础设施（不含电力）投资完成额累计同比

图片来源：国家统计局、前瞻产业研究院《2020 年中国新基建产业报告》。

同样，相关数据也显示出，随着乡村振兴战略的实施和乡村建设的推进，农村基础设施投资主要围绕水利、道路、公路、网络、公共服务设施等方面在近几年得到快速增长。现在看来，基础配套设施依旧是乡村的主要短板。在接下来的一段时间内，农村的基础设施建设投资将会更有力地拉动经济发展（如图 1-2 所示）。

图 1-2 2014—2019 年中国农村基础设施建设的财政支出增速

图片来源：中国基础建设协会。

（五）助力中华民族的伟大复兴

中华民族的伟大复兴，包含了国家、民族、人民三个层面的内容，其中，人民共享社会主义经济繁荣，实现共同富裕、幸福、自信是最根本的。而乡村问题是我国经济社会发展中一直以来的短板问题，乡村产业不振兴，农村不富裕，就谈不上共同富裕，更谈不上伟大复兴，这是无法回避的最后问题。只有通过乡村振兴战略的推动，才能从产业、生态环境、乡风、法治等方面系统推动改革，让农民积极主动参与进来，共同推动人民富裕、产业振兴、乡村复兴，最终助力民族的伟大复兴。

第三节　乡村振兴规划的机遇与挑战

党的十九大报告提出，实施乡村振兴战略，要坚持农业农村优先发展，按照产业兴旺、生态宜居、乡风文明、治理有效、生活富裕的总要求，全面推进乡村复兴。

2017年12月底，中央农村经济工作会议首次提出走中国特色社会主义乡村振兴道路，并提纲挈领地提出了乡村振兴"七条路径"，制定了乡村振兴"总路线图"，以及"三步走"时间表。

2018年中央一号文件聚焦于乡村振兴战略，明确了乡村振兴战略的总要求、原则、目标、主要任务和规划保障等，为各地编制和实施乡村振兴规划提供了良好的政策依据和实施路径。

在未来30年，乡村必将成为世人瞩目的风云之地，也将成为资本表演的绚丽舞台。但乡村到底应该如何去振兴？落实乡村振兴战略面临着哪些机遇与挑战？又应采取何种应对措施？这些问题都有待我们在实践中不断去探索和总结。

一、实施乡村振兴战略的机遇

（一）经济实力提升及政策支持

自改革开放以来，我国社会经济得到快速发展，综合国力得到不断增强。国家一直以来都非常重视"三农"工作的推进，历年来的中央一号文件及相关政策的发展和完善都为乡村振兴提供了制度上的基础支撑。

（二）国际合作提供了良好的外部环境

2013年，习近平总书记提出建设"新丝绸之路经济带"和"21世纪海上丝绸之路"的合作倡议，即"一带一路"合作倡议，旨在聚焦互联互通，深化务实合作，携手应对人类面临的各种风险挑战，实现互利共赢、共同发展。"一带一路"经济区开放后，我国承包工程项目突破3000个。[①] 截至2020年11月，中国已经与138个国家、31个国际组织签署201份共建"一带一路"合作文件。"一带一路"合作倡议的提出是加快我国农业对外开放的重要机遇，中国可以与"一带一路"沿线国家进行农业贸易、农业科技、农业教育等有关农业领域项目的交流与合作，有助于我国农业面向国际，加快构建对外开放新格局，增强面对国际形势变化及处理全球突发事件的应对能力。

（三）城乡资源要素的转化

随着城市生活生产成本的提升，农村因具有广阔的土地、较低的土地成本、丰富的劳动力及优惠政策的支持等优势条件，城市的要素资源逐渐向农村流转，为农村发展所需的资金、人才、技术等要素提供了来源，也为农村第一、第二、第三产业的发展提供了有利条件。

（四）新农村的长期实践为乡村振兴提供了宝贵的经验

在推进农业现代化和建设社会主义新农村的长期实践中，全国各地都根据当地农村的实际条件进行了许多关于农村建设的探索，积累了丰富的农村建设和发展的成功经验，这也为乡村振兴在实践上提供了宝贵的经验借鉴。

---

① 蒋和平：《改革开放四十年来我国农业农村现代化发展与未来发展思路》，载《农业经济问题》2018年第8期，第51-59页。

二、面临的挑战

（一）顶层统筹难度大

顶层统筹难度包括组织协调难度大。乡村振兴涉及乡村经济、产业、文化、组织、管理、制度等方方面面，牵涉部门多，工作复杂，统筹难度较大，很容易出现不协调、不合理的现象。资金统筹难度大。乡村振兴所需资金数量大，财政资金供不应求，工商资本下乡束缚较多，地方融资筹资门槛较高。

（二）基层思维转变难

基层思维的局限性具体表现为：①思想观念陈旧，受思维惯性影响大，故步自封，不敢为；②发展意识淡薄，固守传统发展理念，缺乏求新、求变、求异的开放革新理念。

（三）产业结构不平衡

第一、第二、第三产业融合发展程度低，结构不合理；产品短缺与产品过剩同时并存，安全、绿色产品供不应求与低质产品产量过剩的现象时有发生；乡村土地、劳动力、技术等要素流动性弱，资源转化能力不强；产业发展项目同质化严重，产品、市场同质竞争等现象突出。

（四）科技创新薄弱

科技创新是乡村振兴的关键，目前，科技创新薄弱主要体现在科技创新动能不足，科技成果应用、转化率低，休闲农业、绿色农业等新型业态发展比较薄弱，以及农业企业自身研发能力较低等方面。

（五）文化参与性亟待加强

乡村文化日渐式微，一些传统文化、民俗文化逐渐淡化；文化资源利用程度低，文化资源优势未能转化为文化产业和文化资本优势；乡村文化活动缺乏参与性、体验性和代入感。

（六）品牌意识尚浅

品牌多、散、乱，区域品牌、产品品牌体系不健全，有产品无品牌，无法形成品牌效应；产品品牌设计、包装、推广意识不强，低端化运营，有品牌无品位；地方品牌整合度不高，缺乏整体竞争力。

中国人民大学品牌农业课题组与北京福来战略品牌营销咨询机构经调研发现，近年来，农产品区域品牌建设蓬勃发展，一些具有传统认知的特色农产品区域品牌建设取得了阶段性成效。但在热火朝天的表象背后，80%的农产品区域品牌建设隐藏着问题与困局，叫好不叫座，出现抱着金饭碗吃不饱甚至没饭吃的尴尬境地。[①]

（七）乡村治理情况复杂

乡村基本公共服务需求与供给矛盾日渐突出；劳动力大量输出造成建设主体缺位；行政村的职能难以转化，权力有资本化趋势；社区大规模调整使村民缺乏社区认同意识；地方宗族、黑恶势力干扰；村级发展成果的利益协调机制、成果共享机制等尚未健全。

---

① 《农产品区域品牌建设新模式发布：政府和企业不要再走弯路了》，见福来战略品牌咨询机构网（http://www.flyteam.com.cn/ShowArticle/31.html），访问日期：2021年3月16日。

（八）保护与开发难把握

规划不科学，难以统筹全域发展；生态保护与修复成本高，生态补偿机制不健全；历史文化传承保护、非物质文化遗产传统技艺的传承保护难度较大。

（九）商业运营模式缺乏

因人才缺乏及信息掌握不及时，农业及其他乡村产业多数运营模式过时，对于新的商业运营模式缺乏深度探索，阻碍了产业的后续发展，很难发挥全产业链的优势。

（十）农村利益机制不健全

集体经济利益、土地规模化流转利益、投资者利益、人才利益、村民利益等的协调、保障机制不健全，造成利益分配不均衡，矛盾凸显，导致产业项目难以落地，产业发展受阻。

三、实施乡村振兴战略的基础

培育乡村振兴的动力系统，是实现乡村振兴战略的基础。在实施振兴乡村战略的大背景下，需要改变以往的乡村建设模式，使乡村真正成为发展主体，由自发走向自觉，由输血走向造血，培育内生动力机制是根本。因此，激活和培育乡村内生动力系统和外生动力系统尤为重要。乡村发展动力系统包括两大板块：一是内生动力系统，核心在于培育新产业体系、新建设主体、新利益机制和新治理模式；二是外生动力系统，主要包括新金融体系、新服务平台、新乡土文化和新乡村风貌。

（一）内生动力系统

1. 新产业体系

适应农产品质量安全的需求，构建有机农业、品牌农业等绿色农业产业体系；适应农业多功能的需求和三产融合趋势，构建农业与第二、第三产业交叉融合的现代产业体系；适应大数据、互联网、高新技术、生物技术集成化发展的需要，培育社群网络零售、共享农业等新型消费与服务产业体系。

2. 新建设主体

乡村建设的主体是村民。新建设主体应该包括三类人群：第一类是乡村原居民。应该通过职业、技术、管理、服务等多方面的培训，使之转型为新型职业农民。第二类是乡村新居民。这一部分人追求自然宜人的环境，选择较长时间居住在村庄，并逐步融入当地的生活，成为一股乡村建设的新力量。第三类是乡村志愿者。他们是乡村振兴的建设者和服务者，带着生态的思想和理念投身于乡村建设，成为乡村建设的新动力，是沟通城乡的纽带。

3. 新利益机制

在巩固和完善农村基本经营制度，保持土地承包关系稳定并长久不变的基础上，深化农村集体产权制度改革，实行股权制、合作制等多种形式利益分配机制，赋予农民更多的财产权利，做到"共有共享"，人人享有乡村经济发展的红利。

4. 新治理模式

转变村级行政职能，探索新的乡村治理模式。以村民自治为核心，构建村社一体化共同体，推行民主自治管理，实现"产权、财权、治权、事权的统一"，最大限度地调动村民参与的积极性。

（二）外生动力系统

1. 新金融体系

创新农村金融服务机制，推广绿色金融、生态金融、共生金融理念，探索内置金融、普惠金融等新型农村金融发展模式，推进"两权"抵押贷款，实现金融服务对乡村产业、乡村生活全覆盖，为乡村建设提供外部助力和支撑。

2. 新服务平台

围绕乡村产业发展，以乡村大数据为基础，利用互联网、物联网、区块链等技术手段，打造产业运营平台、产品交易平台、资源整合平台、乡村文创平台等多种创新创业平台，凝聚乡村振兴合力，促进区域经济发展。

3. 新乡土文化

充分发掘地域乡土文化元素，在保持原有乡土风味的基础上，有机融入现代文化的内容，结合人们喜闻乐见的艺术形式，构建既传承优秀传统文化又富有时代气息的新乡土文化。

4. 新乡村风貌

围绕生态宜居的目标，以农村人居环境整治为纽带，整治村容村貌，完善公共服务和基础设施，维护、修复自然生态，美化山水田园风光，培养新生活价值观，打造乡村新生活模式，营造天人合一、尊重自然、和谐共生的乡村新风尚，使乡村成为承载乡愁记忆的生态家园。

5. 打造农产品区域品牌建设

针对农产品区域品牌建设呈现出品牌使用公地化，透支抢吃"大锅饭"；品牌选择茫然化，产品真伪难分辨；品牌主体虚无化，振兴大任担不起；品牌效益短期化，前功尽弃不持续四大困局，北京福来战略品牌营销咨询机构和中国人民大学品牌农业课题组专家团队共同提出了新时代农产品区域品牌打造新模式——"农产品区域品牌联合体模式"。

这个在新时代农产品区域品牌建设高峰论坛上提出的农产品区域品牌联合体，其核心是政府主导和企业化运作，一个品牌统领一个品类，一个企业带动一个产业，一个产业引领一方经济，最终形成共生共荣、错位竞争的品牌产业生态，从而保证农产品区域品牌健康可持续发展。

（三）突破乡村发展的思维局限

思路决定出路，乡村振兴战略需要具备新乡村发展的思维模式，敢于创新，勇于突破。

1. 从开放资源上突破，培育共享思维

乡村有很多可资开发利用的资源，如土地、森林、河湖、建筑等不可胜数，然而，相当一部分处于尚未开发的状态。乡村振兴战略需要有共享思维的理念，将资源化为吸引核，吸引企业资金、社会资本投资建设乡村，实现共同发展。

2. 从市场主导上突破，培育商业思维

坚持市场主导，以企业为主体的原则，走市场化道路，推动乡村的可持续发展。打破单一政府支持发展模式，开放市场，引入更多的企业和投资主体投入到乡村建设中去。

有研究表明，凡是出现问题的农产品区域品牌，都缺乏一个品牌产权明晰、市场经营实力强大的企业法人主体。究其原因，主要有二：一是品牌产权归属的主体不清，品牌所有权与使用权分离。二是主体分散不强大，没有培养起一个强壮的企业法人式的市场经营主体。

由此可以看出，企业型经营主体是纲，纲举目张，解决好经营主体问题，其他问题将迎刃而解。

3. 从政策扶持上突破，产业带动思维

以产业扶持、金融政策扶持、人才培育扶持为主，尤其要注重产业发展，提升产业的发展力、辐射力和带动性。只有扶大、扶强乡村产业，才能增强乡村的造血功能，激活乡村的内生动力。

4. 从吸引人才上突破，注入发展活力

引导乡村营造良好的生态环境，完善公共服务设施，打造宜居宜业的创业基地，结合人才战略，吸引创业人才、技术人才、管理人才入驻乡村，为乡村建设提供智力支撑。

5. 从策划规划上突破，注重规划引领

策划规划引领，注入乡村发展新思想，尊重乡村，善待乡村。在遵循乡村原有山脉、水脉、文脉的基础上，加入创意元素、时代元素，优化乡村功能布局，强化乡村本土特色化发展。

6. 从产业融合上突破，助推产业升级

神农岛首席顾问娄向鹏在《品牌农业2大特产：让地方特产卖遍全国》[①] 一书中表示，"第六产业"的本质是第一、第二、第三产业相互融合，成为一体。"第六产业"才是彻底的农业产业化，是真正的农业现代化。助推产业升级，就需要大力促进农村第一、第二、第三产业融合发展，发挥农业多功能性的优势，发展创意农业、休闲农业、循环农业等多形态农业产业，探索"村园融合""镇园融合"等发展模式，打造农业全产业链，促进产业转型升级，提升土地价值和农业收益。

7. 从用地政策上突破，提供土地保障

深化土地改革，在不改变原有土地用途的前提下，活用集体用地、"四荒"用地、增减挂钩、异地置换等系列政策，适当调整农业、旅游、康养等项目建设用地指标，为产业发展提供保障。

8. 从金融改革上突破，打破农业信贷瓶颈

金融是实体经济的血脉。从金融改革上突破农业信贷瓶颈，打破现有金融供给不足、农业经营主体信贷可获得性较差的困局，就需要政府部门制定鼓励政策，引导乡村筹建发展基金，构建联结银行、合作社、经营主体的农村金融服务机制，以打破信贷瓶颈。

9. 从宣传营销上突破，搭建城乡信息桥梁

借助互联网、App、微信等现代新媒介，传播乡村生态农业理念，推广农业品牌，传播乡村生活方式和乡村文化，搭建城乡沟通的信息桥梁。通过网店电商、体验店、社区直营等线上线下结合的方式，创新营销模式，畅通乡村产品渠道。

参考文献

[1] 邱家洪. 中国乡村建设的历史变迁与新农村建设的前景展望 [J]. 农业经济, 2006 (12): 3-5.

[2] 王国敏, 何莉琼. 新中国成立以来的农村改革：政策变迁、成就与经验 [J]. 井冈山大学学报（社会科学版), 2020, 41 (3): 5-12.

[3] 蒋和平. 改革开放四十年来我国农业农村现代化发展与未来发展思路 [J]. 农业经济问题, 2018 (8): 51-59.

[4] 刘彦随. 中国新时代城乡融合与乡村振兴 [J]. 地理学报, 2018, 73 (4): 637-650.

[5] 杜娟. 中美贸易争端对中国农业的影响及启示 [J]. 西北农林科技大学学报（社会科学版), 2019, 19 (3): 152-160.

[6] 贺雪峰. 从新冠疫情认识中国农民退路的重要性 [R/OL]. (2020-04-23). http://k.sina.com.cn/article_6546263541_186300df502000t806.html.

[7] 新华社. 我国已与138个国家、31个国际组织签署201份共建"一带一路"合作文件 [R/OL] (2020-11-17). http://www.xinhuanet.com/world/2020-11/17/c_1126752050.htm.

（编者：胡辉伦、卢树彬、徐刚、龙国辉、林金龙、郭文平、杨惜敏）

[①] 娄向鹏：《品牌农业2大特产：让地方特产卖遍全国》，机械工业出版社2016年版。

第二章　乡村振兴的总体思路与政策导航

发展中国乡村，让农村人口全面摆脱贫困，走向富裕；缩小城乡差别，让农业成为被人羡慕的行业，让农民越来越能感受到获得感、幸福感，是党和政府的奋斗目标。中国政府在不同时期，根据乡村发展状况，与时俱进地提出适应实际情况的方针政策，有效地指引各地精准施策，为全面脱贫攻坚、振兴农业和振兴乡村进行路线指引与政策导航，避免乡村建设过程中的路线不明、依据不清、措施不力等问题，同时也避免个别地方在制定乡村振兴相关政策时可能出现的浮夸冒进、脱离实际和难以落地的现象。

第一节　新时代乡村振兴的总体思路

要实现乡村振兴，建设者需要思考一系列问题：我们要建设一个什么样的乡村？怎样建设乡村？建设乡村的资金从哪里来？靠什么人来建设乡村？建设乡村的机制如何创新？建设乡村要注意什么？建设乡村的强大合力如何形成，以及如何正确认识乡村振兴与脱贫攻坚的关系？等等。

一、乡村建设与发展目标

新时代乡村建设是激荡在广袤乡土大地上最为动人的梦想，是回荡在亿万农民心中最为深切的期盼。党的十九大提出的乡村振兴战略，全面擘画了中国乡村发展的美好未来，将促进农业农村发展提上了前所未有的高度。2018年元旦前召开的中央农村工作会议更制定了乡村振兴的时间表和路线图，并明确提出"到2050年，乡村全面振兴，农业强、农村美、农民富全面实现"。

时代的车轮滚滚向前，又一次将"要建设什么样的乡村"这一历史性课题摆在我们面前。回望历史，我们既有先贤"大同社会"的哲学构思，又有文人"桃花源"的诗意畅想，也不乏封建士绅、近现代知识分子的乡村建设实践。然而，由于时代的局限和历史条件的制约，这些探求只能停留在乌托邦式的空想和局部的简单实践中。放眼国际，欧美的大农场、日韩的民俗村、拉美的种植园，其乡村建设各有亮点，但由于国情、农情不同，我们想学学不了，想搬搬不来。纵览古今，揆诸国际，新时代中国的乡村振兴没有完整的模式可鉴，没有现成的路径可走。

（一）梦想无疆，凿路而行

新时代乡村全面振兴，必须闯出一条具有中国特色的乡村振兴之路。中国共产党站在中华民族伟大复兴的高度，在对世情、国情、农情深刻审视的基础上，为乡村振兴战略制定了"产业兴旺、生态宜居、乡风文明、治理有效、生活富裕"二十字总要求，又更加具体地谋划了"城乡融合发展之路、共同富裕之路、质量兴农之路、乡村绿色发展之路、乡村文化兴盛之路、乡村善治之路、中国特色减贫之路"七条道路。这七条道路不仅指向中国乡村高质量发展的辉煌前景，也必将为全球解决农村发展问题提供中国智慧和中国方案。

（二）乡村振兴要以农业农村现代化为根基，让农业成为有奔头的产业

农业是乡村的本业，是国家最基础、最刚需的产业。过去是这样，现在是这样，将来还是这样。无论时代怎样发展，无论乡村怎样演变，无论城镇化水平怎样提升，农业始终是亿万斯民一饮一啄的供给之源，始终是全社会生态供给的主要来源，始终是数亿人繁衍生息的谋生之业，也始终是民族文化传承创新的基因宝库。新时代乡村全面振兴，要让农业成为有奔头的产业。怎样才算有奔头？①农业现代化水平得到全面提升，产业体系、生产体系、经营体系得到不断健全，适度规模经营得到广泛推行，经营农业的成本大大降低；②农业产业链不断延长，产供销实现一体化，第一、第二、第三产业发展深度融合，增值空间得到大大提升；③农业的功能和价值要得到拓展和掘深，能望得见星空，闻得见草香，听得见鸟鸣，使越来越多的人在农业劳作中感受创造的价值，在农耕文化的传承中获得情感熏陶，在与大自然的亲密接触中找到心灵归属。

（三）乡村振兴要以农民的全面发展为宗旨，让农民成为令人羡慕的职业

长期以来，"农民"二字不仅仅是一种职业称谓，还是一种身份象征，农民作为社会最庞大的群体，其获得社会平均利润的机会却较少。新时代乡村全面振兴，要让农民成为令人羡慕的职业：①农民的收入要高，不仅工作选择多，且体面有尊严；不仅经济来源渠道广，且增长幅度大。②农民的生活要好，能享受和城市一样的生活设施和社会福利，忙时乡间劳作，闲时进城逛逛，生活丰富多彩。③农民的机会要多，既能扎根乡村，也能融入城市，全面发展的束缚被打破，向上层社会流动的机会大大增加。④农民的心情要美，一年四季不再如候鸟般往返城乡，一家老小都能团圆喜乐，春有百花秋有月，夏有凉风冬有雪，在田园牧歌中实现"诗意地栖居"。收入高是基础，生活好成标配，诗意栖居作为追求，乡村全面振兴后，做农民将是一件更幸福的事。

（四）乡村振兴要以农村的繁荣兴旺为目标，让农村成为安居乐业的美丽家园

乡村是农民聚居的家园，是都市人"记得住乡愁"的心灵归处。从江南的小桥流水到东北的雪路柴扉，从陕北的窑洞暖炕到川滇的竹楼木屋，都凝结着我们对乡村的美好记忆。随着城镇化的推进，我国农村发生了历史性变化。与此同时，部分地区出现了"空心化""空巢化""老龄化"等现象。新时代乡村全面振兴，要让农村成为安居乐业的美丽家园：①生态环境要优，看得见蓝天，摸得着绿水，山水林田湖草保存良好；②村容村貌要好，街道整洁，基础设施完备，农民生活起居现代化程度高；③乡村社会要和，自治有传统，法治有保障，德治有作为，乡村走向善治；④乡村风尚要美，邻里和睦，民风淳朴，文化欣欣向荣。总之，乡村全面振兴，既要有传统农耕文化的风绪余韵，也要有新时代与时俱进的崭新面貌。

我们就是要建设这样的乡村，我们一定能建成这样的乡村。面对时代提出的乡村建设之问，我们给出了有力的回答。蓝图既绘，美好可期。让我们豪情满怀地迈入乡村振兴新时代，以昂扬的斗志、扎实的实践，不断开创乡村振兴新局面，谱写乡村振兴新篇章！[①]

二、乡村的实施路径

大道行思，取则行远。乡村振兴的蓝图已经绘就，摆在我们面前的重大课题就是要回答怎样去建设乡村和振兴乡村。

对此，中央农村工作会议给我们指明了七条路径：走城乡融合发展之路、走共同富裕之路、走质量兴农之路、走乡村绿色发展之路、走乡村文化兴盛之路、走乡村善治之路、走中国特色减贫之路。

---

① 农业农村部新闻办公室：《乡土特色产业成为乡村产业重要增长极》，见中国政府网（http://www.gov.cn/xinwen/2019-07/05/content_5406496.htm），访问日期：2019年7月5日。

这"七条道路"不仅引领着新时代中国特色社会主义乡村振兴，也为乡村振兴赋予了高质量、可持续发展的深厚内涵。

我国是一个拥有14.1亿人口的大国（2021年人口普查数据）。2016年，城镇化率已经达到57.35%。随着城镇化的发展，越来越多的人从农村迁往城镇。尽管如此，我们必须清醒地认识到，即便将来城镇化率达到70%，仍将有近5亿人常住在农村。面对这么庞大的农村人口、这么广袤的乡土大地，中国的乡村振兴一定要有自己独特的道路，也一定能创造适应我国国情、农情的乡村振兴奇迹。

（一）乡村振兴必须重塑城乡关系、推进城乡融合，坚持农业农村优先发展

发展不是同步，而是"优先"；城乡关系不是微调，而是"重塑"。词语的差别，体现的是政策的重大变化是"重中之重"的落实，是"念兹在兹"的落细，同时还是"重锤响鼓"的升华。该怎样把"重塑"和"融合"悟透、做实呢？应该看到，改革开放近40年，工业化、城市化、信息化积累了雄厚的能量，为全面开展以工补农、以城带乡、反哺"三农"构建了坚实的物质支撑；连续14个中央一号文件的推出，为凝聚全社会力量重农强农和推进城乡融合发展奠定了制度、政策和文化基础。推进城乡融合，必须切实建立城乡融合发展与农业农村优先发展体制机制。充分发挥政府的主导作用，在人、财、物等方面推动城乡要素平等交换的同时，努力加大财政对"三农"的投入力度，形成财政投入"三农"的激励机制，发挥财政资金的"磁吸"和"药引"效应，吸引和撬动更多金融和社会资本投向农村。要大力推进城乡基本公共服务均等化，为城乡融合发展和农业农村优先发展提供保障。要加大改革和创新力度，着力破解制约城乡发展的体制障碍。

（二）乡村振兴必须以提高农业综合效益和竞争力为导向，坚持农业高质量发展

经过这么多年农业农村经济的高速发展，我们在农产品生产保障能力上已经达到了一个相对稳定的水平，与此同时，出现"多了多了，少了少了"的所谓"成长中的烦恼"。面临这样的形势，农业必须实现工作导向的重大转变和工作重心的重大调整，由增产导向向提质导向转变。要以推进农业供给侧结构性改革为主线，坚持质量兴农、绿色兴农、效益优先，加快转变农业生产方式；要以资源环境承载力为基准，全力构建人与自然和谐共生的发展格局；要建立大食物观，统筹衡量"获取什么"；要珍惜资源、对接需求，明确"产出什么"；要把环境保护作为硬任务，注意"留下什么"；要构建田园生态系统，思考"贡献什么"。

（三）乡村振兴必须着眼于文化兴盛、治理有效，坚持农村和谐发展

"观乎人文，以化成天下。"乡村振兴是全方位的振兴，文化振兴是其题中应有之义，实现乡村振兴必须构建新时代乡村新文化。要创新乡贤文化，以乡情乡愁为纽带吸引和凝聚各方人士支持家乡建设，传承乡土文明。要引入现代科学文明，在乡村形成相信科学、尊重科学的新风尚。要倡导社会主义核心价值观，以价值观的力量，为人生赋值、为乡村定规。乡村振兴自然少不了治理体系的现代化，必然要走"善治"之途。要在乡村推进法治、德治、自治"三治合一"，最终实现民主与法治相统一、公平与效率相统一、活力与秩序相统一，建立完善高效的乡村治理体系，让农村成为和谐善治的农村。

（四）乡村振兴必须以共同富裕、全面小康为目标，坚持农民共享发展

"勤为政者，贵在养民；善治国者，必先富民。"而对于农民占比颇大的中国来说，"富民"的重头和大头自然是"富农民"。可以说，如果农民没有小康，我们的小康就是拖着"短腿"的小康、低水平的小康、被平均数掩盖的小康；如果农民没有富裕，我们的富裕也必然是脆弱的富裕、不平衡的富裕、不可持续的富裕。实现共同富裕，要着力解决不平衡、不充分的发展矛盾，重点关注广大小农户的权益，尤其是传统农区的小农户，在发展适度规模经营的现代农业时，要防止工商资本对普通小

农户的挤压和对农村资源的掠夺。要坚持农村基本经营制度，特别是土地制度，要以产业为基础，以共享为核心，壮大集体经济，实现农民的共同富裕。要把脱贫攻坚当作一场战役，以精准扶贫、精准脱贫为决胜方略，以凝聚各方合力为决胜之要，以落实责任为决胜之基，用非常举措打赢这场攻坚战，从而让贫困人群尽快搭上小康和富裕的快车，与全国人民一起共享国家发展的成果，共图乡村振兴的伟业。

怎样建设乡村？怎样振兴乡村？路径已经规划，目标正在前方。肩负着历史的重托，承载着民族的希冀，新时代的乡村振兴正迈出雄健的步伐。①

三、乡村振兴的十大模式

我国发布的以"乡村发展与建设"为导向的乡村振兴十大模式，其类型分别为：①产业发展型；②生态保护型；③城郊集约型；④社会综治型；⑤文化传承型；⑥渔业开发型；⑦草原牧场型；⑧环境整治型；⑨休闲旅游型；⑩高效农业型。在目前，已有一些乡村按照这些模式进行了实践探索并取得了成功，进一步证明了这些具有针对性的模式能为乡村振兴提供范本与借鉴，有利于乡村振兴战略的实施。

（一）产业发展型

产业发展型乡村振兴模式利用乡村原有产业优势，以实现"一村一品""一乡一业"为目标，通过打造强有力的主导产业带动关联产业、基础产业的集聚化和规模化发展，并融合文化、健康、房地产等相关产业，不断延伸特色产业链条，具有产业优势和特色明显的特点。这一模式也常被我国东部沿海等经济相对发达地区的乡村所采用。

永联村（见图 2-1）地处江苏省张家港市南丰镇。改革开放期间，永联村打破"以粮为纲"的禁锢，办起了轧钢厂，获得了可观的受益，完成了从苏南地区经济发展最为落后的村庄之一，到全县十大富裕村的转变，被誉为"华夏第一钢村"。

图 2-1 永联村

图片来源：http://yong-lian.com/index.php?m=News&a=index&aid=3006。

近年来，永联村不断加快科技创新与转型升级的步伐，将轧钢厂发展成为具有更强竞争力的永钢集团。具备了良好的村集体经济实力后，永联村"以企带村"，为乡村振兴"加油扩能"，大力建设基础设施及社会公共事业。该村不仅利用当地工业的产业优势创办更多的劳动密集型企业，解决了村

---

① 《我们要怎样建设乡村？》，见搜狐网（https://www.sohu.com/a/407325908_99938624），访问日期：2020 年 7 月 13 日。

中数量过万的剩余劳动力的就业问题，还通过开辟土地建设个私工业园、建造生产厂房并廉价租给本村个体劳动者等手段，不断发展壮大集体经济的实力。与此同时，永联村以工业带动农业发展，不断强化农业产业化经营，成立了苗木公司，规划建设高效农业示范区。① 大面积的苗木使永联村在获得巨大经济效益的同时，也成为企业的绿色防护林和村庄的"绿肺"，提升了村庄生态环境，带来了巨大的生态效益。

永联村发达的钢铁产业是其重要组成，也为乡村振兴提供了经济支撑与重要保障。这一以工富村、以工带农的乡村振兴实践使永联村从城乡接合部迈向现代化新乡村，为乡村振兴积累了新的经验。

（二）生态保护型

生态保护型模式适用于自然条件优越、生态环境优美、污染较少的乡村。这些乡村可以充分利用传统田园风光、乡村特色、生态环境三大自身优势，大力发展乡村生态旅游优势并将之转化为经济优势。

高家堂村（见图 2-2）是位于浙江省安吉县山川乡南端的一个山区村，多山多川，拥有着广阔的山林、水田和丰富的竹林资源，有着得天独厚的自然生态环境。

图 2-2　高家堂村

图片来源：https://www.sohu.com/a/256949394_457412。

高家堂村以生态建设为主体，重点围绕"生态立村—生态经济村"这一关键核心，关停了有污染环境风险的工厂与企业，并禁止使用任何化学除草剂，从源头上杜绝水源与土壤污染。在保护自然环境的基础上，依托着自然资源丰富这一优势，大力发展生态农业、生态旅游的特色生态经济，利用丰富的竹林资源发展生态观光型竹林基地、竹林鸡养殖等紧密相关的产业，形成了特色鲜明、功能突出的高效生态农业产业布局。此外，高家堂村还投资修建了仙龙湖环境水库，进一步加强对水源的涵养与保护，进一步提升了环境品位。同时，高家堂村也积极鼓励农户进行竹林培育、生态养殖和开办农家乐。优美的自然环境吸引了大批游客前来，旅客在挖笋、捕鸡、品山珍和欣赏自然山水当中获得乐趣，农户也得到了实惠，收入大幅增长。

高家堂村的乡村振兴实践证明了保护好绿水青山能使农民过上好日子，这一保护生态、和谐发展、循环有序之路所带来的生态、经济效益与示范、辐射、带动作用不可估量。

---

① 《永联村美丽乡村治理模式分析》，见前瞻产业研究院（https://f.qianzhan.com/xiandainongye/detail/180605-48ba7d8a.html），访问日期：2021 年 1 月 2 日。

(三) 城郊集约型

城郊集约型建设模式适用于既拥有良好的经济条件及较为完善的公共和基础设施，又具备大片集中土地、便捷交通条件的地处大中城市郊区的乡村，以打造高农业集约化、规模化经营水平，高土地产出率，能够作为城市"菜篮子"基地的新型乡村。

泖港镇（见图2-3）隶属素有"上海粮仓"之称的松江区，地处松江浦南地区三镇中心，同时也是上海西南举足轻重的交通枢纽，交通运输便捷。

泖港镇并未选择倚仗工业的发展路径，而是果断淘汰落后的工业产能，以节能环保为导向，努力创建高产田，依托当地"气净、水净、土净"的独特资源优势，将其建设重点放在农副经济之上，一方面，大力发展环保、生态、休闲农业，将自身打造为服务于上海等周边大中城市"菜篮子"基地；另一方面，泖港镇积极探索将粮食、蔬菜家庭农场作为主要农业经营模式的可行性。政府为经营户提供农业技术与设备支持，目前，家庭农场已基本实现了专业化、规模化、集约化、机械化模式经营。随着土地产出效益与农民收入的大幅提高，人们对承办家庭农场的积极性也随之高涨。

泖港镇虽属于城乡接合部，但却在城郊集约型建设模式下营造出美丽独特的乡村郊野风景，既能保持环境清洁，又能保证食品安全，实现了环境效益和经济效益的双赢。

图2-3 泖港镇

图片来源：http://www.zgnlkjw.com.cn/news/show.php?itemid=20889。

（四）社会综治型

社会综治型建设模式适用于人数较多且居住集中，规模较大并具有良好区位条件及雄厚经济基础的村镇。这一模式提倡通过提升居住环境、建设公共基础设施、完善服务体系，为当地居民提供安居乐业的宜居之所，并能对周边村庄起到良好的带动作用。

王村（见图2-4）是社会综治型建设模式的典范。该村位于天津市西青区大寺镇，北部和东部分别毗邻经济技术开发区与微电子城。该村至天津港、天津国际机场及市中心的距离都在15千米以内，交通四通八达。村中居住1862人，占有土地4000余亩。[①]

王村以前是远近闻名的穷村，大部分的王村村民仍然居住在低矮潮湿、陈旧简陋的平房中，生活环境拥塞且窘迫。十几年来，为了解决人们的住房问题，提升居住环境，王村村委制定了一项村庄建

---

① 《中国美丽乡村建设十大模式及典型案例分析》，见前瞻产业研究院（https://f.qianzhan.com/xiandainongye/detail/180605-f334240d.html），访问日期：2021年1月24日。

图 2-4 王村

图片来源：http://wangcun.130it.com/default.aspx。

设规划，计划在五年内将村中危险简陋的平房推倒并让全体村民住上新楼房，还筹措资金，按照最高标准建设一系列公共与基础服务设施，如羽毛球场、农民树屋、棋牌室、社区服务中心、商业街、卫生院、音乐喷泉健身广场等。这些设施仅供村民无偿使用，不对外开放。经过近几年的建设与发展，王村实现了农村城市化。完善的基础服务设施、舒适整洁的公寓住房、文明优美的村庄环境使村民的生活便捷程度得到了极大的改善，王村村民过上了"干有所为，老有所养，少有所教，病有所医"的其乐融融的城市化生活。

王村是天津新农村发展的一颗耀眼的明星，其所采用的社会综治模式不仅改善了村中原本脏、乱、差的生活环境，同时也有加强社会建设、保障和改善民生的积极意义，带动了乡村在环境与社会方面的双重提升。

（五）文化传承型

文化传承型建设模式适用于极具乡村文化特色资源的乡村，如特殊的人文景观、优秀的地域民俗文化以及非物质文化等。这些乡村中对村民而言稀松平常，但实际上具有较大文化展示与传承潜力的古村落、古建筑、古民居、传统习俗、传统食物等经过修缮利用、宣传弘扬后，会成为带动经济、环境、社会等各方面发展的有力引擎，助力实现乡村振兴。

平乐村（见图 2-5）隶属河南省洛阳市孟津县平乐镇，交通发达、便捷，行车 10 千米可达洛阳市。该村以牡丹与洛阳文化气息紧密结合的农民牡丹画而闻名全国，文化积淀深厚，艺术氛围浓厚。

图 2-5 平乐村

图片来源：http://photo.lyd.com.cn/system/2019/02/14/030994085.shtml。

本就有着崇尚文化艺术优良传统的平乐村村民，因改革开放而富裕起来后开始追求高雅的精神文化生活，从事书画艺术的村民人数日益增长。牡丹作为洛阳重要的特色文化符号，深受人们的喜爱。游客在观赏雍容华贵的牡丹时也喜欢购买寓意着富贵吉祥、繁荣昌盛的牡丹画作为纪念。发现了这一市场潜力后，平乐村农民画家开始将创作主题转向牡丹。在牡丹画形成了一定的创作水平和规模后，平乐村致力于将自身打造成中国牡丹画创作、销售与展示中心，平乐农民画家们风格各异的牡丹画作品远销国内外，多次参加各种展览并获得奖项。如今，平乐村致力于建设集旅游观光、画作交易、技艺交流、绘画培训于一体的多功能牡丹花综合文化市场，并策划各类活动，制定统一的行业管理标准规范，加大宣传推广力度，持续增加平乐牡丹画这块招牌的知名度。

"小牡丹画出大产业"，平乐村以牡丹画产业发展为龙头，探索出了一种新时期依靠文化传承实现乡村振兴的发展模式，在提升农民群众收入的同时促进了思想文化的提升，弘扬和传承了特色文化，值得其他乡村借鉴。

（六）渔业开发型

水网密集的沿海或沿江传统渔区，适宜采取以渔业作为农业产业主导力量的渔业开发型模式落实乡村振兴实践。乡村可通过建设渔业生产设施、提升渔业生产能力、发展休闲渔业等方式促进就业，增加当地居民收入，繁荣农村经济。

武山县（见图2-6）位于甘肃省东南部天水市西端的渭河上游，境内植被良好，水资源丰富，气候适宜，极其适合冷水鱼的养殖。

图2-6 武山县

图片来源：https://www.sohu.com/a/80293246_260163。

立足丰富的水资源优势，武山县大力发展渔业，积极引进与研发渔业养殖新技术，充分利用村中广阔的河谷滩涂地、渗水地、薄田等宜渔土地，采取"台田养鱼"模式，在池中养鱼并在其中种草种树，实现集中连片的规模化养殖。同时，武山县紧抓旅游市场火热发展的机遇，结合当地良好的自然环境与宜人气候，大力发展休闲渔业作为对渔业生产的补充。许多农户建立起休闲式生态渔家乐，从原本单一的渔业养卖产业转变为提供垂钓、餐饮、休闲观光等功能齐全的综合旅游服务。农户经济收入的不断增加也带动了养殖规模的不断扩大，武山县的渔业产业呈现出良好的发展态势。

武山县对渔业资源进行综合利用，通过打造休闲渔业延长了渔业产业链，获得了成倍的经济效益，成为渔业开发方式创新的典型。

（七）草原牧场型

占有我国国土面积40%以上的牧区半牧区县（旗、市）则适用于草原牧场型发展模式。这些以草原畜牧业作为经济发展基础产业的牧区需要在注重改善牧业生产和牧民生活条件的同时加强对草原生态环境的保护。

道海嘎查村（见图2-7）隶属内蒙古太仆寺旗，草原是其赖以生存和发展的基础。因此，在乡村振兴的过程中，道海嘎查村坚持生态优先的基本方针，在保护好草原生态环境的基础上发展畜牧业。

道海嘎查村推行草原禁牧、休牧、轮牧制度以保护草原生态，力求在保护中促进发展，在发展中促进保护。倡导转变传统牧业养殖方式，积极引导农牧民逐步由家庭"作坊式"养殖转变为规模化、集约化、标准化养殖，提升产出效率。同时支持鼓励农牧民大力发展投入小、周期短、见效快的"小三养"及特种养殖业。此外，道海嘎查村从牧民生活条件入手，帮助养殖户建设标准化棚圈，建设道路、水电、场地等基础设施，改善居住环境，加快牧民聚居区域中心的发展。

道海嘎查村采用草原牧场型乡村振兴模式，通过创新运作模式，推动了农牧产业特色化、规模化和现代化发展，在提高经济效益的同时也保护了草原生态环境，有利于乡村建设和生态的和谐发展。

图2-7　道海嘎查村

图片来源：https://www.163.com/dy/article/DVL57C3V0514FB7N.html。

（八）环境整治型

"脏乱差"问题突出的乡村，常采用环境整治型模式以解决由于先前缺乏环保意识与经费而造成的农村环境污染严重、基础设施建设滞后等问题。特别是在当地农民群众对环境整治的呼声高、反映强烈的乡村地区，村民对环境整治具有更大的积极性与决心，能确保其建设成效。

红岩村（见图2-8）位于广西桂林恭城瑶族自治县莲花镇。在进行乡村环境整治之前，村中房屋破败，污水横流，垃圾遍地，总体卫生条件较差；加之，在农业生产中大量使用化肥和农药，造成了较为严重的环境污染。

图2-8　红岩村

图片来源：http://k.sina.com.cn/article_6005645412_165f6e06400100b6ce.html。

为改变脏乱差的村貌，红岩村和桂林市规划设计研究院共同制定新村规划设计的标准与导则，按照"五改""五建""十化"等标准（五改：改水、改路、改房、改厨、改厕；五建：建池、建桥、建亭、建坝、建场；十化：交通便利化、村屯绿化美化、户间道路硬化、住宅楼房化、厨房标准化、厕所卫生化、饮用水无害化、生活用能沼气化、养殖良种化、种植高效化），对村庄进行统一的规划、建设和装修。经过短短一年时间，红岩村卫生状况得到了明显改善，村容村貌焕然一新。在农业生产方面，红岩村大力推广生态循环技术、合理施肥技术，采用无害化处理技术，循环利用果园杂草及落叶。以标准化生产的生态月柿产业也成了当地清洁工程的产业和经济支撑。

在村容村貌及农业生产的清洁程度得以提升之后，红岩村大力发展清洁生态旅游业，成为通过开展乡村旅游致富的典范。村民的环保清洁意识与积极性也逐渐增强，取得了良好的经济、社会与环境效益。

（九）休闲旅游型

休闲旅游型乡村振兴模式适宜文化、生态、农业科技等旅游资源丰富、距离城市较近、交通便捷、旅游发展潜力大的乡村。在建设时，需要注重挖掘当地特色，打造差异性景观，并提升住宿、餐饮、休闲娱乐等基础设施的完善程度，以提供更好的服务。

江湾村（见图2-9）位于江西省婺源县东北部，地处皖、浙、赣三省交界，地理位置优越。它距离景婺黄（常）高速公路道口仅1千米，交通便利，具有丰厚的徽州文化底蕴与良好的生态环境，森林覆盖率高达90%。

依托上述优良条件和婺源地区传统观光型旅游平台，江湾镇大力发展乡村旅游，以粉墙黛瓦、小桥流水的水墨江南徽文化为背景，打造了"一河、两岸、三大中心、三大功能区"的旅游综合体格局（三大中心：水上情景剧场、萧江阁、水上欢乐中心；三大功能区：文化产业商业区、江湾新商业区、生态度假酒店区），并根据"吃、住、行、游、购、娱"六要素对村庄功能进行合理安排，旨在再现江湾百年前的风貌，展示厚重深长的文化风采。[①] 同时，江湾村积极促进乡村旅游与农业、农民和农村发展有机结合，引导开发各项农业观光旅游项目，使农业种植成为致富道路的同时也成为乡村旅游的新风景。江湾村乡村旅游效益逐年提升，更多作为乡村旅游参与主体的农民从中受惠。

立足于我国旅游休闲发展的大方向，江湾村填补了当地在度假、娱乐以及文化产业商贸等休闲旅游产业上的空白，也促进了当地村民就业与农业旅游产业的蓬勃发展。

图2-9 江湾村

图片来源：http://meiliqvxian.cn/index.php?m=content&c=index&a=show&catid=13&id=5083。

---

① 中农富通城乡规划院：《乡村振兴规划江西省上饶市婺源县江湾村》，见搜狐网（https://www.sohu.com/a/454649898_457412），访问日期：2021年1月24日。

（十）高效农业型

高效农业型乡村振兴模式以发展农业作物生产为主，适用于位于我国农业出产区、人均耕地资源丰富的乡村。这类模式实施后，乡村的农田水利等农业基础设施得到进一步完善，农产品商品化率和农业机械化水平也相应提高，对推动农业转型升级，提高农业经济效益，增加农民收入有着显著的作用。①

三坪村（见图 2-10）位于福建省漳州市和平县，坐拥山地、耕地、森林等丰富的农、林业资源，同时也是三坪风景区所在地，是著名的朝圣旅游胜地、闽南佛教圣地，文化资源丰厚。

图 2-10　三坪村

图片来源：https://m.sohu.com/a/236653814_168792。

在实现乡村振兴的过程中，三坪村致力于做大做强现代高效农业，充分发挥区域资源优势，推进蜜柚、芦柑、毛竹等多种经济作物种植，同时引进新型产业，如采用"林药模式"打造种植基地，建设玫瑰园、兰花种植基地的花卉产业以带动花卉市场与当地经济协同发展。此外，三坪村积极整合资源。一方面，依托三山寺祖师文化及农业资源，三坪村根据农业景观丰富多彩的季节变化打造了极具特色的休闲体验活动，如正月前往圣地赏李花，三月赏柚花，春季挖春笋、采蕨菜等；另一方面，村中打造千亩柚园、万亩竹海、玫瑰花海等特色旅游地，吸纳游客前去观光"打卡"，疏解三坪景区游客量大的承载压力，极大地促进了当地旅游产业发展。

这一依托高效农业型模式的乡村振兴路径，不仅帮助三坪村吸引了众多的游客，也对当地村民的物质与精神生活产生了积极影响，走出了一条提高乡村农业生产力的和谐之路。

四、乡村振兴的保障措施

（一）资金保障措施

在乡村振兴的时代考卷上，"钱从哪里来"是必答题，也是一道难题。这一最现实的问题解决不了或解决不好，乡村振兴这一最美好的蓝图就无法绘就。

钱从哪里来？一道题里隐含着双重设问：如此高标准地建设广袤的乡村，我们有足够的财力支撑吗？又该如何像水流趋向洼地一样，引导资本流向农村？

在中国特色社会主义进入新的历史时期时，实施乡村振兴战略具有很多机遇和契机。一个很重要的经济基础，即改革开放近 40 年来，我国综合国力的跨越与发展积累了巨大能量；一个很关键的制度优势，即是中国特色社会主义政治制度能够集中力量办大事；一个很有利的客观条件，是连续多年的"重中之重"战略形成了重农强农的时代氛围；一股很根本的内在力量，是"三农"事业的持续

---

① 转载自李秀明、汤萍《发展精致高效农业，推动农业转型升级》，载《安徽农学通报（上半月刊）》2012 年第 18 期，第 13-14 页。

向好巩固了农村经济社会的发展动能。这些主客观条件共同决定了我们有能力解决好乡村振兴中"钱从哪里来"的问题。

1. 财政保障是基础

农业农村能否优先发展，政府是主导，一个很重要的标志就是看财政是否优先保障乡村振兴战略落在实处。"三农"工作是重中之重，公共财政必须更大程度地向"三农"倾斜，确保财政投入总量不断增加，从最薄弱环节、最突出的问题入手，从农民反映最强烈、需求最迫切的地方切入，从贫困程度最深、最落后的地区突破，改善乡村水、电、路、气、房、讯等设施，补上农村基础设施建设的欠账，加大农村医疗、卫生、文化、教育投入，弥合城乡公共服务水平的差距。改进耕地占补平衡管理办法，让取之于农村的土地出让金更多地投向农业农村，支持实施乡村振兴战略。解决支农项目"撒芝麻盐""九龙治水"等问题，建立涉农资金统筹整合长效机制，让用之于农业、农村的财政资金发挥更大的作用。四两拨千斤，财政投入还应该成为"指挥棒""撬动杆""吸铁石"和"药引子"，以引导金融和社会资本更多地流向乡村。

2. 农村发展是根本

在农户个体经济和农村集体经济发展过程中实现乡村振兴的资本积累，不仅符合内因起决定作用、外因通过内因起作用的辩证法，而且也是产业兴旺、生活富裕的总要求所决定的。现代科技农业崛起，绿色循环农业勃兴，农村第一、第二、第三产业融合发展，农业农村经济正处于发展钻石期。"绿水青山就是金山银山"，发展方式一变，生态可以生钱。乡村的山水林田湖草、农耕文化和康养资源在生态休闲农业的蓬勃发展中必将成为农村建设的"聚宝盆"。更重要的是，这"聚宝盆"取之于农业，用之于农村，用得好还可取之不尽，用之不竭。

3. 改革创新是关键

当前，我国形成了以"完善三权分置"为重点的土地改革和以"农村集体经营性资产改革"为重点的产权改革制度设计，农村基层探索出以"三变改革"为代表的大量生动的创新案例。改革实践证明，农村沉睡的土地、农民闲置的农房、村集体经济组织躺在账簿上的经营性资产，一经改革唤醒，变资源为资本，就能为农村建设注入巨量资金"血液"。实施乡村振兴战略，要进一步以完善产权制度和要素市场化配置为重点，激活要素和市场，推动城乡要素自由流动、平等交换，投改革之"石"激起资源"千层浪"，让资本"源头活水"潮涌乡野。

4. 金融倾斜是重点

乡村振兴的金融需求是巨大的，也是多样化的。而农村金融服务一直是世界性难题，风险大导致贷款难，成本高导致服务难，两难之下，金融的"活水"不往农村走。怎样让农村金融机构回归服务农村实体经济的本源？唯有深化改革，健全适合农业农村特点的农村金融体系。财政上，全国农业信贷担保体系要发挥作用，国家融资担保基金应加快设立，引导更多的金融资源支持乡村振兴。在调动商业金融机构力量方面，中国特色社会主义制度优势应充分体现，农业银行、邮储银行"三农"金融事业部要加大支持力度，农村信用社、村镇银行要真正成为农民身边的银行，国家开发银行、中国农业发展银行则应在乡村振兴中长期信贷方面发挥其相应的作用。

5. 工商资本参与是重要力量

乡村振兴战略不仅激荡着亿万农民，更召唤着大量城市工商业者投身广阔天地。工商资本是推动乡村振兴的重要力量。他们中的相当一大部分人从农村走出来，天然地熟悉农业、亲近农民，同时，乡村振兴战略也为他们返乡干事创业带来了机会。对于工商资本参与乡村振兴的热情，我们应该大力鼓励引导，在设置好保护农民权益的防火墙的前提下，搭建好桥梁和舞台，稳定政策预期，优化投资环境，遵循市场规律，让更多的工商资本在乡村振兴中大有作为。

实施乡村振兴战略，我们必须以等不起的紧迫感，慢不得的危机感和坐不住的责任感，精心组织，统筹安排，协力推进，夯实资金支撑，确保实施乡村振兴的"巧妇"不仅有米下锅，还能做出风味独特的"菜肴",从而奉献出一桌富有中国特色、高质量的乡村振兴"大餐"。①

(二)人才保障措施

党的十九大勾勒出乡村振兴的美好蓝图,中央农村工作会议奏响新时代乡村振兴的激扬序曲。推进乡村振兴,党对"三农"工作的领导能不能落在实处?小农户的积极性怎样充分调动起来?乡村振兴的人才都是谁?如何用?这些都是迫在眉睫亟须回答的问题。凡事必先有人气,才有生机。回望历史,中国乡村的每一次激荡,必是人气的大集聚。家庭联产承包责任制的实行如此,乡镇企业的创兴也这样。同样,一些乡村的落后和衰败、与城市差距的扩大,也多缘于城市对农村人才等的"虹吸"。正如一片再密的树林,只伐不植,终有耗尽的一刻;一方再大的池塘,只排不蓄,迟早有干涸的一天。如今,空心化、空巢化、老龄化村庄绝非个例,实施乡村振兴战略来得正是时候。

1. 振兴乡村要靠领头带队的"五级书记"

党管农村是乡村振兴的一条基本原则。党在农村工作中总揽全局、协调各方的领导地位不能动摇,党管农村的原则不能放松、力度不能削弱,党领导"三农"工作的干部队伍要配优配强。党委、政府一把手是乡村振兴第一责任人,要按照农业农村优先发展的要求来抓"三农"工作。"五级书记"抓振兴,人人都是领头人,既要真抓善抓,还要带着队伍一起干。基层党组织是奋斗在乡村振兴一线的"突击队",要有能打硬仗、善打胜仗的本领,个个争当精兵,争立战功。"提衣提领子,牵牛牵鼻子",乡村振兴、建设的当务之急是要大力培养群众身边的带头人,当地人才不够用,"外援"就要上场,要向贫困村、涣散村、薄弱村选派愿干、会干农村工作的第一书记、大学生村官、挂职干部,确保最终得胜。

2. 振兴乡村要靠生于斯长于斯的亿万乡亲

农村建设归根结底要以农民为主体。农民群众建设家园的热情被激发、激情被点燃之后,所能释放出的磅礴伟力足以改天换地。农民群众生长于亟待振兴的乡村,对这片土地爱得深沉,最清楚要建设一个什么样的乡村,最憧憬尽快建成心目中的理想乡村。振兴乡村过程中,不仅不能忽视乡亲们,而且要更多地依靠他们。发展现代农业,要时刻想着让小农户与之有机衔接;构建产业体系、生产体系和经营体系,要尽可能让广大农民群众参与进来;搞第一、第二、第三产业融合,特别是农旅融合的新业态,要以老乡为主,鼓励老板带老乡,让乡亲们自发地修葺闲置的房子,种上果蔬和鲜花,办起农家乐,接待城里人,让千家万户追求幸福的内生动力变成乡村振兴的巨大合力。

3. 振兴乡村要靠"一懂两爱"的"'三农'人"

懂农业才能有担当,爱农村才能守初心,爱农民才能付真情,"一懂两爱"描画了新时代"三农"干部应有的模样。要加强"三农"工作队伍的培养、配备、管理使用,把到农村一线锻炼作为培养干部的重要途径,形成人才向农村基层一线流动的用人导向,让"三农"工作者在农村广阔天地里淬火磨炼、快速成长。在乡村振兴成为党的重大战略背景下,无论是第一、第二、第三产业,还是金融、旅游、互联网等,各产业各行业都应当培养"一懂两爱"的农村工作队伍,这是乡村振兴的战略要求,也是各行各业开拓发展空间的必由之路。招募英雄不问出处,投身乡村不拘形式。体制机制上,我们要鼓励各种人才到乡村挂职、兼职、离岗创业,让能把农村发展起来的人才"评得上教授""涨得了工资",也要疏通农村工作队伍向上的通道。

4. 振兴乡村要靠创业创新的"新农人"

迅速壮大的新型经营主体队伍和新农民群体,是农村产业兴旺的重要促进力量。应该大力发挥他们在适度规模经营、农业供给侧结构性改革、发展农业生产性服务业方面的骨干作用,充分发挥他们在质量兴农、绿色兴农、品牌强农等方面的引领作用。还要扶持培养一批农业职业经理人、经纪人、乡村工匠、文化能人、非遗传承人,建起一片家庭工厂、手工作坊、乡村车间,让乡村经济多元化发展,让就业机会更多,让就业链条更长。振兴中的乡村,是创业的大蓝海,是能人的用武之地,是返

---

① 《建设乡村的钱从哪里来?——三论乡村振兴》,载《农民日报》2018年1月10日第1版。

乡下乡农民工、大学生、退伍军人实现梦想的大舞台。要打好乡情乡愁牌，吸引城市居民返乡就业创业，让他们促进城乡要素的融合，激活和聚集农村沉睡和分散的资源，让农村成为创业创新的热区和高地。

5. 时代呼唤英雄，振兴亟待人才

乡村舞台已搭建，上场锣鼓渐铿锵，我们期待各地加快构建促进八方人才到乡村发展的体制机制，吸引各位志在振兴乡村的舞台上"知之、好之、乐之"的主角登场亮相，绽放人生精彩，唱响振兴华章！①

（三）组织与机制保障

振兴乡村离不开人力、物力和财力的有效支持，更离不开行之有效的机制支撑和健全的制度保障。中央农村工作会议首次提出要强化乡村振兴制度性供给，这点出了未来推进农业农村改革发展的关键问题所在。振兴乡村，机制怎么创新，制度怎么完善？

我国多年改革发展的实践和规律证明，制度建设搞得好，就能激发潜力，迸发活力；反之，则会束缚潜能，阻碍发展。振兴乡村，物质是基础，人才是关键，但是如果缺少一套行之有效的制度，就难以做到人尽其才、物尽其用，农业农村发展的能力和潜力就无法最大限度地有效发挥出来。

近年来，我们通过不断加大强农、惠农、富农的力度，释放诸多的政策红利，有力地推动了农业农村的快速发展。但总体来看，当前"三农"整体发展水平依然不高，更重要的是，在问题背后隐藏着很多深层次的制度矛盾和机制欠缺。当前，中国特色社会主义进入新时代，在新的背景下推进农业农村现代化，在新的起点上实现乡村全面振兴的伟大梦想，已经不再是简单的"多予"和"少取"就可以解决的了。给钱、给物不如有个好制度，落实乡村振兴战略必须操控好"放活"这只动力阀，用好"改革"这个最大利器和法宝，通过有效的制度供给和体制机制创新畅通瘀堵、破除壁垒、理顺关系、打通经络，为实现乡村振兴提供可持续的动力支撑和制度保障。

1. 着眼激活市场，用市场的力量挖掘农业的发展潜力

振兴乡村，产业兴旺是关键，市场活，产业才能兴。激活市场，就是要改变不合理的农业供给结构，使市场在资源配置中起决定性作用和更好地发挥政府作用，让市场力量引领结构调整，促进产业发展。要完善粮食等主要农产品价格形成机制和收储制度，探索建立起以市场形成价格为主的价格形成机制，在坚持市场化改革的同时，还要完善相关政策以确保农民利益不受损；要完善农业补贴制度，提高政策指向性和精准性，完善粮食主产区的利益补偿机制，加大对新型经营主体和适度规模经营的支持力度，推进以绿色生态为导向的农业补贴制度改革。乡村振兴离不开政府的有形之手，但是也要改变过去大包大揽的做法，遇事多从市场的角度考虑问题，多借助市场的无形之手，多从完善市场机制上着手，真正让市场成为导航灯和指挥棒。

2. 着眼激活要素，唤醒农村沉睡资源的潜在价值

乡村要兴，资源必须活。激活要素，就是要通过体制机制的创新，改革优化现有的资源要素配置，让闲置的资源用起来、沉睡的资源醒过来、外面的资源迎进来，为乡村振兴提供必备的资金、土地等物质条件。要把土地资源盘活好，研究制定土地承包期再延长30年的配套措施和具体实施办法，完善土地"三权分置"制度，完善农民宅基地和闲置农房利用政策，探索建立农业农村发展用地保障机制，改革农村土地增值收入分配机制；要把产权机制建好，稳步推进农村集体产权制度改革，在坚守法律政策底线、坚持农民集体所有制不动摇、坚持农民权利不受损的前提下，重点推进集体经营性资产确权到户和股份合作制改革，建立符合市场经济要求的集体经济运行新机制；要把资金要素利用好，一方面要改革财政资金支农的投入机制，做好"整合"和"撬动"两篇文章；另一方要创新金融机制，通过有效的奖励政策、差别化监管和考核办法，提高相关机构投放"三农"贷款的积极性。

---

① 《靠什么人来建设乡村？——四论乡村振兴》，载《农民日报》2018年1月11日第1版。

3. 着眼激活主体，充分调动农民干事创业的热情

阿基米德曾说过：给我一个支点，我就可以撬动整个地球。支点，其实就是构建一个激发"三农"发展活力的有效机制。要进一步转化政府职能，深化农业农村领域的"放管服"改革；要清理规范涉农行政审批中介服务，继续压缩农业农村领域审批发证；要加强农村市场的规范整顿，创造公平竞争的市场环境；要根据农业农村的特点和实际，完善建立乡村便民服务体系和服务机制；要重点围绕新型职业农民培育、农民工职业技能提升，建立健全培训机制；要完善城乡劳动者平等就业制度，如支持乡镇企业发展一样，建立支持回乡、返乡、下乡创新创业有效制度。总之，要尽可能破除一切束缚农民干事创业的不合理限制和规范，切实保障他们的合法权益，放手激发他们在新时代的创业、创新和创造潜力。

近40年来的改革开放实践证明，中国农业本身并不缺乏效率，中国农村从来不欠缺潜力，中国农民从来不缺少智慧，关键在于是否有足够的空间去发挥和去成长。在向乡村振兴伟大梦想迈进时，我们要牢牢抓住制度创新和制度供给这一关键，始终坚持向改革要红利，以改革挖潜力，靠改革增活力，从肌体内生迸发出实现乡村振兴的制度伟力。[①]

五、建设乡村要注意些什么

乡村振兴战略如一艘巨轮，把我们载向了中国乡村建设的新航道上，前景光明，梦想远大。新航道上，哪些可为？哪些不可为？可为的方式如何？又该注意些什么？这些问题不思考清楚，不领会透彻，终究会影响我们抵达乡村全面振兴的美好彼岸。

新时代乡村振兴，既要登高望远，又要脚踏实地；既要整体设计，又要分类推进；既要有"颜值"，又要有"内涵"。要做到胸中有蓝图，脚下有路径，让亿万农民在共同富裕的道路上赶上来，让美丽乡村成为现代化强国的重要标志、美丽中国的生动底色。

（一）乡村振兴要"五子登科"，不要单兵突进

纵览乡村振兴战略20字总要求，产业兴旺是根本、生态宜居是基础、乡风文明是关键、治理有效是保障、生活富裕是目标。新时代乡村振兴，要坚持"五位一体"，"五子登科"，不要单兵突进。我们在开展乡村建设时，既不能只顾盖新房、修大路，忘记发展产业增收致富这个根本，也不能只抓经济，忽视政治、社会、文化、生态等事业的发展；我们在改善农民生活条件时，既不能只注重村头村路的整洁漂亮，忽视农民生活区、小道小巷的改善，也不能只抓样板村、城边村、路边村，忽视欠发展的村子、山里的村子、位置偏僻的村子；在新时代，乡村振兴是一次多学科全面而系统的考试，门门都得优秀，来不得半点"偏科"。我们不能只拣好干的干，拣容易干出成绩的干，只有统筹兼顾，协同推进，步调一致，才能实现乡村振兴全方位的发展。

（二）乡村振兴要蹄疾步稳，不能一口吃成个胖子

乡村振兴是一项长期历史任务，不仅管未来3年、5年、10年，更要管未来30多年。新时代乡村振兴，要循序渐进，稳扎稳打。我们在开展乡村建设时，一定要立足国情农情，不做超越发展阶段的事，不要贪多求快，搞大拆大建一阵风；我们在致力改善群众生活时，一定要考虑主客观条件，有多少"米"做多少"饭"，不开难以兑现的空头支票，不能不切实际地吊群众的胃口；我们在为乡村搞产业和招商引资时，不能一味地拼速度而盲目上项目，要防止城市污染企业向农村转移；我们在发展农村新产业、新业态时，一定要把虚拟经济建立在实体经济基础之上，谨防脱实向虚，冲击农村实体产业。新时代乡村振兴，既要积极作为，尽力而为，又要量力而行，久久为功。只有汇小溪成大海，积小胜成大胜，才能实现乡村振兴高质量的发展。

---

① 《建设乡村的机制如何创新？——五论乡村振兴》，载《农民日报》2018年1月12日第1版。

（三）乡村振兴要量体裁衣，不搞"一刀切"

"百里不同风，十里不同俗。"我国幅员辽阔，生态多样，不同地区乡村面貌差异较大。新时代乡村振兴，要因地制宜，分类施策。我们在强调规划先行、统一部署时，也要科学把握乡村的多样性、差异性和区域性，不搞"千篇一律"的标准化作业；我们在学习借鉴其他地区乡村建设经验时，不能贪图省力，照搬照抄现有模式，致使乡村景观单一化、城镇化和西洋化。我国农情村情复杂，不同的种子要找到各自适合的土壤。经济条件好的农村要突出现代化气息，自然生态好的农村要守护好青山绿水，历史文化丰富的农村要注重对历史遗产的挖掘和保护，生存环境恶劣的农村则要实施生态移民搬迁。新时代乡村振兴，要注重区域特色，尊重文化差异，才能让各具特色的现代版"富春山居图"浮现于广袤的乡野大地，才能实现乡村振兴多样性发展。

（四）乡村振兴要呵护小农，不要垒大户、傍"大款"

随着农业适度规模经营的发展，在我国现代农业实践当中，涌现出了一批家庭农场、种养大户等新型农业经营主体，他们在现代农业转型升级中发挥着引领和示范作用。积极扶持和培育新型农业经营主体是现代农业发展的重要内容。然而，无论时代怎样变化，普通农民特别是生活在传统农区的小农，依然是农民群体的大多数，是共享发展、共同富裕中不可缺席的主要对象。新时代乡村振兴，不要垒大户、造"盆景"，谨防国家公共投入都流向大户，防止农村出现贫富悬殊和新的相对贫困。除了新型农业经营主体，工商资本在乡村振兴中也是一支重要的力量。我们在积极引进工商资本时，不能出现"要老板，不要老乡"的傍"大款"行为，要注意防止工商资本对普通小农利益的挤压和对农村资源的掠夺；否则，乡村振兴就会失去民意基础，必然大打折扣。只有坚持小农的主体地位，重视小农、呵护小农、发展小农，才能实现乡村振兴共享式发展。

全方位发展、高质量发展、多样性发展、共享式发展，为实现乡村全面振兴指明了正确航向，有力地规避了乡村建设新航道上可能出现的礁石和风浪。让我们将这些理念牢记于心，落实于行，共同推动乡村振兴这艘巨轮一路乘风破浪，行稳致远。①

六、建设乡村的强大合力如何形成

乡村振兴是一项前无古人的伟大事业，是一项前景光明的崇高事业，也是一项需要顽强拼搏的奋斗大业，更是一项需要凝聚各方能量形成强大合力、同心同向发力的世纪伟业。

如何才能形成乡村振兴的强大合力？需要全党全国全社会对乡村振兴战略高度重视、深刻理解、充分发动起来；需要各行各业各地各部门心系乡村，情倾乡村，从各个不同角度鼎力支持乡村。

（一）重视观念，树立"乡村振兴人人有责"的强烈意识

乡村振兴战略绝非单从乡村发展的角度考虑，而是从中华民族伟大复兴的高度制定的国家战略。新时代乡村振兴绝不仅仅是农民、"三农"工作者的分内事，更是全国同胞、社会各界必须高度重视的国家大事。在观念上重视，是乡村振兴战略开展的前提条件。不仅农业部门要重视，其他政府部门也要重视；不仅政府要重视，其他社会组织也要重视；不仅农民要重视，市民也要重视。在观念上重视，不是一句空话，不能停留在口头上、文件上，更要落实在行动上。这重视，那重视，不抓落实就不是真重视。如何衡量是否重视，从政府部门来说，要看主要领导是否在抓，政策创新上是否在想办法、求突破，干部配备、要素配置、资金投入、公共服务等方面是否做出制度性安排；从社会各界来说，要看是否形成了"乡村振兴人人有责"的强烈意识，是否拨动了人们心中"心系乡村、情倾乡村"的那根弦。

---

① 《建设乡村要注意些什么？——六论乡村振兴》，载《农民日报》2018年1月13日第1版。

（二）参与行动，形成"三百六十行，行行出力"的社会风尚

工农、城乡发展不平衡形成的势能有多大，推动乡村全面振兴的动能就应当有多大。助力乡村振兴，地不分南北东西，人不分男女老幼，三百六十行都可以从自身角度为之贡献一份力量。如何使更多的人参与进来？要制定有效激励机制，以"乡情""乡愁"为纽带，吸引支持乡村振兴的企业家、专家学者、医生教师、技能人才等，通过下乡担任志愿者、投资兴业、行医办学、捐资捐物等方式回馈乡村；要发挥党政机关、工会、共青团、妇联、科协等的优势和力量，发挥各民主党派、工商联、无党派人士等的积极作用，吸引各行各业人士投身乡村振兴运动；要研究制定管理办法，支持或鼓励各方人士回乡下乡任职、创业，投身乡村振兴运动；要确保对乡村振兴敢于建言、勇于投身、乐于奉献的各行各业人士在政治上有荣誉、经济上不吃亏，形成以参与乡村振兴实践为荣的社会风尚。

（三）理论指导，夯实乡村振兴实践的智力支撑

新时代乡村振兴是一项前所未有的探索之旅，是一项事关经济社会发展全局的系统工程。如何领会好、落实好乡村振兴战略，需要切实加强理论指导，以扫除思想误区，少走弯路。如何加强？主要在于要提高乡村振兴战略的理论储备与理论成果的落地转化。各地要建立乡村振兴专家决策咨询制度，组织专门人员加强乡村振兴理论研究，不断提升乡村振兴的理论水平；要充分发挥专家智库作为"智力池"和"思想工厂"的作用。积极鼓励专家智库在"三农"理论与政策、城乡融合与减贫、产业发展、生态建设、乡村治理等方面建言献策，为各地各部门提供决策建议和智力支持；要不断促进乡村振兴理论成果的落地转化，与此同时，不断推动乡村振兴创新性示范实践，并以实践创新进一步推进乡村振兴理论创新。

（四）舆论引导，营造助推乡村振兴的良好环境

乡村振兴的舆论引导即属实施乡村振兴战略的重要内容。凝聚乡村振兴的强大合力，需要营造助推乡村振兴的良好环境。舆论引导得好，对乡村振兴具有动员、激励和推动的重大作用。新闻媒体要阐释好乡村振兴战略和强农、惠农、富农政策，宣传好各地区各部门推进乡村振兴的丰富实践；要注重研究问题、发现问题和促进政策制度完善，不仅要将理论创新、制度创新、实践创新的好经验、好做法宣传好、传播好，还要对乡村振兴战略实施过程中出现的倾向性、苗头性、普遍性问题及时反映，对其中发生的形式主义、官僚主义和侵害农民权益的现象和行为及时曝光；及时介绍国内外乡村建设的经验和教训，同时要努力讲好乡村振兴的中国故事，为世界解决乡村发展问题贡献中国智慧和中国方案。

面对新时代向我们发出的乡村建设系列之问，我们唯有不忘使命、积极作为，始终坚持以习近平新时代中国特色社会主义思想为统领，凝聚起全党、全国、全社会的强大合力，共同进行伟大奋斗，才能完成这一造福亿万农民群众的伟大事业，才能创造令世界为之惊叹的大国乡村振兴奇迹！[①]

七、如何正确认识乡村振兴与脱贫攻坚的关系

（一）精准脱贫攻坚和乡村振兴战略互相支撑

精准脱贫攻坚和乡村振兴战略都是我国为实现"两个一百年"奋斗目标确定的国家战略。前者立足于实现第一个百年奋斗目标——全面建成小康社会，后者着眼于第二个百年奋斗目标——到21世纪中叶把我国建成富强民主文明和谐美丽的社会主义现代化强国。精准脱贫攻坚和乡村振兴战略相互支撑、协调推进，利于"两个一百年"奋斗目标的实现。一方面，精准脱贫攻坚是我国当前减贫

---

① 《建设乡村的强大合力如何形成？——七论乡村振兴》，载《农民日报》2018年1月15日第1版。

的主要任务和基本形式，它与城乡融合发展、共同富裕、质量兴农、乡村绿色发展、乡村文化兴盛和乡村善治一起，共同构筑中国特色社会主义乡村振兴道路；另一方面，只有包括贫困乡村在内的全国农村共同实现了乡村振兴战略的目标和任务，我国乡村振兴战略规划才能够圆满完成。

（二）乡村振兴战略的思想和原则与精准脱贫攻坚相融合

到 2020 年实现现行标准下农村贫困人口脱贫，是精准脱贫攻坚最直接的目标和任务。在贫困地区，现阶段尤其要集中精力打好精准脱贫攻坚战。合理的做法是，各贫困乡村要结合自身的条件，根据脱贫攻坚的任务，将乡村振兴战略的思想和原则融入具体的脱贫攻坚的计划和行动之中，统筹脱贫攻坚与乡村振兴之间的有机衔接，奠定乡村振兴的制度和物质基础。按照产业兴旺、生态宜居、乡风文明的原则，安排贫困乡村的脱贫攻坚计划。产业扶贫、就业扶贫、异地搬迁扶贫和生态环境保护脱贫等，既要考虑各地实现短期脱贫目标的需要，也要考虑产业发展的资源、技术和市场条件，移民生计的长期安排，扶贫措施的环境友好性和建设乡风文明社区文化的需要，提高脱贫的质量和可持续性。

（三）依托乡村振兴战略，巩固脱贫成果

与尚未脱贫的贫困乡村相比，已脱贫尤其是最近几年刚脱贫的乡村应该成为全国实施乡村振兴战略支持重点，以促进巩固脱贫成果。多数刚脱贫的乡村，其产业发展的基础都不够牢固，基础设施和公共服务仍有较大缺口，乡村治理体系和治理能力还比较弱，特别需要通过实施乡村振兴战略，补牢产业发展基础、改善基本公共服务、提高治理能力，巩固和扩大脱贫成果。

第二节　中国乡村发展与规划目标

自 2017 年党的十九大的报告——《决胜全面建成小康社会 夺取新时代中国特色社会主义伟大胜利》开始，继而到 2018 年至 2021 年的中央一号文件，这些都可以突出彰显党和国家对我国乡村发展有了历史性的新认识。

根据《中共中央、国务院关于实施乡村振兴战略的意见》，按照党的十九大提出的决胜全面建成小康社会、分两个阶段实现第二个百年奋斗目标的战略安排，至 21 世纪中叶，我国乡村发展的目标任务以有下三个。

一是到 2020 年，乡村振兴取得重要进展，制度框架和政策体系基本形成。农业综合生产能力稳步提升，农业供给体系质量明显提高，农村第一、第二、第三产业融合发展水平进一步提升；农民增收渠道进一步拓宽，城乡居民生活水平差距持续缩小；现行标准下农村贫困人口实现脱贫，贫困县全部摘帽，解决区域性整体贫困；农村基础设施建设深入推进，农村人居环境明显改善，美丽宜居乡村建设扎实推进；城乡基本公共服务均等化水平进一步提高，城乡融合发展体制机制初步建立；农村对人才的吸引力逐步增强；农村生态环境明显好转，农业生态服务能力进一步提高；以党组织为核心的农村基层组织建设进一步加强，乡村治理体系进一步完善；党的农村工作领导体制机制进一步健全；各地区各部门推进乡村振兴的思路举措得以确立。

二是到 2035 年，乡村振兴取得决定性进展，农业农村现代化基本实现。农业结构得到根本性改善，农民就业质量显著提高，相对贫困进一步缓解，共同富裕迈出坚实步伐；城乡基本公共服务均等化基本实现，城乡融合发展体制机制更加完善；乡风文明达到新高度，乡村治理体系更加完善；农村生态环境根本好转，美丽宜居乡村基本实现。

三是到 2050 年，乡村全面振兴，农业强、农村美、农民富全面实现。

第三节 与时俱进的政策引领

一、国家实施乡村振兴战略总体部署的相关政策及主要特点

2017年10月18日，习近平总书记在中国共产党第十九次全国代表大会上做《决胜全面建成小康社会 夺取新时代中国特色社会主义伟大胜利》报告，正式提出实施乡村振兴战略，把解决好"三农"问题作为全党工作重中之重。要坚持农业农村优先发展，按照产业兴旺、生态宜居、乡风文明、治理有效、生活富裕的总要求，建立健全城乡融合发展体制机制和政策体系，加快推进农业农村现代化。巩固和完善农村基本经营制度，深化农村土地制度改革，完善承包地"三权"分置制度。保持土地承包关系稳定并长久不变，第二轮土地承包到期后再延长30年。深化农村集体产权制度改革，保障农民财产权益，壮大集体经济。确保国家粮食安全，把中国人的饭碗牢牢端在自己手中。构建现代农业产业体系、生产体系、经营体系，完善农业支持保护制度，发展多种形式适度规模经营，培育新型农业经营主体，健全农业社会化服务体系，实现小农户和现代农业发展有机衔接。促进农村第一、第二、第三产业融合发展，支持和鼓励农民就业创业，拓宽增收渠道。加强农村基层基础工作，健全自治、法治、德治相结合的乡村治理体系。培养造就一支懂农业、爱农村、爱农民的"三农"工作队伍。

自党的十九大胜利召开以来，党中央、国务院及相关部委印发实施的有关乡村振兴战略的相关法规、政策便如雨后春笋般涌现。其中，2018年中央一号文件《中共中央 国务院关于实施乡村振兴战略的意见》明确了实施乡村振兴战略的重大意义、总体要求及目标任务，从乡村产业发展、乡村绿色发展、乡村治理、乡村风貌、乡村脱贫、制度建设、人才振兴、投入保障等方面提出具体的实施措施与策略，是实施乡村振兴战略的总纲性法规政策文件。2018年9月，中共中央、国务院印发《乡村振兴战略规划（2018—2022年）》，我们将在下一节予以重点解读。2019年5月，自然资源部办公厅印发了《关于加强村庄规划促进乡村振兴的通知》，要整合村土地利用规划、村庄建设规划等乡村规划，实现土地利用规划、城乡规划等有机融合，编制"多规合一"的实用性村庄规划，明确村庄规划主要任务，提出优化调整用地布局、规划"留白"机制，从规划编制技术层面促进乡村振兴战略的深入实施。2020年6月，第十三届全国人大常委会第十九次会议对《中华人民共和国乡村振兴促进法（草案）》进行了审议，该法为推进实施乡村振兴战略，发挥乡村特有的功能，增进乡村居民福祉，全面建设社会主义现代化强国而制定，从产业发展、人才支撑、文化传承、生态保护、组织建设、城乡融合、扶持措施、监督检查等方面对全国实施乡村振兴战略提出法律要求及保障；2020年10月，中国共产党第十九届中央委员会第五次全体会议通过了《中共中央关于制定国民经济和社会发展第十四个五年规划和二〇三五年远景目标的建议》。该建议从国家层面制定了"十四五"时期国民经济和社会发展指导方针及主要目标，并提出了2035年远景目标，是开启全面建设社会主义现代化国家新征程、向第二个百年奋斗目标进军的纲领性文件，是今后五年乃至更长时间内中国经济社会发展的行动指南（见表2-1）。

表 2-1 国家实施乡村振兴战略总体部署的主要指导文件

序号	发布时间	文件名称	主要内容特点
1	2017年10月	党的十九大报告——《决胜全面建成小康社会 夺取新时代中国特色社会主义伟大胜利》	■ 正式提出实施乡村振兴战略； ■ 提出乡村振兴战略总要求； ■ 完善土地承包"三权"分置制度； ■ 促进农村第一、第二、第三产业融合发展
2	2018年1月	《中共中央 国务院关于实施乡村振兴战略的意见》（中发〔2018〕1号）	■ 明确了实施乡村振兴战略的重大意义、总体目标及目标时序； ■ 夯实农业生产能力基础； ■ 巩固和完善农村基本经营制度； ■ 深化农村土地制度改革； ■ 深入推进农村集体产权制度改革； ■ 强化乡村振兴人才支撑和投入保障； ■ 统筹山水林田湖草系统治理； ■ 打好精准脱贫攻坚战，增强贫困群众获得感
3	2018年9月	中共中央、国务院印发《乡村振兴战略规划（2018—2022年）》	■ 对全国各地实施乡村振兴战略的第一个五年工作提出具体要求； ■ 是编制各省市乡村振兴战略规划的重要依据，是地方实施乡村振兴战略的重要指导文件
4	2018年9月	农业农村部办公厅印发《乡村振兴科技支撑行动实施方案》	■ 集聚科技、产业、金融、资本等各类创新要素，明确乡村振兴中科技成果有效供给的主要任务； ■ 提出加强基础前沿技术研究等六大实施重点
5	2019年1月	《中央农办 农业农村部 自然资源部 国家发展改革委 财政部关于统筹推进村庄规划工作的意见》（农规发〔2019〕1号）	■ 明确村庄规划工作的重要性； ■ 明确村庄规划工作的总体要求； ■ 确定县域村庄类型； ■ 提出村庄发展主要重点内容； ■ 明确村民主体作用地位； ■ 建立健全县级党委领导政府负责的工作机制
6	2019年2月	《中共中央 国务院关于坚持农业农村优先发展做好"三农"工作的若干意见》（中发〔2019〕1号）	■ 突出稳中求进的工作总基调； ■ 突出实施乡村振兴战略的总抓手； ■ 突出围绕硬任务抓落实； ■ 突出农业供给侧结构性改革主线； ■ 突出发挥农村党支部的战斗堡垒作用； ■ 突出农业农村优先发展的政策导向
7	2019年2月	中央农村工作领导小组办公室 农业农村部《关于做好2019年农业农村工作的实施意见》（中农发〔2019〕1号）	■ 强调完成关系全局的任务； ■ 强调农业产业高质量发展； ■ 强调拓宽农民的增收渠道； ■ 强调加快补齐农村的短板； ■ 强调激发农村发展的活力； ■ 推动完善乡村振兴制度保障

(续表 2-1)

序号	发布时间	文件名称	主要内容特点
8	2019年4月	《中共中央 国务院关于建立健全城乡融合发展体制机制和政策体系的意见》	■ 建立健全有利于城乡要素合理配置的体制机制； ■ 建立健全有利于城乡基本公共服务普惠共享的体制机制； ■ 建立健全有利于城乡基础设施一体化发展的体制机制； ■ 建立健全有利于乡村经济多元化发展的体制机制； ■ 建立健全有利于农民收入持续增长的体制机制
9	2019年5月	《自然资源部办公厅关于加强村庄规划促进乡村振兴的通知》（自然资办发〔2019〕35号）	■ 凸显村庄规划的法定地位； ■ 明确村庄规划的工作原则及工作目标； ■ 提出"多规合一"的实用性村庄规划的主要任务； ■ 探索村庄规划"留白"机制； ■ 明确村庄规划编制程序要求及组织实施措施
10	2019年6月	《中共中央办公厅 国务院办公厅关于加强和改进乡村治理的指导意见》	■ 提出现代乡村治理的总体目标； ■ 明确完善村党组织领导乡村治理的体制机制等十七个主要任务； ■ 提出加强分类指导等四大方面组织实施措施
11	2019年6月	《国务院关于促进乡村产业振兴的指导意见》（国发〔2019〕12号）	■ 提出乡村产业振兴"因地制宜、突出特色"等基本原则； ■ 突出优势特色，培育壮大乡村产业； ■ 科学合理布局，优化乡村产业空间结构； ■ 促进产业融合发展，增强乡村产业聚合力； ■ 推进质量兴农、绿色兴农，增强乡村产业持续增长力； ■ 推动创新创业升级，增强乡村产业发展新动能； ■ 完善政策措施，优化乡村产业发展环境； ■ 强化组织保障，确保乡村产业振兴落地见效
12	2019年12月	《国家城乡融合发展试验区改革方案》（发改规划〔2019〕1947号）	■ 提出广东广清接合片区等11个国家城乡融合发展试验区名单； ■ 提出建立城乡有序流动的人口迁徙制度、自愿有偿转让退出农村权益制度、经营性集体建设用地入市制度； ■ 明确在试验区内打造城乡产业协同发展先行区； ■ 提出建立城乡基础设施一体化发展体制机制，建设乡村产业旅游路线
13	2020年1月	《中共中央 国务院关于抓好"三农"领域重点工作确保如期实现全面小康的意见》（中发〔2020〕1号）	■ 提出"两大任务""两个抓好""两个确保"； ■ 一以贯之抓脱贫； ■ 五大方面保供给； ■ 八大举措补短板； ■ 四条政策强治理； ■ 五项措施促保障
14	2020年2月	《农业农村部关于落实党中央、国务院2020年农业农村重点工作部署的实施意见》（农发〔2020〕1号）	■ 提出抓好生猪稳产保供，促进农民持续稳定增收，稳步推进农村改革，保持农村社会和谐稳定，毫不松懈、持续加力，发挥好"三农"压舱石作用，为确保经济社会大局稳定提供有力支撑

(续表 2-1)

序号	发布时间	文件名称	主要内容特点
15	2020年6月	《中华人民共和国乡村振兴促进法（草案）》	■ 是我国为推进实施乡村振兴战略制定的第一部乡村振兴法律； ■ 明确产业发展、人才支撑、文化传承、生态保护、组织建设、城乡融合、扶持措施、监督检查等方面的法律要求
16	2020年6月	生态环境部办公厅、农业农村部办公厅、国务院扶贫办综合司联合印发《关于以生态振兴巩固脱贫攻坚成果 进一步推进乡村振兴的指导意见（2020—2022年)》	■ 提出乡村生态振兴的基本原则、工作目标； ■ 巩固脱贫成果，打造生态宜居美丽乡村； ■ 培育生态资源优势，发展乡村生态经济； ■ 弘扬乡村生态文化，推动践行绿色生活方式； ■ 健全乡村生态环境监管体系，推进乡村环境治理能力现代化； ■ 完善脱贫攻坚与乡村振兴有效衔接的机制保障
17	2020年7月	农业农村部关于印发《全国乡村产业发展规划（2020—2025年）》的通知（农产发〔2020〕4号）	■ 提出乡村产业发展目标； ■ 明确坚持立农为农、市场导向、融合发展、绿色引领和创新驱动，引导资源要素更多向乡村汇聚，加快农业与现代产业要素跨界配置，把第二、第三产业留在乡村，把就业创业机会和产业链增值收益更多地留给农民； ■ 提出提升农产品加工业、拓展乡村特色产业、优化乡村休闲旅游业、发展乡村新型服务业、推进农业产业化和农村产业融合发展，以及推进农村创新创业六大重点任务
18	2020年7月	中央网信办等七部门联合印发《关于开展国家数字乡村试点工作的通知》	■ 明确开展数字乡村整体规划设计； ■ 完善乡村新一代信息基础设施； ■ 探索乡村数字经济、乡村数字治理新模式； ■ 完善设施资源整合共享机制
19	2020年9月	中共中央办公厅 国务院办公厅印发《关于调整完善土地出让收入使用范围优先支持乡村振兴的意见》	■ 以省（自治区、直辖市）为单位确定计提方式，提高土地出让收入用于农业农村比例； ■ 做好与相关政策衔接的工作； ■ 建立以市县留用为主、中央和省级适当统筹的资金调剂机制； ■ 加强土地出让收入用于农业农村资金的统筹使用； ■ 加强对土地出让收入用于农业农村资金的核算
20	2020年10月	《中共中央关于制定国民经济和社会发展第十四个五年规划和二〇三五年远景目标的建议》	■ 提出"十四五"时期国民经济和社会发展指导方针及主要目标，展望二〇三五年远景目标； ■ 明确优先发展农业农村，全面推进乡村振兴； ■ 实现巩固拓展脱贫攻坚成果同乡村振兴有效衔接
22	2021年2月	《中共中央 国务院关于全面推进乡村振兴加快农业农村现代化的意见》	■ 总结了"十三五"时期我国农村发展及乡村振兴战略实施的主要成果，同时，对"十四五"时期优先发展农业农村、全面推进乡村振兴作出了总体部署，为做好当前和今后一个时期"三农"工作指明了方向； ■ 实现巩固拓展脱贫攻坚成果同乡村振兴有效衔接； ■ 加快推进农业现代化； ■ 加快推进村庄规划工作； ■ 大力实施乡村建设行动； ■ 加强党对"三农"工作的全面领导

二、对党的十九大报告及2018年中央一号文件的解读

(一) 农,天下之大业也

党的十九大提出实施乡村振兴战略,并写入党章,在我国"三农"发展进程中具有划时代的里程碑意义。这是以习近平同志为核心的党中央着眼全局,顺应亿万农民对美好生活的新期待作出的重大决策部署,是决胜全面建成小康社会、全面建设社会主义现代化国家的重大历史任务,是新时代"三农"工作的新旗帜和总抓手。

2018年2月4日,《中共中央、国务院关于实施乡村振兴战略的意见》(以下简称"中央一号文件")发布。

2018年中央一号文件有着怎样的重大意义?全面贯彻党的十九大精神,为实施乡村振兴战略定方向、定思路、定任务、定政策。

我国"三农"发展处于怎样的历史方位?农业农村为什么要优先发展?时任中央农村工作领导小组办公室主任、中央财经领导小组办公室副主任韩俊表示:"今年的中央一号文件,全面贯彻党的十九大精神,以习近平新时代中国特色社会主义思想为指导,认真贯彻落实习近平总书记'三农'思想,围绕实施乡村振兴战略定方向、定思路、定任务、定政策,谋划新时代乡村振兴的顶层设计。"[①]

乡村振兴的规划该如何落实?文件在结构上共分为4个板块、12个部分。4个板块分别着眼新时代实施乡村振兴战略的重大意义和总体要求、乡村振兴的重点任务、乡村振兴的保障措施、强调坚持和完善党对"三农"工作的领导并作出全面部署。

(二) 2018年中央一号文件的两个重要特点

1. 管全面

乡村振兴是以农村经济发展为基础,包括农村文化、治理、民生、生态在内的乡村发展水平的整体性提升,是乡村全面的振兴。按照党的十九大提出的"产业兴旺、生态宜居、乡风文明、治理有效、生活富裕"的总要求,对统筹推进农村经济建设、政治建设、文化建设、社会建设、生态文明建设和党的建设,中央一号文件都做了全面部署。

2. 管长远

乡村振兴既是一场攻坚战,更是一场持久战。它作为党和国家的大战略,是一项长期的历史任务。中央一号文件按照党的十九大提出的决胜全面建成小康社会、分两个阶段实施第二个百年奋斗目标的战略安排,按照"远粗近细"的原则,对实施乡村振兴战略的三个阶段性目标作了部署,分别是:到2020年,乡村振兴取得重要进展,制度框架和政策体系基本形成;到2035年,乡村振兴取得决定性进展,农业农村现代化基本实现;到2050年,乡村全面振兴,农业强、农村美、农民富全面实现。

(三) 新时代"五个有"

奠定乡村振兴基础,坚定信心;准确把握"三农"发展新的历史方位;坚持问题导向;坚持农业、农村、农民优先发展。

在中国特色社会主义新时代,乡村迎来了难得的发展机遇,是一个大有可为的广阔天地。"我们有党的领导的政治优势和社会主义的制度优势,有亿万农民的创造精神,有强大的经济实力支撑,有

---

① 新华社:《2018年中央一号文件公布全面部署实施乡村振兴战略》,见中国政府网(www.gov.con/winwen/2018-02-04/content_5263760.htm),访问日期:2020年5月10日。

历史悠久的农耕文明，有旺盛的市场需求，为实施乡村振兴奠定了深厚的基础。"①

2012年党的十八大以来，农业转型升级明显加快、质量效益明显提高，农民得实惠多、公平发展机会和权利得到更好的保障，农村面貌变化大、城乡一体化提速，"三农"发展进入又一个黄金期。农业农村发展取得的历史性成就、发生的历史性变革，为党和国家事业全局开创新局面提供重要支撑，为实施乡村振兴战略奠定良好基础。

当前，发展不平衡不充分问题在乡村最为突出。中央一号文件对当前"三农"发展面临的问题进行了准确概括。实施乡村振兴战略要坚持问题导向，有的放矢。当前，"三农"发展面临的问题主要表现在五个方面：农产品阶段性供过于求和供给不足并存，农业供给质量亟待提高；农民适应生产力发展和市场竞争的能力不足，新型职业农民队伍建设亟须加强；农村基础设施和民生领域欠账较多，农村环境和生态问题比较突出，乡村发展整体水平亟待提升；国家支农体系相对薄弱，农村金融改革任务繁重，城乡之间要素合理流动机制亟待健全；农村基层党建存在薄弱环节，乡村治理体系和治理能力亟待强化。

如期实现第一个百年奋斗目标并向第二个百年奋斗目标迈进，最艰巨最繁重的任务在农村，最广泛最深厚的基础在农村，最大的潜力和后劲也在农村。实施乡村振兴战略，就是要坚持把解决好"三农"问题作为全党工作重中之重，坚持农业、农村、农民优先发展，让农业成为有奔头的产业，让农民成为有吸引力的职业，让农村成为安居乐业的美丽家园。

（四）责任制"五级书记"

层层传导压力，层层压实责任。党领导乡村振兴，要抓紧研究制定乡村振兴法，研究制定中国共产党农村工作条例。

加强党对农村工作的领导，是实施乡村振兴战略的根本保证。韩俊说，要发挥党的领导的政治优势，压实责任，完善机制，强化考核，把党中央部署要求落实下去。②

把农业农村优先发展原则体现在各个方面。在干部配备上优先考虑，在要素配置上优先满足，在资金投入上优先保障，在公共服务上优先安排，确保党在农村工作中始终总揽全局、协调各方。

完善党的农村工作领导体制机制。健全党委统一领导、政府负责、党委农村工作部门统筹协调的农村工作领导体制。"五级书记"抓乡村振兴，各省、区、市党委政府每年要向党中央、国务院报告推进实施乡村振兴战略进展情况。建立市、县党政领导班子和领导干部推进乡村振兴战略的实绩考核机制，将考核结果作为选拔任用领导干部的重要依据。

加强"三农"工作队伍建设。把懂农业、爱农村、爱农民作为基本要求，加强"三农"工作干部队伍培养、配备、管理和使用。建立选派"第一书记"工作长效机制，全面向贫困村、软弱涣散村和集体经济薄弱村党组织派出"第一书记"。

强化乡村振兴法治保障。中央一号文件提出，抓紧研究制定乡村振兴法的有关工作，把行之有效的乡村振兴政策法定化。

要始终坚持以党的领导为核心统揽乡村振兴全局。根据新时代做好"三农"工作的新任务、新要求，将研究制定中国共产党农村工作条例，把党领导农村工作的传统、要求、政策等以党内法规的形式确定下来，确保乡村振兴战略得到有效实施。

（五）制度供给"人地钱"

长期以来，资金、土地、人才等各种要素单向由农村流入城市，造成农村严重"失血""贫血"。

---

① 人民日报：《新时代乡村振兴的蓝图》，见中国政府网（www.gov.cn/zhengce/2018-02/05/content_526385.htm），访问日期：2020年5月15日。
② 新华社：《2018年中央一号文件公布全面部署实施乡村振兴战略》，见中国政府网（www.gov.con/winwen/2018-02/04/content_5263760.htm），访问日期：2020年5月10日。

韩俊认为，实施乡村振兴，要抓住"人、地、钱"等关键环节，破除体制机制障碍，推动城乡要素自由流动、平等交换，促进公共资源城乡均衡配置和要素平等交换，建立健全城乡融合发展的体制机制和政策体系，加快形成工农互促、城乡互补、全面融合、共同繁荣的新型工农城乡关系。[①]

中央一号文件围绕巩固和完善农村基本经营制度、深化农村土地改革、完善农业支持保护制度、全面建立职业农民制度等，部署了一系列重大改革举措和制度建设。

解决"人"的问题，关键是畅通智力、技术、管理下乡通道。中央一号文件提出创新乡村人才培育引进使用机制，大力培育新型职业农民，加强农村专业人才队伍建设，造就更多乡土人才，发挥科技人才的支撑作用。

处理好农民与土地的关系，是深化农村改革的主线，也是实施乡村振兴战略的重要政策问题。中央一号文件对深化农村土地制度改革部署了许多重大改革任务。比如，部署完善农民闲置宅基地和闲置农房政策，探索宅基地所有权、资格权、使用权"三权分置"改革。适度放活宅基地和农民房屋使用权，不是让城里人到农村买房置地，而是吸引资金、技术、人才等要素流向农村，使农民闲置住房成为发展乡村旅游、养老、文化、教育等产业的有效载体。前提是不得违规违法买卖宅基地，严格实行土地用途管制，严格禁止下乡利用农村宅基地建设别墅大院和私人会馆。

中央一号文件对解决"钱从哪里来的问题"有全面的谋划：确保财政投入持续增长，提高金融服务水平，拓宽资金筹集渠道。改进耕地占补平衡管理办法，建立高标准农田建设等新增耕地指标和城乡建设用地增减挂钩节余指标跨省域调剂机制，将所得收益通过支出预算全部用于巩固脱贫攻坚成果和支持实施乡村振兴战略。

（六）四梁八柱"五个保障"

在关键小事上下足绣花功夫。要充分发挥农民主体作用，持之以恒地干，真金白银地投。

中央一号文件围绕实施好乡村振兴战略，通过一个规划、一项条例、一部法律确立了乡村振兴的政治保障和制度保障，确立了乡村振兴战略的四梁八柱。

有国家战略性规划引领保障。《国家乡村振兴战略规划（2018—2022年）》通过与中央一号文件对表对标，分别明确至2020年全面建成小康社会和2022年召开党的二十大时的目标任务，细化实化工作重点和政策措施，指导各地各部门分类有序推进。

有党内法规保障。党管农村工作是重大传统。党内法规将明确加强对农村工作领导的指导思想、原则要求、工作范围和对象、主要任务、机构职能、队伍建设，完善领导体制和工作机制。

有日益健全的法制保障。抓紧研究和制定乡村振兴法的有关工作，把行之有效的政策法定化。

有重要战略、重大行动和重大工程的支撑保障。在重要战略方面，深入实施"藏粮于地、藏粮于技"战略，实施食品安全战略，部署制定和实施国家质量兴农战略规划，实施数字乡村战略等；在重大行动方面，部署实施农村人居环境整治三年行动、打好精准脱贫攻坚战三年行动、产业兴村强县行动等。在重大工程方面，大规模推进农村土地整治和高标准农田建设等。

有全方位的制度性供给保障，有投入体制机制保障。韩俊指出，通过改革创新，最大限度地激发乡村各种资源要素活力。[②]

乡村振兴，讲究的是实干，要在关键小事上下足绣花功夫。韩俊说："要充分发挥农民主体作用，持之以恒地干，真金白银地投。乡村振兴是党和国家的大战略，喊是喊不出来的，干几年就收官结账也是不行的。"[③]

[①] 新华社：《2018年中央一号文件公布全面部署实施乡村振兴战略》，见中国政府网（www.gov.con/winwen/2018-02/04/content_5263760.htm），访问日期：2020年5月10日。

[②] 新华社：《2018年中央一号文件公布全面部署实施乡村振兴战略》，见中国政府网（www.gov.con/winwen/2018-02/04/content_5263760.htm），访问日期：2020年5月10日。

[③] 新华社：《2018年中央一号文件公布全面部署实施乡村振兴战略》，见中国政府网（www.gov.con/winwen/2018-02/04/content_5263760.htm），访问日期：2020年5月10日。

全面部署安排农民关心的关键小事。针对农村厕所这个影响农民群众生活品质的突出短板，部署推进农村"厕所革命"。部署推进畜禽粪污处理、农作物秸秆综合利用和废弃农膜回收。文件提出，在村庄普遍建立网上服务站点，逐步形成完善的乡村便民服务体系。部署集中清理上级对村级组织的考核评比多、创建达标多、检查督查多等突出问题。部署推进村级小微权力清单制度，加大基层小微权力腐败惩处力度。

三、对《乡村振兴战略规划（2018—2022年）》的解读

（一）政策概述

2018年9月，党中央、国务院正式印发了《乡村振兴战略规划（2018—2022年）》（以下简称《规划》），对全国各地实施乡村振兴战略的第一个五年工作及具体要求作出了综合部署和全面指导。《规划》是编制各省市乡村振兴战略规划的重要依据，是地方实施乡村振兴战略的重要指导文件。

《规划》以《中共中央、国务院关于实施乡村振兴战略的意见》为顶层设计要求，以习近平总书记关于"三农"工作的重要论述为指导，以"产业兴旺、生态宜居、乡风文明、治理有效、生活富裕"为总要求，对实施乡村振兴战略作出阶段性谋划，分别明确至2020年全面建成小康社会和2022年召开党的二十大时的目标任务，细化实化工作重点和政策措施，部署重大工程、重大计划和重大行动，确保乡村振兴战略落实落地，是指导各地区各部门分类有序推进乡村振兴的重要依据。

《规划》全文共分为十一篇、三十七章，指出"坚持党管农村工作、坚持农业农村优先发展、坚持农民主体地位、坚持乡村全面振兴、坚持城乡融合发展、坚持人与自然和谐共生、坚持改革创新激发活力、坚持因地制宜循序渐进"八大基本原则。

《规划》提出明确的发展目标：到2020年，基本形成乡村振兴的制度框架和政策体系；到2035年，乡村振兴取得决定性进展，基本实现农业农村现代化；到2050年，乡村全面振兴，全面实现农业强、农村美、农民富。

《规划》重点从构建乡村振兴新格局、加快农业现代化步伐、发展壮大乡村产业、建设生态宜居的美丽乡村、繁荣发展乡村文化、健全现代乡村治理体系、保障和改善农村民生、完善城乡融合发展政策体系八个方面对国家、省、市及基层实施乡村振兴战略提出了刚性要求及综合部署。

（二）内容解读

1. 构建乡村振兴新格局

坚持乡村振兴和新型城镇化双轮驱动，统筹城乡国土空间开发格局，优化乡村生产生活生态空间，分类推进乡村振兴，打造各具特色的现代版"富春山居图"。

通过强化空间用途管制、完善城乡布局结构、推进城乡统一规划，统筹城乡发展空间。按照主体功能定位，对国土空间的开发、保护和整治进行全面安排和总体布局，推进"多规合一"，加快形成城乡融合发展的空间格局。

以统筹利用生产空间、合理布局生活空间、严格保护生态空间分类指导乡村"三生"空间的发展布局，坚持人口资源环境相均衡、经济社会生态效益相统一，打造集约高效的生产空间，营造宜居适度的生活空间，保护山清水秀的生态空间，延续人和自然有机融合的乡村空间关系。

顺应村庄的发展规律和演变趋势，根据不同村庄的发展现状、区位条件、资源禀赋等，按照集聚提升、融入城镇、特色保护、搬迁撤并的思路，结合乡村实际，划分"集聚提升类村庄、城郊融合类村庄、特色保护类村庄、搬迁撤并类村庄"，分类推进乡村发展。

深入实施精准扶贫和精准脱贫，重点攻克深度贫困，巩固脱贫攻坚的成果。把打好精准脱贫攻坚战作为实施乡村振兴战略的优先任务，推动脱贫攻坚与乡村振兴有机结合相互促进，确保到2020年我国现行标准下农村贫困人口实现脱贫，贫困县全部摘帽，解决区域性整体贫困。

2. 加快农业现代化步伐

坚持质量兴农、品牌强农，深化农业供给侧结构性改革，构建现代农业产业体系、生产体系、经营体系，推动农业发展质量变革、效率变革、动力变革，持续提高农业创新力、竞争力和全要素生产率。

通过健全粮食安全保障机制、加强耕地保护和建设及提升农业装备和信息化水平，全面夯实农业生产能力基础。深入实施"藏粮于地、藏粮于技"战略，提高农业综合生产能力，保障国家粮食安全和重要农产品的有效供给，把中国人的饭碗牢牢端在自己手中。

以优化农业生产力布局、推进农业结构调整、壮大特色优势产业、保障农产品质量安全、培育和提升农业品牌及其影响力，以及构建农业对外开放新格局为重要举措，按照建设现代化经济体系的要求，加快农业结构调整步伐，着力推动农业由增产导向转向提质导向，提高农业供给体系的整体质量和效率，加快实现由农业大国向农业强国转变，加快农业转型升级。

从巩固和完善农村基本经营制度、壮大新型农业经营主体、发展新型农村集体经济、促进小农户生产和现代农业发展有机衔接方面，建立现代农业经营体系，坚持家庭经营在农业中的基础性地位，构建家庭经营、集体经营、合作经营、企业经营等共同发展的新型农业经营体系，发展多种形式适度规模经营，发展壮大农村集体经济，提高农业的集约化、专业化、组织化、社会化水平，有效带动小农户发展。

强化农业科技的支撑作用，深入实施创新驱动发展战略，加快农业科技进步，提高农业科技自主创新水平和成果转化水平，为农业发展拓展新空间、增添新动能，引领支撑农业转型升级和提质增效。以提升农业科技创新水平为目标，通过打造农业科技创新平台基地和加快农业科技成果转化应用等方式，推进农业科技支撑作用的发展。

以提升农业质量效益和竞争力为目标，强化绿色生态导向，创新与完善政策工具和手段，加快建立新型农业支持保护政策体系，加大支农投入力度，深化重要农产品收储制度改革，提高化解农业风险的能力，完善农业支持保护制度。

3. 发展壮大乡村产业

以完善利益联结机制为核心，以制度、技术和商业模式创新为动力，推进农村第一、第二、第三产业融合发展交叉融合，加快发展根植于农业农村、由当地农民主办、彰显地域特色和乡村价值的产业体系，推动乡村产业全面振兴。

把握城乡发展格局发生重要变化的机遇，培育农业农村新产业、新业态，打造农村产业融合发展新载体、新模式，推动要素跨界配置和产业有机融合，让农村第一、第二、第三产业融合发展在融合发展中同步升级、同步增值和同步受益，推动农村产业深度融合发展。

始终坚持把让农民分享更多的增值收益作为基本出发点，着力增强农民参与融合的能力，创新收益分享模式，健全联农带农有效激励机制，让农民更多地分享产业融合发展的增值收益，完善紧密型利益联结机制。

坚持市场化方向，优化农村创新创业环境，放开搞活农村经济，合理引导工商资本下乡，推动乡村大众创业、万众创新，培育壮大创新创业群体，完善创新创业服务体系，建立创新创业激励机制，激发农村创新创业活力。

4. 建设生态宜居的美丽乡村

牢固树立和践行"绿水青山就是金山银山"的理念，坚持尊重自然、顺应自然、保护自然，统筹山水林田湖草系统治理，加快转变生产生活方式，推动乡村生态振兴，建设生活环境整洁优美、生态系统稳定健康、人与自然和谐共生的生态宜居美丽乡村。

通过强化资源保护与节约利用、推进农业清洁生产、集中治理农业环境突出问题等方式，推进乡村农业绿色发展，以生态环境友好和资源永续利用为导向，推动形成农业绿色生产方式，实现投入品减量化、生产清洁化、废弃物资源化、产业模式生态化，提高农业可持续发展能力。

以建设美丽宜居村庄为导向，以农村垃圾、污水治理和村容村貌提升为主攻方向，开展农村人居环境整治行动，全面提升农村人居环境质量。加强农村生活垃圾治理，实施"厕所革命"，梯次推进农村生活污水治理，补齐乡村突出短板。科学规划村庄建筑布局，大力提升农房设计水平，全面推进乡村绿化，建设具有乡村特色的绿化景观。完善村庄公共照明设施，整治公共空间和庭院环境，着力提升村容村貌。全面完成县域乡村建设规划编制或修编，推进实用性村庄规划编制实施，加强乡村建设规划许可管理。建立农村人居环境建设和管护长效机制，发挥村民主体作用，鼓励专业化、市场化建设和运行管护。

大力实施乡村生态保护与修复重大工程，完善重要生态系统保护制度，促进乡村生产生活环境稳步改善，自然生态系统功能和稳定性全面提升，生态产品供给能力进一步增强。

5. 繁荣发展乡村文化

坚持以社会主义核心价值观为引领，以传承发展中华优秀传统文化为核心，以乡村公共文化服务体系建设为载体，培育文明乡风、良好家风和淳朴民风，推动乡村文化振兴，建设邻里守望、诚信重礼、勤俭节约的文明乡村。

持续推进农村精神文明建设，践行社会主义核心价值观，提升农民精神风貌，巩固农村思想文化阵地，倡导诚信道德规范及科学文明生活，不断提高乡村社会的文明程度。

立足乡村文明，吸取城市文明及外来文化的优秀成果，在保护传承的基础上，创造性转化、创新性发展，不断赋予时代内涵、丰富表现形式，为增强文化自信提供优质载体。保护和利用乡村传统文化，重塑乡村文化生态，发展乡村特色文化产业，全面弘扬中华优秀传统文化。

推动城乡公共文化服务体系融合发展，增加优秀乡村文化产品和服务的供给，活跃繁荣农村文化市场，为广大农民提供高质量的精神营养，丰富乡村文化生活。

6. 健全现代乡村治理体系

把夯实基层基础作为固本之策，建立健全党委领导、政府负责、社会协同、公众参与、法治保障的现代乡村社会治理体制，推动乡村组织振兴，打造充满活力、和谐有序的善治乡村。

以农村基层党组织建设为主线，突出政治功能，提升组织力，把农村基层党组织建成宣传党的主张、贯彻党的决定、领导基层治理、团结动员群众、推动改革发展的坚强战斗堡垒。

坚持自治为基、法治为本、德治为先，健全和创新村党组织领导的充满活力的村民自治机制，强化法律权威地位，以德治滋养法治、涵养自治，让德治贯穿乡村治理全过程，促进自治、法治、德治有机融合。

科学设置乡镇机构，构建简约高效的基层管理体制，健全农村基层服务体系，夯实乡村治理基础。

7. 保障改善村民民生

坚持人人尽责、人人享有，围绕农民群众最关心最直接最现实的利益问题，加快补齐农村民生短板，提高农村美好生活保障水平，让农民群众有更多实实在在的获得感、幸福感和安全感。

把基础设施建设重点放在农村，持续加大投入力度，加快补齐农村交通物流设施、农村水利基础设施及网络等基础设施短板，构建农村现代能源体系，夯实乡村信息化基础，促进城乡基础设施互联互通，推动农村基础设施提档升级。

坚持就业优先战略和积极就业政策，健全城乡均等的公共就业服务体系，不断提升农村劳动者素质，拓展农民外出就业和就地就近就业空间，实现更高质量和更充分就业。

继续把国家社会事业发展的重点放在农村，促进公共教育、医疗卫生、社会保障等资源向农村倾斜，逐步建立健全全民覆盖、普惠共享、城乡一体的基本公共服务体系，推进城乡基本公共服务均等化。

8. 完善城乡融合发展政策体系

顺应城乡融合发展趋势，重塑城乡关系，更好地激发农村内部发展活力、优化农村外部发展环境，推动人才、土地、资本等要素双向流动，为乡村振兴注入新动能。

加快推进户籍制度改革，全面实行居住证制度，促进有能力在城镇稳定就业和生活的农业转移人口有序实现市民化，促进农业转移人口市民化。

以培育新型职业农民、加强农村专业人才队伍建设、鼓励社会人才投身乡村建设等方式强化乡村振兴人才支撑，实行更加积极、更加开放、更加有效的人才政策，推动乡村人才振兴，让各类人才在乡村大施所能、大展才华、大显身手。

健全农村土地管理制度。总结农村土地征收、集体经营性建设用地入市、宅基地制度改革试点经验，逐步扩大试点，加快土地管理法修改。探索具体用地项目公共利益认定机制，完善征地补偿标准，建立被征地农民长远生计的多元保障机制。建立健全依法公平取得、节约集约使用、自愿有偿退出的宅基地管理制度。在符合规划和用途管制的前提下，赋予农村集体经营性建设用地出让、租赁、入股权能，明确入市范围和途径。建立集体经营性建设用地增值收益分配机制。

完善农村新增用地保障机制。统筹农业农村各项土地利用活动，乡镇土地利用总体规划可以预留一定比例的规划建设用地指标，用于农业农村发展。根据规划确定的用地结构和布局，年度土地利用计划分配中可安排一定比例新增建设用地指标以专项支持农业农村发展。对于农业生产过程中所需各类生产设施和附属设施用地，以及由于农业规模经营必须兴建的配套设施，在不占用永久基本农田的前提下，纳入设施农用地管理，实行县级备案。鼓励复合利用农业生产与村庄建设用地，发展农村新产业新业态，拓展土地使用功能。

盘活农村存量建设用地。完善农民闲置宅基地和闲置农房政策，探索宅基地所有权、资格权、使用权"三权分置"，落实宅基地集体所有权，保障宅基地农户资格权和农民房屋财产权，适度放活宅基地和农民房屋使用权，不得违规违法买卖宅基地，严格实行土地用途管制，严格禁止下乡利用农村宅基地建设别墅大院和私人会馆。在符合土地利用总体规划的前提下，允许县级政府通过村土地利用规划调整优化村庄用地布局，有效利用农村零星分散的存量建设用地。对利用收储农村闲置建设用地发展农村新产业、新业态的，给予新增建设用地指标奖励。

健全投入保障制度，完善政府投资体制，充分激发社会投资的动力和活力，加快形成财政优先保障、社会积极参与的多元投入格局。健全适合农业农村特点的农村金融体系，把更多金融资源配置到农村经济社会发展的重点领域和薄弱环节，更好地满足乡村振兴多样化金融需求。

9. 规划实施

实行中央统筹、省负总责、市县抓落实的乡村振兴工作机制，坚持党的领导，更好地履行各级政府职责，凝聚全社会力量，扎实有序推进乡村振兴。

坚持党总揽全局、协调各方，强化党组织的领导核心作用，提高领导能力和水平，为实现乡村振兴提供坚强保证。

充分认识乡村振兴任务的长期性、艰巨性，保持历史耐心，避免超越发展阶段，统筹谋划，典型带动，不搞齐步走，有序推进实现乡村振兴。在全面建成小康社会决胜期，重点抓好防范化解重大风险、精准脱贫、污染防治三大攻坚战，加快补齐农业现代化短腿和乡村建设短板。在开启全面建设社会主义现代化国家新征程时期，重点加快城乡融合发展制度设计和政策创新，推动城乡公共资源均衡配置和基本公共服务均等化，推进乡村治理体系和治理能力现代化，全面提升农民精神风貌，为乡村振兴这盘大棋布好局。

合理设定阶段性目标任务和工作重点，分步实施，形成统筹推进的工作机制。加强主体、资源、政策和城乡协同发力，避免代替农民选择，引导农民摒弃"等、靠、要"思想，激发农村各类主体活力，激活乡村振兴内生动力，形成系统高效的运行机制。立足当前发展阶段，科学评估财政承受能力、集体经济实力和社会资本动力，依法合规谋划乡村振兴筹资渠道，避免负债搞建设，防止刮风搞运动，合理确定乡村基础设施、公共产品、制度保障等供给水平，形成可持续发展的长效机制。

科学把握我国乡村区域差异，尊重并发挥基层首创精神，发掘和总结典型经验，推动不同地区、不同发展阶段的乡村有序实现农业农村现代化。①发挥引领区示范作用，东部沿海发达地区、人口净流入城市的郊区、集体经济实力强以及其他具备条件的乡村，到2022年率先基本实现农业农村现代化。②推动重点区加速发展，中小城市和小城镇周边以及广大平原、丘陵地区的乡村涵盖我国大部分村庄，是乡村振兴的主战场，到2035年基本实现农业农村现代化。③聚焦攻坚区精准发力，革命老区、民族地区、边疆地区、集中连片特困地区的乡村，到2050年如期实现农业农村现代化。

四、对《自然资源部办公厅关于加强村庄规划促进乡村振兴的通知》的解读

（一）政策概述

《自然资源部办公厅关于加强村庄规划促进乡村振兴的通知》是根据《中共中央 国务院关于建立国土空间规划体系并监督实施的若干意见》和《中共中央、国务院关于坚持农业农村优先发展做好"三农"工作的若干意见》等文件精神，结合新时期国土空间规划体系的新要求，针对国土空间规划体系"五级三类四体系"中的重要组成部分，提出了村庄规划的法定地位，并以"多规合一"实用性村庄规划的主旨要求规定了村庄规划的基本原则、主要任务、政策支持、编制要求及组织实施等多方面要求。《自然资源部办公厅关于加强村庄规划促进乡村振兴的通知》是各省、市国土空间规划新时期编制村庄规划的纲领性指导文件，是明确各规划编制单位、规划管理单位、乡村自治机构及广大农村村民参与到村庄规划及村庄发展的行动规章。

（二）内容解读

1. 提出村庄规划的法定地位

村庄规划是法定规划，是国土空间规划体系中乡村地区的详细规划，是开展国土空间开发保护活动、实施国土空间用途管制、核发乡村建设项目规划许可、进行各项建设等的法定依据。要整合村土地利用规划、村庄建设规划等乡村规划，实现土地利用规划、城乡规划等有机融合，编制"多规合一"的实用性村庄规划。村庄规划范围为村域全部国土空间，可以一个或几个行政村为单元编制。

2. 坚守村庄规划的基本原则

坚持先规划后建设，通盘考虑土地利用、产业发展、居民点布局、人居环境整治、生态保护和历史文化传承。坚持农民主体地位，尊重村民意愿，反映村民诉求。坚持节约优先、保护优先，实现绿色发展和高质量发展。坚持因地制宜、突出地域特色，防止乡村建设"千村一面"。坚持有序推进、务实规划，防止一哄而上，片面追求村庄规划快速全覆盖。

3. 确定村庄规划的工作目标

力争到2020年年底，结合国土空间规划编制在县域层面基本完成村庄布局工作，有条件、有需求的村庄应编尽编。暂时没有条件编制村庄规划的，应在县、乡镇国土空间规划中明确村庄国土空间用途管制规则和建设管控要求，作为实施国土空间用途管制、核发乡村建设项目规划许可的依据。对已经编制的原村庄规划、村土地利用规划，经评估符合要求的，可不再另行编制；需补充完善的，完善后再行报批。

4. 提出村庄规划的主要任务

"多规合一"的实用性村庄规划主要任务分为，统筹村庄发展目标、统筹生态保护修复、统筹耕地和永久基本农田保护、统筹历史文化传承与保护、统筹基础设施和基本公共服务设施布局、统筹产业发展空间、统筹农村住房布局、统筹村庄安全和防灾减灾、明确规划近期实施项目九大部分。

（1）统筹村庄发展目标

落实上位规划要求，充分考虑人口资源环境条件和经济社会发展、人居环境整治等要求，研究制定村庄发展、国土空间开发保护、人居环境整治目标，明确各项约束性指标。

（2）统筹生态保护修复

落实生态保护红线划定成果，明确森林、河湖、草原等生态空间，尽可能多地保留乡村原有的地貌、自然形态等，系统保护好乡村自然风光和田园景观。加强生态环境系统修复和整治，慎砍树、禁

挖山、不填湖，优化乡村水系、林网、绿道等生态空间格局。

（3）统筹耕地和永久基本农田保护

落实永久基本农田和永久基本农田储备区划定成果，落实补充耕地任务，守好耕地红线。统筹安排农、林、牧、副、渔等农业发展空间，推动循环农业和生态农业发展。完善农田水利配套设施布局，保障设施农业和农业产业园发展合理空间，促进农业转型升级。

（4）统筹历史文化传承与保护

深入挖掘乡村历史文化资源，划定乡村历史文化保护线，提出历史文化景观整体保护措施，保护好历史遗存的真实性。防止大拆大建，做到应保尽保。加强各类建设的风貌规划和引导，保护好村庄的特色风貌。

（5）统筹基础设施和基本公共服务设施布局

在县域、乡镇域范围内统筹考虑村庄发展布局以及基础设施和公共服务设施用地布局，规划建立全域覆盖、普惠共享、城乡一体的基础设施和公共服务设施网络。以安全、经济、方便群众使用为原则，因地制宜提出村域基础设施和公共服务设施的选址、规模、标准等要求。

（6）统筹产业发展空间

统筹城乡产业发展，优化城乡产业用地布局，引导工业向城镇产业空间集聚，合理保障农村新产业新业态发展用地，明确产业用地用途、强度等要求。除少量必需的农产品生产加工外，一般不在农村地区安排新增工业用地。

（7）统筹农村住房布局

按照上位规划确定的农村居民点布局和建设用地管控要求，合理确定宅基地规模，划定宅基地建设范围，严格落实"一户一宅"。充分考虑当地建筑文化特色和居民生活习惯，因地制宜提出住宅的规划设计要求。

（8）统筹村庄安全和防灾减灾

分析村域内地质灾害、洪涝等隐患，划定灾害影响范围和安全防护范围，提出综合防灾减灾的目标以及预防和应对各类灾害危害的措施。

（9）明确规划近期实施项目

研究提出近期急需推进的生态修复整治、农田整理、补充耕地、产业发展、基础设施和公共服务设施建设、人居环境整治、历史文化保护等项目，明确资金规模及筹措方式、建设主体和方式等。

5. 探索村庄规划支持政策

（1）优化调整用地布局

允许在不改变县级国土空间规划主要控制指标的情况下，优化调整村庄各类用地布局。涉及永久基本农田和生态保护红线调整的，严格按国家有关规定执行，调整结果依法落实到村庄规划中。

（2）探索规划"留白"机制

各地可在乡镇国土空间规划和村庄规划中预留不超过5%的建设用地机动指标，村民居住、农村公共公益设施、零星分散的乡村文旅设施及农村新产业新业态等用地可申请使用。对一时难以明确具体用途的建设用地，可暂不明确规划用地性质。建设项目规划审批时落地机动指标、明确规划用地性质，项目批准后更新数据库。需要注意的是，机动指标使用不得占用永久基本农田和生态保护红线。

6. 优化村庄规划编制要求

（1）强化村民主体和村党组织、村民委员会主导

乡镇政府应引导村党组织和村民委员会认真研究审议村庄规划并动员、组织村民以主人翁的态度，在调研访谈、方案比选、公告公示等各个环节积极参与村庄规划编制，协商确定规划内容。村庄规划在报送审批前应在村内公示30日，报送审批时应附村民委员会审议意见和村民会议或村民代表会议讨论通过的决议。村民委员会要将规划的主要内容纳入村规民约。

（2）开门编规划

综合应用各有关单位、行业已有工作基础，鼓励引导大专院校和规划设计机构下乡提供志愿服

务、规划师下乡蹲点，建立驻村、驻镇规划师制度。激励引导熟悉当地情况的新乡贤、能人积极参与村庄规划编制。支持投资乡村建设的企业积极参与村庄规划工作，探索规划、建设、运营一体化。

（3）因地制宜，分类编制

根据村庄定位和国土空间开发保护的实际需要，编制能用、管用、好用的实用性村庄规划。要抓住主要问题，聚焦重点，内容深度详略得当，不贪大求全。对于重点发展或需要进行较多开发建设、修复整治的村庄，编制实用的综合性规划。对于不进行开发建设或只进行简单的人居环境整治的村庄，可只规定以国土空间用途管制规则、建设管控和人居环境整治要求作为村庄规划。对于综合性的村庄规划，可以分步编制，分步报批，先编制近期急需的人居环境整治等内容，后期逐步补充完善。对于紧邻城镇开发边界的村庄，可与城镇开发边界内的城镇建设用地统一编制详细规划。各地可结合实际，合理划分村庄类型，探索符合地方实际的规划方法。

（4）简明成果表达

规划成果要吸引人、看得懂、记得住，能落地、好监督，鼓励采用"前图后则"（即规划图表+管制规则）的成果表达形式。规划批准之日起20个工作日内，规划成果应通过"上墙、上网"等多种方式公开，并于30个工作日内逐级汇交至省级自然资源主管部门，以叠加到国土空间规划"一张图"上。

7. 提出村庄规划组织实施措施

（1）加强组织领导

村庄规划由乡镇政府组织编制，报上一级政府审批。地方各级党委政府要强化对村庄规划工作的领导，建立政府领导、自然资源主管部门牵头、多部门协同、村民参与、专业力量支撑的工作机制，充分保障规划工作经费。自然资源部门要做好技术指导、业务培训、基础数据和资料提供等工作，推动测绘"一村一图""一乡一图"，构建"多规合一"的村庄规划数字化管理系统。

（2）严格用途管制

村庄规划一经批准，必须严格执行。乡村建设等各类空间开发建设活动，必须按照法定村庄规划实施乡村建设规划许可管理。确需占用农用地的，应统筹农用地转用审批和规划许可，减少申请环节，优化办理流程；确需修改规划的，严格按程序报原规划审批机关批准。

（3）加强监督检查

市、县自然资源主管部门要加强评估和监督检查，及时研究规划实施中的新情况，做好规划的动态完善。国家自然资源督察机构要加强对村庄规划编制和实施的督察，及时制止和纠正违反本意见的行为。鼓励各地探索研究村民自治监督机制，实施村民对规划编制、审批、实施全过程监督。

五、对《中共中央关于制定国民经济和社会发展第十四个五年规划和二〇三五年远景目标的建议》的解读

（一）政策概述

2020年10月26日至29日，中国共产党第十九届中央委员会第五次全体会议在北京隆重举行。全会审议通过了《中共中央关于制定国民经济和社会发展第十四个五年规划和二〇三五年远景目标的建议》（以下简称《建议》），《建议》从国家层面制定"十四五"时期国民经济和社会发展指导方针及主要目标，并提出2035年远景目标，是开启全面建设社会主义现代化国家新征程、向第二个百年奋斗目标进军的纲领性文件，是今后五年乃至更长时间内中国经济社会发展的行动指南。

（二）内容解读

1. 提出一个新奋斗目标：全面建设社会主义现代化国家

《建议》指出，"十三五"规划目标任务即将完成，全面建成小康社会胜利在望，中华民族伟大

复兴向前迈出了新的一大步，社会主义中国以更加雄伟的身姿屹立于世界东方。全党全国各族人民要再接再厉、一鼓作气，确保如期打赢脱贫攻坚战，确保如期全面建成小康社会、实现第一个百年奋斗目标，为开启全面建设社会主义现代化国家新征程奠定坚实基础，展望到2035年基本实现社会主义现代化远景目标。党的十九大对实现第二个百年奋斗目标作出分两个阶段推进的战略安排，即到2035年基本实现社会主义现代化，到21世纪中叶把我国建成富强民主文明和谐美丽的社会主义现代化强国。

2. **制定"十四五"时期经济社会发展指导方针和主要目标**

《建议》提出，高举中国特色社会主义伟大旗帜，深入贯彻党的十九大和十九届二中、三中、四中、五中全会精神，坚持以马克思列宁主义、毛泽东思想、邓小平理论、"三个代表"重要思想、科学发展观、习近平新时代中国特色社会主义思想为指导。明确"十四五"时期经济社会发展要努力实现"经济发展取得新成效、改革开放迈出新步伐、社会文明程度得到新提高、生态文明建设实现新进步、民生福祉达到新水平及国家治理效能得到新提升"的六个主要"新"目标。

3. **统筹兼顾两件大事：发展与安全**

《建议》提出，应加强前瞻性思考、全局性谋划、战略性布局、整体性推进，统筹国内国际两个大局，办好发展安全两件大事，坚持全国一盘棋，更好地发挥中央、地方和各方面的积极性，着力固根基、扬优势、补短板、强弱项，注重防范化解重大风险挑战，实现发展质量、结构、规模、速度、效益、安全相统一。

4. **构建国土空间布局和体系的"三部曲"**

《建议》强调，坚持实施区域重大战略、区域协调发展战略、主体功能区战略，健全区域协调发展体制机制，完善新型城镇化战略，以"构建国土空间开发保护新格局——推动区域协调发展——推进以人为核心的新型城镇化"为具体实施策略，构建高质量发展的国土空间布局和支撑体系。

5. **全面推进乡村振兴战略实施的"四要点"**

《建议》指出，坚持把解决好"三农"问题作为全党工作重中之重，走中国特色社会主义乡村振兴道路，全面实施乡村振兴战略，强化以工补农、以城带乡，推动形成工农互促、城乡互补、协调发展、共同繁荣的新型工农城乡关系，加快农业农村现代化。

（1）提高农业质量效益和竞争力

适应确保国计民生要求，以保障国家粮食安全为底线，健全农业支持保护制度。坚持最严格的耕地保护制度，深入实施"藏粮于地、藏粮于技"战略，加大农业水利设施建设力度，实施高标准农田建设工程，强化农业科技和装备支撑，提高农业良种化水平，健全动物防疫和农作物病虫害防治体系，建设智慧农业。强化绿色导向、标准引领和质量安全监管，建设农业现代化示范区。推动农业供给侧结构性改革，优化农业生产结构和区域布局，加强粮食生产功能区、重要农产品生产保护区和特色农产品优势区建设，推进优质粮食工程。完善粮食主产区利益补偿机制。保障粮、棉、油、糖、肉等重要农产品供给安全，提升收储调控能力。开展粮食节约行动。发展县域经济，推动农村第一、第二、第三产业融合发展，丰富乡村经济业态，拓展农民增收空间。

（2）实施乡村建设行动

把乡村建设摆在社会主义现代化建设的重要位置。强化县城综合服务能力，把乡镇建成服务农民的区域中心。统筹县域城镇和村庄规划建设，保护传统村落和乡村风貌。完善乡村水、电、路、气、通信、广播电视、物流等相关基础设施，提升农房建设质量。因地制宜推进农村改厕、生活垃圾和污水治理，实施河湖水系综合整治，改善农村人居环境。提高农民科技文化素质，推动乡村人才振兴。

（3）深化农村改革

健全城乡融合发展机制，推动城乡要素平等交换、双向流动，增强农业农村发展活力。落实第二轮土地承包到期后再延长30年政策，加快培育农民合作社、家庭农场等新型农业经营主体，健全农业专业化社会化服务体系，发展多种形式适度规模经营，实现小农户和现代农业有机衔接。健全城乡统一的建设用地市场，积极探索实施农村集体经营性建设用地入市制度。建立土地征收公共利益用地认定机制，缩小土地征收范围。探索宅基地所有权、资格权、使用权分置实现形式，保障进城落户农民土地承包权、宅基地使用权、集体收益分配权，鼓励依法自愿有偿转让。深化农村集体产权制度改革，发展新型农村集体经济。健全农村金融服务体系，发展农业保险。

（4）实现巩固拓展脱贫攻坚成果同乡村振兴有效衔接

建立对农村低收入人口和欠发达地区的帮扶机制，保持财政投入力度总体稳定，接续推进脱贫地区发展。健全防止返贫监测和帮扶机制，做好易地扶贫搬迁后续帮扶工作，加强扶贫项目资金资产管理和监督，推动特色产业可持续发展。健全农村社会保障和救助制度，在西部地区脱贫县中集中支持一批乡村振兴重点帮扶县，增强其巩固脱贫成果及内生发展能力。坚持和完善东西部协作和对口支援、社会力量参与帮扶等机制。

六、对《中共中央 国务院关于全面推进乡村振兴加快农业农村现代化的意见》的解读

（一）政策概述

2021年2月21日，《中共中央 国务院关于全面推进乡村振兴加快农业农村现代化的意见》（2021年中央一号文件）发布。该文件总结了"十三五"时期我国农村发展及乡村振兴战略实施的主要成果，同时，对"十四五"时期优先发展农业农村、全面推进乡村振兴作出了总体部署，为做好当前和今后一个时期"三农"工作指明了方向。

（二）内容解读

1. 促发展，实现巩固拓展脱贫攻坚成果同乡村振兴有效衔接

设立衔接过渡期。脱贫攻坚目标任务完成后，对摆脱贫困的县，从脱贫之日起设立5年过渡期，做到"扶上马送一程"。

持续巩固拓展脱贫攻坚成果。健全防止返贫动态监测和帮扶机制，对易返贫致贫人口及时发现，以及时帮扶，守住防止规模性返贫底线。以大中型集中安置区为重点，扎实做好易地搬迁后续帮扶工作，持续加大就业和产业扶持力度，继续完善安置区配套基础设施、产业园区配套设施、公共服务设施，切实提升社区治理能力，加强扶贫项目资产管理和监督。

接续推进脱贫地区乡村振兴。实施脱贫地区特色种养业提升行动，广泛开展农产品产销对接活动，深化拓展消费帮扶。持续做好有组织劳务输出工作。统筹用好公益岗位，对符合条件的就业困难人员进行就业援助。在农业农村基础设施建设领域推广以工代赈的方式，吸纳更多脱贫人口和低收入人口就地就近就业。在脱贫地区重点建设一批区域性和跨区域重大基础设施工程。加大对脱贫县乡村振兴的支持力度。在西部地区脱贫县中确定一批国家乡村振兴重点帮扶县进行集中支持。支持各地自主选择部分脱贫县作为乡村振兴重点帮扶县。坚持和完善东西部协作和对口支援、社会力量参与帮扶等机制。

加强农村低收入人口常态化帮扶。开展农村低收入人口动态监测，实行分层分类帮扶。对有劳动能力的农村低收入人口，坚持开发式帮扶，帮助其提高内生发展能力，发展产业、参与就业，依靠双手勤劳致富。对脱贫人口中丧失劳动能力且无法通过产业就业获得稳定收入的人口，以现有社会保障体系为基础，按规定纳入农村低保或特困人员救助供养范围，并按困难类型及时给予专项救助、临时救助。

2. 守底线，坚决守住18亿亩耕地红线

统筹布局生态、农业、城镇等功能空间，科学划定各类空间管控边界，严格实行土地用途管制。采取"长牙齿"的措施，落实最严格的耕地保护制度。

严禁违规占用耕地和违背自然规律绿化造林、挖湖造景，严格控制非农建设占用耕地，深入推进

农村乱占耕地建房专项整治行动，坚决遏制耕地"非农化"、防止"非粮化"。

明确耕地利用优先顺序，永久基本农田重点用于粮食特别是口粮生产，一般耕地主要用于粮食和棉、油、糖、蔬菜等农产品及饲草饲料生产。

明确耕地和永久基本农田不同的管制目标和管制强度，严格控制耕地转为林地、园地等其他类型农用地，强化土地流转用途监管，确保耕地数量不减少、质量有提高。

实施新一轮高标准农田建设规划，提高建设标准和质量，健全管护机制，多渠道筹集建设资金，中央和地方共同加大粮食主产区高标准农田建设投入，2021年建设1亿亩旱涝保收、高产稳产高标准农田。

在高标准农田建设中增加的耕地作为占补平衡补充耕地指标在省域内调剂，所得收益用于高标准农田建设。

加强和改进建设占用耕地占补平衡管理，严格执行对新增耕地的核实认定和监管。

健全耕地数量和质量监测监管机制，加强耕地保护督察和执法监督，开展"十三五"时期省级政府耕地保护责任目标考核。

3. 重规划，加快推进村庄规划工作

2021年基本完成县级国土空间规划编制，明确村庄布局分类。

积极有序推进"多规合一"实用性村庄规划编制，对有条件、有需求的村庄尽快实现村庄规划全覆盖。

对暂时没有编制规划的村庄，严格按照县乡两级国土空间规划中确定的用途管制和建设管理要求进行建设。

编制村庄规划要立足现有基础，保留乡村特色风貌，不搞大拆大建。按照规划有序开展各项建设，严肃查处违规乱建行为。

健全农房建设质量安全法律法规和监管体制，3年内完成安全隐患排查整治。完善建设标准和规范，提高农房设计水平和建设质量。

继续实施农村危房改造和地震高烈度设防地区农房抗震改造。

加强村庄风貌引导，保护传统村落、传统民居和历史文化名村名镇。加大对农村地区文化遗产遗迹的保护力度。

乡村建设是为农民而建的，要因地制宜、稳扎稳打，不刮风搞运动。

严格规范村庄撤并，不得违背农民意愿、强迫农民上楼，把好事办好、把实事办实。

在大力实施乡村建设行动方面，文件除了明确要加快推进村庄规划工作，同时提出要加强乡村公共基础设施建设，其中包括：①实施数字乡村建设发展工程，加快建设农业农村遥感卫星等天基设施；②发展智慧农业，建立农业农村大数据体系，推动新一代信息技术与农业生产经营深度融合；③完善农业气象综合监测网络，提升农业气象灾害防范能力；④加强乡村公共服务、社会治理等数字化智能化建设。

4. 重协调，加快县域内城乡融合发展

推进以人为核心的新型城镇化，促进大中小城市和小城镇协调发展。

把县域作为城乡融合发展的重要切入点，强化统筹谋划和顶层设计，破除城乡分割的体制弊端，加快打通城乡要素平等交换、双向流动的制度性通道。

统筹县域产业、基础设施、公共服务、基本农田、生态保护、城镇开发、村落分布等空间布局，强化县城综合服务能力，把乡镇建设成为服务农民的区域中心，实现县、乡、村功能衔接互补。壮大县域经济，承接适宜产业转移，培育支柱产业。

加快小城镇发展，完善基础设施和公共服务，发挥小城镇连接城市、服务乡村作用。

推进以县城为重要载体的城镇化建设，有条件的地区按照小城市标准建设县城。积极推进扩权强镇，规划建设一批重点镇。开展乡村全域土地综合整治试点。

5. 强创新，深入推进农村改革

完善农村产权制度和要素市场化配置机制，充分激发农村发展内生动力。

坚持农村土地农民集体所有制不动摇，坚持家庭承包经营基础性地位不动摇，有序开展第二轮土地承包到期后再延长 30 年试点，保持农村土地承包关系稳定并长久不变，健全土地经营权流转服务体系。

积极探索实施农村集体经营性建设用地入市制度。完善盘活农村存量建设用地政策，实行负面清单管理，优先保障乡村产业发展和乡村建设用地。

根据乡村休闲观光等产业分散布局的实际需要，探索灵活多样的供地新方式。

加强宅基地管理，稳慎推进农村宅基地制度改革试点，探索宅基地所有权、资格权、使用权分置有效实现形式。规范开展房地一体宅基地日常登记颁证工作。

规范开展城乡建设用地增减挂钩，完善审批实施程序、节余指标调剂及收益分配机制。

2021 年基本完成农村集体产权制度改革阶段性任务，发展壮大新型农村集体经济。

保障进城落户农民土地承包权、宅基地使用权、集体收益分配权，研究制定依法自愿有偿转让的具体办法。加强农村产权流转交易和管理信息网络平台建设，提供综合性交易服务。加快农业综合行政执法信息化建设和继续深化农村集体林权制度改革。

（编者：陈焯荣、陈李奔、曾永浩、严冬、邓雪丽、肖鹤、李晓军）

第三章　新时代乡村振兴规划策略与技术

政策引领，规划先行。要实现乡村振兴，各地各项目，应在国家和地方政策指引下，充分调研本地本项目的现状特点和资源优势，结合本地市场、资金、人力等实际，在政策层面制定适合本地本项目的政策性指引文件，使项目实施性强，让乡村、村民能在乡村振兴中得到实惠，达到脱贫致富，良性发展的目的；在规划设计层面，应从宏观规划到微观设计进行科学合理的、精准可行的规划和设计，使规划设计符合用地、生产、生活、生态、环保、效益等多要素的要求，能作为乡村建设的纲领性、指导性和法制性的文件，达到项目能落地、资金有保障、建设效率高、农民有收益、村貌变美丽、乡村更富裕、发展可持续的目标。

第一节　乡村规划发展历程回顾

改革开放以来，我国的城乡规划逐步由增量规划时代转向存量规划时代，乡村规划也从粗放式发展模式逐步向精细化、可持续化发展模式过渡。按照不同时期的乡村规划指导思想和乡村建设运动特征，可将乡村规划的发展演变历程划分为农村改革和乡村规划起步阶段、新农村规划建设阶段、"美丽乡村"规划建设阶段和乡村振兴战略推进阶段四个阶段。

上述乡村规划的演变过程，实质上也是城乡关系的演变历程。在我国经济高速发展的时期，实际上是以城市为主导的发展阶段，城乡之间呈现出二元割裂的状态，导致农村生产要素非农化、劳动力老龄化、社会经济空心化等"乡村病"。因此，需要通过城乡统筹来破除城乡二元结构，推进经济社会发展的战略转型，实现农村和城市的联动和一体化发展。

一、农村改革和乡村规划起步阶段（1978—2005 年）

在改革开放前，村庄建设发展的增长态势不明显，村庄规划的管控需求不突出。改革开放后，乡村经济开始蓬勃发展，这一时期伴随着村庄经济产业的发展，乡村地区建设发展迅速，需要对乡村建设进行有效管控。于是，乡村地区规划在探索中逐步展开，成为城乡规划的重要组成部分。

（一）相关政策推动

乡村规划的发展伴随着乡村经济的发展，在农村改革起步发展时期，乡村规划经历了从没有规划到逐步建立规划的过程。乡村经济的发展，从 1978 年地方公社针对农村生产力水平较低的困境创造家庭联产承包责任制开始。以小岗村为代表的"农民包产到户"拉开了农村改革的序幕，标志着从传统农业走向现代农业阶段。1982 年中央一号文件《全国农村工作会议纪要》，打开了包产到户的大门，允许多种形式的农村经营责任制，特别是包干到户、包产到户，允许群众根据不同地区、不同条件进行自由选择。农村经济发展开始走向快车道。

随着乡村经济的快速发展，有效管控乡村建设成为必要选择，乡村规划也逐步走向规范化。1993 年，《村庄和集镇规划建设管理条例》出台，这是国家第一次以正式的法律法规指导村镇建设。该条例促进了村镇建设活动的规范化和法制化，确立了村庄规划在城乡规划体系中的法定地位，并奠定了乡村规划的发展基础（见表3-1）。

表3-1 农村经济发展阶段的中央一号文件（部分）

发布时间	中央一号文件	工作重点
1982年1月	《全国农村工作会议纪要》	肯定多种形式的责任制，特别是包干到户、包产到户
1983年1月	《当前农村经济政策的若干问题》	促进农业从自给半自给经济向较大规模的商品生产转化，从传统农业向现代农业转化
1985年1月	《关于进一步活跃农村经济的十项政策》	解决农民温饱和经营自主权问题，通过构建强农、惠农、富农的政策体系，加快实现农业现代化、农村全面小康和农民增收致富
1986年1月	《关于1986年农村工作的部署》	增加农业投入，调整工农城乡关系
2004年2月	《中共中央 国务院关于促进农民增加收入若干政策的意见》	要坚持"多予、少取、放活"的方针，调整农业结构，扩大农民就业，加快科技进步，深化农村改革，增加农业投入
2005年2月	《中共中央 国务院关于进一步加强农村工作提高农业综合生产能力若干政策的意见》	加强农业基础设施建设，加快农业科技进步，提高农业综合生产能力

（二）该时期乡村发展取得的成效及面临的问题

该阶段提出了家庭联产承包责任制，在制度上确立了国家和乡村社会的关系掌控从单一发展模式走向以家庭为单位的多样发展模式。该制度的实行调动了农民的生产积极性，同时也导致农村居民收入差距、城乡发展差距拉大，乡村建设出现了住房侵占耕地的问题，因而需要后续通过一系列的规划政策来指导与规范乡村建设。乡村建设发展有了一定进步，但是发展速度缓慢，促进农民持续稳定增收的长效机制尚未形成，农村的经济社会面貌还是呈现出发展滞后的局面。

随着社会经济发展，村庄规划是在实践中不断探索出的规范体系。改革开放初期，我国缺少村庄规划的相关实践和基础研究，缺乏理论和技术文件指导，农村地区村庄的规划处于被忽视的状态。对村庄规划的指导性规范以2000年发布的《村镇规划编制办法》为主，村庄层面没有单独的指导性规范。这一时期，村镇规划主要以镇区规划为核心，包括村镇的结构和布局、人口规模、基础设施建设等内容，村庄建设仅是在镇区层面提出各居民点的职能与发展方向，以农村房屋和农业设施建设、提高农村经济效益为重点，缺乏针对性规划。

这一阶段的乡村规划处于萌芽与探索时期，规划目的在于刺激农村经济发展。随着农村经济的发展，规划管控的需求逐渐产生。以1982年中央一号文件《全国农村工作会议纪要》及1985年中央一号文件《关于进一步活跃农村经济的十项政策》为标志，农村经济被全面激活，乡村地区的发展发生了极大改变。该时期主要针对改革开放前农村生产力水平低下的困境，拉开农村改革的序幕，指引农村发展从传统农业走向现代农业。该阶段主要解决农民温饱和经营自主权问题，通过构建强农、惠农、富农的政策体系，加快实现农业现代化、农村全面小康和农民增收致富。不过，随着经济快速发展，乡村地区的建设发展长期处于一种缺乏有效规划管控的态势。特别是沿海地区，乡镇经济的快速发展带来大量城乡混杂、无序建设的乡村土地扩展模式，不仅造成资源浪费，也影响了乡村地区的建设发展。2000年，《村镇规划编制办法》的颁布标志着乡村规划已经成了城乡规划体系的重要组成部分。

二、新农村规划建设阶段（2005—2013 年）

随着区域发展尤其是乡村地区的发展建设，城乡建设管控对乡村规划的要求愈发突出，乡村规划作为城乡规划体系的重要组成部分也日益得到认同。2008 年《城乡规划法》第一次将乡村规划确定为法定规划的重要构成内容，成为指导村庄地区建设发展的重要法定依据。

（一）相关政策发展

随着社会经济进一步快速发展，城乡差距拉大，城乡建设面临全面调整。2005 年年底，十六届五中全会提出进行社会主义新农村建设，提出了"生产发展、生活宽裕、乡风文明、村容整洁、管理民主"的具体要求。2006 年 2 月 21 日，《中共中央 国务院关于推进社会主义新农村建设的若干意见》发布。2007 年 10 月，党的十七大顺利召开，会议提出"要统筹城乡发展，推进社会主义新农村建设"。新农村建设被提上议程，新农村规划也成为这一时期的必然选择。随着乡村规划发展，乡村规划也被纳入城乡规划体系中，成为必不可少的法定规划之一。2008 年，《城乡规划法》的发布，确立了乡规划和村庄规划的法律地位。同时，在 2008 年出台的《村庄整治技术规范（GB50445—2008）》是针对农村人居环境和各类设施改善的第一部国家技术规范。

为有效梳理城乡关系，国家在乡村规划编制过程中，逐步将城乡关系纳入其中，对后续乡村规划编制思想带来了较大的影响。2010 年，中央提出"统筹城乡关系"，提出改善城乡二元思维，梳理工农一体化的经济发展思路。聚焦"统筹城乡发展"，旨在以城乡统筹解决"三农"难题，协调推进工业化、城镇化和农业现代化。至此，我国进入了"工业反哺农业、城市支持农村"的新阶段。

"四化同步"和城乡融合发展思路的进一步深化，加快城乡融合发展的思路在规划中得到全面的贯彻。2013 年 1 月，《中共中央 国务院关于加快发展现代农业进一步增强农村发展活力的若干意见》（以下简称《意见》）发布。伴随工业化、城镇化深入推进，我国农业农村发展正在进入新的阶段，呈现出农业综合生产成本上升、农产品供求结构性矛盾突出、农村社会结构加速转型、城乡发展加快融合的态势。《意见》提出要加快发展现代农业，进一步增强农村发展活力。建设社会主义新农村政策的提出，将乡村建设放在了国家层面，指导了早期的乡村规划，同时也开辟了我国的乡村建设新局面。这一阶段是我国乡村规划指导思想的初步确立时期（见表 3-2）。

表 3-2 社会主义新农村建设规划阶段的中央一号文件

发布时间	中央一号文件	工作重点
2005 年 10 月	《中共中央关于制定国民经济和社会发展第十一个五年规划的建议》	提出建设社会主义新农村的重大历史任务
2006 年 2 月	《中共中央 国务院关于推进社会主义新农村建设的若干意见》	要统筹城乡发展，推进社会主义新农村建设
2007 年 1 月	《中共中央 国务院关于积极发展现代农业扎实推进社会主义新农村建设的若干意见》	社会主义新农村建设要把建设现代农业放在首位
2008 年 1 月	《中共中央 国务院关于切实加强农业基础建设进一步促进农业发展农民增收的若干意见》	加强农业基础建设，加大"三农"投入
2009 年 2 月	《中共中央 国务院关于 2009 年促进农业稳定发展农民持续增收的若干意见》	促进农业稳定发展、农民持续增收

(续表3-2)

发布时间	中央一号文件	工作重点
2010年1月	《中共中央 国务院关于加大统筹城乡发展力度进一步夯实农业农村发展基础的若干意见》	在统筹城乡发展中加大强农惠农力度,推进城镇化发展的制度创新
2011年1月	《中共中央 国务院关于加快水利改革发展的决定》	加快水利改革发展,着力加快农田水利建设,推动水利实现跨越式发展
2012年2月	《中共中央 国务院关于加快推进农业科技创新持续增强农产品供给保障能力的若干意见》	加快推进农业科技创新,推进农业科技改革发展
2013年1月	《中共中央 国务院关于加快发展现代农业进一步增强农村发展活力的若干意见》	加快发展现代农业、进一步增强农村发展活力

(二)该时期乡村发展取得的成效及面临的问题

社会主义新农村建设被提出之后,全国的乡村都开始进行规划。村庄规划取得了巨大的发展。2006年和2007年两次中央一号文件的发布都以新农村建设为主题,农村地区得到了重视并迎来了新的机遇。该时期社会主义新农村规划建设取得了一定成效,首先,改善了农村的道路交通,基本实现了村村通以及道路硬底化;其次,提升了市政基础设施水平,包括给排水、供电、通信等方面都实现了全方位覆盖;再次,在此基础上,整个环境和村容村貌也有所改善,建立了较为完善的垃圾收集系统,也对大多数的农村公厕进行了改造,同时规范了排污;等等。与此同时,2008年村庄规划被列入《城乡规划法》中,有了相对完善的法律支撑。

但是,在新农村建设中还是存在一系列问题。例如,一些村庄过分追求效果,大拆大建甚至破坏历史建筑;在建设过程中,随意占用耕地和生态公益林,严重破坏了生态环境;多数村庄没有因地制宜地进行规划,盲目模仿和生搬硬套,使得村容村貌千篇一律,失去了村庄原本的特色。造成这些问题的原因主要在于没有成熟的乡村规划理论,乡村建设的方法也比较缺乏。

在该时期,乡村规划的法定地位逐步得到确定。本阶段侧重于对传统物质空间的改善,重在进行基础设施完善和村容村貌优化,特别是针对改革开放后乡村经济的快速发展,建设管控成为切实需求,村庄规划的编制逐步成了必然。在"工业反哺农业,城市反哺农村"以及"城乡一体化"的建设要求下,这一阶段的乡村规划已在城乡规划体系中建立了良好的基础。同时,这一时期也出现了村庄整治规划、农房建设规划等指导乡村建设的专项规划,村庄规划的理论和实践在这一阶段也得到了极大地丰富。2008年,乡村规划被纳入《城乡规划法》,正式成了法定规划,是城乡规划体系中不可或缺的部分。

三、"美丽乡村"规划建设阶段(2013—2017年)

随着乡村工作成为各级政府工作的重点,乡村规划成为"城乡统筹"发展的重要依据。根据"美丽乡村"实践经验,各地开展了各种形式的"试点示范性"村庄建设工作,同时,也探索了"美丽乡村"等多种形式的村庄规划模式,极大地丰富了村庄规划编制理论与实践经验。

(一)"美丽乡村"建设规划时期

1. 相关政策发展

农业部(现自然资源部)于2013年启动了"美丽乡村"创建活动。2013年中央一号文件明确提出了"美丽乡村"的建设目标,要求进一步加强农村生态建设、环境保护和综合整治工作。同年,农业部在其农业农村经济重点工作中也把建设"美丽乡村"、改善农村生态环境作为重点,并指出"'美丽乡村'建设是新农村建设的升级版"(见表3-3)。

表3-3 中国"美丽乡村"建设规划阶段的中央一号文件

发布时间	中央一号文件	工作重点
2014年1月	《关于全面深化农村改革加快推进农业现代化的若干意见》	全面深化农村改革
2015年2月	《关于加大改革创新力度加快农业现代化建设的若干意见》	认识新常态,适应新常态,引领新常态。因国经济正从高速增长转向中高速增长,要在经济增速放缓背景下继续强化农业基础地位、促进农民持续增收
2016年1月	《关于落实发展新理念加快农业现代化实现全面小康目标的若干意见》	用发展新理念破解"三农"新难题,厚植农业农村发展优势,加大创新驱动力度,推进农业供给侧结构性改革,加快转变农业发展方式,保持农业稳定发展和农民持续增收
2017年2月	《中共中央 国务院关于深入推进农业供给侧结构性改革加快培育农业农村发展新动能的若干意见》	要把深入推进农业供给侧结构性改革作为当前和今后一个时期"三农"工作的主线

2. 各地"美丽乡村"规划建设的实践

在习近平总书记"千村示范,万村整治"指导思想的带动下,浙江省取得了可喜的成绩,成为"美丽乡村"实践的示范。2013年,习近平总书记强调要将浙江省的成功实践经验推广到全国。同年,中央一号文件强调要着力解决"三农"问题,深入推进农村建设工作,开展宜居村镇建设示范。党的十七大以后,"美丽中国"建设和生态文明建设得到全面深化,在吸收浙江等地的经验后,2014年至2016年的"美丽乡村"建设除了聚焦农村基础设施和农业现代化之外,还将生态保护、乡村治理和乡村文明建设作为重点。这一时期的村庄规划在改革创新的道路上探索出了生产、生态、生活并重的村庄建设新模式。该时期主要取得以下成效:引导村民向中心村和新型社区集中,完善社区各种设施配套,为丰富村民精神生活,建设文化站,并优化绿化景观,提升村民生活环境;建立自上而下的村庄规划建设机制,为促进"美丽乡村"建设设立了专门的"美丽乡村"建设小组;为保护历史文化及传承非物质文化遗产,开展了一系列保护行动,包括历史文物的修复等;与此同时,进一步引导农村经济发展,大力推进第三产业,包括乡村农业和旅游业,并在此基础上提出了"美丽乡村"群统筹与建设提升规划。

在推进"美丽乡村"建设的后期,也出现了一系列问题。比如:有些乡村在建设过程中过分注重面子工程,将过多资金投入到建筑立面美化和景观打造上;还有一些村庄对建设资金养成了"等、靠、要"的不良习惯,不懂得引入社会资本,使得后期维持的难度很大。

(二)广东省省定贫困村建设规划时期

1. 相关政策发展

2017年,广东省扶贫办发布《关于启动2277个省定贫困村建设社会主义新农村示范村前期工作的通知》(以下简称《通知》),推进2277个省定贫困村创建社会主义新农村示范村。这是该时期广东省为全面建成小康社会所推出的重大举措,《通知》作为广东省高质量完成精准扶贫任务的重要抓手,推进城乡协调发展。

2. 该时期乡村发展取得的成效及面临的问题

在该政策的指引下,截至2018年3月,69%的省定贫困村完成了"三清理、三拆除"("三清理"即清理村巷道乱堆乱放、乱拉线，清理房前屋后杂草杂物、卫生死角，清理沟渠池塘小溪河淤泥、垃圾；"三拆除"即拆除残垣断壁危旧房、废弃猪牛栏及露天厕所茅房，拆除违章建筑，拆除各种非法违规商业广告、招牌等）工作。此外，各地贫困村结合实际，陆续启动了村道巷道硬底化、集中供水、雨污分流等项目建设。

2277个省定贫困村创建新农村示范村工作开局良好，但进展不平衡、创建质量不高、资金使用进度慢、部分地方力度投入不够的问题仍较突出。[①]

（三）广州市"美丽乡村"规划

从2013年开始，广州市全面启动"美丽乡村"建设工作，各创建村以村庄基础设施和公共服务设施建设为切入点，着力抓好环境治理、经济发展、乡风文明等工作，建成了一批独具岭南特色，宜居、宜业、宜游的美丽乡村。2019年，广州市深入践行乡村振兴战略，持续推进"美丽乡村"建设，坚持"高标准规划，高质量建设"，从村民最需要解决、最有条件解决的基础设施入手，大力推进"三站四公五网"，即"服务站、文化站、卫生站，公园、公厕、公交、公栏，路网、电网、水网、光网、消防网"建设，促进城市优质公共资源向农村倾斜，努力实现城乡一体化和公共服务均等化。

目前，广州市创建"美丽乡村"已达374条。下一步广州市将继续推动各"美丽乡村"创建村以点带面、串点成线、连线成片打造美丽乡村群，逐步形成独具岭南特色的乡村风貌，进一步整体提升美丽乡村宜居环境。[②]

（四）各地不断涌现的田园综合体、特色小镇建设试点规划

1. 相关政策发展

2016年7月，住房城乡建设部、国家发展改革委、财政部三部委联合下发了《关于开展特色小镇培育工作的通知》。该通知为"特色小镇建设"的首个国家层面政策，也是特色小镇建设的开端。2017年5月31日，财政部、农业部联合下发《关于深入推进农业领域政府和社会资本合作的实施意见》（以下简称《意见》）。中央一号文件和《意见》相应提出要支持有条件的乡村以农民合作社为主要载体，让农民充分参与和受益，建设集循环农业、创意农业、农事体验于一体的田园综合体，通过农业综合开发、农村综合改革转移支付等渠道开展试点示范，从资本领域积极扶持田园综合体发展。

2. 该时期乡村发展取得的成效及面临的问题

该时期的特色小镇建设打造出了中国乡村的文旅样本，如具有代表性的西塘古镇、古北水镇和鲁朗特色小镇在促进当地就业、提升当地知名度方面发挥了重要作用，创新了对贫困地区的扶贫支持方式。

田园综合体的优势在于开发出了旅游助力农业发展、促进三产融合的可持续发展新模式，结合农业基底的产品季节变化（春耕秋收等）来筹备活动，在文旅上保证了输出产品的多样性，可较好地维持客群吸附力。

该阶段的发展也面临一系列的问题：在特色小镇建设的发展过程中，地方政府在政策和资本的推动下盲目进行特色小镇建设，导致同质化严重，建设质量不高，公共服务设施建设欠缺，过度商业化，甚至部分特色小镇成为被整改和淘汰的"问题小镇"；田园综合体的建设则仅有少数能与市场规律、目标消费群消费需求结构相吻合或拥有持续良好的收益。很多投资者在田园综合体建设中并没有将其作为一个商业化水准较高的项目来对待，忽视了商业层面的整体谋划和策划。

---

① 《新农村建设"三清理、三拆除、三整治"内容指引》，见搜狐网（https://www.sohu.com/a/307932883_120065304），访问日期：2019年4月14日。
② 《广州市新增命名69条美丽乡村》，见广州市人民政府网站（http://www.gz.gov.cn/xw/zwlb/bmdt/szfhcxjsj/content/post_6476587.html），访问日期：2020年7月29日。

这一阶段主要包含省定贫困村建设规划、"美丽乡村"规划、田园综合体和特色小镇建设三项工作。这一时期的村庄建设成了党和国家发展的重要任务，参照东南沿海地区乡村建设的实践经验，各地开展"美丽乡村"等试点示范村庄建设，并探索相应的规划编制模式。其间更多地关注农村的产业发展、农村文化的保护与传承、农村社会经济发展等问题，倡导乡村与旅游产业发展相结合；省定贫困村建设规划主要发动社会力量参与，结合对口帮扶大力开展村容村貌整治工作；田园综合体规划工作关注农村本质，回归自然，打造适合每个村子本土特色的田园风光，促进有特色、有潜力的小镇能够更好地发展。在这一阶段，乡村规划成为各级政府的工作重点，各类试点和实验性村庄规划陆续产生，丰富了乡村规划的编制体系，为后续深化乡村地区规划提供了宝贵经验。

四、乡村振兴战略推进阶段（2017年至今）

随着"十九大"将乡村振兴工作进一步深化，同时构建全新的国土空间规划体系，乡村规划进入了新的发展阶段。2019年5月发布的《中共中央国务院关于建立国土空间规划体系并监督实施的若干意见》将乡村规划确定为国土空间规划体系下的详细规划，并将其纳入国土空间规划体系的整体框架来考虑，乡村规划迎来了新的发展时期。该意见提出，当前村庄规划在总结前一时期的经验后，不仅要有效统筹资源配置，指导村庄建设发展，而且也要起到推动乡村振兴的作用。

（一）相关政策发展

党的十九大以后，乡村振兴工作全面深化。党的十九大提出按照"产业兴旺、生态宜居、乡风文明、治理有效、生活富裕"的总要求实施乡村振兴战略。这一阶段的村庄规划全面落实城市总体规划和相关发展规划的部署，积极推进和探索"多规合一"，加强各类相关规划的联系，以减量提质为重点，根据不同的村庄类型，分类分批推进"美丽乡村"建设工作，在村庄用地结构、生态环境治理、基础设施建设、挖掘村庄"造血"能力等方面提出了相应的解决策略，打造了各具特色的美丽乡村。

2018年1月，中央下发《中共中央 国务院关于实施乡村振兴战略的意见》，重点解决"三农"问题。2019年2月，《中共中央 国务院关于坚持农业农村优先发展做好"三农"工作的若干意见》指出要坚持农业农村优先发展。工作重点包括决战决胜脱贫攻坚，扎实推进乡村建设，加快补齐农村人居环境和公共服务短板；发展壮大乡村产业，拓宽农民增收渠道；全面深化农村改革，激发乡村发展活力；完善乡村治理机制，保持农村社会和谐稳定；发挥农村党支部的战斗堡垒作用，全面加强农村基层组织建设；加强党对"三农"工作的领导，落实农业农村优先发展总方针。2020年2月，《中共中央国务院关于抓好"三农"领域重点工作确保如期实现全面小康的意见》对标对表全面建成小康社会目标，聚焦完成打赢脱贫攻坚战和补上全面小康"三农"领域突出短板这两大重点任务，提出要补上农村公共基础设施、供水保障、人居环境整治、教育、医疗卫生服务、社会保障、公共文化服务以及生态环境治理八方面的短板。

从上述政策文件不难看出，在这一阶段，农村建设和规划问题聚焦于农村补短板这一具有时效意义的问题上。在针对乡村地区具体问题上，加强了乡村规划编制的针对性，有效提高了乡村规划的实用性。同时，随着国土空间规划的编制开展，乡村规划作为国土空间规划体系中的详细规划，也被纳入空间规划体系（见表3-4）。

表3-4 乡村振兴战略时期建设规划阶段中央一号文件内容整理

发布时间	中央一号文件	工作重点
2018年1月	《中共中央 国务院关于实施乡村振兴战略的意见》	对乡村振兴进行战略部署。统筹推进农村经济、政治、文化、社会、生态文明建设

(续表 3-4)

发布时间	中央一号文件	工作重点
2019 年 2 月	《中共中央 国务院关于坚持农业农村优先发展做好"三农"工作的若干意见》	坚持农业农村优先发展
2020 年 2 月	《中共中央 国务院关于抓好"三农"领域重点工作确保如期实现全面小康的意见》	文件对标对表全面建成小康社会目标，聚焦完成打赢脱贫攻坚战和补上全面小康"三农"领域突出短板这两大重点任务
2021 年 2 月	《中共中央 国务院关于全面推进乡村振兴加快农业农村现代化的意见》	实现巩固拓展脱贫攻坚成果同乡村振兴有效衔接

（二）该时期乡村发展取得的成效及面临的问题

新时期，我国乡村振兴产业发展势头良好：工业化与城镇化的快速发展，促使农村产业结构、就业结构和农业生产方式等发生巨大变化，中国乡村发展步入转型升级的新阶段，乡村地区的空间格局发生了明显的重构，社会经济被重新塑造，乡村地域的生产功能、生活功能、生态功能和文化功能也不断发生演化。

根据新的形势及发展需要，随着国土空间规划体系的建设，村庄规划成为国土空间规划体系下的详细规划，将起到指导乡村发展和建设重要依据的作用。依据要求，新时期的村庄规划应全面统筹各类规划，将土地利用规划、村庄规划、产业发展规划等多规融合，解决目前各类规划冲突、数据不统一、审批流程复杂等问题，为国土空间规划提供抓手，并结合国土部门相关管控要求，以生态保护红线、基本农田保护区、林地保护区为核心管控要素，划定村庄建设用地控制线、永久基本农田控制线、蓝线（地表水体保护控制线）、紫线（文物保护单位等控制线）和黄线（重大基础设施控制线）5 条控制线，这不仅有利于村庄核心资源的保护、限制村庄无序建设，还对城乡协调发展、构建全域生态安全格局、实现乡村振兴有着重要的促进作用。

本阶段乡村振兴战略的推进，是在对前期各类村庄规划的实践总结经验之上，以及党的十九大乡村振兴战略整体要求的部署下逐步展开的。该阶段的村庄规划不仅要有效解决乡村建设发展的问题，更要融入国土空间规划体系中。在与"多规合一"规划试点工作结合、城乡规划与土地利用规划结合的背景下，村庄规划是国土空间规划的重要组成部分，既要起到管控村庄建设发展的作用，也要起到推动乡村振兴的作用，通过整体谋划，实现城乡互动、区域一体化发展。这一阶段的乡村规划是国土空间规划的重要组成部分，依据《中共中央 国务院关于建立国土空间规划体系并监督实施的若干意见》要求，在城镇开发边界外的乡村地区，由乡镇政府组织编制"多规合一"的实用性村庄规划，作为详细规划报上一级政府审批。

第二节　新时代乡村振兴特点及规划思路

2018 年 2 月发布的《中共中央 国务院关于实施乡村振兴战略的意见》明确提出了"农村人居环境明显改善，农村生态环境明显好转""农村生态环境根本好转"以及"农业强、农村美、农民富"三步走的路线图，要求坚持人与自然和谐共生的基本原则，提出了加强农村突出环境问题综合治理，以及持续改善农村人居环境等具体任务。改善农村人居环境，建设美丽宜居乡村，是实施乡村振兴战略的一项重要任务。不难看出，乡村生态振兴是乡村发展的重大民生问题，也是乡村地区发展的重要基础。唯有保护好人居环境、自然风光，坚持底线思维，筑牢乡村振兴的生态屏障，才能有效保护好农村生产生活空间，才能吸引人们去旅游、生活和创业，进而实现农村社会的全方位振兴。

一、新时代乡村振兴的特点

根据《中共中央国务院关于实施乡村振兴战略的意见》《乡村振兴战略规划（2018—2022年）》[①]，新时代的乡村振兴应该按照"产业兴旺、生态宜居、乡风文明、治理有效、生活富裕"的总要求，以推进产业振兴、生态振兴、文化振兴、组织振兴、人才振兴"五个振兴"及提升城乡基础设施一体化水平、城乡公共服务均等化水平、高质量稳定脱贫水平"三个提升"为重点任务。在规划及实践过程中，应重点注意以下几个方面：坚守生态底线、坚持绿色发展、坚持"多规合一"、改善人居环境、促进产业兴旺、突出地方特色、完善基础设施、做实规划措施。

（一）坚守生态底线

关注空间规划背景下的生态底线问题。坚持保护建设并重，严禁调减耕地和永久基本农田面积、破坏乡村生态环境、毁坏历史文化景观；严格落实生态保护红线，对于乡村原有地貌、自然形态、田园风光等尽可能多地保留；守住永久基本农田及其储备区，落实补充耕地任务，合理安排农业发展空间；同时，优化农村景观生态格局，对水网、绿道等进行保留和优化提升。

以生态服务、生态产品为保护内容，综合协调建设发展、环境保护、生态利用、生态修复、污染治理等，构建生态安全屏障。分类评价北部山区、沿海区域等地各类资源开发的潜力、方式、规模、风险等，严格划定开发空间边界，明确负面清单、开发强度、约束底线。加快完善主体功能区中生态发展区和禁止开发区内的产业结构调整指导目录。

启动实施区域内循环生态类的农业项目，生态种养模式多样化，如农牧结合、稻鱼共生、林下种养等，创建一批国家农业可持续发展试验示范区。加大生态公益林保护力度，科学发展用材林和经济林，建设比较高效完善的农田防护林，构建农业可持续发展生态屏障。

（二）坚持绿色发展

改革开放以来，随着工业化和城镇化的进程，农村产业结构、就业结构和生产方式等方面都发生了很大的变化，地方经济、生态功能和文化功能不断演化。但与此同时，由于乡村区域粗放的经济增长方式和利益的盲目驱动，往往忽视了生态环境的价值，许多乡村的发展都是以生态和资源的破坏为代价的。

乡村的生态环境问题一直是乡村振兴的关键。党的十九大报告提出，"实施乡村振兴战略"时，要把"生态宜居"作为农民美好生活改善和提升的关键。这说明党对环境现状有非常清晰的认识，同时也反映了其对环境治理的决心及对农民向往美好生活意愿的回应。

在全国生态环境保护大会上，习近平总书记特别强调，"生态环境是关系党的使命宗旨的重大政治问题，也是关系民生的重大社会问题"，要"持续开展农村人居环境整治行动，打造美丽乡村，为老百姓留住鸟语花香田园风光"。[②] 对农村生态环境问题，2013—2021 年连续 9 年的中央一号文件以及中央的有关重要文件均提出了科学、详细的治理举措。党的十九大报告指出，"必须树立和践行绿水青山就是金山银山的理念"，将"生态宜居"作为乡村振兴的总要求之一。《中共中央国务院关于实施乡村振兴战略的意见》则将农村生态环境治理作为重要"抓手"，明确提出"乡村振兴，生态宜居是关键"，要求"牢固树立和践行绿水青山就是金山银山的理念"，通过对环境突出问题的综合治

[①]《中共中央国务院印发〈乡村振兴战略（2018—2022年）〉》，见新华社（http://www.gov.zhengce/2018-09/26/content_5325534.htm），访问日期：2018 年 9 月 26 日。

[②]《习近平出席全国生态环境保护大会并发表重要讲话》，见中央人民政府网站（http://www.gov.cn/xinwen/2018-05/19/content_5292116.htm），访问日期：2018 年 5 月 19 日。

理,"让农村成为安居乐业的美丽家园"。

(三) 坚持"多规合一"

《中央农办、农业农村部、自然资源部、国家发展改革委、财政部关于统筹推进村庄规划工作的意见》①(农规发〔2019〕1号)明确提出,要做好法定的村庄规划。①推进县域整体规划,并在村域层面编制"多规合一";②避免千篇一律,在规划时要突出地域特点和文化特色,对农村的风貌建筑进行保留和修复,同时因地制宜地打造农业景观、乡土文化,打造各具特色的美丽乡村;③做好村庄产业规划,使当地经济发展与农民需求相适应;④在建设的同时注重环境保护,不能破坏基本农田、历史文化景观;⑤要积极调动村民的主观能动性,充分发挥村民的主体作用,让村民参与决策、监督。2020年年底前,结合国土空间规划编制,完成县域层面的村庄布局规划,有条件的村庄可以结合实际情况单独编制村庄规划。

(四) 改善人居环境

要坚持以人为本,将改善人居环境作为乡村规划的核心议题。以镇为责任主体,梯次推进农村人居环境整治,以"厕所革命""垃圾革命""污水革命"三大革命为重要抓手,建设生态宜居"美丽乡村"。

1. 集中收运生产生活垃圾

编制城乡生活垃圾处理规划和工作方案,落实"户收集、村集中、镇转运、县处理"的垃圾收运处理机制,健全村级环卫管理体系。需要引导农村垃圾上门收集和就地分类,配套垃圾分类投放收集设施。统筹安排镇级填埋场整改项目,落实镇级简易填埋场整改建设;各镇建立垃圾中转站,加快推进镇级生活垃圾中转站规划建设;各村委组织积极配合新建垃圾屋建设前期工作,加快推动垃圾屋动工建设。

加快提升垃圾无害化处理水平,完善垃圾分类配套设施,并鼓励垃圾就地分类和资源化,建立卫生保洁长效运营机制。

2. 治理生态污水

按照高效耐用、简便适用、运营经济原则,统筹规划、连片建设城乡生活污水处理设施。新建、扩建污水处理设施和配套管网须同步设计、同步建设、同时投运。继续引导推动整县镇村污水处理设施PPP项目②建设,推进雨污分流建设。对城镇周边的村庄生活污水优先纳入城镇污水系统统一处理;人口规模较大的村庄优先建立集中式污水处理设施;人口规模较小、边远山区的农村采用小型分散式污水处理设施。积极推广低成本、低能耗、易维护、高效率的污水处理技术,鼓励采用生态处理工艺。

3. 推动"厕所革命"

大力开展农村户用卫生厕所建设和改造,打造群众接受、简便实用、节约美观、维护方便、不污染公共水体、粪污同步治理的农村户用卫生厕所。与旅游扶贫、乡村旅游、红色旅游发展规划相结合,全面提升旅游厕所建设和管理水平,优化旅游厕所配置,完善旅游线路沿途厕所分布,推动厕所建设向重点旅游扶贫村倾斜,全面普及乡村旅游区等的公共厕所。建立健全农村无害化卫生厕所长效管护机制,坚持建管并重,把"管"放到更加突出的位置,推进厕所污水和粪便有效处理或资源化利用。

4. 村庄绿化美化

结合当地人文传统和民风民俗,充分体现山地、丘陵、城郊等不同地域的地形地貌特点,采取多

---

① 《中央农办、农业农村部、自然资源部、国家发展改革委、财政部关于统筹推进村庄规划工作的意见》,见农业农村部新闻办公室(http://www.moa.gov.cn/ztzl/xczx/zccs_24715/201901/t20190118_6170350.htm),访问日期:2019年1月4日。

② PPP项目,Public Private Partnership,即政府和社会资本合作项目。

样化的绿化布局方式和树种选择原则,让一棵树、一片林成为忆乡愁的场所。促进绿化美化与发展林业产业紧密结合,推进林下经济模式和森林人家等森林休闲养生旅游,引导各地在乡村绿化美化的同时提高农民收入。探索实施林长制,实施生态公益林提质增效工程,因地制宜,整体推进村庄绿化美化、创建美丽庭院。制定出台生态公益林管理办法,进一步强化生态公益林建设保护和管理。

5. 农村住房规划管控

加快乡村土地利用规划编制工作,规范各地宅基地布局。编制乡村风貌整体设计和乡村风貌建设技术导则,指导乡村民居整体塑造,加强对农房选址、规划设计、施工质量安全的指导与监督,加大农村违法用地查处力度,对新建住房合理布局、规范建设、严格审批。严格落实"一户一宅"制度,落实乡村建设规划许可制度,实施简便的乡村住房报建制度,规范农民建房程序。优化村庄布局,有序整合边远分散自然村落,促进农村人口向中心村、集镇、县城集中居住。

(五)促进产业兴旺

结合村庄资源禀赋和区位条件,引导产业集聚发展,尽可能把产业链留在乡村,让农民就近就地就业增收,并统筹考虑县域产业发展和公共服务设施的配置。构建现代农业产业体系、生产体系和经营体系,深化农业供给侧结构性改革,实现乡村第一、第二、第三产业深度融合发展。发挥特色产业、龙头企业、拳头产品等的优势,打造若干产值千亿元、具有国际竞争力的现代农业产业集群,依托现代农业产业园建设,引领乡村经济振兴。

(六)突出地方特色

基于新时代乡村振兴战略的具体要求,在乡村规划编制过程中,结合乡村振兴战略规划的编制与实施,按照传承保护、突出特色要求,提出村庄景观风貌控制性要求和历史文化景观保护措施。

依据《乡村振兴战略规划(2018—2022年)》,明确县域村庄分类,统筹考虑县域产业发展、基础设施建设和公共服务配置,引导人口向乡镇所在地、产业发展集聚区集中,引导公共设施优先向集聚提升类、特色保护类、城郊融合类村庄配套。研究村庄人口变化、区位条件和发展趋势,将现有规模较大的中心村确定为集聚提升类村庄;将城市近郊区以及县城城关镇所在地村庄确定为城郊融合类村庄;将历史文化名村、传统村落、少数民族特色村寨等划定为特色保护类村庄,并对位于生态脆弱、条件恶劣区域、人口流失严重等类型的村庄进行集中搬迁。

(七)完善基础设施

以安全、经济、方便群众使用为原则,因地制宜提出村域基础设施和公共服务设施的选址、规模、标准等要求,关注新格局、新目标导向下的标准设定和设施均等化的规划应对方式。统筹县域、乡镇的村庄规划布局和各类设施配套,在区域层面依据人口规模和服务半径规划覆盖全、普惠共享的基础设施和公共服务设施。

1. 交通物流设施建设工程

推进"四好农村路"建设,提高农村公路路面铺装率及农村公路列养率。制定农村物流建设发展规划,优化农村物流网络布局,重点加强农村物流基础设施建设,切实解决农村物流"最后一公里"的问题,以中心镇为单位实现镇村物流节点全覆盖。加快区域性农村物流枢纽平台和农村农产品物流体系建设,支持农村电子商务,提升农村物流能力。

2. 水利基础设施重点建设工程

提高高效节水灌溉面积及新建和更新改造机电排灌总装机规模。提高农村自来水普及率及农田灌溉水有效利用系数。

3. 能源建设工程

加快新一轮农村电网改造升级工程建设,推进电力扶贫工作。因地制宜开展小康用电示范县建设,探索面向小康社会、可推广的农村电网建设模式。在确保生态和保障资源供应的条件下,因地制宜推进一批农林生物质发电项目建设，适当发展生物质成型燃料锅炉集中供热工程，推进乙醇汽油在落后地区推广使用。

4. 信息化基础支撑工程

实施乡村信息基础设施振兴工程，推动4G/5G网络深度覆盖。加快推进4G网络入乡进村，推进高速公路、国道、客运专线隧道外路段等的4G网络全覆盖。加快全省贫困村的宽带普及和提速建设，积极推动20户以上自然村的光纤接入建设。

二、新时代乡村振兴面临挑战

当前的乡村振兴主要面临空间管控、功能完善、特色塑造和人口治理四个方面的问题和挑战。

（一）空间管控方面的挑战

我国乡村地区的空间管理，经历了从"城市规划"到"城乡规划"、从基本忽略到被动式管理的时期。农村居民点建设存在选址随意、建设不合理、侵占耕地空间、环境脏乱差等问题。随着乡村人口的流失，出现大量"空心村"，农业生产用地被荒废，而土地使用功能也较为单一，建设用地不集约，乡镇企业的安置造成了乡村的环境污染和资源浪费。传统规划领域注重村庄的建设用地规模、指标和布局等，对乡村生态空间的关注度不够。乡村迫切需要对建设空间和生态空间进行整体的管控。

（二）功能完善方面的挑战

国有土地和集体土地制度的二元性使得乡村形成以传统农业耕作为主的形式局面，产业结构单一，在经营方式上较为粗放，耕作方法陈旧，种植技术落后，机械化程度低，第二、第三产业基础薄弱，产业发展面临人才资源短缺、产业链条短等问题。现代农业配套设施用地和乡村新产业用地需求未能得以满足。

由于建设资金缺乏，农村的基础设施和公共服务设施建设不完善，建设进度慢且标准较低，乡村基础设施建设欠账仍较多，总体上呈现居住功能的单一性。乡村的功能扩展需求被忽视，距离城乡基础设施和公共服务均等化目标的实现还有较大差距。

（三）特色塑造方面的挑战

由于对农村规划长期缺乏关注，农村很多建设存在无序、违建抢建等情况。自农村规划被纳入城乡规划法定体系后，"新农村""美丽乡村"等乡村建设运动不可避免地带有城市规划理论和方法的色彩，标准化的配套公服设施也造成了同质化的乡村风貌，出现"千村一面"现象。乡村呈现出特色文化、特色景观缺失的局面。

（四）人口治理方面的挑战

改革开放后，农村中大量青壮年劳动力人口外出，导致传统乡村的就业结构逐步瓦解，中老年成为主力军。乡土人才缺乏，劳动力受教育水平低，农村老龄化形势严峻。虽然乡村带头人各项能力有所提升，但仍然缺乏致富经验、社会资源等。而外部的多种资本通过新型农民雇佣的方式再参与到乡村地区建设中，使得乡村从业人员缺乏社会稳定性和制度保障性。村民自治机制需要完善和创新，多元主体参与治理程度不够。

三、适应新时代乡村振兴发展的规划思路

（一）从"墙上挂挂"到"一张蓝图"

目前，全国多地编制的县域乡村建设规划开展了多种形式的探索，丰富了乡村规划成果体系。但

突出的短板是乡村地区"多规合一"关注不够，规划编制技术手段相对单一，项目建设实施环节比较薄弱，空间管控体制机制不够完善。由于快速城镇化过程在城乡的重视程度、管控力度、资源配置等方面存在差异，乡村地区的总体发展滞后于城镇化进程，精细化管理水平落后于城市地区，面临着用地供需矛盾突出、规划统筹引领不足、实施执行存在偏差、建设项目落地困难、政策滞后实际需求、管理分割破碎化等问题。

为此，乡村振兴要编制符合"新时期"总体要求的规划，也要编制"多规合一"的规划。村庄规划是国土空间规划体系中乡村地区的详细规划，属于法定规划，是开展国土空间开发保护活动、核发乡村建设项目规划许可、进行各项建设等的法定依据。要学习浙江省从"千村示范、万村整治"工程到建设"美丽乡村"的先进经验，确保"一张蓝图绘到底"，长久有效地指导乡村发展。

（二）从"闭门造车"到"开门编规划"

传统乡村规划的编制以自上而下的行政指令型为主，易忽略地方和村民的实际需求。在规划编制阶段，村民的主体意识薄弱，企业、设计师、志愿者等其他主体的参与性受制于发展阶段和政策环境的影响，难以有效地形成乡村发展合力；在项目实施阶段，乡村项目易受村民意愿、自然地理、人文风俗、建设经济性等因素影响，引起项目选址、管控指标、供地边界、永久基本农田等规划管控内容的调整，造成反复审批、项目落地困难；或由于不同阶段的团队更换，实施效果偏离规划初衷；等等。为此，乡村规划编制要充分以"人民为中心"，通过公众参与，编制"以人为本的规划"，同时也要持续改善农村人居环境，以人民的需求为核心，编制"符合民生要求的规划"。

1. 公众参与，编制"以人为本的规划"

完善实施主体体系，建构多主体多维度的公众参与制度。无论是乡村规划编制单位，还是规划管理、实施单位，都应提高规划过程中公众参与的程度，通过多种方式动员、组织村民以主人翁的态度，在调研访谈、方案比选、公告公示等各个环节积极参与村庄规划编制，协商确定规划内容。

同时，鼓励高校、规划设计院等机构下乡提供专业服务，建立驻村、驻镇规划师制度，并积极引导乡贤参与村庄规划的编制工作，引入社会资本和企业，推动乡村规划、建设、运营的一体化。

应充分发挥各级党委的战略谋划和利益协调能力，促进资源要素向乡村流动，对关键问题进行把控判断。应进一步强化乡镇政府的实施主体地位和协调作用，促进城乡要素双向流动。应进一步发挥各级集体经济组织的能动性，鼓励引导社会企业和集体经济组织在乡村振兴中发挥积极作用，为农村集体经济注入新动力，为乡村打造可持续性资产。应让农民真正参与到规划建设的各个环节，激励引导熟悉镇村情况的乡贤、能人参与乡村规划建设，使规划从结果导向转为过程导向，成为实现农民意愿、培育新型生活方式的载体和平台。应建立完善乡村规划设计咨询服务机制，广泛汇集跨行业、跨领域的乡村设计力量，为乡村建设提供全过程专业服务。鼓励通过策划活动、举办乡村艺术季等多种形式，吸引市民积极参与乡村振兴。

2. 编制"符合地方实际、适应地方特点"的规划

国土空间规划体系的构建，既要传承国家意志，又要符合地方实际，适应地方特点。以上海为例，其规划编制和管理实施一直与国家政策导向、城市发展阶段相适应。2008年，上海市规划和国土资源管理局以郊野单元规划发展实践为节点的乡村地区规划体系，分为了探索期、创新期、过渡期和完善期四个阶段，每个阶段聚焦当时的主要问题，优先思考规划体系的构建，在实践中不断完善和优化各层次规划的定位、编制要求和管理规定，纳入城乡统一的国土空间规划体系。

（三）从"好看美观"到"实用易懂""好管好用"

乡村规划成果应改变片面追求"图面美、城市化、形式化"的现象，要吸引人、看得懂、记得住，能落地、好监督，采用"前图后则"（即规划图表+管制规则）的成果表达形式。因此，村庄规划应当是"有明确底线的规划"，表达上应是直观易懂的；同时，要与行政管理相结合，既要编制"监、管结合的规划"，也要编制"有法可依的规划"。

1. 以管制分区和核心指标落实底线约束，编"明确底线的规划"

（1）建立基于分区的空间准入机制

以各级国土空间总体规划划定的生态保护红线、永久基本农田、城镇开发边界和文化保护控制线为基础，综合各类生态、文化保护和邻避防护等空间管控要素，在乡镇域单元层次的规划中，形成乡村地区空间管制分区一张图（明晰底线要素管理清单和分区准入要求），有利于规划实施主体和镇村基层更好地理解和避让各类限制开发要素，落实相关保护制度。

（2）建立约束指标统筹机制。提炼乡村地区核心指标，结合实际需求分层管控，避免一刀切，建设空间相关的指标整镇域管控，便于腾挪统筹；农业、生态空间相关的指标分区域分单元管控，便于差别化施策。

2. 以图则管理落实用途管制和风貌引导，编制"直观易懂的规划"

（1）以详细规划图则落实国土空间用途管制

按照生态空间、农业空间、镇村建设空间提出不同的管控要求，落实乡村地区主要发展和管控指标，作为乡村建设项目规划许可和土地供应的法定依据。探索以设计图则形式落实风貌管控。

（2）通过设计通则、总平面图、效果图、模式图、意向图等将风貌引导要求可视化，将文化如何传承、风貌如何塑造、绿色生活生产方式如何培育更直观清晰地传达给实施主体。

3. 提高行政效能和治理水平，编制"监管结合的规划"

以"放、管、服"行政审批改革为契机，建立城乡一体的从规划设计、用途管制准入条件、用途管制许可、施工许可到竣工验收等全流程的规划审批和管理机制，推进"多规合一""多审合一"和"多证合一"。以上海为例，通过出台乡村建设项目审批制度改革实施细则，将原选址意见书、规划条件核定、用地预审等整合为"规划土地意见书"审批事项；优化简化乡村建设项目开工复验和竣工验收事项；将乡村振兴重点项目纳入"建设工程实施库"管理，依托"多规合一"政务管理平台开展多部门会核会审和意见征询服务，建立绿色通道，对综合的项目实施方案开展审批提前服务。将按阶段管理变为按项目管理，将多部门审批变为一个部门统筹负责和全过程管理。将乡村建设项目审批事项接入"一网通办"，与上海市统一受理平台对接，提高行政效能。

4. 健全实施监督和信息交互机制，编制"有法可依的规划"

应进一步完善乡村规划技术标准与政策法规体系建设。除各类规划编制技术要求、规范规程的更新外，还应制定全地类复合型用地标准、规划条件核定标准、集体经营性建设用地基准地价标准等；在条例、地方政府规章修编完成前，重要工作可以命令、意见、决定等行政规范性文件的形式先出台，以指导相关工作开展。应加快推进自然资源确权登记，建立"归属清晰、权责明确、监管有效"的农村土地产权制度，以合理释放空间、配置资产、激活资本、保障权益。应进一步完善国土空间基础信息和管理平台建设，实现全域空间管控一张图落地和政府部门政务协同，促进各类乡村基础信息、自然资源调查、国土空间规划、建设项目审批等数据融合应用；形成规划编制、行政审批、动态监测、定期评估、预警反馈、调整修正和实施监管的全流程管理机制。另外，为营造社会企业参与乡村振兴的良好环境，建议搭建政企对接的信息共享服务平台，完善公众参与制度，建议结合新媒体推广和新基建建设，搭建面向社会公众的信息交互反馈平台。

（四）从"单一性"到"综合性"

新时代的乡村规划要充分发挥信息化平台的基础支撑作用，要充分体现全域全要素的管控要求，因地制宜，编制符合当地需求的规划。具体体现在以下两点。

1. 以信息化为基础，编制"多学科结合的规划"

在乡村规划编制层面，应综合城乡规划、土地资源管理、生态修复、建筑设计、市政工程、地理信息、测绘、经济学等多专业联动的编制小组，使乡村规划具有较强的综合性。

在乡村规划管理实施层面，应加强专业人员的培训学习，完善人才机制，通过吸引高层次人才回乡投身乡村规划管理工作、院校定向培养、县乡统筹招聘等方式留住人才，推动人才、土地、资本等要素双向流动，为乡村振兴注入新动能。

除居民点、产业用地和交通市政设施等建设空间外，乡村地区是山、水、林、田、湖、草等各类自然资源要素的主要空间载体，在规划中表现为"二调"或"三调"① 底版中的地类图斑。但由于目前我国的自然资源管理仍存在所有者不到位、所有权边界模糊、各类资源互为后备难以全面落实管控等问题，规划使用的地类图斑要素边界和权属边界不能一一对应；规划划定的生态保护、文化保护和邻避防护等空间管制分区和管控要素也存在空间重叠、边界不清、多头管理、权责不明等问题。

2. 编制涵盖"全域全要素管制"的综合规划

国土空间规划编制的基础、乡村振兴战略实施的关键是要素（包括劳动力、土地、资金、技术、人才、信息等）的合理优化配置。其中，土地是空间规划配置和管制的主要对象，但过去的各类规划和用途管制未能真正实现国土空间的全部覆盖及有效管理，虽然对建设用地与农用地转换较为严格，但缺乏对未利用地及耕、林、草等低等级用地的管制，对于建成区外的管制也较为粗放。如何建构覆盖全域、全要素的国土空间（特别是非建设空间）用途管制制度并保障其有效实施，是乡村地区国土空间资源利用和管制的难题。从项目管理角度而言，乡村项目一般涉及多个部门，按照建设用地管理的，可通过"详细规划+规划许可"的方式，落实用途管制，进行土地供应（如点状供地）；按照非建设用地管理的，除由规划资源部门统筹布局和调整地类外，主要通过其他部门的专项规划及项目实施方案作为用途管制和实施建设的依据。各部门的项目审批机制与规划资源部门的用途管制机制如何分类分阶段进行有效衔接，如何发挥规划的统筹协调作用，实现多条线的一张图管理和落地实施，均有待完善。

（五）从"定性指引"到"定量定性相结合"

1. 明确发展目标，编制"刚弹结合的规划"

加强"刚性指标"和"弹性指标"相结合，明确发展目标，落实发展要求，控制发展规模。乡村规划目标应切忌口号化、夸大化，应结合人口资源环境条件和经济社会发展、人居环境整治等具体要求，以定量与定性分析相结合的方式合理制定。

2. 以单元为基础，编制"上下一致的规划"

长期以来，我国国土空间保护管理体制管制形成了纵向分级管理、横向部门管理相结合的方式。不同层次规划之间的纵向传递机制，主要依托行政管理体系落实规划编制和实施责任主体。但在开发边界划定前的乡村地区，基础数据的精细化管理任重而道远，权责对应的规划传导体系和传导单元并不清晰。一是由于城乡管理边界的不确定、规划编制和实施责任主体不对等，规模管制、指标分解等空间治理工具缺少清晰可落地的传导体系，导致规划统筹引领不足、用地供需重城轻乡等问题；二是局限于以行政村或单个项目区为主的（详细）规划编制，由于村级主体统筹力度有限，规划用地指标、布局安排、政策供给等方面滞后于实际需求，难以有效指导实施。

为促进国家战略的实施、保障宏观任务和公共资源的落实，应建构权责对应的规划传导体系和传导单元，乡村地区的传导单元设置应强调镇一级单元的设计，更利于发挥小城镇在乡村振兴中的综合功能和纽带作用，加强城乡资源双向互动，推动乡村地区网络化发展。

---

① "二调""三调"分别指第二次全国土地调查和全国第三次土地调查。

第三节　新时代乡村振兴规划的技术路线

一、新时代乡村规划的编制策略

（一）基于底线思维的生态空间管控

新一轮的乡村建设热潮需要更加精细、更好地规划编制体系和管理体系。以国土空间规划作为依据，以"底线思维、保护优先"为原则，将永久基本农田保护红线、耕地保护红线、生态保护红线等控制线作为乡村发展不可逾越的红线。

运用底线思维"先底后图"，即考虑全域范围中适合建设和不适合建设的地方、需要发展和不予发展的地方，先有限地界定保护空间，再界定建设空间。

对于生态控制地区，进行全域覆盖和分级管控。将生态地区划分为生态底线区和生态控制区两大类。在生态底线区进行严格保护和管控，消减原有的建设行为；在生态控制区可以有一些限定的建设行为。

在统筹城乡发展、缩小二元对立的前提下，将生态控制地区单元控规的具体内容对应"农村、农业、农民"三大目标，再分解到"生态、生产、生活"三大空间载体进行落实，围绕"三生空间"进行生态控制地区规划塑造。

（二）基于城乡均等的公共服务设施布局

1. 补齐乡村基础设施和公共服务设施短板

补齐农村基础设施和公共服务设施建设短板，尤其是对交通、能源通信等基础设施等的短板进行积极补齐建设。交通基础设施方面，对村内主干道等进行路基整理、路面硬化、量化和必要防护设施建设，以及国有农场、林场林区内公路的改造，农村渡口、漫水路、漫水桥等小型交通基础设施的建设等；鼓励农村小型能源设施建设，如沼气建设、秸秆气化工程、风能、太阳等的利用；对农村通信基础设施建设也需要迫切提升，随着移动互联网快速发展，农村对通信网络覆盖质量提出更高要求，要新建农村通信基站，尽快实现农村移动通信信号连续覆盖，改造偏远农村通讯基础能力和网络条件。

2. 打造城乡一体相互融合的基础设施和社会基本服务格局

对乡村的社会公共服务资源空间布局进行优化。对交通、给水、排水、环卫、电力、电信、防灾，以及停车场、体育设施、文化广场、康复医院、学校、儿童游戏场所、游憩休闲设施、绿色基础设施、行政管理、社区服务、农业共同设施、农田基础设施等进行空间布局和改善规划。以多元复合利用为核心，对公共服务、绿地用地进行增量；人口集中，维持社区的发展活力、提升公共服务的质量。要统筹配置各类基本公共设施，明确乡村各类基本公共设施的位置、规模、容量及工程管线的规格、走向和等级等，构建扁平化的村镇公共设施网络结构。促进乡村地区居民生活、生产、生态空间的高效融合，从而提升乡村地区的发展质量，重新焕发乡村活力。

将统筹配置城乡基础设施纳入县乡的国土空间规划。强化县城综合服务能力，把乡镇建成服务农民的区域中心，使农村发展在空间区位上得到优化和提升，构建与区域高等级交通枢纽高效衔接的交通网络，有效导入客流，支撑全域乡村发展。

(三）基于结构转型的乡村产业重构

1. 调整产业结构，推动农村第一、第二、第三产业融合发展

传统乡村以农业为主，其主要经济活动为农业种植和家禽家畜养殖。一般而言，村庄外围多为耕地菜地、养殖水塘等空间，同时，家家户户的住宅还附带猪圈、牛棚、鸡窝等家禽家畜的养殖设施，构成自给自足的生活模式。

农村产业融合，总体上包括农业和第二产业融合；农业和第三产业融合；农业与第二、第三产业融合以及农业内部融合四种类型。通过农业产业链延伸融合模式、农业多功能拓展模式和"互联网＋"产业融合模式等，将产业聚集与技术创新结合，集约化配置农村生产要素。

2. 评估筛选和合理布局产业，发展适宜性的经济产业功能

乡村地区空间规划要围绕乡村发展活力的重点，开展相关发展项目的筛选和合理布局，比如产业发展项目、旅游休闲项目、村庄更新项目、农田整理项目等，切实提高乡村发展的活力与吸引力。对具有负外部效应的产业进行专业评估，谨慎引入。发展与乡土在地性相结合的新经济产业功能，如全域旅游、绿色农业和文化创意，并形成与生产生活相结合的多个功能板块。

着力打造特色文化旅游产业。如考虑开发地质景观资源，可以通过专业调查，充分挖掘资源环境禀赋，对地域的地质条件进行摸查；通过创立自主文旅品牌，并利用网络媒体积极宣传，推动农村走上特色产业致富之路。

（四）基于文脉传承的乡村风貌指引

1. 保留和延续乡村特色肌理

建立对全域空间的适宜性评价，延续现有村庄布局的空间韵律，在实现适度集聚经济性的同时保障村庄的空间肌理与韵律美感。实现文脉传承，要注重收集村庄处于保护体系外的历史信息，通过筛选评价后再确定村庄的发展方向，营造特色公共空间，塑造我国新特色乡村文化，激发乡村的自我更新与发展。

2. 营造具有地域特色的公共空间功能复合

随着社会的发展，乡村公共空间的功能将更加复合化，从发展历史及现代化的使用要求来看，主要有乡村信仰、乡村生活、乡村娱乐、乡村政治等方面的使用要求。通过活化利用反映当地特色的传统建筑、特殊公共设施（如祠堂、粮仓等），增加人文关怀、复兴历史文化，培育文化旅游产业带动经济发展。

3. 乡村文化基因再生规划

对于乡村文脉传承，要保护其独创性，全面审核当地的文化特色以及文化内所存在的人文特点，同时对可以利用的人文要素进行整合，形成可持续发展的业态。以文脉为导向的乡村风貌营造探索策略，为乡村特色风貌营造提供理论指导与技术支持。

在乡村文化基因系统调查和梳理的基础上，着重挖掘不同地域、不同文化背景下乡村自然环境、历史文化、民俗风情的特点，加强对田园景观、山水文化、古村落、古建筑等历史文化整治的再生规划，提炼和彰显当地的文化特色。

（五）基于多元主体参与的乡村规划实施

1. 建立多元参与的新型治理模式

传统的村庄规划中存在着自上而下的层层分解、层层控制的管理形式，政府处于强势地位。随着乡村振兴的实施，城乡人口流动增加，新的利益团体大量涌现，呈现出多元主体参与乡村建设的局面。建立多元参与的新型治理模式，不仅需要明确参与主体的责权，调控好自上而下的管控和自下而上的需求，而且，应以农民为主体，尊重农民的需求和利益。

2. 激活多元主体参与的活力，创新开发模式

加强同社会资本的合作，积极开发乡村的发展潜能。引导资本和人才流入，为回乡创业者、乡村创客、流动乡村产业职工、养老养生客、城市乡居客等多元群体提供成本低廉、生态优越的创业创新空间，弥补现有乡村规划实施模式的缺陷。

二、新时代乡村规划的编制要点

1. 摸准村庄规划现状底图底数

以"三调"为基础确定底图底数，并开展村庄规划的基数转换，形成坐标一致、边界吻合、上下贯通的村庄规划一张底图，用于支撑村庄规划编制。

2. 明确村庄发展目标

落实上位规划要求，充分考虑人口资源环境条件和社会经济发展、人居环境整治要求，制定村庄发展、国土空间开发保护、人居环境整治目标，落实耕地保有量、基本农田保护面积、村庄建设用地规模等各项约束性指标。

3. 着力解决农村发展过程中的现实需求

按政策保障村民住宅建设合理用地的需求。依据第三次全国国土调查（以下简称"三调"）数据成果、农村地籍调查成果和宅基地管理有关政策等，合理确定宅基地规模，划定宅基地建设范围。

保障产业项目的需求。结合村庄资源禀赋和区位条件，统筹谋划村庄产业发展，并对产业用地进行合理布局，保障农村新产业新业态发展用地，确定经营性建设用地规模，同时明确经营性建设用地的用途、强度等要求。

4. 深入研究村庄特色和空间格局

规划应重视村庄资源禀赋、环境承载力、自然环境、乡土文化的研究，从优化山、水、林、田、湖、草的整体空间格局来体现村庄（乡村群）特色。

5. 合理进行建设用地规模分配与使用

规划建设用地规模应做好统筹安排，在总量不突破的前提下，优化调整村庄各类用地布局，合理进行建设用地规模分配与使用。

6. 寻找从"三调"现状到规划蓝图的实现路径

新一轮村庄规划至少要形成两张规划图：一张是近期规划图，符合入库要求；一张是远景规划图，是村庄未来的发展蓝图，但不是马上能入库，要通过拆旧复垦、水田垦造等各类土地整治的项目，然后才能动态入库。

7. 明确近期项目库是村庄规划实施的重点

提出近期急需推进的生态修复整治、农田整治、垦造水田、拆旧复垦、历史文化保护、产业发展、基础设施和公共服务设施建设、人居环境整治等项目，明确资金规模和筹措方式、责任主体和建设方式等村庄规划实施重点。

三、新时代乡村振兴规划技术路线

为应对乡村振兴面临的挑战，在国土空间规划的大背景下建立乡村振兴的规划技术路线（如图3-1所示）。

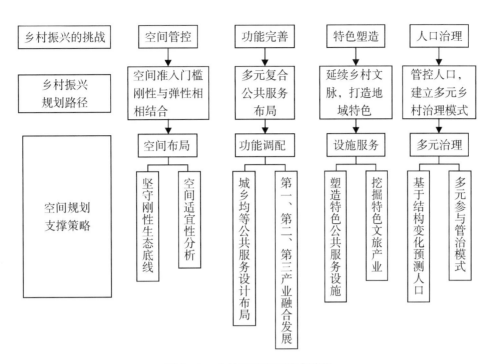

图 3-1 乡村振兴规划技术路线

（编者：蔡克光、程佳佳、黄华、张学晨、方胜浩、许小妮、张晓生等）

第四章 乡村振兴战略的组织振兴及规划策略

第一节 乡村组织的概念与发展现状

一、乡村组织的概念及类型

乡村组织，主要指在村庄中以村民为核心主体，为实现村民利益而组合起来的各种组织形式。对乡村组织的界定，可以借鉴目前学术界较为公认的关于乡村组织的相关定义，其具体含义为由村民在政府影响下形成或自发形成的组织形式，具有组织成员自愿参与、自行管理并为组织内部人员服务的特点。在乡村组织的分类方面，以组织合法性问题进行划分，可分为体制内乡村民间组织和体制外乡村民间组织；以组织领域进行划分，可将乡村组织划分为经济类组织、社会文化类组织和维权类组织；以组织职能进行划分，可将组织划分为政治性组织、经济性组织、基层自治性组织和社会性组织；以供给的公共产品类型划分，可将乡村组织划分为官方性民间组织、准民间组织、纯民间组织和俱乐部民间组织。根据上述关于乡村组织的界定和分类，可以将本研究中的乡村组织界定为在村庄范围内组织活动，且以本村村民为主要组织成员的乡村组织。具体来说，乡村组织主要包含权力性组织、经济性组织和社会性组织三种组织类型。

我国乡村社会一直以来有着其独特的组织模式。在中央政权尚未渗透到乡村基层时，乡村的主要管理结构是自组织形成的网络状管理结构。该模式是以宗族组织为主要代表，包括一些其他的民间自发形成的组织网络。国家权力通过引导和管理这些网络节点，达到控制乡村社会的目的。

传统乡村生活中，村民联系紧密，具体的社会生活和生产事务均在村庄地域范围内进行。时至今日，与城市相比，我国乡村总体上依然是一个相对的熟人社会。虽然改革开放以来村民的对外流动更加频繁，但相比城市社区，村庄内部的社会交往显然更加密切，村庄内部整体上依然呈现出相对熟悉的社会状态。基于乡村社会相对熟悉的基本性质，从整个制度体系和当前的治理趋势来看，我国的乡村治理整体上更适合采用以村庄自组织治理为基础，以基层政府和外部市场为补充的多元治理模式。

村庄的经济组织代表了村庄内部治理中的市场机制，其治理的基础在于根据利益交换关系形成的村庄内部秩序。在村庄中，存在着众多营利性经济组织和合作性质的经济组织，组织内部成员基于交易成本最小化的基本目标选择经济组织形式，以实现个人利益最大化目标。这种组织和交易行为代表了村庄内部治理的市场方案，为村庄治理规则（即村庄内部的监督与信任）的形成提供了一种基于交换关系的秩序基础，是村庄治理的重要主体之一。村庄社会组织主要以现存的各类文化、娱乐和兴趣类组织为主，村庄社会组织的基础在于村民之间的社会网络关系，其中包含各种基于宗亲文化组织形成的血缘关系和以娱乐兴趣等形成的各种非正式人际关系。格兰诺维特（1985）的镶嵌理论认为，社会关系网络是形成社会信任的基础，这种村民之间的社会网络关系极大地强化了村民之间的信任关系，对降低治理的交易成本具有极其重要的作用，也决定了村庄治理中以社会组织为主的自治理机制。

上述村庄的组织类型中，村民自治作为自上而下推行的制度设计，在组织制度上普遍存在于村庄中。因此，村党支部领导下的村庄自治组织是我国村庄中一定存在的组织形式，但组织自治在村庄之间的具体设置可能存在差异，即在村庄民主的具体实施维度上不尽相同。村庄经济组织和社会组织是依托村庄社会生态环境逐渐形成的差异化组织形式，在组织形式和组织内容方面都存在较大差异。根据以上村庄组织在村庄中的分布情况，可以将村庄内部的治理模式归纳为以下四种主要模式：①以村庄自治组织作为唯一治理主体的科层治理模式；②基于村民利益交换关系形成的"自治组织+经济组织"的市场化治理模式；③基于村民社会网络关系形成"自治组织+社会组织"的自组织治理模式；④基于两种组织形式及其内部关系逻辑形成的融合多种治理规则的"自治组织+社会组织+经济组织"式的多元复合治理模式。综合以上四种治理模式，结合村内事务的具体特征，从极小化交易成本的理论视角出发，村庄内部治理的最优模式应为以社会组织及其代表的社会网络关系的自治理机制为主、以其他治理机制为辅的多元复合治理模式。以上关于村庄治理模式的分类从村庄内部组织出发，进一步分析了村庄内部的有效治理模式。

综合以上关于乡村治理模式的理论分析，乡村治理整体上呈现出以村庄作为自组织治理主体、以市场治理和政府治理为辅助的多元中心治理模式。在村庄组织内部，存在着以村委会组织为代表的科层治理机制（乡村政治组织）、以经济组织为代表的市场化治理机制（乡村经济组织），以及以社会组织所代表的信任关系为基础的自治理机制（乡村其他组织，包括群众团体和文化组织等）三种治理机制，以及由以上三种治理机制相互协调组成的四种不同形式的村庄治理模式。村庄内外部的治理模式共同构成了乡村的综合治理模式，基于交易成本极小化的基本目标，通过选择不同的治理机制，并相互组合形成了最终的乡村治理模式。

（一）乡村经济组织

乡村产业的兴旺和农民生活的富裕是乡村地区的繁荣和全面振兴的两个重要表现。乡村经济是乡村发展的物质基础，是乡村社会发展和稳固的物质保障，更是目前乡村振兴的底层要求，主要包括产业兴旺、生活富裕两个层面。乡村集体经济组织对乡村发展建设起着重要作用，包括物质的存储和管理、资源资料的使用、各种制度规范的制定、村庄基础设施建设和扶贫救济等，最终形成一个健康循环的发展模式。而乡村经济发展离不开结合村庄实际情况，基于乡村集体、适应市场经济需求的经济组织模式。

（二）乡村政治组织

当前的乡村政治组织以村党支部为核心，是党在农村工作的基础；同时，在村党组织基础上，还有村民自治组织，包括村民委员会、村民小组、监督委员会等政治管理组织，其目的和职能是以实现村民自我管理、为乡村提供公共服务为主要目的而设立的组织。乡村党组织作为村庄组织的核心，在政治层面统领，在思想层面引导，在组织层面把控，形成具有极强凝聚力的管理中心。相对应的，村民自治组织是村庄的组织核心，起着完善村民自我管理的作用，并指导村民自行完成教育提升、社会服务等重要事务。

（三）乡村文化组织和社会团体

乡村文化是村落的精神核心，主要表现为乡村乡风文明和非正式制度规范。一般而言，乡村文化既指村庄本身沿袭的传统民俗文化、公认的道德秩序，也包括村民互相约定的一些非正式制度规范。

由于传统村落约定可以使得村民在一定条件下降低信任难度，在个体和家庭交往过程中，这更有利于达到互惠互利，对村庄的整体发展有较强的推动力，也营造了整体文明互信的文化氛围。因此，非正式制度规范在村民生活中具有约束和引导的双重含义，成为村庄组织建设的重要构成部分。而其他以娱乐、服务性质为主的村民自发组织则更加强调自由性和文化性，在不同情境下，也可能是公益性的组织，以丰富村民生活和满足不同村民的差异化需求。

二、乡村组织的发展现状

(一) 市场经济催生新的农村经济组织模式

市场经济环境下，需要新的农村经济组织模式适应农业产业化和现代化的发展需要。乡村地区生产方式和生产模式需要适应新形势的要求。当前，我国农村经济发展中存在的突出问题，在于原有的小农经济生产方式不能有效满足市场经济发展的需要，新的农村经济组织模式没有完全建立。1980年后，小农经济和市场经济的矛盾逐渐暴露，原有的小农经济与市场经济相比，比较难以适应市场的波动，农村地区经济呈现出增产不增收的现象。1990年后，随着市场经济的快速发展，规模化的农村经济模式开始逐渐变强，出现了各种形式的经济合作组织，一定程度上推动了农村生产方式的转型。同时，也一定程度上对原有的小农经济生产模式产生了冲击。

(二) 新的基层社区管理要求考验基层党组织建设

在社会经济的快速发展过程中，基层对现代经济和社会变革的适应性不足，出现了村社委员会与党政机关的职权划分不明显，其他社会管理组织未受到足够重视等问题。传统社会管理组织性能逐渐下降，尤其是其自我管理的能力不断退化，原先的运行机制和模式面对城乡融合、乡村振兴等新政策难以产生积极的推动作用。因此，必须构建更适应当前发展的新的基层管理体系。

农村基层党组织是对农民生活与乡村建设影响最直接也最重要的组织。农村基层党组织的核心地位是党领导村庄工作的重要地基，运作良好的基层党组织将成为党联系农民群众的桥梁和纽带，是乡村建设的核心力量与领导者。

到2008年年底，我国已经完成了基层党组织在行政村一级的普及，几乎所有具备建立党组织条件的建制村都已经建立村党组织。同时，随着越来越多的"两新"组织①的涌现，各地乡村尤其是东部沿海地区发展状况较好的乡村，按照"应建尽建"的原则，引导符合条件的村社会组织与村经济组织建立党支部。对于尚不具备独立建设党支部的组织，则构建起"一核多元"的组织治理体系，大大强化了党组织的引领作用，发挥党组织在乡村振兴中的驱动作用。

然而，当前各地乡村基层党组织的建设水平参差不齐，部分组织干部没有起到带头作用，没有及时更新管理和思政工作模式，思想认识有待系统学习、法制意识有待加强、文化知识有待丰富，这一现状既削弱了党组织的领导作用，也对当地村民的基本利益造成了一定的负面影响。

面对农村基层党组织目前暴露出来的多方面问题，迫切需要积极应对，采取适当的策略补齐党组织短板，响应习近平总书记提出的"打造千千万万个坚强的农村基层党组织，培养千千万万名优秀的农村基层党组织书记"，为推动乡村振兴打造战斗堡垒，提供坚实的组织保障与内生发展动力。

(三) 社会经济发展催生多种形式的村民组织

村民委员会是农村基层自治组织的最主要表现形式，也是实现农村自治的根本形式。随着村庄不断发展壮大、乡村社会生活的不断丰富，各地乡村在村委会的基础上还发展出了诸如调解委员会、下沉到自然村的村民小组、村民理事会等群众自治组织。这些自治组织在农村基层事务管理和日常运转中占据着极其重要的地位，也是中国特色乡村治理的一股特殊力量。

当前，我国农村村民组织主要包括以下8类：①文化体育类。给村民提供各类文化体育服务，包括规划相关设施建设、组织相关活动等。近年来，随着弘扬乡村民俗文化相关运动的持续开展，这类组织在乡村文化振兴中的地位和作用也日益加强。②公益组织。农村公益组织主要以扶贫活动为主，提供衣、食、住、行等方面的慈善救济，也包括直接的经济援助。目前，内生性的农村公益组织较

---

① "两组"组织，是指新经济组织和新社会组织。

少，仍以外部援助为主。③专业协会。以农业生产及相关产业的基本技术为依托，在民政部门注册后形成的农民内部互帮互助的技术群体，一般不涉及经营活动。④农村环保生态组织。以农村生态文明维护为起点，宣传环保意识，组织推广环保生活方式。⑤医疗卫生组织。提供基本的医疗救助服务，并对常见爆发性、流行性疾病进行防控。⑥女性团体组织。除村委会下设妇女机构外的自发性妇女组织较少，该团体一般以提供女性救助服务、宣讲女性权益、引导女性完成经济独立为主要目的。⑦宗族。以小家庭或姓氏血缘关系为纽带的家族群体。⑧宗教团体。

从发展方向看，作为协商决策主体，农村村民组织对重要农村公共事务的发展与决策起着举足轻重的作用。由于村民组织多为自发形成，能够代表村民中不同群体的核心利益，在交流磋商中能够更好地表现出不同方面的意见和建议，能够在指定村庄未来发展策略时很大程度上提升决策的民主程度。同时，随着经济社会发展，村民的物质和精神文化需求也越来越多样化，自上而下的管理组织难以收集如此丰富的诉求并给予满足。通过广泛而深入的村民自治组织，其自我服务功能就能够很好地达到以上目标。

目前，在村"两委"[①]的领导下，农村的各类村民组织同时有着很强的乡村内生性，对于帮助农民参与息息相关的社会事务并协助农民有效解决与之相关的问题有着重要作用，有效填补以"两委"为核心的农村治理空白。加速推进村民组织建设，引导社会组织参与乡村基层治理，是实现现代化、可持续乡村治理的主要路径。

第二节 乡村组织振兴要求与实践

一、乡村振兴战略中对组织振兴的总体要求

乡村组织振兴决定了乡村治理能力和内生发展能力，对乡村产业、文化和生态建设具有重要意义。总体上，推动乡村组织振兴要求具备以下三点：一是要建立农村基层党组织体系，并坚持党在乡村治理中的核心地位；二是要构建乡村基层组织人才队伍，壮大乡村振兴的主体；三是要完善村民自治制度，加强对村民参与决策、管理和监督等自治实践的保障。

（一）有效促进农村经济发展

产业发展是乡村振兴的重要内容，倘若没有产业支撑，农村各项事业发展就没有了依托，乡村振兴就如无源之水、无本之木，根本无从谈起。随着市场经济的快速发展，新的农业产业化模式要求新的农村经济组织模式予以支撑。因此，必须创新农村经济组织模式，进一步释放农村经济组织的动能，发挥其自身特点及优势，形成具有市场竞争力和顽强生命力的现代农业产业体系。只有适宜当前发展的农村经济组织模式的创新，才能有效促进农村经济发展，乡村才有活力，振兴才有基础。

（二）满足基层社区治理的需要

1949年后，国家政权深入基层社会，通过党政系统把农民高度组织起来。当前，党组织在我国基层社区治理领域发挥着重要作用，在乡村组织振兴过程中发挥好基层党组织作用，具有重要意义。作为党在农村的战斗前哨和阵地堡垒，基层党组织要争做带头模范，积极响应并贯彻落实党的方针政策，团结当地村民，积极推动改革发展。因此，农村基层党组织具有先锋模范的重要作用，要深入实施"头雁提升工程"，通过加强教育培训、强化督导考核、严格监督管理等措施，全面提升村干部的

---

① "两委"指党支部委员会和村民委员会。

政治意识、规矩意识和强村富民本领，努力打造一支高素质专业化的农村干部队伍，以满足基层社区的工作需要。

（三）发挥多种形式乡村组织的优势

在农村社会的快速发展下，农民生活也愈发丰富，产生了多元化的诉求，进而催生了多样化的农村社会组织，比如村妇女协会、村老人协会、巡防队、各类工作站等。中央高度重视社会组织的建设，强调要发挥社会组织在基层治理中的积极作用。作为乡村社会建设的重要一环，农村社会组织在增强乡村活力、推动乡村振兴行动、提升乡村内生动力等方面发挥着重要作用。在推动乡村振兴过程中，要充分发挥农村社会组织的作用，深化农村基层管理体制改革，深化参与程度，并对法律法规进行梳理和完善，以提供良好的组织发展运行条件。构建中国特色的乡村治理机制，需要深挖乡村实务解决的核心要点，在决策监督、矛盾处理、人才培养、技能培训等各类公共事务中找到合适的切入点，完成中国农村社会的现代化转型。

二、乡村组织振兴的实践

（一）"共同缔造"——建设高效有序的组织体制机制

1. "共同缔造"提升乡村人居环境

"共同缔造"是近年来社会治理中的一项新举措、新机制，其以社区为基本单元、以社区基层组织为管理运行的主要推手，构建协商共治的城乡治理体系，关注村民实际利益，以实事、小事为着眼点切实改善乡村生活。在此背景下，"共同缔造"实践应运而生。

近年来，我国部分省市，如广东、福建、湖北、辽宁等省的部分市县陆续开展了"共同缔造"实践。这项活动推动群众积极改善身边环境，以具有创造性的思维和方式达成目标，增强社区居民集体感，打造社区共同体；从身边小事做起，团结一切力量，不断提升群众的幸福感、获得感。努力打造共建、共治、共享的社会治理格局，倡导群众"共谋、共管、共建、共享"。住房和城乡建设部关于"共同缔造"活动专门发布了相关指导文件，并指出各级住房和城乡建设主管部门要增强责任感和使命感，以新举措补短板、强弱项，从群众身边实事切入，进一步改善人居环境，满足群众对幸福生活、美好环境的需求。

2. "共同缔造"助力乡村自治新格局

习近平总书记在党的十九大报告中对构建社会治理格局提出了具体要求，指出要在推动乡村振兴中加强农村基层工作，健全自治、法治、德治相结合的乡村治理体系。2018年，中共中央办公厅、国务院办公厅印发《农村人居环境整治三年行动方案》，明确指出要以"五共"（共谋、共建、共管、共评、共享）为核心实现乡村振兴。

（1）决策共谋

指建立乡村规划师制度，通过宣讲、培训等方式，由专业人员引导村民主动参与乡村建设，提出乡村建设发展的核心问题和解决策略。

（2）发展共建

指政府人员和专业技术人员在乡村发展共识的基础上，进行细致化的合作共建、协同工作，如推动建立村民治理小组，开展一系列乡村建设整治技能培训，引导村民自主进行乡村建设。

（3）建设共管

政府引导形成以村委为基础的村民公共管理委员会，针对资金和制度进行监督管理，村民对村庄物质和精神文化建设进行自治。

（4）效果共评、发展共享

在建设过程中，注重建设活动评价和建设后评估，及时调整反馈，以维护村庄良性发展。2019

年年初，住房和城乡建设部在关于"共同缔造"活动的指导文件中明确指出，在组织精心开展"共同缔造"活动，从群众身边事、房前屋后环境切入，提升城乡人居环境水平。

（5） "共同缔造"要坚持三个原则

一是要坚持以社区为基础。将本单元作为人居环境建设和整治基本空间单元，针对社区的真实问题，进行物质和精神的双重改造。二是要坚持群众为主体。践行"一切为了群众、一切依靠群众，从群众中来、到群众中去"的群众路线，注重发挥群众的首创精神，尊重群众意愿，从群众关心的事情做起，从让群众满意的事情做起，激发群众参与，凝聚群众共识。三是要坚持共建、共治、共享。通过决策共谋、发展共建、建设共管、效果共评、成果共享，推进人居环境建设和整治由以政府为主向社会多方参与转变，打造新时代共建、共治、共享的新型治理模式。

（二） "头雁工程"——建设基层组织骨干队伍

1. "头雁工程"的重大意义

目前，面对经济社会发展的新态势，人民群众的新需求，农村党的基层党组织建设与农村经济社会发展不相适应的问题在一些地方还比较突出。近年来，广东、浙江、山东、甘肃等省的部分市（县）陆续推行"头雁工程"工作，基本做法是优化提升农村基层带头人队伍建设，加大从农村经济组织、脱贫致富领军人物、本地大学生、外地务工人员、复员退伍军人中培养选拔村党组织骨干的力度，实行村党组织书记县级备案制度。

农村党组织书记是乡村振兴的"领头雁"，培养造就一支素质过硬、结构合理、作风优良、群众认可的农村党组织书记队伍，对于带动乡村产业发展，推进乡村全面振兴意义重大。

2. "头雁工程"优化乡村组织人才队伍

党的十九大报告强调，实施乡村振兴战略要统筹谋划、科学推进，要着力发挥基层党组织的核心领导作用，加快社会主义新农村建设，助推乡村振兴发展。在此背景下，实施"头雁工程"具有重要意义，其工作重点包括以下方面。

（1） 选准"头雁"，优化乡村组织人才环境

要大力实施"带头人队伍'头雁'工程"，制定翔实的实施方案。一要拓展范围，找准支部"一把手"。以"红色"村、经济薄弱村等为工作重点，及时调整不胜任的村党组织书记。要在农村经济组织、脱贫致富领军人物、本地大学生、外地务工人员、复员退伍军人中发现人才，及时动员并选拔其担任村党组织书记。二要规范程序，提高入选质量关。结合镇村实际及区域产业特色，选拔思想政治好、带富能力强、协调能力强的优秀党员作为"头雁"人选。综合考虑地方用人需求以及个人潜质、性格特征、专业特长，确定合适人选。三要因岗设人，夯实后备力量。针对各村不同情况及存在的具体问题，重点筛选有抱负、有能力的杰出人员作为党组织书记后备队伍。

（2） 育强"头雁"，强化乡村组织学习培训

要建立一支贯彻政策能力强、处理问题能力强、服务群众意识好的基层党组织书记队伍。一要抓学习教育常态化，有计划地组织学习，坚持以习近平新时代中国特色社会主义思想武装头脑，提高"头雁"理论水平。二要抓培训技能实用化。积极开展乡村组织人才技能培训，探讨问题解决方法，形成问题清单，提高解决实际问题、化解矛盾、经济发展等多种能力。三要抓培训内容多样化。制订培训工作计划，围绕基层社会治理，明确培训任务和目标，进一步提高政治业务水平和组织领导能力。

（3） 用好"头雁"，统筹乡村组织示范带动

结合乡村振兴等重要专项工作，大力培育一批多层次、各具特色的先进典型，通过示范带动作用，以点带面促进乡村基层组织人才队伍建设。一要注重宣传带动。利用网站、党建刊物等多种媒体，广泛宣传先进经验、先进做法，宣传优秀村党组织支书的优秀做法和典型事迹，树好旗帜、立好标杆，营造良好的舆论氛围，提升村党组织书记担当实干的信心。二要创建实践平台，探索创新发展。结合村实际，引进优势主导产业项目，明确基层组织权责，充分发挥其鼓励和引导作用，因地制

宜，建立示范性、带动性强的龙头企业，发展适合当地的特色产业，创办乡村创业致富带富基地。三要建立激励机制，激发基层人才的积极性。建立乡村基层组织工作经费保障制度，探索优秀村级党组织书记进入乡镇事业编制的常态化机制；定期组织评选表彰优秀基层人才，探索建立健全优秀村党组织书记晋升机制，激发积极性，形成一个真抓实干、创新创业的良好氛围。

（三）"三治合一"——构建新时代乡村治理体系

1. "三治合一"体系的重大意义

党的十九大强调，要从加强农村基层的基础工作做起，建成自治、法治、德治相结合的乡村治理体系。自治、法治、德治相结合，有利于聚集力量、凝聚人心，营造共建、共治、共享局面，最大限度地激发基层发展活力。要以党建引领推进"三治融合"，将党的领导贯穿基层治理的全过程和各方面。

近年来，浙江、河南、安徽等省的部分市（县）陆续开展了"三治合一"的工作方式，即通过推行村规民约、百姓议事会和乡贤参事会等方式，以及百事服务团、法律服务团、道德评判团等社会载体，搭建群众议事平台，并吸收广大群众，包括基层党员、村民代表、新乡贤、村能人、法律工作者、志愿者等参与乡村治理，不断落实自治、法治、德治有机结合的长效工作机制，实现乡村善治。

自治、法治、德治的"三治结合"体系，可有效提升城乡基层治理水平，在确保人民安居乐业、社会安定有序等方面具有重要意义。

2. "三治合一"实现乡村有效治理

为了实现习近平总书记在党的十九大报告和乡村振兴战略中提出的打造共建、共治、共享的社会治理格局和加强农村基层基础工作，健全自治、法治、德治相结合的乡村治理体系，要从实际出发，不断健全基层社会治理体制机制、统筹基层社会治理多方资源、推动自治法治德治有效融合，打造共建、共治、共享的乡村善治新局面。

（1）健全基层社会治理体制机制

充分发挥基层组织的凝聚力和战斗力，通过"党建引领+四个平台+全科网格+社会组织"，实现基层社会治理的大合力。①下沉大平台。提升镇街党委的决策领导能力和统筹协调能力，基层社会治理和公共服务同步抓，统筹推进基层市场监管、综合执法、便民服务等社会治理平台的一体化建设，与"放管服""最多跑一次"改革紧密结合，不断简化优化工作流程，形成边界清晰、分工合理、权责一致、便民高效的组织体系。②织密小网格。农村以片组为基本单元划分网格，设立"党群中心户"，城市社区以居民小区、楼幢等为基本单元划分网格，组织公职人员进社区认领楼道长；在工业园区、商贸楼宇、机关政府等单独建立专属网格，实现人员在格内联动、问题在格内处置、服务在格内开展。③激活微自治。推行修订村规民约和"一约两会三团"工作模式，在村社打造"睦邻客厅"，通过设置微自治点的方式，组织微自治活动，打通社会治理神经元"壁垒"。

（2）统筹基层社会治理多方资源

开展党建星、富裕星、美丽星、和谐星、文明星等五星达标和A级景区村庄创建，利用党的政治优势、组织优势和群众工作优势进行改革转化、运行管理，全面落实乡村振兴战略"20字"总要求。①坚持系统思维。以产业振兴、人才振兴、文化振兴、生态振兴、组织振兴为指引方向，统筹考虑党建、富裕、美丽、和谐、文明条线整合、深度融合，将各类涉农资源化零为整，让功能叠加，强化县级部门、村社结对共建，集中力量办大事。②坚持以项目为纲。县域落实"一条精品示范带、十个五星示范村、百个五星达标村"的布局要求，抓点成线、串珠成链，让变化体现在支部在党员、在物质、在精神、在环境、在人文，推动乡村盆景变风景成生态，让群众看到最直观的变化，重塑乡村吸引力。③坚持全员行动。组织"百支队伍联百组、千名干部联百村、万名党员联万户"活动，以党建带群团共建，再造群团工作活力，党员群众自己动手、开动脑筋，结合村庄特色资源，因地制宜，建设"一村多景"，打造独具匠心的"乡村小品"，全面提升乡村面貌。

(3) 推动自治、法治、德治有效融合

坚持以自治、法治、德治为根本，逐渐形成以党组织为领导，"大事一起干、好坏大家判、事事有人管"的基层治理新格局。①完善群众自治。强化基层自治建设的规范性，依法制定自治章程、村规民约（社区公约），组织公职人员进社区认领楼道长，成立红色乡贤"乡村智囊团"，围绕公共事务服务、供需对接，加强社区、社会组织、社工人才联动，创设服务项目，丰富群众自治形式。②全面依法治理。利用本地专业人才和人才培养机制，进行法制点规划，完善平台建设，实现镇街公共法律服务站、村社公共法律服务点建成率的全覆盖，法律服务团队通过驻点服务、入户服务、按需服务等方式，增强百姓自觉崇法循法的法治意识。③注重以德化人。传播普及社会主义核心价值观，形成家庭"德指数"测评工作制度，充分发挥家庭在生育、婚姻、养老、教化等方面的传统社会功能。完善道德模范、最美人物关爱帮扶和礼遇机制，形成奖惩机制，不断营造崇德向善的良好风尚。

（四）"村社共建"——发展村级集体经济

1. "村社共建"的重大意义

中国共产党一直高度重视农村基层治理问题，农村治理是国家治理不可分割的重要组成部分。因此，强化农村基层治理，可视为巩固党执政地位，促进国家治理体系和治理能力现代化的重要内容。当前，我国经济发展已进入新常态，农村经济社会深刻变革，农村基层治理正面临着人才流失、组织松散、经济薄弱、服务性不强、精神文明建设不足的问题。

近年来，山东、湖北、四川、江西等省的部分市（县）陆续推行了"村社共建"等工作，工作以服务"三农"为根本出发点，以组织共建、资源共享、发展共谋为重要着力点，构建"村级党组织+供销社+农民合作社"的三级发展模式，不断增加农民收入、壮大村集体经济、加强服务型党组织建设、促进供销社改革发展，形成"四赢"的发展局面。

开展的"党建带社建、村社共建"实现了基层党组织和基层供销社的相互交流，互助共建，把村"两委"的组织优势、基层供销社的服务优势及农民合作社的产品经营优势融合，构建起了基层组织服务机制，符合新时期新农村建设发展的现实需要，既是加强基层党组织建设的有效方式，又是供销社自身改革发展的重要途径，特别是对供销社形成"一张网""一条龙"的服务网络体系，提升服务，延伸终端，具有重要的促进作用。

2. "村社共建"促进农村基层治理现代化

习近平总书记在"十九大"报告中提出，要"推动社会治理重心向基层下移""打造共建共治共享的社会治理格局"。"村社共建"整合多种村民层级，动员所有村民积极参与乡村政治、经济、社会各层面建设，解决"三农"问题，促进农村经济发展，同时完成农村基层治理现代化转型。

"村社共建"主要通过组织共建、项目共建、平台共建、资源共享四个措施促进农村基层治理现代化。

(1) 组织共建——"村社共建"的经营组织服务新模式

充分发挥基层供销社的职能作用，大力领办创办农民专业合作社和专业合作社联合社，充分发挥村"两委"的引导作用，鼓励农民加入合作社，构建基层供销社、村"两委"、农民专业合作社"三位一体"模式。以合作社为载体，将组织向村级延伸，形成"村社共建"经营服务项目；以经济合作和利益联结作为纽带，拓展基层党组织为群众服务的渠道，创办新型基层经营服务组织，以此强化党组织的核心指导作用，引领合作经济组织规范化发展。

(2) 项目共建——发展壮大村集体经济

以依法、自愿、有偿为原则，开展经济合作。通过筹建一批村集体项目，在各类服务主体之间建立产权联结和利益分配机制，通过服务分成、盈利分红、二次返利等方式增加农民和村集体的收入。引导农民积极参与到土地托管和集约化经营中来，争取实现农业规模化、专业化、标准化服务。充分发挥基层供销社的带动作用，与有条件的村庄共建超市、批发市场、电商平台、加工及仓储物流设施等经营服务项目，打造特色农产品品牌和形成农村现代流通网络体系。通过村集体经济，可提升基层党组织的服务能力和水平并有效增加村集体收入。

（3）平台共建——提升农村社区综合服务能力

以"主体多元化、服务专业化、运营市场化"为要求，进行优势资源整合，以供销社为平台建设基点，不断提升农村社区的综合服务能力。依托涉农经营性项目，与村庄共建社区服务中心及农业社会化服务综合平台。借助科研院所的力量，开展培训活动，增强农业科技实用新技术的传播和应用，主动完成对新型农民和农业技术人才的培育。

（4）资源共享——突显人才的重要作用

以政治过硬、作风扎实、勇于创新、乐于奉献为基本要求，按照开放办社、合作共赢的原则，拓宽基层供销社负责人选任渠道，选拔德才兼备、具备技术服务技能和市场开拓能力的优秀人才，作为村"两委"干部、合作社带头人、农产品经纪人、农产品加工企业主等。同时强化教育培训，全力打造一支真抓实干、开拓创新的干部人才队伍。

（五）"乡村自组织"——民间力量自发形成社会共同体

乡村自组织是指非政府强制要求，而依靠村民内部信任纽带和利益关系而形成的村民组织。该组织以村民自发自愿为基础，以共识目标和手段管理乡村公共事务。一般而言，乡村自组织依托血缘、地缘关系形成，并以共同利益为发展推动力，表现出工具理性的扩张。乡村自组织治理的主体即是乡村的各种自组织，并包括乡村基层党组织、基层政府管理组织等不同成员。

乡村自组织的运行动力是基于共同利益的共同治理，以一种平等对话的协商模式为运行机制。该组织采用传统乡村面对面协商、互信契约等形式，并依托非正规信用制度确立奖惩方式，消解矛盾，从而完成自下而上的管理模式。不同于政府行政命令的强制性和城市社会的不确定性，乡村自组织的治理结构是以系统内部各个要素或各个子系统为连接点，建立在信任与合作基础上的多元交叉网络。这一网络治理状态属于半开放性，即兼具封闭性的特质。一方面，乡村自组织与其外部环境不断地相互作用与影响，其之间的界线是可渗透的，成员去留自由；另一方面，由于成员本身的局限性和排外性，乡村组织间常被切割，难以形成整合的力量，导致在面对现代化市场和社会条件风险变化时难以独自抗衡。

乡村自组织的功能主要体现在以下三个方面。

一是乡村秩序维护。乡村社会一般是指以村落为单位、依附于土地、以群体为本位、以熟人社会为模式的社会形式。可以概括为没有明确目的，只是因为在一起生活而发展的社会，体现了不同于国家引导下的等级制秩序。乡村社会的这种性质，从根本上决定了乡村秩序的内生性在与国家力量的博弈中逐渐取得主动。得益于当前社会条件下对本地资源的重视和尊重，尽管目前乡村自组织的权威性有非正统、非体系的特点，但我们仍可以察觉到这股力量的逐渐增强。

二是乡村资源配置。在一个非常乡土性的环境中，既与市场调节不同，也与国家干预的资源配置形式不同，自组织治理主要通过包括经济交换在内的、广泛的社会交换等方式，进一步来实现包括经济资源在内的、广泛的社会资源的配置。自组织治理在乡村社会的资源配置中，更加具有潜在性和基础性。

三是乡村整合功能。虽然从乡村自组织的关系基础及性质上看，对传统性家族或宗族关系网络的再利用仍有很强的传统性，但相比小家庭之间的日益离散性，组织之间的共生共商关系形成了更具力量的连接关系，从而也联络和加强了情感纽带。从其内部来说，这种自组织治理方式发挥了较强的整合功能。乡村各种自组织表现出血缘推至地缘乃至较少情感关联性基础上的利益关系，促使其内部有机关联格局的形成。利益纽带的强大整合功能在新型农民的经济合作类组织中体现尤其突出，并且从经济和情感两个方面对村民进行融合与联系。除了经济利益的绑定关系之外，如修族谱等村内活动也对大家族的血缘亲缘关系进一步加强，甚至穿透村落隔绝而进行更大范围的连接，使得村民自组织在文化生活领域也绑固了现代农村社区。

第三节 乡村组织振兴的实施路径与方法

组织振兴是乡村振兴的保障条件，必须健全以党组织为核心的基层组织体系，更好地按照党的意志和精神领导基层治理，动员组织广大农民，推动乡村全面振兴。同时，也要适应市场经济和社会经济其他方面的发展需要，组织好管理会多种形式的乡村组织形式。以符合党的十九大提出的"加强社会治理制度建设，完善党委领导、政府负责、社会协同、公众参与、法制保障的社会治理体制，提高社会治理社会化、法制化、智能化、专业化水平"的要求。

一、农村治理社会化

（一）基层党建

1. 强化农村基层党组织的政治功能

首先，要提高农村基层党组织的领导权威。由于部分基层党组织对群众深入程度的不足，党和群众联系弱化，反过来影响了基层党组织对村庄事务的把控。当前形势下，不应该一味地强调树立基层党组织的权威性，而需要合理分配权柄，赋予基层党组织足够的资源调配和分配能力，让党组织在管理村庄事务的时候有足够的决定权，以此为突破口，重新强化其与农民之间的联系，并对村庄未来发展进行宏观、战略性的把控。

其次，应严把党员发展关口。个体是组织发展的基石，能够在符合条件的成员中积极发展党员是组织能够良性发展的关键。由此而生的新问题就是，在挑选党员后备人才的范围应当进一步扩展，在各行各业的村民中进行选拔和引导，以调整党组织结构的性别比例、年龄构成、工作方向等，更好地适应现在农村工作的新需求。同时，坚持严格的选择标准，党的建设人才必须是真正的优秀人才，是综合素质较高的积极人群。第三，党员选拔制度应当公平、公正、公开，让村民群众有条件参与进来了解党、党员和未来的服务队伍，以建立认同感，形成紧密联系。

最后，需完善农村基层党组织的运行机制。一个良好的运行机制是组织能够成功的保障，将工作制度化、规范化，有利于内部管理，更有利于组织对外工作的顺利实施。一方面，必须坚持组织纪律的严谨性，定期开展党内政治活动，做好开会要求，严格记录活动进程，建立合适的奖惩措施。在学习相关文件和政策时，应结合实践、结合自身实际深入探讨，提高感悟。做好自评和互评工作，落实党内生活会的重要性。另一方面，利用开展多样化、趣味化的相关活动，如节庆活动、当地特色民俗等，吸引党员和群众的积极参与，提升组织凝聚力。

2. 改进农村基层党组织的动员方式

首先，应发挥精神动员的作用。经济改革后，农民个人价值观产生了一定变化，集体主义逐渐弱化，因此党组织工作难以开展。党深入群众的基础是精神共鸣，在做好引导经济发展的同时，也必须坚守精神文化阵地。通过弘扬社会主义核心价值观，结合农民切身利益进行科普宣讲，或在物质动员的同时加入思政教育，输出正确的社会主义核心价值观。通过精神动员，提升村民精气神，凝聚村庄建设核心力量，深化党的群众基础。

其次，重视"利益兼顾"的原则。在党组织工作过程中，永远牢记为人民服务的宗旨，农村基层党组织应当始终视维护广大农民的利益为首要目标，这既是从革命战争时期以来党成功的秘诀，也是目前农村工作的底层要求。在乡村振兴推动过程中，对每一个举措的正面和负面结果都要给村民掰开揉碎讲清楚，确保每一个村民都能明白各项政策和措施背后的意义，进而能够真心维护、支持每一项工作。同时，针对村民个人主义价值观比较强烈的特点，尊重村民个人选择，可以合理进行奖励、补偿，而不应当采取各种强制性、摊派性任务。

3. 提升基层党组织建设的经济基础

只有党组织经济理论扎实，举措得当，才能够领导村民进行村庄的经济发展，在村庄经济基础良好的情况下，进一步开展党组织建设和相关工作，以此完成可持续良性循环。

首先，根据当地资源禀赋，合理选择特色产业。作为村庄发展的主要引导力量，党组织应深度挖掘本地生态、环境、产业资源，引入适宜的技术、政策、经济资源，帮助村民发展当地的特色产业，并进行技术优化。例如，寻找当地特色农产品，进行优势经济作物种植，开发农副产品加工，形成完善的生产流水线。同时，开展第三产业，例如，通过建设农家乐、生态旅游、康养旅游等形式也能够很好地吸引消费者。除此之外，利用村庄闲置土地，可以进行工业园区、创客小镇、开发商品房建设等。

其次，要丰富村集体增收渠道。部分农村地区资源禀赋差，基础条件不好，难以发展。党组织要根据情况，深度挖掘本地增收渠道，开发自身资源。以闲置土地开发为例，可发展边角经济，将边角地如坑塘、林地、沟渠等的经济价值发掘出来。无人居住的闲置老屋也可收归集体，作为经营单位向外出租或者开展其他经营活动。大片土地可进行园区建设，以招商引资、"雏燕归巢"等形式开展乡镇企业、工厂，村集体既可以出租土地，也可以自己开办，还可以以资金入股，实现增收目的。

最后，应加强村级集体经济的管理。当前，部分农村基层党组织对村集体经济的管理混乱，缺乏有效的监督和管理，造成部分资产流失。因此，农村基层党组织在抓集体经济发展的同时，必须将管理置于同等重要的位置，采取有效措施来提高经济管理水平。农村基层党组织可以通过清产合资的方式将村集体的资产、资源核算整理出来，明确其归属并予以公示，在全体村民的公证下将其纳入村集体收入。对村级集体经济的监督和管理，可以交由新成立的监督委员会承担，主要负责村级资产的账目管理，定期将账目公开并接受农民群众的监督，坚决杜绝账目不清晰、乱申请乱花钱的行为。完善村级财务管理监督制度，发挥制度的约束作用，明确每项资产监管的责任人，定期进行资产的审计，确保申请、支出、使用过程的透明度。

4. 加强服务型农村基层党组织建设

首先，应加强基层党员干部队伍建设。对一个优秀的党组织而言，党员的层级决定了组织的层级，党员干部的能力和素质对党组织的执行能力有直接影响。当前，部分党员心态消极，做事形式化，难以达到为群众服务的最终目标。因此，加强队伍建设，提高党员素质就成为当前建设基层党组织的重中之重。加强基层党组织建设，既要注意党员选拔时的能力、心态等软硬件要求，也要在已经成型的党组织机构中加强政治学习，强化考核环节，增加政治培训。针对乡村服务的特殊性，对党员干部进行培训时，既要有党员服务内容的培训，如思想政治理论、国家政策、党性制度、组织管理技术，也应该有农业生产、农业技术、农民生活和相关产业、企业发展的相关内容。

其次，要优化基层党员队伍的管理。不仅要形成本地党员干部管理制度，还要加强对本地流动党员的记录管理工作。前者主要是以制度制定、遵循为主，加强教育，定期审查，确定党员对基层工作制度的理解和掌握，并且结合党员兴趣点和当地产业发展需要开展课程和培训，要求党员带头参与村庄事务，将日常巡查、集体活动等加入日常管理工作中。后者主要是信息收集整理，并定期联系，保证在外党员与党组织不失联，并在党员返乡时加强交流，说明村庄发展计划和具体工作事务，提升其与组织的凝聚力。

最后，构建服务平台提升服务能力。要形成顺达的沟通渠道，要有规范的工作流程，要建设完善的服务平台，才能使村庄管理制度保证活力和有效性。一般做法是设置党群服务中心，结合村部工作职责，加强党员工作力度，提供可靠的服务。同时，建立事务公开制度，让群众了解党员工作岗位职责，形成寻求党员帮助的习惯。

（二）村民自治

1. 完善村民自治相关体系

首先，要建立健全村民自治制度。以村民为主导，制定组织办法和自治办法，明确自治组织的提出、成立、管理权限和权利义务等各项内容，并通过办法形成的过程，提升村民自治组织的自治能力和制度化程度。既要注意自治组织与党政组织的权限互补关系和沟通方式，对不同组织的权责进行划分，说明物质和文化精神领域的相关界限，并且做到权利和责任对等；也要注意对村民各个群体的全覆盖，保障弱势群体的利益。

其次，改进和完善村民运行机制。在村民自治过程中，政府应当作为主要监管者（而非村庄自治的领导者）发挥重要推进作用，要充分尊重和保证村民的自治权利，将基本事务分为需要协助完成、引导完成、给出建议等不同类别，与村委会进行不同形式的合作。从运行机制的组成部分来看，主要包括组成人员、机构构成和工作方式等部分。选出能够代表村民利益的村委会是头等大事，要保证当选者是民主选举的结果，也要保证其有威信、有能力、有热心、有素质。

最后，建立相应的保障机制。目前村民自治和党政组织之间的界限不明晰，造成很多任务难以推进的情况，或直接导致村民自治制度的失败。因此，村支部需要首先明确两者的职责范围，并据此制定合适的工作模式，减少工作上下交界，需要放权的必须严格放权，应当严格严谨对待的要当作底线遵守。一是涉及组织建设、关系协调和宏观战略的内容仍然需要由党支部掌控，而其他村庄事务则应按照法律规范和村民自主公约，由自治机构进行管理。二是要制定相关的制度文件，双方应严格按照法律规范要求展开工作。三是提升村代会的权威性。当村委会和党组织按照规定进行村庄事务处理出现矛盾时，要分开进行讨论，并将双方讨论结果交由村代会处理，做出最后的决定，避免党组织在村民自治过程中单独决策。

2. 确立村民主体地位

（1）增强村民自治组织建设

增强村民自治组织建设包括健全组织形式，强化组织功能和确保组织工作延续性三个方面。①健全组织形式，根据其相互间的关系，可以适当强化或弱化其中某个组织。这种强化和弱化要从实际出发，并不是千篇一律的强制性规定，且必须坚决杜绝出现村委会一家独大，使得其他一切村民自治组织被取代的现象。②强化组织功能。这种强化需要结合当前实际的农村社会情况。最需要加强的是村民代表大会的功能，特别是其权力结构功能和监督功能。同时村委会也应当实现自身功能的逐步强化。这样才能逐渐从基层机关的控制和扶持下走出来。只有实现了表达独立，才能切实代表村民的利益，村委会才能成为真正发挥村民自治作用的组织。③确保组织工作的连续性。组织工作的延续性可使村民通过自治维护切身利益，因此，保证农民利益的工作不能间断，应当有明确的长远规划，通过规划明确自治组织的工作任务和长期部署。

（2）发展农村经济

发展农村经济，使农民通过自主管理达到经济提升目的，能够进一步给村民信心，让他们有更多的意愿和余力参与到村庄自治事务中来。发展农村经济，不仅使得农民收入增加，生活水平提高，对于村庄管理者来说，可以有更多的资金投入到公共服务建设中去，包括基础设施建设和精神文化服务内容。如果自组织相关的运行费用因农村财政情况低迷而难以为继，村民会失去对组织的信心，进而失去自治意愿。

（3）增强宣传教育，提升村民的参与意识

村民是最终推动村庄自治发展的重要个体，其对自治管理的认同程度和支持力度决定了自治治理最终的成功与否。一般来看，村民缺乏对村庄事务的积极参与性，或因为村民对公共服务和基础设施有意见，或对村庄政治事务的兴趣普遍不高。为了提高村民积极性，常用的方式有下乡宣讲，结合图画、动画、电影短片等形式，吸引村民兴趣，并促进其了解公共事务，最终愿意主动参与。

3. 构建监管保障体系

一是完善当前保障机制。目前，选举纠纷现象极为常见，有的是选举程序存在漏洞，有的是选举人与被选举人之间关系不良。这两种情况对选举的进行都有极大的负面影响，必须从根源上解决问题。

二是增强村民的法律意识。由于村民的民主法治意识薄弱，在部分地区亲缘血缘的权威性甚至大于法律，因此难以推进村庄的法治化建设。不管是为了吸引村民参与到法治化进展过程，还是让村民学法、懂法、守法，都要积极主动对村民宣讲村委村代选举的重要性，强调村庄法治化建设的必要性。

三是加强引导监管活动，进行机制创新。监督委员会成员需要由民主选举产生，并且具有一定的独立性，才能够完成对村委的监督任务。通过设立村代会、村委会、监督委员会，将决策、执行和管理、监督监管责任分开，并由党组织协调三者关系，形成相互制约联系的自治整体。

（三）社会协同

在农村社会的快速发展下，农民生活也愈发丰富，产生了多元化的诉求，进而催生了多样化的农村社会组织，比如村妇女协会、村老人协会、巡防队、各类工作站等。农村的各类社会组织一般在村"两委"的领导下开展工作，同时有着很强的乡村内生性，可以帮助农民参与社会事务并有效解决与之相关的问题，有效填补以"两委"为核心的农村治理空白。加速推进社会组织建设，引导社会组织参与乡村基层治理，是实现向现代化政府转型和改善基层治理的重要途径。

二、农村治理法制化

（一）以法治强保障，提高乡镇法治综合服务能力

1. 建立健全矛盾调处联合机制，加大矛盾纠纷排查化解力度

由地方党委、政府牵头，政法、纪检、组织、公检法司、民政、人社等职能部门配合，形成解决矛盾纠纷的合力，综合施策，做好国家政策和法律法规的普及工作，及时处理村民不合等事件，合理结案。发挥村干部、新乡贤群体在矛盾调处方面的作用，把矛盾纠纷消灭在萌芽状态。对于恶意缠访闹访，影响基层正常生产生活秩序者，依照信访条例处理。

2. 加强乡镇干部队伍建设，提高综合服务能力

加强乡镇干部配备，把政治素质过硬、熟悉农业农村工作、群众工作能力强、具有较好群众基础、基层经验丰富的乡镇干部配备到矛盾突出、历史遗留问题多的乡镇，妥善解决乡镇的矛盾和问题。

3. 完善乡村治安防控体系

依法严厉打击危害乡村社会稳定、破坏农业生产经营、侵害农民利益的违法活动。深入推进扫黑除恶专项斗争，依法严厉打击对农村生产建设造成严重影响，并危害人民利益的黑恶势力。

（二）强化宣传教育，夯实基层民主法制建设的基础

广泛开展以《中华人民共和国宪法》为核心，以乡村群众频繁运用的法律为重点的法治宣传教育。通过普及《中华人民共和国宪法》，使乡村群众重点了解公民的基本权利和义务等相关知识。通过普及《中华人民共和国民法典》《中华人民共和国刑法》《中华人民共和国道路交通安全法》《中华人民共和国未成年人保护法》等法律，使乡村群众了解与自身相关的法律常识，学会用法律办事。依法加强乡村宗教事务管理，坚决打击非法宗教活动和境外渗透活动。通过提供法律咨询服务、调解村民纠纷等方式，解决农村日常生活中的涉法纠纷，引导农民依法解决各种矛盾和纠纷，依法表达自己的利益诉求，既完成向村民普法的任务，又达到保证村民利益的目的。

（三）抓好"四个"民主，突出基层民主法制建设的重点

农村的民主化进程决定着农村现代化进程，要不断扩大农村基层民主，保障村民的民主选举、民主决策、民主管理和民主监督的权利，以人民自治的方式治理乡村，充分保证村民的自治权，尊重村民自我管理的意愿，调动其主观能动性，形成不断迭代发展的建设模式。要以尊重民意为原则，实施

民主选举；要以民主议事为关键，实施民主决策；要以民主理财为重点，实施民主管理；要以村务公开为基础，实施民主监督。

（四）健全农村社会组织相关政策法律环境

一方面，梳理已有法律法规，根据当前实际情况规定组织参与自治的权责划分、参与深度和内容，各方按照规定进行事务参与。另一方面，研究新的建设条例，对农村社会组织进行研究，细化法律法规相关条文，形成具有可操作性的细则手册，并对村民进行相关宣讲。此外，还应对各级涉农政策进行研究和落实。

三、农村治理专业化

（一）以自治增活力

1. 健全以党组织为核心的组织体系

选优配强有文化、有能力、政治觉悟高的村党支部书记，配齐组织体系，充分发挥基层党组织领导基层治理的战斗堡垒作用。狠抓软弱涣散的村党组织和村干部队伍建设，及时调整不胜任、不合格、不尽职的村干部，大胆启用后备力量。选拔综合素质好、文化水平高、致富能力强的村民到村"两委"中，选好"领头雁"，重点从乡村致富带头人、复员退伍军人、回乡创业优秀青年和大学生村干部中选拔任用村党组织书记。加强村"两委"班子建设，注重村党支部书记、村委会主任的培训，大量培养服务型、技能型、群众认可的村干部。

2. 创新党建工作方式

针对村干部、农村党员和群众需求，以乡村党员和群众有所收获为目标，由区、市人社部门牵头组织专家下基层，开展有针对性和时效性的培训。针对乡村党员流动性强的实际，创新学习形式，推动工作创新，使党的理论入脑、入心。采用微信群、手机 App 等现代传播手段，推行书记课堂、微信课堂等学习方式，做实乡村理论学习和组织生活会。

3. 做实村民代表大会制度

发挥村党支部、村民委员会、村监会的作用，提高村民参政议政的意识，强化村民自治，引导农民依法参与村民自治和其他社会管理活动，提高农民参与民主选举、民主决策、民主管理和民主监督的能力。

4. 健全乡村人才回流制度

把有情怀、有能力建设家乡的人才引入村庄，为返乡就业人员提供体制内晋升渠道，留住乡村人才。深化"大学生村官"招聘、教育、培养和发展管理体系建设，不断优化提升基层干部队伍结构，为年轻、具有一定学历的村干部打通晋升通道。推进村党支部书记跨村任职制度，稳步提高村干部薪酬保障水平，吸引优秀人才扎根农村。实施从优秀村干部中招录乡镇（街道）公务员、事业单位人员和选任乡镇（街道）领导干部制度。

（二）以德治正乡风

1. 做实新时代文明实践中心，培育文明乡风

深入开展社会主义核心价值观教育，引导群众爱党爱国、向上向善、孝老爱亲、重义守信、勤俭持家，在乡村形成相信科学、抵制迷信、勤俭友爱的文明新风。抓实抓细移风易俗工作，培育与社会主义核心价值观相契合、与新农村建设相适应的优良家风、文明乡风和新乡贤文化，倡导喜事新办、丧事简办、厚养薄葬、积德行善、文明节俭的乡风，破除封建迷信和陈规陋习，发挥乡贤能人文化、红白理事会在乡村治理中的示范功能，遏止铺张浪费、炫富攀比、天价彩礼等不良风气。

2. 做实文明村镇、信用村、和谐村镇等各类创建评选表彰活动

用身边人、身边事教育引导群众，提升乡村文明程度。推出一批群众喜闻乐见、具有地方特色的精品文艺作品，广泛开展乡村文化大院等鲜活的乡村文化活动，让广大群众乐于参与、便于参与，丰富群众的文化生活，建立科学健康的生活方式，让优秀传统文化和传统美德活起来、传下去，引导农村形成新风尚、新习俗。

（三）优化人才培育和发展环境

1. 注重高素质农民培育（新型职业农民培养）

推动乡村产业发展，既要强化培训资金支持力度，又要强化培训内容的实用性。从思想道德、政治意识、经营管理、市场营销、技术应用、资金筹措、组织保障等方面做好规划设计。按照"缺什么、培训什么"的原则，加强新型职业农民培训，推行职业农民资格认证管理，培养一支爱农业、懂技术、善经营的职业农民队伍。规范群众行为，提高群众素质，将农村精神文明建设与涉农扶贫政策紧密结合。

2. 引导社会企业人才参与投入乡村振兴

企业家是经济活动的重要主体，企业家精神是生产力的关键要素。改革开放历程中，企业家是最具活力和创造性的弄潮儿，在推动经济发展中扮演着重要角色。艰苦奋斗、勇于创新、敢于担当、回馈社会是他们最为可贵的精神特质。当前，步入新常态的中国经济正处在转型升级、爬坡过坎的关键时期，弘扬优秀企业家精神，更好地发挥企业家作用，对振兴乡村经济具有重要意义。乡村正在召唤广大企业家振奋精神、放开手脚，再闯出一片新天地。

（四）构建长效机制，探索基层治理专业化建设的途径

扩大基层民主、推动基层治理专业化的根本目的是创造安定和谐的社会环境，保障社会主义新农村建设顺利推进。如果没有一套长效机制，就无法保证基层治理专业化建设持续健康深入推进。因此，在实际工作中要抓住组织领导体系、村民自治机制两个关键环节，努力探索农村基层治理专业化建设的新途径。

1. 健全组织领导体系

农村基层党组织是党在农村全部工作和战斗力的基础，是农村各种组织和各项工作的领导核心。因此，乡镇党委、政府要把农村的民主法制建设列入党委政府的重要议事日程和考核内容，确保乡村治理专业化建设工作的健康推进。

2. 有效完善人才组织分工机制，发挥好专项人才的作用

2018年中央一号文件明确指出"实施乡村振兴战略，必须破解人才瓶颈制约"。从定义上看，乡村建设人才与传统意义上的"人才"有所区别，乡村建设人才并不一定指名牌大学生或有研究创新能力的科研人员，而是指能使乡村本地人学习进步、适应时代发展技术进步趋势和要求、适应时代产业发展特点运营需求的人。从结构上看，乡村振兴人才可大致分为三类，即农民及涉农企业人才、基层及农业部门人员和社会服务组织人员。

（1）农民及涉农企业人才

包括龙头企业带头人、乡村养殖或种植大户、乡村手工艺人，以及从事农业及乡村产业生产、加工、运输、营销等各种涉农产业的各类人才，他们是乡村建设的直接参与者与受益人。其中，具有广大基数的群体是中国的一线农民。中国现有农民无疑是乡村振兴中人才振兴的主体和基石。如何培育与提升现有农民的素质，让这些实际参与者成为乡村建设的人才，是破解人才瓶颈的关键。

（2）基层及农业部门人员

包括各村书记和村干部、乡镇政府人员、农业农村部门人员和各农业事业单位人员。他们是引导乡村建设的领头人，是农民的靠山，是资源的牵线人。基层及农业部门人员对当地农村建设的正确引导无疑可以让乡村建设效率事半功倍。如何充分发挥基层及农业部门人员的职权，有效搭建企业＋政

府合作的乡村建设模式，是乡村建设的关键。

（3）社会服务组织人员

包括各农业相关院校、乡村规划设计单位、涉农经济金融服务机构、乡村法务机构等。社会服务组织是乡村振兴的间接参与者，可发挥较大的作用，能够充分弥补农村发展短板，在农业技术、规划设计、金融支撑、法务援助等众多方面助力乡村产业与乡村建设的科学、高效发展。

四、农村治理智能化

2019年1月，中共中央印发的《中国共产党农村基层组织工作条例》指出："党的农村基层组织应当加强对各类组织的统一领导，打造充满活力、和谐有序的善治乡村，形成共建共治共享的乡村治理新格局。要注重运用现代信息技术，提升乡村治理智能化水平。"随着信息技术和职能化运用的推广，从中央到地方各级政府逐步树立了乡村治理智能化的理念。在乡村管理过程中，注重智能化发展，努力提高乡村居民对乡村治理智能化的参与积极性，有效提高乡村组织管理的效率。

（一）加强顶层设计，提高管理能力智能化水平

加强乡村管理智能化，要从思想理念和制度层面入手。首先，政府要不断强化乡村治理智能化的理念，充分认识到智能化在乡村组织管理的作用，加强乡村治理向智能化发展。其次，为实现乡村治理智能化，政府要加强顶层设计，因地制宜，统筹好各地区发展需要，依托政府管理能力，根据社会大众的需求建立完整的乡村治理智能化发展思路，动员社会力量参与智能化管理运用，建设智能化管理。最后，要确立多元主体，包括农民及各级各类社会组织共同参与乡村治理的模式，以助力实现乡村治理智能化。

（二）优化便民服务，推动社区参与智能化

村民是乡村治理智能化的关键一环，要积极参与到治理智能化建设之中。首先，村民要提高参与意识，主动参与智能化管理。在乡村治理智能化的过程中，需要提高社区居民积极参与的意识，为智能化建设提供重要保障。要让村民充分认识到，通过智能化平台参与乡村组织管理，自己的合法权益才能得到保障，利益诉求才能得到有序表达，"美丽乡村"建设才能成为现实。其次，村民要提升自身素质，提高参与智能化建设的能力。村民要通过学习不断提高自身的文化素质和政治素养，掌握运用互联网参与乡村治理的技术，通过智能化运用，维护好乡村的利益与自身的利益，促进乡村的和谐和发展。最后，村民要加强自身的网络道德建设，规范网络参与行为。村民需要不断提升自身法律素养、道德意识、法治观念，严格将自身网络道德行为对标法律制度规则，努力规范网络言论和行为，杜绝在网络平台上做出极端的行为。

第四节 乡村组织振兴的案例借鉴

一、从化温泉南平村：党建统领乡村振兴，村企合作共建共享[①]

(一) 党建统领乡村振兴，建设善治南平

南平村坚持以党建统领乡村振兴，为乡村发展提供组织保障。2016 年以来，南平村实现了零上访、零吸毒、零案发，村民获得感、幸福感、安全感显著增强。南平先后荣获"广州名村""广州市文明村"称号。

1. **用习近平新时代中国特色社会主义思想武装党员干部**

南平村党组织通过集中学习、个人自学以及在实践中学等方式，规范"三会一课"等组织生活，不断增加党员干部对新时代、新思想、新理念、新战略的认识，做到真学、真懂、真信、真用，确保乡村振兴始终走在正确方向。

2. **充分发挥"头雁"引领作用**

坚持筑强村党支部堡垒，精心挑选村党支部书记与驻村第一书记。该村党支部书记张国华同志，带动党员干部搞卫生、拆违建、做民宿、兴产业，他分别于 2015 年及 2019 年荣获"广东省优秀村（社区）党组织书记"称号。

3. **发挥党员先锋模范作用**

组建南平人居环境整治党员先锋队、"垃圾分类"党员先锋队、"厕所革命"党员先锋队、"党旗红"党员先锋队等若干支党员先锋队，通过实施人居环境整治、垃圾分类、"厕所革命"等活动，村容村貌得到明显改善，社会环境和谐稳定。

4. **推行"党建引领+村企合作"模式**

通过推动南平村与珠江实业集团有限公司的合作，一批"造血项目"顺利落地，打通村民致富增收"最难一公里"。

5. **创新党建工作方式**

实施党支部"两全面一更加"锻造工程，推动南平村党支部全面进步、全面完善、做大做强；创建党建引领乡村振兴的"六呼六应"工作模式，推动党建"四必行、四必止、四知道、四跟上"的网格化管理机制。同时，"仁里集"成为南平村治理的重要出发点，包括"一键式"共治共享云平台、村规民约等。通过工作模式创新，不断提高乡村振兴基层党组织的凝聚力和战斗力。

在习近平新时代中国特色社会主义思想指引下，南平村正以永不懈怠的精神状态和一往无前的奋斗姿态，沿着"绿水青山就是金山银山"的理念所指引的道路，一步一个脚印，朝着建设与国际一流湾区和世界级城市群相匹配的"美丽乡村"目标奋勇前进。

(二) 开展村企合作，实现共建共治共享

南平村积极把握"万企帮万村"的机遇，与国有企业珠江实业集团携手共建静修小镇。

1. **盘活乡村"沉睡"资产**

村企共同成立珠江南平公司，通过以土地等资产入股方式，盘活旧村委、旧小学等闲置资产，发

[①] 《广州市从化区南平村探索建立村企合作模式 小镇获新生》，见广州文明网（http://gdgz.wenming.cn/gzjj/201812/t20181203_5575471.htm），访问日期：2018 年 12 月 4 日。

展特色民宿、休闲旅游和文化创意产业，增加了村集体收入，改善了村容村貌，提升了村庄知名度、美誉度。

2. 增加集体收入

珠实实业集团充分发挥国有企业在资金、资源、人才方面的优势，激活乡村生态资源，建设"美丽乡村"。截至目前，珠江实业集团已投入约1亿元用于南平村建设，极大地改善了村庄面貌，为南平村的快速发展起到了强大的引领作用。珠江实业集团每年向南平村提供100万元作为保底收益，经营收益按村企2∶8分成，村集体收入实现两年分别增长230%。

3. 提升乡村面貌

南平村抓住村企合作机遇，围绕村民对美好生活环境的需要，全面推进美丽家园、美丽田园、美丽廊道、美丽河湖、美丽园区等"五个美丽"行动；实施67个"三清理""三拆除""三整治"项目，坚决拆除1.5万平方米违建、危破房，并按照岭南风格重整重塑村庄风貌。

（1）污水处理方面

投入195.5万元，建成10个社污水处理设施点，覆盖997人，农村生活污水收集率达到83%。污水管网长度2037米，日均处理量172吨，采取格栅+沉沙池+厌氧池的排放工艺，排放标准为农用田灌溉水质标准。

（2）垃圾处理方面

按照"户收集、村集中、镇转运、区处理"的体系规范化处理农村生活垃圾，南平村生活垃圾处理率达100%。全村共设保洁员8人，清扫保洁覆盖率达到100%。设有垃圾收集点14个，其中7个是密闭式收集点，公共场所设置有其他垃圾、可回收物分类收集容器和2个垃圾分类宣传栏，同时，向村民派发其他垃圾分类桶、厨余垃圾分类桶共600多个。南平村积极开展垃圾分类培训，重点要求保洁员提高收运准确率和收集点的整洁度，构建了生活垃圾的分类投放、收集、运输与处置规则，健全了生活垃圾分类处理的监督管理制度。与村民签订《环境友好家庭承诺书》，提高村民群众的垃圾分类意识，同时设置垃圾分类光荣榜，对积极开展垃圾分类工作的村民予以精神鼓励。

（3）厕所革命方面

建设公共厕所6座，由村委管理，制定了《公共厕所使用守则》《公厕管理制度》，并有保洁员每天保洁。

二、英德活石水村：共同缔造（党建引领+组织建设+十年规划）[①]

（一）活石水村背景

活石水村位于清远英德市九龙镇塘坑村委会，距离圩镇约5千米，建村至今已有300多年的历史，亦是一处红色革命根据地。

（二）共同缔造策略

村庄带头人针对根本问题，先后制定三大建设策略，循序渐进地开展村庄建设，形成共同缔造的村庄建设模式（如图4-1所示）。

1. 党建引领、凝聚人心

（1）宣传同宗同源，筹建文化礼堂

在2002年，通过筹工筹劳建设礼堂，村民建设村庄的热情被极大地激发了。村民在礼堂里共同商议村子里的每一个工程建设，在这里举行活动、培训学习，起到了凝聚人心的作用。

---

① 《共同缔造，久久为功——我院助力英德市九龙镇活石水村旧貌换新颜》，见南粤规划公众号（https://mp.weixin.qq.com/s/ZAW3m9KS6Qj7bhizkpXv9A），访问日期：2019年7月2日。

（2）土地整合，村民创收

2006 年，土地得到初步整合，种植经济作物为村民带来了可观的经济收益。

（3）村口风貌初步改善，村民思想完成转变

村庄党员及几个村庄发展带头人认为，想要调动村民建设积极性，转变村民思想，唯有做出切实有效的成效来。经决议，当即决定整治工作从村口开始，从门面建设开始，并取得初步成效。

2. **组织建设、建章立制**

（1）成立自治组织，制定村规民约

2011 年，村民理事会成立，负责统筹村庄项目建设，落实"一事一议"制度，积极开展村民自治，制定和实施村规民约，实现村民自我管理、自我教育和自我服务。

（2）建立村庄多维共建体系，成立项目建设制度

在每年春季期间，由理事会成员、新乡贤及主要村民代表等共同商议下一年村庄计划建设项目，整合资金，根据项目难易程度，制定村民共同参与建设项目，构建系统的村庄多维共建体系。

3. **十年规划、有序推进**

在活石水村庄建设上，村庄带头人拥有良好的建设视野和长远眼光，在对村民需求和村庄了解的前提下，于 2011 年制定了村庄建设十年规划，多次跟村民进行沟通交流，推广村庄建设的必要性和可行性（如图 4-2 所示）。

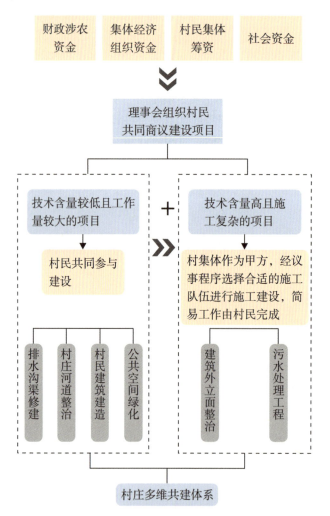

图 4-1 村庄多维共建体系

图片来源：南粤规划公众号。

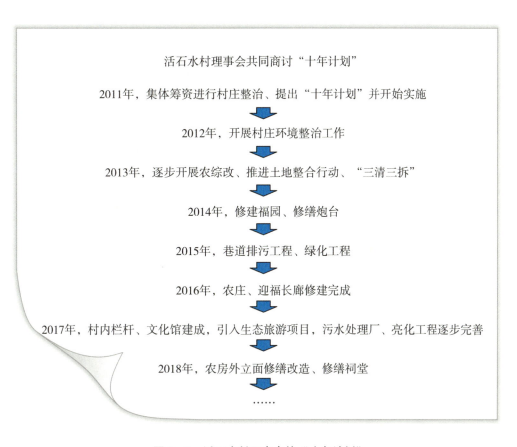

图 4-2 活石水村理事会的"十年计划"
图片来源：南粤规划公众号。

三、贵州黔南：制定有战略、有战术、精准有效的"黔南打法"[①]

党的十八大以来，黔南按照习近平总书记"一个民族都不能少"的要求，在解决精准、统筹和分类指导、落实"四个不摘"和高质量完成脱贫攻坚的三个阶段中，压实责任"军令状"，打好政策"组合拳"，建好产业"增收链"，探索形成一套有战略、有战术、精准有效的"黔南打法"。

建立健全统筹有力、落实有效的领导机制，责任清晰、各司其职的责任机制，保障到位、配套管用的政策机制，线下拉网、线上监测的动态摸排机制，资金人才、技术保障可持续的投入机制，到边见底、举一反三的问题整改机制，规范有序、联动有效的网格化管理机制，志智双扶、社会共扶的帮扶机制，关爱脱贫一线干部、重用脱贫一线干部的激励机制，常态化、严要求的督考问责机制。

州县乡村"四级联动"脱贫攻坚指挥体系一抓到底，技术人才下村全覆盖，驻村干部出战 698 个贫困村，保障了"四场硬仗""农村产业革命"的顺利实施。

探索建立"七个一"工作机制，推行"精准打法十条""约法三章"和"6531"工作法，集中"火力"攻克贫困堡垒；推行县乡村及网格四堂会审机制，做到了精准识别、精准帮扶、精准退出；全州 5.47 万名各级干部下沉到网格，工作到组到户；组建 6 个督导组和 12 个产业督导专班，开展滚动式、常态化督导，形成发现问题、反馈问题、整改问题的闭环机制。

黔南经验，更不止于此。在涉及 24.73 万人的易地扶贫搬迁大迁徙中，黔南用"五个三"经验、"一构架三清单"做法、"82"安置方式、党建引领"五新社区""七个一批"就业工程、"四建四

[①] 《黔南十条"精准打法"——聚焦深度贫困 靶向治疗"顽疾"》，见黔南州人民政府办公室（http://www.guizhou.gov.cn/xwdt/dt_22/df/qn/201908/t20190827_6311456.html），访问日期：2019 年 8 月 26 日。

进"社区治理模式等创新经验,解答了这道庞杂的"多元多次方程",为贵州易地扶贫搬迁打造了有特色、有亮点的"黔南样板",提供了可借鉴、能复制的"黔南方案"。

(编者:蔡克光、刘泓、伊曼璐、李彦鹏、罗志军、张乐、萧仰清等)

第五章　乡村振兴战略的产业振兴及规划策略

党的十九大报告明确了实施乡村振兴战略的20字总要求，即"产业兴旺、生态宜居、乡风文明、治理有效、生活富裕"。产业兴旺，是实施乡村振兴战略的重中之重，是农村各项事业发展的基础和保障，更是破解"三农"难题的关键所在。没有产业兴旺，再美好的蓝图，也只能是镜中花、水中月。

第一节　中国乡村产业建设概述

一、产业兴旺的主要特征

（一）产业类型丰富，特色鲜明，布局科学

提到产业兴旺，很自然就会使人联想到乡村五谷丰登、六畜兴旺的繁荣喜庆景象。"五谷丰登""六畜兴旺"正是农家使用频率最高的春联用语，承载着农民"乐业""致富"等最朴素、最真切的愿望，同时也折射了乡村产业的丰富性和多样性。

乡村产业是多元的，既有传统的农、林、牧、副、渔，又有农产品精深加工制造业，还有在新形势下催生的诸如文旅农业、康养农业等新产业、新业态；既有成规模的对接市场的大棚农机作业，也有在自家院前屋后见缝插针种些瓜果蔬菜自给自足的小农经济；既有以家庭为代表的传统农业经营主体，又有以农场、合作社等为代表的新型农业经营主体。乡村欣欣向荣的活力和蓬勃向上的生机就蕴含在产业的多元化中，如果乡村产业结构单一，就很可能导致经济发展活力和竞争力不足、抗风险能力差、发展受限，也就根本谈不上"兴旺"。

当然，产业兴旺并不意味着每一个产业平均获取资源，不分主次地齐头并进，而是要抓住"优势特色"这个"牛鼻子"，加强乡村特色产业规划引领，立足市场和资源禀赋，围绕比较优势，瞄准市场消费需求，发掘特色资源，形成乡村特色产业新格局。同时，加速乡村产业格局的优化调整，实现产业结构复合化、产业发展多元化，推动乡村产业发展的转型升级。

（二）产业关联度高，规模性强，集群发展

乡村振兴离不开产业的支撑，而产业集群发展不仅是现代产业保持生命力、提升竞争力的必然要求，更能带动经济社会传统领域转型升级，催生新需求、新理念、新产品、新业态，促进产业繁荣。因此，乡村产业要兴旺，各产业之间就必须深度关联、彼此渗透、相互影响、互促升级，进而实现第一、第二、第三产业之间产品、业务与市场的融合。

产业集群发展是市场"看不见的手"和政府"看得见的手"合力的结果。就"看不见的手"而言，即要以市场为导向，依托优势农业资源，吸引关联产业集中成片发展，各产业协同发展，形成高度专业化的优势特色产业集群。就"看得见的手"而言，即政府通过科学论证，统一规划，实施连片开发，构建产业支撑，实现产业规模化、集约化、专业化，形成全产业链优势，强化产业之间融合

互动、互促共进态势，构建乡村创新创业生态系统、乡村产业空间新形态和乡村产业发展新高地。

当前，我国出现了不少成功的区域特色农业产业集群案例，如浙江安吉竹产业集群、山东寿光蔬菜产业集群等。这些特色农业产业集群的出现，使区域品牌优势成功转化为市场竞争优势。这些成功经验表明，突出农业的地域特色，将具有关联性和技术基础的产业聚合起来，延伸农业产业链和利润链，推动特色农业产业集群化发展，是提升农产品附加值、加快产业融合、促进产业兴旺的重要路径。

（三）农民组织化程度高，各方利益联结紧密

受土地、技术和资金等因素制约，目前我国农业仍然以家庭经营为主，难以适应现代农业规模化、集约化、专业化和产业化的要求。提升农民组织化程度，引导农民开展基于利益共享的合作，"抱团发展"，可以说是调整农业产业结构、优化农村生产要素组合、增强农产品市场竞争力、推动传统农业转型升级的必由之路。

自从人民公社体制解体，农民陷入个体化、原子化、无组织化的状态。在市场上，农民以分散的个体力量直接面对组织化的市场力量，缺乏强有力的专业组织作为支撑和缓冲，在市场博弈中始终处于弱势地位，难以应对瞬息万变的市场形势并作出理性的判断和决策。引导农民参与各类经济合作组织，提升农民组织化程度，有助于促成小农户和大市场的精准和有效对接，提升农民议价权，增强农民在市场上的博弈能力，保护农民的经济利益，推动农民持续稳定增收，增强乡村产业市场竞争力和综合效益，最终实现产业兴旺。

更进一步说，广大农民是乡村振兴的根本力量。这里的"农民"，不是处于无序和个体化状态、在市场上势单力薄的"传统农民"，而是高度组织化的、具备一定专业技能和抵御市场风险能力的"新型职业农民"。只有后者才能够发挥乡村振兴的主体作用，推动产业兴旺。

需要注意的是，组织化的农民是产业兴旺的必要条件，而非充分条件。产业的发展是政府、农民、市场和社会协同发展的结果。要实现产业兴旺，必然要求构建合理的利益分配机制，使得参与博弈的多元主体处在一个利益均衡点，各方利益联结紧密，互利共赢，产业才能兴旺。

在这方面，浙江安吉鲁家村乡村旅游示范村总体规划项目可以称得上是一个教科书级别的典型案例。该项目以乡村振兴为导向，在"两山"理论重要思想的指引下，按照4A级景区标准对产业基础薄弱、环境脏乱差、区域特色不鲜明的鲁家村进行环境规划、产业规划和旅游规划。该项目创造性地设计了一套涵盖村集体、旅游公司、家庭农场主和村民的完整的利益分配机制，使得各利益相关方都能持续地从中获益，从而调动了各方的积极性，促进了产业健康发展。项目能成为荣誉多多、硕果累累的全国性田园综合体标杆案例，可以说和这种多方共赢的合作机制密不可分。

（四）科技创新驱动，品牌优势突出

科技兴农，是我国农业实现转型升级和跨越式发展的大战略。当前，我国农业发展正处于从粗放型经营转向精细型经营、从低端供给转向高端供给的关键时期，加大以物联网和人工智能为代表的新兴技术的应用，加快农业科技成果转化和技术推广，对于产业兴旺具有至关重要的意义。

随着第一、第二、第三产业的深度交叉融合，"农业＋"多业态发展态势已是大势所趋。我国农业要突破瓶颈，就要走高精尖、大融合的道路，就要依托物联网、大数据、云计算、区块链等新技术、新业态，促进高端要素集聚，构建多元产业生态圈，推动乡村产业提质增效。

同时，产业兴旺离不开品牌赋能。农业品牌化战略就是通过创建和培育农业产业品牌，为相关产品背书并进行专业化管理，壮大产品影响力，提升市场竞争力。可以说，品牌培育的过程就是产业升级的过程。品牌优势突出的产业，必然拒绝产业发展的趋同性和低水平的重复建设，而是通过优品种、提品质、创品牌，打造小众化、精品化、品牌化的产品，提升产业附加值和产品软实力。从这个意义上来说，标准化生产、品牌化销售、产业化经营，是助推产业兴旺的"三驾马车"，缺一不可。

二、中国乡村产业发展存在的问题和挑战

(一) 发展效益不高

农业生产精细化、集约化程度不高,现代科技指导生产不足,农业基础设施建设相对落后等特点尤为突出。农业产业增值、增效慢,提升农产品竞争力难等问题成为长期困扰广大农民和农业生产的难题。

(二) 乡村产业振兴发展规划滞后

虽然中共中央、国务院发布了《关于实施乡村振兴战略的意见》,对新时代实施乡村振兴战略的原则性问题等作出了全面部署,但由于各省、市、区、县、乡镇、行政村的情况千差万别,其优势、机会、劣势和挑战差异较大,不可能采用同一种模式发展乡村产业。许多地区并没有因地制宜地出台规划实施细则,这对我国实施乡村振兴战略极为不利。另外,一些乡村存在重村庄建筑和环境规划、轻产业策划和规划的现象,乡村产业比较薄弱,与产业兴旺的愿景还有较大的差距。

(三) 产业链条较短

第一产业多以供应初级农产品为主,品牌溢价不足。第二产业农产品精深加工程度和加工转化率低。第三产业发展滞后,大量农业资源和功能闲置,尚未充分开发。产业之间未能充分融合、实现良性互动。

第二节 乡村产业振兴的实施路径

一、转变乡村生产经营方式

要加快我国乡村产业振兴的发展步伐,必须从传统的种植业扩展到"农、林、牧、渔、旅"的大农业系统,延长乡村产业链和价值链。一是培育、壮大新型农业经营主体;二是建立建成产、供、销一体化的乡村产业链条;三是依托生态农业、自然资源、人文资源及区位优势,大力发展乡村产业新业态,构建农业与第二、第三产业融合的现代乡村产业体系。

二、强化规划引领作用

要推进乡村产业发展,应在科学论证的基础上,制定合理的规划,使局部利益与整体利益、近期效益与长远效益相统一。

第一,需要通过全面深入的调研,根据各乡镇、行政村的具体情况,进行统筹规划布局,确定各区县乡村产业振兴的方向、原则、目标和模式。

第二,需要围绕乡村产业发展的战略目标,选择实现战略目标的具体路径,制定各阶段应采取的策略、措施及办法。

第三,加强各项规划之间的配套协调,着力提高建设效果。在全面考虑吸纳能力、管理水平和配套措施的基础上,合并空心村。同时,要以公共空间功能重构、空间文脉继承为导向,以人居环境和户外交往空间的重构为重点,对传统村庄公共空间进行规划和重构。在此基础上,引导村民从零星分

散的传统乡村社区向环境优美、设施配套功能齐全同时又充满地缘和情缘关系、满载村庄集体意识和文化信仰的新型乡村社区集中,并为他们提供城乡一体化的基础设施和均等化的基本公共服务。

三、促进农村第一、第二、第三产业融合发展

实施乡村振兴发展战略是新时代"三农"工作的总抓手,需要集聚更多的资源要素,发掘更多的产业价值,推动城乡要素顺畅流动、产业优势互补等格局,乡村振兴的基础才更加牢固。农村第一、第二、第三产业融合发展是指以农村第一产业也就是农业为基础,以利益联结为纽带,在市场的引导下,主要通过农产品加工业、休闲农业、农产品电子商务等方式,延长产业链,增加价值链和农民的收入,推动农村经济发展的产业之间相互融合、相互促进的动态发展过程。2015年中央一号文件首次提出"推进农村一二三产业融合发展";2015年12月,国务院办公厅发布《关于推进农村一二三产业融合发展的指导意见》,对三个产业融合的指导思想、融合方式、融合主体、利益联结机制、服务体系和推进机制等进行了部署(如图5-1、图5-2所示)。

2014年底	2015年4月	2016年1月	2016年9月	2017年12月
稳定粮食生产,加快农业结构战略性调整。	建立现代农业产业体系,延伸农业产业链、价值链。	确定第一、第二、第三产业融合主要目标、融合方式、融合主体等。	培育农村新产业、新业态,提出促进产业融合的具体措施。	培育和创建农村第一、第二、第三产业融合发展先导区。
2014年底,李克强总理在中央农村工作会议上提出,在稳定粮食生产的基础上,要认真研究和推进农业结构战略性调整,加快发展农业产业化,促进第一、第二、第三产业融合互动。	2015年4月,习近平总书记在中共中央政治局第二十二次集体学习时强调,要加快建立现代农业产业体系,延伸农业产业链、价值链,促进第一、第二、第三产业交叉融合。	2016年1月,国务院办公厅发布《关于推进农村第一、第二、第三产业融合发展的指导意见》,对第一、第二、第三产业融合的主要目标、融合方式、融合主体、融合机制、融合服务等方面进行具体说明。	2016年9月,李克强总理批示,培育农村新产业、新业态是发展现代农业的重要内容,发改委、农业部委督促落实促进农村第一、第二、第三产业融合发展的措施。	2017年12月,农业部(现农业农村部)办公厅发布《关于支持创建农村第一、第二、第三产业融合发展先导区的意见》,支持各地培育打造和创建农村第一、第二、第三产业融合发展先导区,构建现代农业生产体系、产业体系和经营体系。

图5-1 近年来农村第一、第二、第三产业融合发展政策

促进农村第一、第二、第三产业融合发展,就要以农业为依托,建设从产地到餐桌、从生产到消费、从研发到市场各个环节紧密衔接、环环相扣的现代农业产业创新链条,形成多主体参与、多要素聚集、多业态发展、多模式推进的融合格局,从而实现农业产业链延伸、产业范围扩展、产业提质增效和农民收入增加。

荷兰的农业产业发展模式对我国具有重要的借鉴价值。荷兰通过推进技术和产业创新,打造产业集群,典型代表为"食品谷"和"绿港"。"食品谷"是目前世界上最大的食品营养研发集群。"绿港"是一个基于地域特色的空间集群,不同产业链的企业在此聚合。在整个产业链中,种子、育苗、生产、贸易、加工、物流等相关产业高度集中,形成上下游紧密联系的产业链,实现"从农田到餐

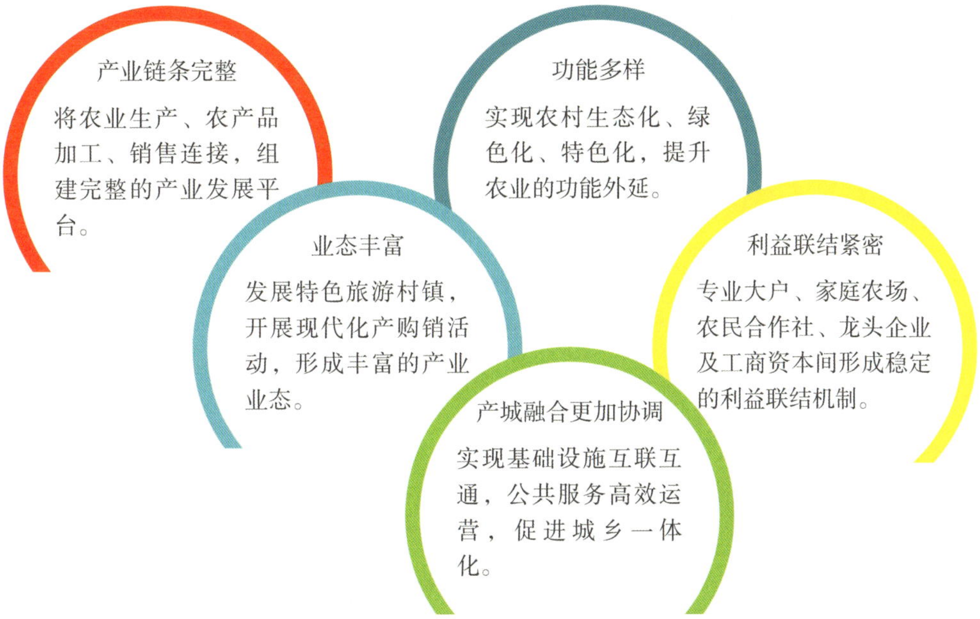

产业链条完整
将农业生产、农产品加工、销售连接，组建完整的产业发展平台。

功能多样
实现农村生态化、绿色化、特色化，提升农业的功能外延。

业态丰富
发展特色旅游村镇，开展现代化产购销活动，形成丰富的产业业态。

利益联结紧密
专业大户、家庭农场、农民合作社、龙头企业及工商资本间形成稳定的利益联结机制。

产城融合更加协调
实现基础设施互联互通，公共服务高效运营，促进城乡一体化。

图 5-2　农村第一、第二、第三产业融合发展目标

桌"的第一、第二、第三产业融合发展的全产业链贯通。除此之外，荷兰深入挖掘农业的多功能性，将文化创意、旅游观光和农业产业结合起来，促进农村第一、第二、第三产业融合发展的深度融合，形成了荷兰现代农业新业态。

四、建设安全高效的乡村产业体系

（一）夯实农业发展基础，打造现代化产业链条

农业作为乡村的基本经济形态，主要包括种植业、林业、畜牧业、渔业和副业五种产业形式。农业的发展需要衔接本地的自然环境、乡村文化和基础设施等资源，这些要素决定了产业发展的类型和未来方向。

（二）推进农业结构调整，壮大特色优势产业

提高农产品质量，保障食品安全。首先，需要优化农业生产力布局，根据各地区的比较优势，确定区域优势农产品主产区，率先扶植一批有实力、拥有一定资金、技术优势的重点企业和龙头企业，在农业核心技术上加强基础研究。在此基础上，建设农业优势发展区和产品先行区，充分借助国家和地方的政策支持，实现农业技术的自主创新和高质量农产品的供给。其次，逐步提高农业生产过程中的机械化水平，在农业生产合作、土地交互流转等方面，提供必要的政策支持。

优化农业结构，推进生态保护。我国农业产量增收明显，但农业结构尚不合理。对于一些产能过剩的农产品，可通过环境硬约束、政策性强制等手段，使农户调减对此类农作物的种植。对于紧缺的农作物，如大豆和优质牧草，可在稳定水稻、小麦、玉米等粮食作物产量的基础上，逐步减少非优势农产品主产区水稻、小麦、玉米的种植面积，扩大大豆和优质牧草的生产耕种面积。农业生态化发展就是要将生态理念贯穿农业生产的所有环节，运用绿色发展理念指引农业发展，走资源节约、环境友好的现代农业发展道路。

在农业优化升级的过程中，需要特别突出当地的地域特色，将融入优势资源与传统特色的农产品作为主营项目。在市场需求导向下，强化本地的特色功能区，加大优势农产品的种植面积，逐步提高

产品产量和品质。形成"一乡一业""一村一品""一村一特"的特色农业发展格局。

(三)科技创新引领乡村产业品质发展

大力发展数字农业,实施智慧农业工程和"互联网+"现代农业行动,鼓励对农业生产进行数字化改造,加强农业遥感和物联网应用,提高农业精准化水平。

加快共享农业建设。共享农业通常贯穿农业生产链的全过程,目前比较热门的是共享农庄、共享农机等具体形式。

推进设施农业发展。通过加大对新的生产技术和生产模式的投入,对传统的温室、大棚等农业生产设施进行技术升级,发展无土栽培、有机栽培等新的农业产业模式。

发展农村电子商务。大力发展农村电子商务,推进农产品批发市场、农贸市场的信息化改造。

第三节 乡村产业振兴的形态和空间组织模式

一、依靠特色产业发展做大做强的农业嘉年华

农业嘉年华将农业和旅游业有机结合,提供了一个亲近自然环境、普及农业知识、享受农趣参与的机会;不但在特色主题活动开展期间为群众提供了解农业亲近农业的机会,还可以在活动间隙充分利用现有资源,组织培训、学习、交流等,充分挖掘场地的利用潜力。国内较为成功的案例包括南京农业嘉年华和广西玉林"五彩田园"农业嘉年华。

(一)南京农业嘉年华[①]

南京农业嘉年华以优质农产品展销、农家美食现场制作、民间技艺展示为主要内容,得到了广大市民的青睐和广大农民的喜爱。南京通过举办农业嘉年华活动,增加了农产品的销售量,促进了市场需求的反馈。

经过10多年的发展,南京农业嘉年华越来越完善,活动内容越来越丰富。在活动内容上,由最初的农产品销售,到娱乐、科普功能的加入,再到品、观、游、学、研、娱、商的一体化发展,注重活动的参与性和体验性,全面开发农业资源的游乐功能。在项目经营方面,由最初的对休闲农业的推广介绍,到对农业龙头企业的宣传,对农产品的研发、推广、品鉴、销售一体化,再到农游一体的深度发展,形成了品牌优势,并且带动了南京现代农业的发展。活动最初在市区公园(白马公园)临时(历时2天)举办,后来在河西新城的滨江公园(绿博园)举办(历时2天),再到郊区的台创园内长时间(历时近2个月)举办,活动参与主体由城市居民逐步转变为企业和农民,活动影响逐渐加大,未来还会进一步带动市郊和乡村的休闲农业发展。

(二)广西玉林"五彩田园"农业嘉年华[②]

广西玉林农业嘉年华的旅游活动主要安排在"室内"举行,场地由智能连栋温室构成的八个主题场馆、拥有育苗功能的三个塑料连栋拱棚组成,场馆规模在国内首屈一指。广西玉林农业嘉年华是

---

① 《2019年中国农民丰收节暨第十五届中国·南京农业嘉年华活动圆满结束》,见新华网(http://www.js.xinhuanet.com/2020-10/23/c_1126648933.htm),访问日期:2020年10月23日。

② 《国内最大的农业展示园——"五彩田园"农业嘉年落户玉林》,见北部湾在线(https://baike.baidu.com/reference/16619699/163crzHrzxyQf5wxaowzZRvhdh98k28rAZoQuYRhLZhhyippDb2l9mJis-UYjXMiYAzeGJEJ0wLDg7-fWA_Tf0mSJ04c_TA),访问日期:2015年1月2日。

引领区域现代农业开发区的重点项目，在规划阶段就考虑到了项目实际运营。通过与科研院所的密切合作，农业嘉年华获得了源源不断的科技支撑，对于区域农业的现代化发展具有科技服务推广能力，这是该项目能够全年运营的重要秘诀。另外，该项目还重视对当地资源环境的充分开发利用，将当地农业主导产业与农业嘉年华游玩活动充分结合和开发，带动了产业发展。

以上典型案例成功运营、值得借鉴的经验主要有四点：①打造特色农业品牌，发挥品牌影响力。农业嘉年华与优质绿色的农产品是互惠互利的关系，前者起到有效的推广作用，打开销路；后者为前者提升吸引力，强化活动主题特色。②带动现代农业资源整合，促进产业链的完善和延长。产业的融合与发展是增加农产品附加值的有效途径。③策划开展丰富的农业旅游活动，让需求不同的旅游者都可以充分参与。④重视科技的支撑作用。与科研院所互惠合作，让农业嘉年华的社会效益大大增加，使农业嘉年华成为农业科技的孵化基地、农民培训实操的田间学校和城市居民的科普平台。

二、依靠都市休闲农业做精做美的国家农业公园/农业休闲园

农业公园是融现代农业园林景观与休闲、度假、游憩、学习功能于一体的规模化乡村旅游综合体。国内较为成功的案例包括河北石家庄栾城天山国家农业公园、江苏射阳黄海湿地国家农业公园和江苏淮安洪泽湖国家农业公园。

（一）河北石家庄栾城天山国家农业公园[①]

栾城天山国家农业公园项目大在产业，小在市场，精在产品，是东方创美将国家政策和市场数据高度融合的创意设计全案，是栾城区试点农业供给侧改革、丰富全域旅游产业、提升并辐射栾城整体农业产业发展的重要抓手。

通过原创设计配合新型产业导入，集农业公园与4A景区的双向标准，在完全贴合天山集团产品线的前提下，结合天山集团的企业文化，按照农业公园的发展诉求，提炼并原创设计了农业公园IP代言——吉祥物"天赐"，将本项目打造成集农艺猎奇、花海奇观、亲子童玩、农餐对接等功能于一体的国家农业公园。

（二）江苏射阳黄海湿地国家农业公园[②]

该项目充分放大射阳南北地理农业创意文化，以农业为本底，结合独特的湿地、海洋背景，以"特色南北对比的农耕文化创意景观"为核心，导入"中国农耕文明、世界农业展示"环节，形成园区"南北、古今、中外"三位一体产品体系，填补空白市场。

（三）江苏淮安洪泽湖国家农业公园[③]

该项目独辟蹊径，选取本底资源做大做强。利用本土农业文化特质、文化延展性和包容性的资源属性进行核心竞争力的构建，并提炼出以"鱼"和"米"为核心的主题理念。在农业产业的基础上，巧妙融入旅游项目，整体空间上打造出"镜花水月、垛田渡舟、星罗渔火、躬耕乐稻"四大主题板块，每个板块既是景观主题，也是旅游项目，形成独特风格的景观体系，再结合景观融入旅游功能、配套设施等内容。

借助洪泽湖地理标志和品牌，联动洪泽湖周边旅游，发挥农业总部经济优势，打造江苏省国家农业公园。在规划操作中按照国家农业公园体系建设，实现农业景观化、主体化、公园化；项目农业

[①]《助力乡村振兴 天山集团在栾城打造第三代国家农业公园》，见新农商网（http://www.xncsb.cn/newsf/111704.htm），访问日期：2018年11月16日。

[②]《还原一个真实的国家农业公园》，见搜狐网（https://www.sohu.com/a/109678451_382431），访问日期：2016年8月9日。

[③]《江苏泗阳洪泽湖国家农业公园》，见《个人图书馆》（https://www.sohu.com/a/109678451_382431），访问日期：2016年3月22日。

化、景观化、主体化；配套设施景观化、农业化、公园化，在产业、旅游、项目、配套之间构筑有效衔接。作为甲方集团发展转型的试金石，依托有限土地，突破传统农业，提高农产品附加值，实现企业进军农业的核心利益。

三、依靠传统文化创新创意的农业艺术村/民族村

依靠历史文化名村、少数民族村、乡村艺术家、乡村非物质文化遗产等，对当地民俗文化进行活化创意，以文化创意为主带动当地的农业和旅游发展。如北戴河艺术村即属于依靠传统文化创新创意的农业艺术村。

2015年，北戴河村以国家"大众创业、万众创新"战略为引领，抢抓京津冀协同发展和建设全省统筹城乡发展先行区的重大机遇，在充分论证和调研的基础上，基于北戴河村优越的地理位置、深厚的历史底蕴，为该村量身打造了"水岸田园–艺术村落"发展方向。该村充分利用北戴河村及周边农田、土地和闲置的院落，打造一个以文化、农业、旅游为载体，融创客、众筹、"互联网+"等多种元素于一体，也就是以文化做基底，把创意当核心，给创业搭平台的综合性文化产业园。

目前，北戴河"艺术村落"已入驻项目88家，完成布展并开放院落76个，在建院落12个。其中，手工艺术类25家，魅力民宿48家，餐饮类3家。近年来，策划开展了近百余场"文化体验周""创意市集"等主题活动，受到了游客的追捧。[①]

四、依靠智能科技农业的农业科技园/农业产业园

农业科技园/农业产业园园区的组织架构一般可分为核心区和协作区，核心区包含孵化基地和农业高新技术产业中心，协作区设立农业高新技术教育培训中心等，从而实现"研发、创业、孵化、转化"的一体化，以及农业科技研发平台和企业孵化基地的结合。

隆平国际现代农业水稻公园由袁隆平院士亲自选址、亲自谋划、亲自题名，人们在这里既可以领略传统的农耕文化，也可以看到现代化的农业生产以及以农业无人机、拖拉机自动驾驶、育种技术等为代表的先进农业生产技术的应用。

为了体现现代农业生产，隆平公园"黄埔试验田"引进了极飞农业无人机进行第三代杂交水稻播撒，相对人工插秧来说，其不仅简化了水稻种植育种、插秧的流程，也减少了劳动量。

五、集现代农业、休闲旅游、田园社区于一体的田园综合体

田园综合体更强调现代农业产业发展，是立足农业科技与农业产业链的共同建设，促进第一、第二、第三产业融合发展，带动当地乡村发展。

山东临沂朱家林田园综合体是山东沂蒙山区开建的"田园客厅"。项目区内有农民合作社31家。项目区水土资源、产业基础、配套设施等条件较好，并初步打造了特色鲜明的乡村创客基地，建立了高效顺畅地运行管理机制，使项目建设具有独特的有利因素。同时，项目建设与6个省级贫困村脱贫致富项目相结合，助力沂蒙革命老区打赢脱贫攻坚战，具有重要的政治意义。[②]

规划"二带二园三区"七个功能分区，包括小米杂粮经济产业带、特色经济林带、创意农业园、农事体验园、田园社区、乡建培训区和电商物流区。项目总体规划以创新创意为核心，以本土特色农

[①]《这个艺术村，给你团员生活，还有诗与远方……》，见河北电视台公共频道（https://xw.qq.com/cmsid/20200428A0S5FY00），访问日期：2020年4月8日。

[②]《国家级田园综合体——山东临沂朱家林（附规划方案）》，见搜狐网（https://www.sohu.com/a/254050811_825181），访问日期：2018年9月15日。

业为基础，以提高农业供给质量和效率为方向，拓展农业产业链和价值链，培育现代农业发展新动能。推进第一、第二、第三产业融合发展，以青年创客中心为基础，改造提升现有民居，实行"旅游+"和"生态+"等模式，探索开发农业发展的多种功能和模式。

第四节 乡村产业振兴的融资政策保障

金融在"三农"发展中的重要作用不言而喻，但因为农业弱质、农民弱势、农村弱位性，农村金融的发展一直比较滞后，贷款难、贷款贵现象普遍存在。破解农村金融困局极为重要而又迫在眉睫。

一、金融视角中的农业行业

农业是个低收益、高成本、高风险的特殊性行业，不确定的风险决定了金融信贷的有限性；缺少抵押品，广大的农民能提供的抵押物少或者没有，农民的宅基地缺乏变现的市场渠道而无法流通，经营作物的土地也只有经营权，没有所有权；农业生产充满差异性、季节性，受客观自然环境条件的影响和制约十分显著。

我国经济社会发展的"二元制"特征导致长期以来农村地区落后于城市，工业化与城镇化的推进更使得资金、技术、劳动力等生产要素加速流向城市。

二、乡村振兴中的农业现代化

我们有很多与"三农"相关的创业创新，有很多草根层面的融资诉求，有很多小型的科技创新型的企业，却在融资支持这方面一直没有给出满意的答案。这个问题没有得到很好的解决，说明了金融供给从机构到产品多样化都存在不足，并且没有一个很好的机制去解决。农业现代化的核心是需要"四懂人才"，四懂，即懂农业、懂产业、懂企业、懂金融。

（一）农业+大企业（自动作为+借船出海）

1. 房地产巨头进军农业生产领域

农业发展的短板在于生产发展资金严重不足，如何获取足够的经营资金成为农业快速发展必须解决的大问题，而"傍大款"（大款指的是大企业）是其中一条集资捷径。近几年，恒大、碧桂园、万科这些房地产巨头进军农业生产领域的例子比比皆是。

万科在2017年进军农业。2018年4月，江苏东罗村和万科启动改造项目；2018年9月，在北京市门头沟区军庄镇政府与万科启动北京万科特色小镇的研讨，并准备实施"万村计划"。

恒大在2018年4月21日宣布成立了恒大高科农业集团。经营范围包括：现代农业技术开发、城乡基础设施工程施工、农田水利工程施工等。

2018年6月，碧桂园宣布正式进军现代农业。碧桂园农业目前已经与广东省农业科学研究院、华南农业大学、以色列Dagan Agriculture、荷兰RijkZwaan（瑞克斯旺）公司等国内外17家合作单位签订了战略合作框架协议。

2. 启发

一是应该清晰地认识到城市房地产市场已趋于饱和，休闲农业、旅游农业正成为新的发展趋势，在这转变中抓住大企业、大开发商调整企业战略方向的关键节点，通过农业的比较优势吸引资金、品牌、资源，将能起到四两拨千斤的作用。

二是乡村振兴需要国家、企业、农民等各方共同努力。农村的穷困，穷的是钱、困的是理念，行业领军企业带来的资金、理念正好可以填补、纾解农村这方面的匮乏和短板。企业的科技投入和技术研发将对农业农村的发展起到良好的推动、示范作用。

三是信贷资源的有限性，决定了各个地方的政府在"三农"发展中获得资金的分配永远不可能是"雨露均沾"的，因此须树立严峻的竞争意识去争取信贷资源。

（二）农业+金融信贷

1. 银村合作

现在不少银行将"三农"业务作为未来战略重心之一，既是应对同业激烈竞争的现实需要，加快产品创新，锻炼团队能力，加强公私联动，也是深化银村合作，支持乡村振兴的有力举措。基于以上共识和判断，地方政府应加强与农村信用合作社/银行合作，获得金融机构的理解和支持，让村民通过无抵押贷款获得利率低、额度高的生产经营资金。

如中山东凤珠江村镇银行、广州农村商业银行在对"三农"业务的"整村授信"中大力支持村民的个人信贷业务。农户基于经营能力、信用状况、人品口碑等，通过智能手机，足不出户就可以选择办理相关金融业务。

2. 农机融资租赁

大型农机融资租赁让农民由"直接购买"变为"先租后买"，大幅度减轻一次性投入压力，成为缓解农民购机难、贷款难的一条可行路径。

（三）农业产业化经营（农业创新+供应链金融）

"三农"产业链融资成为互联网金融发展的新兴热点。与传统融资相比，这种融资不注重借款人的资产状况和信用等级，而更注重该项融资活动的自偿性及融资产品的结构化设计模式，非常适合于农民等缺乏抵押担保物的客户群体。

而农业产业链在线融资，就是依托农业产业链的发展特点，利用大数据技术，通过对农业产业链上的相关方进行综合分析，用在线化操作方式为农业产业链上各环节提供融资的金融服务。

展望未来，随着农业产业链信息化建设不断提速，农业产供销各环节的信息能够被数据记录，"三农"在线产业链发展将大有可为。

参考文献

[1] 农业农村部. 乡土特色产业成为乡村产业重要增长极［R/OL］.（2019-07-05）［2020-10-10］. http://www.gov.cn/xinwen/2019-07/05/content_5406496.htm.

（编者：丁炜、潘仲涵、蔡克光、程佳佳、方中健、蔡颖、王凌、罗宗斌、梁颂岷）

第六章 乡村振兴战略的文化振兴及规划策略

乡村振兴既要塑形，也要铸魂。——习近平[①]

党的十九大明确提出乡村振兴战略。乡村振兴，文化先行，文化振兴是乡村振兴的精神基础，只有抓住文化振兴这个"魂"，才能真正激发乡村振兴的活力。

本章通过分析我国乡村文化建设取得的成就和面临的困境，以问题为导向，结合时代背景，提出文化振兴的策略及实施路径与方法。

第一节 乡村文化建设的现状

乡村是人类文化的源头之一，也是文化传承的重要载体；中国乡村文化承载着耕读传家的厚重底蕴，传承着天人合一的智慧，也传递着乡风民俗的温情。然而，在时代变迁和城镇化发展带来的冲击下，乡村文化面临着文脉断裂、记忆断层、文明淡化等问题，乡村文化亟待振兴。

2005年，国务院在《关于进一步加强乡村文化建设的意见》中将农村文化建设提升到国家发展战略的高度。2007年，党的十七大提出文化惠民工程。2012年，党的十八大提出要加大对农村地区文化建设的帮扶力度。2017年，党的十九大提出实施乡村振兴战略。2018年，《中共中央国务院关于实施乡村振兴战略的意见》提出"繁荣兴盛农村文化，焕发乡风文明新气象"的具体要求。

一、乡村文化建设取得的成效

从十六届五中全会的新农村建设到"十八大"的"美丽乡村"建设，再到"十九大"的乡村振兴战略，乡村文化建设一直都是国家和地方一以贯之的奋斗目标和发展要求。"十六大"以来，在党中央和各级地方政府相关政策的推动下，各地积极推进乡村文化建设，乡村公共文化设施和文化服务体系不断完善，乡村文明乡风不断提升，村民的文化精神面貌焕然一新，乡村文化建设取得了显著的成效。

（一）公共文化设施建设逐步完善

随着新农村建设、美丽乡村建设、农村人居环境改善等乡村发展战略的推进，乡村有线电视、互联网、文化活动室、图书室（农家书屋）、老年人活动中心、体育健身器材等公共文化设施逐步完善，各地结合本村实际情况纷纷建立村史馆、文化展示馆、农技培训学校等，乡村公共文化设施体系初步建成。

（二）传统文化资源传承初显成效

保护和传承乡村优秀传统文化是乡村文化建设的重要任务。住房和城乡建设部（以下简称"住建部"）从2012年开始整理传统村落名录，至今已公布五批共6819个传统村落，并建档入库，同步

[①] 参见骆郁廷、刘彦东《以文化为乡村振兴铸魂》，载《光阴日报》2018年05月08日11版。

开展传统村落数字博物馆建设。与此同时，各地也相应公布了多批地方性传统村落保护名录，传统文化资源保护体系建设逐步完善。

有乡村的地方就有乡村文化，除传统村落之外，各地纷纷推进传统文化资源保护利用工作，深入挖掘地方历史文化资源，加强对各项物质和非物质文化资源的整理入档、宣传展示和活化利用，以推进地域文化品牌建设，保护传统文化记忆、弘扬传统文化基因。

（三）乡村文化产业发展逐步推进

近年来，随着我国乡村文化作用的逐步凸显，各地纷纷开展乡村文化产业建设，围绕乡村独特的文化资源，开发特色文化产品，培育优势文化产业，推进乡村文化产业与其他产业的融合发展。如依托乡村生态资源和农业资源发展生态农业、休闲农业、体验农业、康养农业等；依托乡村民俗风情、文化遗产发展文创农业、乡村特色旅游，打造乡村多元文化综合体等，将传统乡村文化和生态资源转化为乡村产业链和价值链中的一环，以激发乡村文化新活力，促进乡村经济发展。

二、乡村文化建设存在的问题

乡村文化建设取得的成效是毋庸置疑的，然而，其面临的困境和存在的问题也不容忽视。

（一）乡村文化认同危机

我国长期以来的城乡二元结构导致乡村地区的社会经济发展普遍滞后，生活环境和生活水平相对落后，以至于越来越多的乡村居民向往城市丰富精彩的物质生活和精神生活，对乡村无法产生情感上的共鸣，参与乡村文化建设的意愿不高、动力不足，并趋向移居城镇。在当前社会发展的背景下，受信息化和市场化影响，农村地区独具特色的文化生活方式逐渐向城市化方式转变，以致传统的乡村文化陷入了认同危机。

（二）乡村文化建设发展不均衡

受社会经济发展影响，我国乡村文化建设存在着地域分布的极不平衡现象。东南沿海等发达地区因经济基础较好，资金投入充足，设施设备齐全，文化活动组织频繁，所以，村民参与文化活动和文化建设的自觉性、积极性较高，乡村文化得以很好地融入村民的生产生活。然而，在西南等社会经济发展较落后地区，其文化建设仅仅是自上而下的政治性任务，除按基本要求配置必需的文化设施外，文化资源和文化事业建设相对滞后，以致新建的文化设施大多处于闲置状态；或组织的文化活动形式内容单一、千篇一律，缺乏本地特色和吸引力，无法激发村民参与的积极性。

（三）乡村文化供需结构矛盾

随着互联网、新媒体等的普及和数据时代的发展，村民在文化产品和文化设施上呈现多层次的需求，传统的低技术的文化产品越来越不能满足村民实际的文化需求，加上地域文化、受教育水平、年龄等各方面差异导致村民对文化设施及活动有不同需求，文化的需求端呈现出较大的差异性，而目前文化设施的供给则是自上而下标准化的供给模式。标准化、格式化的文化供给与多样化的文化需求矛盾逐步凸显。

（四）文化建设体制不合理

乡村文化建设不仅仅是文化站、图书室、活动室等公共文化设施的建设，还包括文化人才队伍建设、文化活动组织、文化事业组建等。然而，在当前的乡村文化建设过程中，由于体制建设的不尽合理和机制建设不健全，以至投入、分配不均衡，各地文化建设重设施、轻服务，重建设、轻管理，将大部分资源和资金投入文化设施建设，而忽视后期设施的使用、维护和管理，忽略地方文化事业的建设。同时，由于乡村文化建设涵盖面较广，分属不同行政部门职能范畴，以致各级各类行政主体在文化建设过程中存在重复建设、敷衍了事等问题，从而造成资源浪费。另外，乡村文化建设的监督、反馈和激励等评价机制的建设滞后，也使得当前的乡村文化建设无法发挥其真正的作用。

第二节　乡村振兴战略的文化振兴策略

一、理清乡村文化历史，挖掘乡村文化资源的独特价值

乡村文化是中国优秀传统文化的发源地，是中国传统文化优秀基因不可缺少的重要环节。乡村文化振兴是乡村振兴的重要组成部分，是乡村持续发展的内生动力。乡村文化振兴要回归并延续乡村文化发展历史，挖掘乡村文化独特而富有魅力的价值。

树立乡村文化自信，认识到乡村文化资源的独有价值，传承、创新和积极利用乡村文化资源。乡村文化资源的价值不仅仅是乡村文化的经济价值，更重要的是乡村文化的文化价值。乡村文化在部分地区已经发挥出良好的经济价值，但更为重要的是发掘与把握乡村文化内在的文化价值。乡村文化在促进乡村经济发展中起着重要作用，且各地不同的独特文化更是让经济长久持续健康发展的重要原因。乡村文化发展要注重生态文明建设，乡村良好的生态环境是传统乡村文化赖以生存的温床，在乡村文化产业发展过程中，要正确处理产业发展同环境保护、资源开发利用之间的关系，实现"绿水青山就是金山银山"的目标。

二、促进乡村文化产业与相关产业协同发展，把握乡村文化发展方向

一是乡村文化振兴要与传统农业相融合。中华民族传统文化脱胎于中国传统农耕文化，中国传统农耕文化孕育了中华民族深厚的精神文化价值。促进乡村文化产业与相关产业协同发展，传承、创新中国传统文化的内在价值，提升乡村文化产业的附加值，是乡村文化振兴发展的必经之路。二是乡村文化振兴要与传统服务业相结合。随着人民生活水平的提高，近郊农家乐、乡村游等旅游形式方兴未艾，乡村文化产业产生了良好的经济价值，成了吸引周边城镇游客的良好经济产品。积极促进乡村文化与乡村文创、旅游、素质拓展、餐饮等元素的融合发展，可以更好地拓展乡村文化的经济增长路径，增加乡村的经济收入。三是乡村文化振兴要深度挖掘乡村文化内在价值，与乡村文化产业深度融合，与日益变化的文化市场相互协同，适应文化消费的发展需求，使乡村文化上升为社会主流文化之一。

三、优化乡村基础设施建设，增强乡村文化建设人才队伍

一是优化乡村基础设施建设。由于乡村地处偏僻、基础设施落后等客观原因，地方农业的发展受到严重限制，经济条件的落后导致大量年轻人才的离开。只有改善基础设施，增加人才薪酬，让有能力和勤奋的人才愿意留在乡村，才能振兴乡村。二是支持和鼓励外出务工人员回乡创业和工作。在城市化进程中，农民工的视野和技术都得到了极大的改善。各级政府应当发布有关政策文件，指导这些农民工回乡工作和创业，为乡村发展做出贡献。三是选派"大学生村官"等高素质人才到乡村工作，通过高素质人才推动乡村高品质发展，更好地传承和发展乡村文化。

四、整合多方力量，加快乡村文化建设的步伐

在党的十九大精神的指导下，加快乡村文化振兴发展，提高乡村文化产业的质量和增长速度，既是挑战，又是重大责任。提高乡村文化发展服务的质量，改善农民文化生活环境，满足其精神需求，是乡村文化振兴需要思考的主要问题及需要达成的目标。为了实现这一目标，有必要努力提高乡村文化创新能力。在振兴乡村文化的过程中，必须坚持以人为本，注重文化振兴中乡村居民的需求、文化的质量等。各级政府及社会机构要统筹考虑乡村文化振兴的总体布局，解决乡村文化振兴的重点发展问题，在组织保障和资金投入方面严格把关，有效动员各级力量，激发并发挥各相关方的力量。

第三节 乡村文化振兴的实施路径与方法

一、夯实乡村文化振兴的精神基础

自《中共中央 国务院关于实施乡村振兴战略的意见》颁布以来，习近平总书记在多次会议上指出乡村文化振兴的要求，并强调了农村精神文明建设的重要性。

文化振兴既不是敝帚自珍，也不是盲目效仿，而是要用辩证统一的思想批判地继承，并结合时代要求，与时俱进地推进发展。乡村思想道德建设是文化振兴的基础；乡村的优秀传统文化和公共文化建设是文化振兴的重点研究内容；在此基础上，要对乡村文化取其精华，去其糟粕，形成适应时代特征要求的新文化，从而促进乡村文化振兴。

（一）凝神聚力，促进文化自觉

乡村文化底蕴深厚，内涵丰富，流传久远，是中华民族几千年智慧的沉淀。乡村文化振兴主要为乡村的发展振兴提供精神动力和智力支撑，通过加强乡村文化的建设，帮助村民改善精神风貌和提高文化素养，从而激发村民参与乡村建设的动能。

1. 推进乡风文明建设

《中共中央 国务院关于实施乡村振兴战略的意见》强调：实施乡村振兴，乡风文明是保障。大力推进乡风文明建设，开展移风易俗，弘扬时代新风，传承优秀的农耕文化、民俗文化，重塑乡村文化的现实价值，同时加强思想道德建设，以优秀美德培育良好家风社会，以先进典型带领村风、民风向上、向善，扎实推进农村精神文明建设，着力提高村民的综合文明素质，增强乡村的社会凝聚力，调动村民参与乡村振兴的主观能动性，为乡村振兴战略提供思想保障、精神动力和智力支撑。

2. 完善乡村治理体系

新时代的乡村应积极探索"法治、德治、自治"的社会治理模式，结合乡村优良传统和村民集体意愿，量身定做一套村规民约，强化其约束作用，增强村民自觉维护公序良俗、公共道德和农村社会秩序的文明意识，并通过开展"道德讲堂"、成立"功德银行"，推动德治和自治，逐步形成法治有序、德治有效、自治有力的乡村治理体系。

（二）文化供给，满足文化需求

乡村公共文化设施发展不均衡、文化活动单一等制约了乡村文化的发展，激活多元供给主体，释放文化发展合力，是乡村文化振兴的重要条件。因此，增加文化供给内容、丰富文化生活内涵是推动乡村文化振兴的有效方法。

《中共中央 国务院关于实施乡村振兴战略的意见》提出："按照有标准、有网络、有内容、有人才的要求，健全乡村公共文化服务体系。"这就要求加强完善乡村文化供给体系、大力提升文化服务效能。解决乡村文化建设的主要矛盾，其核心是解决乡村文化供给的矛盾，这就需要提高文化供给的质量和效率，提供丰富多样的文化产品和服务，注重文化供给的地域性和可接受性，并通过健全文化供给机制体制，实现乡村文化建设的健康可持续发展。

1. 完善乡村公共文化设施建设

完善乡村公共文化设施建设，需要从规划、实施、监督检查等全方位开展，主要有以下五个方面：一要制定关于文化建设和文化事业发展的专项规划，以规划为导向，科学合理地推动文化设施建设；二要加大财政资金投入，保障文化设施建设的资金支持，全面落实党中央和地方层面关于乡村文化建设的相关政策，建立健全财政支出优先保障和稳定增长机制，加快基层综合性文化服务中心建设，实现乡村两级公共文化服务全覆盖；三是加强乡村文化组织建设，形成文化建设专人管、专人抓的工作格局；四是完善服务监督反馈评估体系，建立公共文化服务评估机制，保障文化设施后续运营管理效率，提高文化设施利用率；五是促进城乡协同发展，合理利用城市文化设施。

随着新型城镇化发展和城乡融合的不断深入，乡村公共文化设施建设要坚持城乡统筹的原则，从县域、市域总体层面统筹城乡公共文化设施布局与建设、服务与供给、人才队伍建设，引导文化资源向乡村倾斜，发挥城市公共文化机构的辐射带动作用，提高文化服务的覆盖范围和适用性，促进城乡文化建设的有效衔接与融合发展。

2. 丰富文化供给载体

提供高质量、多层次且符合当地地域文化特色的文化产品和服务，以满足村民日益丰富和多元化的文化需求，是现阶段乡村文化供给层建设的重点。对于此，我们主要总结如下：一是要精准供给。随着社会发展，乡村文化需求多样化，文化供给方式需要考虑乡村文化需求、瞄准供给对象，以合适的方式满足多层次的需求。当前，乡村人口的老龄化是大趋势，老年人行动不方便，需针对老年人的需求，采取合适的方式提供乡村文化产品。二是要充分运用互联网、大数据等现代化手段，如建设公共文化服务大数据平台，加快数字农家书屋、数字电影放映等项目建设，提高网络入户率。三是乡村自我开展文化活动。通过开展文艺汇演、文化作品展览、竞技类比赛等活动，为乡村文化提供表现载体。四是加强主动服务，结合当地特色积极开展主体化、特色化文化下乡活动。

（三）文化发展，夯实精神基础

文化能够塑造人的精神世界，能形成人与人之间相互联结的精神纽带。乡村文化是乡村振兴的精神支撑，没有这个坚实的精神基础，就无法促进村民精神风貌和文化素养的提升，无法凝聚村民共同建设乡村。所以，在乡村振兴的过程中，必须将繁荣乡村文化放在突出的主要位置，一步一个脚印地筑牢文化根基。

1. 推动优秀传统文化传承，推进乡村文化振兴

中华传统文化博大精深、历史悠久，是中华民族屹立在世界之林的根本与灵魂，为中华民族的发展和不断进步提供源源不断的动力与精神支撑。乡村文化根植于广袤的乡村，承载着中华民族传统农耕文化的精髓，积淀着中华民族5000年来的精神追求。对优秀传统文化，要传承其蕴含的耕读传家、父慈子孝、邻里守望、诚信重礼等传统的礼仪道德规范，要传承传统村落、宅院建筑、节庆习俗、传统工艺中蕴含的智慧和精神追求，以文育人，以文化人，凝神聚力，从而推动乡风文明，推动乡村文化振兴。

2. 明确村民的主体地位，激发乡村的文化活力

乡村文化振兴的主体是村民。乡村文化振兴应该以乡村为底，以村民为本，确立村民的主体地位，满足广大村民日益增长的物质文化需求，保障村民获取文化的权利。通过不断提高村民的思想道德素质和文化水平，引领村民积极投入乡村文化建设，给予村民更多的参与权和选择权；积极开展多样化、特色化的文化活动，精准供给，开展真正符合乡村发展需要、符合村民生活需求的文化活动，

从而调动村民参与乡村文化建设的积极性，激发乡村文化的发展活力。

3. 树立乡村文化自信，夯实文化根基

中华文化的本质是乡村文化，乡村文化孕育、守护了中华传统文化精髓，中华传统文化的思想观念、人文精神等均根植于传统乡村文化。乡村文化既是一方水土独特的文化特质，又是人们乡土情感和自豪感的根基，更是永不过时的文化资本与文化资源。只有树立乡村文化自信，发自内心地认同乡村文化、认可乡村文化中蕴含的思想哲理和精神价值，才能推动乡村文化振兴，焕发乡村文明新气象。

二、传承与发展提升乡村文化之路

乡村文化是中华民族优秀传统文化的根与魂，数千年农耕等文化蕴含的耕读传家、勤劳质朴、厚道淳实的道德文明和天人合一的生态伦理，传承的是乡土文化中具体的人文特征、价值观念和审美情趣，并在潜移默化中影响人们的思想观念、价值操守和行为方式。这种精神价值和文化意识是维护乡村秩序的基本依据，更是实现乡村振兴的深厚根基。

习近平总书记曾用"乡愁"来表达乡村文化建设的意义：乡村文化振兴就是既要留住乡村生态，又要传承乡村记忆，同时与现代文明融合发展，让"乡愁"具象化。

（一）维护乡村生态文化

背山面水、倚山择险的村落选址格局和山林环绕、田野阡陌、溪河流淌的自然景观环境构成了乡村生态的典型特征，传达的是中华传统的村落选址原理，表达的是人与自然和谐统一的价值观。在城市社会经济快速发展的背景下，城市环境问题和居民身心健康问题日渐受到重视，乡村生态优势和生态价值日益凸显。休闲农业、观光农业、田园康养、生态旅游、生态度假等乡村生态资源依托型的新产业、新业态如雨后春笋般涌现，以生态产业化和产业生态化为主体的乡村生态经济体系为乡村振兴提供了持续动力。因此，我们要不遗余力地维护好乡村生态文化，通过改善乡村生态环境、构建国土空间开发保护机制，健全自然资源资产产权制度，统筹乡村人居环境整治、乡村自然资源利用、乡村生态系统保育协调发展，从而维护乡村生态平衡，重建乡村生态文明，"让村民望得见山、看得见水、记得住乡愁"。

（二）传承乡村传统文化

乡村传统文化的传承，是要在保护的基础上传承发展，保护为先，切实保护好优秀的传统文化遗产，推动其合理适度的利用，让乡村文化既留得住，又能传下去。

传统村落是我国农耕文明的"活化石"，蕴藏着丰富的历史信息和文化景观。其流传下来的传统建筑、戏曲舞蹈、手工技艺、民俗服饰、节日庆典等传统文化是各地乡村彰显其特质的重要文化资源，通过对这些传统文化的活态利用、创新转化，推动乡村特色文化旅游发展，既是对优秀传统文化的有效传承，又实现了传统文化的经济价值。西江千户苗寨、黟县宏村、西双版纳傣族园通过传统文化的整理保护和升华利用，给传统文化提供了弘扬的路径，给游人提供了文化参与和体验的载体，也给村民提供了产业兴旺的媒介，实现了多方共赢，也实现了乡村振兴。

（三）创新乡村生存文化

近年来，村民的物质文化需要正在由注重量向注重质转变。尤其是文化产品消费方面，村民不再满足于政府提供的统一的、单一的文化产品，他们的文化产品需求越来越多样化，这也是乡村文化发展的活力源泉。

在城乡融合发展和农业农村现代化的历史条件下，乡村文化的传承与发展要更多地考虑将传统文化和现代文明相结合，赋予其新的时代内涵和意义。既要发挥乡村文化中蕴含的优秀价值观在凝神聚力、文明乡风等方面的现实功能，又要考虑将这些传统村落、民族村寨、古建遗存等蕴含的文化元素转化为品牌化的乡村文化产品，并以乡土风俗、建筑形态、村落环境等为载体，以通俗易懂的形式将其进行创造性转化和创新性发展，让乡村文化在新时代展现其魅力和风采。

比如，在村庄规划建设过程中，可以打造独属本地的精神地标与公共空间，对传统文化进行承载，同时可通过举办仪式节庆、展会、赛事等活动，对传统文化进行传播，或在进行新增居民点选址布局时，考虑根据亲缘关系形成邻里组团，顺应村民对邻里亲缘关系的需求，以减少对搬迁的抵触等。

三、以文化引领助推乡村振兴发展

"设神理以景俗，敷文化以柔远。"（王融《三月三日曲水诗序》）文化是事物发展之基石，乡村文化所蕴含的传统价值观，是维系中华文明生生不息的灵魂。乡村的振兴与发展，必须以文化为引领，通过深入挖掘乡村文化内涵，精准提炼、创造转化、创新传承，以"文化+"为着力点，实现其与现代文明的融合发展，发挥文化的引领和链接作用，让各种文化元素充满乡村的每个角落，体现在村民生产生活的方方面面，展现乡村独特魅力，助推乡村振兴发展。

（一）文化+生活：文化场景化

乡村文化的传承发展是以乡村生产生活为依托，以村落布局、建筑形态、环境风貌、节庆风俗、村规民约等为载体，通过村民代代相传，生生不息。乡村文化的振兴就是要发展、维系原有的生活方式、邻里乡情、文化心理，以乡村为中心，以村民为中心，尊重村民的生活需要，理解村民的精神需求，通过文化的场景式转化，将传统文化元素融入生活的方方面面，从而获得村民的心理认同，催发乡村振兴的内生动力。

岭南村落的榕树下、苗寨的古井边、侗乡的风雨桥，这些都是不同文化地域乡村发展过程中逐渐形成的社会性活动场所，是村民进行休憩交流、棋牌曲艺等自发性活动的主要场所；儒家传统导向下的宗祠、侗族的鼓楼、苗族的踩谷场，是不同文化信仰下村民进行节庆活动、集体会议的场地。这些物质性要素是村落文化的外在体现。我们在村落的规划建设过程中，一方面，要加强保护，保留这些自发性、社会性的活动场所，并以此作为邻里空间和集体活动的主要场所；另一方面，要注重发展，深入挖掘村落历史沿革、传说典故、民俗风情、图腾信仰、名人逸事等，将其主要文化元素融入场地场所设计、活动策划、生产生活方式，实现传统文化的场景式再现。

【实例一】梅县古驿道[①]

梅州市梅县区以古驿道的活化利用为工作契机，推动中央苏区乡村振兴规划。通过充分挖掘梅县区古驿道沿线地区的红色文化资源（包括红色人物、红色事件、红色遗迹等），深入发掘和讲述红色文化故事。通过创新实施"南粤古驿道+红色旅游"的方式，将古驿道重点线路上的文化资源进行串联，为游客提供更为鲜活的革命历史教育，传承红色文化基因，弘扬历史革命精神，从而提升文化自信，发挥乡村文化的示范引领作用。

（1）修复历史遗址

推进闽西南潮梅特委第六次执委扩大会议旧址、东江工农红军总指挥部旧址、10团练兵场（红军井、红军栈道、关押所）等革命历史遗址保护工作，坚持原址保护原则，强调修旧如旧。

（2）打造红色景区

依托革命历史资源重点打造叶剑英纪念园红色旅游典范，以叶剑英纪念园为重点，放大其辐射效应，推动一批相关红色景区开发建设，全面推进梅南九龙嶂革命根据地旧址修缮保护工作，打造"红色交通线"旅游新景区，力争尽快把梅南九龙嶂革命根据地建设成为又一个爱国教育基地（如图

[①] 转引自《梅县区古驿道活化利用推动原中央苏区乡村振兴示范项目规划》，编制单位：广东省科学院广州地理研究所。

6-1、图6-2所示）。梳理红色交通与古驿道的走向关系，设计若干经典红色旅游线路，串联古驿道沿线红色景点、振兴红色乡村，加强区内红色资源联系；主动融入国家和区域红色经典线路，实现粤闽赣红色互动。

图6-1 叶剑英纪念园
图片来源：摄影师龚蔚霞提供。

图6-2 梅南镇水美村革命旧址星拱楼
图片来源：摄影师龚蔚霞提供。

（3）完善配套设施

完善升级红色旅游配套服务设施、健全交通体系，实现所有经典景区通公路。

（二）文化+生产：文化产品化

产业是社会发展的基础，也是乡村发展的基础，乡村的文化振兴与产业振兴相辅相成。2018年9月，中共中央、国务院印发的《乡村振兴战略规划（2018—2022年）》提出要"发展乡村特色文化产业"。2019年的中央一号文件提出坚持农业农村优先发展总方针，并强调要"加快发展乡村特色产业""创新发展具有民族和地域特色的乡村手工业"。

乡村文化产业的发展是乡村文化振兴的重要促进力量，也是推动乡村社会和经济全面振兴的基本保障。文化+生产就是要以乡村深厚的文化资源为依托，以当前的消费需求为导向，发展具有传统乡村地域特色和民族特色的文化产品和特色服务。具体来说，一方面，要梳理整合乡村文化资源信息，发掘其特色，创新其呈现形式，打造成文化IP[①]；另一方面，要充分发挥文化的链接作用，开展乡村农副产品精深加工和文化产品手工制作，并借助互联网、物联网、大数据等现代信息技术，打造生产—储运—加工—销售一体化特色产业链。同时，也要深入挖掘乡村文化的内涵，以文化消费需求为切入点，因地制宜，打造"一村一品、一村一特"的文化品牌，以此优化乡村产业结构和产品品质，推进产业链延伸和价值链提升；增强乡村产业发展稳定性和长效性，促进乡村综合实力和竞争力的提升。

刺绣、织染、造纸、雕塑、剪纸等传统手工技艺是我国乡村文化艺术的瑰宝，歌舞曲艺、婚典礼仪、特色美食、民族中草药等也是我国乡村文化的重要遗产。物质化的产品可以通过文化导入，强化地域特色和品牌，进行销售，或开展现场制作工艺传习和体验；非物质的产品如节庆、歌舞等可以通过活动、演艺等方式进行传承和展示，同时也可以借助网络平台进行传播，从而实现产品化转化、产业化发展。

（三）文化+旅游：文旅一体化

当前，乡村旅游已成为众多旅游项目中极具产业发展潜力的旅游类型，成为促进乡村脱贫攻坚、实现乡村社会经济发展和美好人居的重要路径。然而，随着人们生活水平的提高，单纯的观光旅游模式已经无法满足人们多样化和个性化的消费需求，文化逐渐成为旅游产业的灵魂，文旅一体化发展成为发展趋势。

乡村文旅一体化要以"三农"为基础、以文化为灵魂，通过对乡村自然生态、传统生活、民俗风情、农耕生产等元素加以整合，构建乡村特色文化产业链条，创新价值增长空间。乡村文旅一体化是文化+农业+旅游，即以农业为基础，以文化为核心，以旅游为主线；也可以是文化+农业+手工业+旅游，即以文化为核心，以农业为基础，以旅游为主线，以农副产品加工或传统手工艺为延伸的产业联动和融合发展路径，发挥1+1+1>3的融合发展效益。例如：以农耕文化为依托，组织开展田园观光、耕作体验、自助采摘、科普教育等；以民俗风情为依托，开展乡村竞技、歌舞观演、节日庆典、嫁娶婚俗等参与性、体验性活动；以传统手工技艺为依托，建立传统工艺传习馆和作坊，既可以参观演示、传习教授，又可以成品售卖；以历史文化为依托，开展历史文化专题教育，生动系统地展示和宣教农耕文化、游牧文化、红色文化等文化类型的特色和历史，打造以中小学科普教育和企事业单位团建为主要对象的乡村文化教育基地等。

值得关注的是，在发展乡村文旅一体化的过程中，要坚持以环境保护、生态文明建设为重点，处理好生产、生活、生态与开发利用的关系，要建设的是"望得见山、看得见水、延得了文脉、留得住乡愁"的美丽乡村。

【实例二】响水乡青山村[②]

毕节市金海湖新区响水乡青山村是以彝族为主的多民族聚居村。自2016年以来，青山村以文化为引领，通过开展乡村法制文化建设，推进"文化+生产""文化+旅游"融合发展，助力脱贫攻坚，初步实现了产业兴旺、生态宜居、乡风文明、治理有效、生活富裕的发展目标。目前，青山村已被列入贵州省乡村振兴战略1000个示范点名单。

（1）加强乡村法治文化建设

青山村为推动乡村法治文化建设，打造了3500平方米的乡村法治文化建设征地，配套了乡村文化广场、法制走廊、农民讲习所、禁毒教育中心、阳光小屋、文艺舞蹈室、公共文化室等。以此为载体宣讲国家政策法规、宣传禁毒知识、开展种养殖技术、就业技能培训，举办文化文艺活动，等等。通过定期开展各类文化建设活动推动青山村精神文明建设和经济建设，青山村的村民得以向现代化时

[①] Intellectual property，知识产权。
[②] 案例素材取自毕节金海湖新区响水乡政府《响水乡青山村简介》（2020年5月提供）。

代型、技术型、知识型、法制型的新村民转变。目前，青山村已被评为省级民主法治示范村，现正在申报国家级民主法治示范村。

（2）文化+生产，助力脱贫攻坚

以生态文化和农业文化为依托，以"玫瑰+大健康"产业为主题，采取"公司+基地+合作社+农户"的模式，引进优质玫瑰品种进行规模化种植，并开展玫瑰精深加工，生产玫瑰精油、玫瑰花茶、玫瑰糖等系列产品。同时，着力于农村人居环境改善，沿响水社区、青山村打造集休闲观光、文化体验于一体的玫瑰庄园。

（3）文化+旅游，助推增收致富

深入挖掘民族文化，举办一年一度彝族火把节（已成功举办37届），加强对彝族火把节等少数民族节日的打造与推广，将传统文化以节庆方式进行传承和展示（见图6-3、图6-4）；打造青山村民族文艺演出队伍，组建一支极具民族特色的表演团队，对本地仡佬族、白族、彝族的特色节目进行排演，宣扬少数民族特色文化；发展旅游民宿，以市场需求为导向，发展不同级别、不同主题的民宿和农家乐；建成彝族文化广场、观景台、寨门等传统特色旅游设施，完善旅游相关娱乐设施和配套设施；引进高质量经营主体，带动青山村旅游产业发展。

图6-3　火把节篝火晚会

图片来源：响水乡政府提供。

图6-4　青山村火把节民俗运动项目

图片来源：响水乡政府提供。

(4) 文化+风貌，文化实体化

乡村风貌是山水田园自然生态、村落聚居形态、街巷肌理、建筑风格、景观特征、人文传统等共同呈现的空间样态，展现的是乡村的形态特征、承载的是乡村的历史记忆、表达的是乡村的精神气质，是乡村文化的综合体现。在当前乡村逐渐凋敝衰败、乡村风貌千村一面、地域特色日趋模糊的背景下，乡村风貌特色改造有助于优化乡村整体结构与重塑乡村精神。

在我国村落的选址营建中，有的体现"背山面水"的风水选址原则，有的强化公共空间的山水定位与空间统领思路，也有的体现遵循礼法关系的空间秩序规范；有中心明确、横平竖直、对仗工整的空间形态，也有公共设施与街巷共同形成曲折、进退、对景与韵律的肌理序列；有青砖黛瓦马头墙，也有木排挑檐吊脚楼；不一样的风貌体现的是各异的文化特征。文化+风貌，就是要通过实体化的风貌特征，最直观地呈现传统文化的特质。

"文化+风貌"要基于乡村现状风貌和历史特色考虑，通过聚落的空间形态、街巷肌理、建筑风格和景观风貌等来体现不同的地域特色。比如，在乡村空间营建中，既要注重村落空间形态与地形地貌的契合和与山水自然环境的形态统一，又要满足村民生活起居、活动场所及活动流线等活动习惯和行为模式。在建筑风貌上，注重地域材料、传统工艺的使用和传统文化的彰显，如岭南的砖雕、苗侗的垂花柱雕花窗；在景观环境上，可将体现当地特色文化的元素和符号融入景观设计，如将风土民俗、历史文脉以象征性设计符号表达种植艺术，或以农耕器具、农耕场景展示农耕文化。以乡村传统文化为依托，通过元素的设计导入、风貌的整治维护、空间的梳理微调、功能的再造，逐步改善乡村人居环境，激发乡村文化潜能，推动乡村产业转型优化，为乡村振兴赋能。

文化是随着经济、政治、社会发展而形成的，其一旦形成，就能反作用于经济社会的发展。

乡村文化振兴的重点是使村民增强乡村文化认同感和自豪感，强化文化自信根基，弘扬和传承优秀传统文化，激发新时代乡村振兴的内生动力。

当前，乡村振兴战略为乡村文化发展赋予了更为丰富的内涵，提供了更多的政策支持、更宽阔的平台、更雄厚的资金和更有力的人才支持。而与此同时，乡村文化建设也面临着经济社会市场化、生活网络化等影响。面对乡村文化建设和发展中所面临的机遇和挑战，应更加重视以文化促进城乡联动发展——要立足于满足村民基本文化需要，培育更高层次的文化追求；要注重公共文化服务品质的提升，尊重村民文化差异化发展的权利；要发挥乡村文化能人的作用，打造本土文化人才队伍；要直面乡村文化发展困境，夯实乡村振兴的文化基础。

参考文献

[1] 陈波. 公共文化空间弱化：乡村文化振兴的"软肋"[J]. 人民论坛，2018（21）：124-12.

[2] 李静. 乡村振兴战略背景下乡村文化建设面临的困境及对策[J]. 乡村科技，2018（19）：39-40.

[3] 刘东锋. 乡村文化振兴的困境与策略研究[J]. 文化产业，2018（7）：36-37.

[4] 江左日报. 狠抓乡风民风文明建设助推乡村振兴[N]. 左江日报，2019-11-04（02）.

[5] 黑龙江经济报. 为推动龙江全面振兴全方位振兴建言献策（上）[N]. 黑龙江经济报，2019-01-16（03）.

[6] 刘兰兰. 以农旅融合助推乡村振兴[N]. 河南日报，2019-12-04.

[7] 法治生活报青山村：从"三多村"到"民主法治示范村"的转身[N]. 法治生活报，2018-07-09（05）.

（编者：王湘婉、钟肖健、苏永鹏、张义科、杨正熙、田立涛、郭湘、陈伊璐等）

第七章　乡村振兴战略的生态振兴及规划保护策略

第一节　当前乡村生态振兴面临的问题

改革开放以来，农业的发展进步使农村社会经济逐渐繁荣和兴盛。然而，在经济发展的同时，却常以生态环境被破坏为代价。譬如，乡村经济的振兴离不开地方企业的发展，但是，如果企业污水处理不当，将会对当地的土地资源和居民健康都产生不可逆的影响。在乡村振兴中，虽然村民的物质生活跟上了社会的发展，但基础设施建设的不足也会造成农业和生活污染。当工业污染和生活污染双重叠加时，不仅体现了乡村建设的环境保护意识的匮乏，同时也体现了环境保护的法律与法规需要进一步完善。乡村振兴是指乡村的经济文化和生态文明的全面振兴，在农村产业的支持下，改善乡村的基础设施和公共服务，从而解决农村居民日益增长的美好生活需求和不平衡发展之间的矛盾。

在乡村振兴发展过程中，乡村地区面临着资源浪费、环境污染和生态失衡等多方面的问题，这不仅影响了乡村振兴战略目标的达成，也制约了乡村地区的农业生产。

我国乡村水资源和空间资源普遍短缺。水资源方面，我国本就存在时空分布不均的结构性矛盾问题，而由于基础设施落后和利用方式不科学导致的浪费水资源的问题又进一步加剧了水资源的紧张程度。

关于空间约束的问题，我国耕地数量的减少压缩了农业生产空间，水土流失和土壤污染问题则导致耕地的质量下降，进而影响了农业生产。

部分农业环境的污染是由城市生活污染和工业"三废"污染造成的，而不科学的传统农业本身造成的污染也带来了更多的环境问题。

第二节　乡村生态振兴问题与困境的原因剖析

乡村振兴战略的生态振兴问题困境，大致可以分为社区治理困难、生产生活缺乏管理和基础设施建设滞后等问题，这些问题在不同程度上制约了乡村振兴战略的生态振兴。

一、社区治理困难

基层社区治理问题是乡村生态问题产生的根源，也是解决生态问题的重要前提。从公共经济学的角度来看，因乡村环境问题具有广泛的外部性，所以其环境治理方面的市场的调节机制是失效的。换言之，乡村环境之中的市场调节机制可能出现无法及时运行的情况，这需要基层管理部门来调节。从社会结构的视角来看，我国乡村生产结构、生产方式和居民参与程度都存在不同程度的提升空间。提升的关键在于社区治理，这也是解决当前环境冲突的关键。

二、生产生活方式缺乏规范管理

农业生产、乡镇企业、生活垃圾、畜禽养殖是影响乡村生态环境建设的四大要素。在生产生活方式方面，城乡管理存在较大差异。城市的生产生活有一定的管理规则和管理方式予以规范，但在传统农村地区生产方式方面，除了必要的倡议和农民的自觉维护外，管理机制和相关规范都存在较大的缺失。环保部门与农业农村各组织在生活垃圾、农药残留、工业污染等方面的管理之间存在事权冲突，也存在着监管的死角，从而导致治理方式和管理方式滞后。农村地区的生态环境问题面源广大，对创新管理方式、发挥基层社区管理的作用提出了更高的要求。

三、农村基础设施建设滞后

农村地区存在污水处理设施、垃圾收集集散设施、生活垃圾处理设施等公共基础设施不完善，配套服务设施缺失；供水系统和污水处理系统规划不规范，集中垃圾运输分类不规范，垃圾乱倾乱倒等卫生脏、乱、差问题。以上这些问题都是造成农村环境问题严重的重要因素。由于农村生产方式分布广、类型多、污染治理方式要求高，客观上也造成农村环境问题难以治理。

第三节　乡村生态振兴的实施路径

一、开展新农业模式"绿色农业"

"绿色农业"是21世纪后兴起的农业模式，它以效益最大化的形式利用资源和可持续经营模式，将农业生产和环境保护协调起来，在农业生产过程中增强了生态环境保护与污染治理。与此同时，增加了粮食产量，并提供了安全和优质的农产品。

二、改善人居环境

党的十九大报告提出"实施乡村振兴战略"时，将"生态宜居"视为其题中应有之义和"破题"的关键；"必须树立和践行绿水青山就是金山银山的理念"，将"生态宜居"作为乡村振兴的总要求之一。2018年2月发布的《中共中央 国务院关于实施乡村振兴战略的意见》（以下简称《意见》）则将农村生态环境治理作为重要抓手，明确提出"乡村振兴，生态宜居是关键"，要求"牢固树立和践行绿水青山就是金山银山的理念"，以期通过对环境突出问题的综合治理，"让农村成为安居乐业的美丽家园"。生态环境是关系着民生的重大社会问题，要为老百姓留住田园风光，就要持续开展"农村人居环境整治行动"。2018年，中共中央办公厅、国务院办公厅印发《农村人居环境整治三年行动方案》指出，改善农村环境，建设美丽宜居乡村，是实施乡村振兴战略的重要任务，要推进农村生活垃圾和生活污水处理、开展厕所粪污治理、提升村容村貌、加强村庄规划管理以及完善建设和管护机制，集中治理农村垃圾、污水治理和村容村貌方面的短板。

三、治理、修复农村生态系统

要发挥自然资源的生态、康养等多重价值，对农村环境问题和生态系统问题进行集中治理，修复农业生产生活的生态环境基础，满足农业生产、农村生活和自然生态系统的保护要求。

四、乡村振兴战略的生态振兴意义

乡村振兴战略的生态振兴意义在于拓展生态空间、延续生态时间及丰富生态内涵。乡村建设是现代化建设的重要战略阵地，从"美丽乡村"建设到构建美丽中国，从空间上来看，实现了从农村到城市的全国生态空间拓展；从时间上看，生态振兴的可持续发展理念则将当代人的利益和未来发展结合起来，这对中华民族的永续发展有着极其重要的意义。乡村振兴策略在生态方面，以农村生态文明建设为推动点，在农村生态文明建设的总体布局下，解决了人与自然、人与人、人与社会之间的关系，从而形成绿色经济、健康生态、美好人文、幸福生活、和谐社会，是"美丽乡村"建设的最终目标和归宿。

同时，乡村生态振兴是实施乡村振兴战略的重要保证，是农村生态环境治理的新契机。2018年2月发布的《关于实施乡村振兴战略的意见》明确提出了从"农村人居环境明显改善，农村生态环境明显好转"到"农村生态环境根本好转"再到"农业强、农村美、农民富"三步走的"路线图"。以"坚持人与自然和谐共生"的基本原则，提出了"加强农村突出环境问题综合治理"和"持续改善农村人居环境"等具体任务。改善农村人居环境，建设美丽宜居乡村，是实施乡村振兴战略的一项重要任务。从上述这些文件不难看出，乡村生态振兴是乡村发展的重大民生问题，也是乡村地区发展的重要基础。唯有保护好人居环境和自然风光，坚持底线思维，筑牢乡村振兴的生态屏障，才能有效保护好农村生产生活空间。同时，随着物质生活水平的不断提高，人们对优质生态环境、高质量的农业生态产品的需求日益增长。乡村振兴战略推动着农村人居环境改造，契合现代乡村生活需求的变化。同时，乡村生态振兴也为优化资源配置、吸纳农村地区的生产要素带来新契机。

第四节 乡村生态振兴的基础设施规划策略

一、牢固树立"绿色发展"的建设导向

（一）农业生产方式的转型

从宏观角度看，为了长久可持续发展，建成绿色生态的人居环境是大势所趋，是多层次且具有整体性的。农业发展模式也应以生态环境保护为指导，将现代化科技与农业相结合，不断采用先进环保的农业技术来促进农业发展，实现绿色生态农业发展模式的建构。

（二）产品生产的优化与升级

要重视农产品的品牌概念塑造、旅游农业的推广和休闲农业的发展等，使绿色农业发展不断扩张和深入乡村产业，在改善农民经济条件的同时也着力改善居住环境。

（三）农业的可持续发展

打造环境友好型的农村环境，不仅可以减少资源的浪费，而且可以推动形成绿色的可持续农业生产模式，从而实现减少投入、优化资源，进而提高农业发展的可持续性。

二、资源保护与节约利用

（一）水资源的合理利用

建设节水型乡村，全面实施国家农业节水行动。深入推进农业灌溉用水总量控制和定额管理。健全农业节水长效机制和政策体系，并逐步明晰农业水权；推进农业水价综合改革，建立精准补贴和节水奖励机制。

（二）农业生产空间保护

未利用地开垦应受到严格的控制，落实和完善耕地占补平衡制度。实施农用地分类管理，切实加大优先保护类耕地保护力度。降低耕地开发利用强度，扩大轮作休耕制度试点，制定轮作休耕规划。

（三）动物和植物资源的保护

全面普查动物与植物的物种资源，推进种质资源的收集与保存的同时，加以鉴定和科学利用。

（四）农村水体和海洋渔业资源保护

强化渔业资源管控与养护，实施海洋渔业资源总量管理、海洋渔船"双控"和休禁渔制度，科学划定江河湖海限捕、禁捕区域，并根据区域划分建设水生生物保护区和海洋牧场。

三、农业突出问题的集中治理

（一）资源利用可持续化

推动生产方式的可持续化改造，利用并开发可再生资源，倡导农牧业可循环型生产，建设资源节约型新农村。

（二）环境修复绿色化

化肥农药的使用是农业生产生活中不可或缺的一部分。因此，要有效管理应对化肥农药的施用。针对农业污染问题展开治理工作，对污水、生活垃圾等废弃物进行回收再利用，实施村容村貌整治、河道清理行动，改善乡村的人居环境。

（三）土壤污染防治行动计划

推进土壤污染状况详查，对受重金属污染耕地等受污染耕地进行分类管理，有序推进治理并进行修复利用。同时，对重有色金属矿区污染应实行综合整治。

（四）工业和城镇污染处理

推动建立乡村工厂监测体系，强化执法监管制度建设，推动环境监测，完善执法向农村延伸，应禁止未经处理的城镇污水和其他污染物进入农村。

四、生态资源价值的推动

(一) 发展绿色生态产业

大力开展产业生态化建设，做实资源统筹、要素保障、配套服务、机制建立等工作，构建与生态环境相适宜的绿色低碳产业体系。大力发展"生态+"产业，实施原生态保护，推进旅游业与相关产业深度融合，加快发展森林旅游、生态观光、健康养生等产业，培育发展山地户外、汽车露营、科普探险、研学旅行、老年旅游等新业态，实施兴林富民行动，大力发展特色优质高效绿色现代林业，提升产业富民兴村带动作用。

(二) 实现自然资源效益最大化

开发森林、湿地等生态资源。由企业、个人或社会团体等通过生态工程建设、植树造林、亲子活动、生态教育等方式参与到生态保护的工作中，并将生态保护作为一种履行社会责任的形式，鼓励社会中的企业积极参与。在保护生态环境的同时，应建立和完善生态资源管护机制，在设立生态管护员的工作岗位时，应优先安排当地群众参与服务和管理。此举不仅可以有效保护生态资源，而且还可以提供就业机会，解决当地的就业问题。

构建生态适宜性乡村产业体系。针对有较好的产业资源基础的乡村，考虑到水土资源、地理气候、发展前景、村民意愿及产业联动等多方面因素，建议选取现代化的农业种植业、养殖业、农产品加工业及商贸服务业作为未来发展的基础产业，以旅游观光为未来发展的核心产业，构建生态适宜性乡村产业体系（如图7-1所示）。

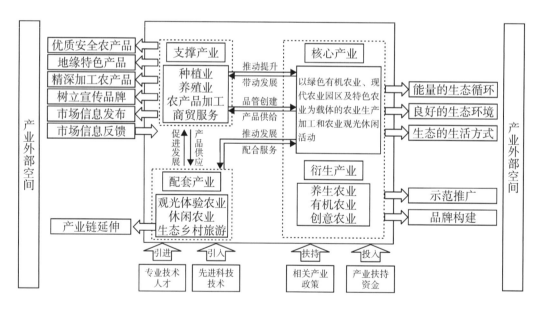

图 7-1 构建生态适宜性乡村产业体系

五、乡村生态保护与修复

（一）生态系统保护与修复重大工程

1. 山水林田湖草系统治理，优化生态安全屏障体系

土壤的破坏导致土地沙漠化，所以，退耕还林还草治理工程迫在眉睫，不容迟缓和忽视。我们应持续地推进并扩大退牧还草实施范围，积极预防草原的鼠虫草害，实施严重退化、沙化草原治理等工程。在森林方面，提升森林质量，加强有害生物防治。在水生态系统方面，保护乡村河湖、湿地生态系统，开展水生态修复，连通河湖水系，恢复河塘行蓄能力，推进退田还湖还湿工程。

2. 提升水土治理

大力推进对荒漠化、石漠化、水土流失问题的综合防治，实施生态清洁小流域建设和绿色小水电改造。完善国土综合整治，加强农村土地综合整治重大行动，推进农用地和低效建设用地整理和历史遗留损毁土地的复垦。

3. 地质灾害预防与治理

加强对有色金属矿区、损毁山体、矿山废弃地的地质环境和生态修复。

4. 水环境治理

推进农村水环境治理，防治农村水环境和水资源污染。尤其是沿海地区，加快近岸海域综合治理，与此同时，实施蓝色海湾整治行动和自然岸线修复。

5. 保护生物多样性

制定野生动植物保护策略，并强化对外来入侵物种风险评估、监测预警与综合防控。提升各类生物及物种保护的管理能力。

（二）健全生态系统保护制度

1. 天然林和公益林的保护制度与完善

细化各类森林和林地的管控措施与经营制度。完善草原生态监管和定期调查制度，并加强实施草原禁牧和草畜平衡制度，落实明确草原经营者生态保护主体的责任。

2. 荒漠生态保护制度的加强

对沙区天然植被和绿洲的保护需要持续加强与巩固。

3. 河流水系保护制度的完善

全面推行河长制和湖长制，将河长湖长体系延伸至村一级。推进河湖饮用水水源保护区划定和立界工作，加强对水源涵养区、蓄洪滞涝区、滨河滨湖带的保护。

4. 自然保护地保护要求的落实

按照国家相关法律法规落实自然保护区、风景名胜区、地质遗迹等各类保护地保护制度。

（三）健全生态保护补偿机制

加大重点生态功能区并转移支付力度，建立省以下的生态保护补偿资金投入机制。

（四）发挥自然资源多重效益

1. 发展生态旅游、生态康养等产业

合理开发森林、草原、湿地等自然资源，与此同时，鼓励企业或组织合理开展生态旅游等经营活动。

2. 鼓励各类社会主体参与生态保护修复

本着坚持节约集约用地原则，对生态集中连片开发、发展到相当规模的经营主体，允许其在土地

管理法律法规和土地利用总体规划允许范围内依法办理建设用地审批手续，利用 1%～3% 的治理面积从事旅游、康养、体育、设施农业等产业开发。

3. 集体林权制度改革的深化

扩大商品林的经营自主权，并鼓励适度经营。全面开展森林经营方案编制工作。

4. 生态资源管护机制

建立生态、资源管护机制，设立生态管护员工作岗位，提供更多生态发展相关岗位，从而使当地居民积极地参与到生态管理和维护中。

六、乡村风貌的保护、建设和综合利用

（一）乡村风貌的衰退与困境

中国乡村描绘着恬适、安静、惬意的田园生活，是中国传统文化的活化石和保育地。

"风貌"这个词，在字典里泛指一个地方的人文特征和地质风貌。鉴于现今"乡村"这个词的丰富内涵（如"乡村振兴"就包含了极其丰富的内涵和人地关系），对"乡村风貌"一词的解释也如"乡村振兴"般丰富。例如，余柏椿将"城市风貌"定义为建筑形式、环境特征以及历史和传统的文化环境，由此概念推导，"乡村风貌"也可以看作是乡村聚落形式、环境特征和历史、人文环境的综合。[1] 李王鸣等则认为，乡村风貌包括自然风貌、产业风貌和人文风貌，由此也可以看出，自然环境、生产关系和人文景观都是乡村风貌的重要构成部分。[2] 综上所述，乡村风貌就是乡村景观风貌在物理层面、产业层面和精神层面的历史和文化综合。

中国乡村的快速发展可以说是中国乃至世界城乡建设历史上的一个奇迹，快速的发展与扩张、乡村物质生活水平的大幅提升、精神文化的极大丰富所带来巨大的冲击，也给乡村风貌保护与发展带来了巨大的挑战。中国乡村风貌总体呈现衰退之势，并大多处于三个困境之中：①"千村一面"，即盲目模仿城市导致的"千村一面""半城半村"；②"破碎之境"，自然环境被破坏，乡村肌理也被快速发展的城市所打破和割裂；③"文化之殇"，乡村文化的活力逐渐消失。

面对"千村一面"的窘境，我国不少学者和研究人员都提出了自己的见解。孟莹等人提过，忽视乡村特点而简单地搬照城市形态，使乡村环境肌理割裂，乡村丧失了活力和文化。[3] 张立等人也指出"乡村风貌和地域特征逐渐消失，在建筑风格上的同一性和城市化，表现出半城半乡"[4]。胡泽浩和方小山也提到，现在的新农村建设为了快速有效地完成，选择大量复制已有的乡村模式。抛弃旧村落、建造新村落的同时，使建筑在尺度和样式上趋同。[5] 鲍梓婷等人认为农村建筑对城市建筑的模仿和农民在互联网或是城市别墅上"学习"的审美，使得村庄不能维持和谐统一的历史风貌。[6] 以上这些研究，从不同程度上阐述了"千村一面"的原因，有的针对乡村肌理、旧房改造，有的针对新村建设和增量土地开发，有的则针对乡村居民的审美和文化追求，侧重各有不同，但对困境的认识与描述是相似而到位的："千村一面"其实是"建设"的结果，但恰恰是这些欠缺考虑的"加法式"建设，将乡村风貌引入了困境之中。

如果将村庄和聚落的欠缺考虑的"建设"作为乡村风貌陷入"千村一面"困境的一个原因（就

---

[1] 余柏椿：《解读概念：景观·风貌·特色》，载《规划师》2008 年第 11 期，第 94-96 页。

[2] 李王鸣、冯真、柴丹跃：《基于 ESDA 方法的区域乡村群体风貌规划体系研究——以舟山市定海区乡村为例》，载《建筑与文化》2014 年第 10 卷，第 94-96 页。

[3] 孟莹、戴慎志、晓斐：《当前我国乡村规划实践面临的问题与对策》，载《规划师》2015 年第 2 期，第 143-147 页。

[4] 张立、王丽娟、李仁熙：《中国乡村风貌的困境、成因和保护策略探讨——基于若干田野调查的思考》，载《国际城市规划》2019 年第 5 期，第 59-68 页。

[5] Hu Z, Fang X. Tactical Rural Planning in China "Beautiful Country" Rural Renewal Planning Project. IFLA WORLD CONGRESS, 2018.

[6] 鲍梓婷、周剑云：《当代乡村景观衰退的现象、动因及应对策略》，载《城市规划》2014 年第 10 期，第 76-84 页。

像是绘图时候的新绘"图"的失误），那么自然景观的破坏则可能是由于外部的影响（可以看作是图底关系中的"底"被破坏）。这种割裂与破碎的图底关系，反映的其实是自然和人类聚落之间的矛盾与冲突。

亲近自然环境是乡村之于城市的最大差别，但随着生产力的提升，无序的开发、肆意的开采等对大自然过度索取的行为，给自然环境造成了较为严重的破坏，而这种破坏会反过来影响村庄本身，产生一种类似"反噬"的效果。鲍梓婷等人曾提及自然景观的衰退使得一些偏远区域的村庄整体衰败，如荒漠化地区中逐步被荒漠淹没的村庄。① 刘滨谊和陈威在其研究中也提及，原有的河边和池边的自然植被被毫无生气的混凝土驳岸取代，大面积硬质铺装的广场在破坏生态环境的同时，也破坏了田园风光。② 自然环境的破坏也成了人口流失的因素之一，人口的流失和缺乏地域性也对传统文化的传承造成冲击。

"文化之殇"体现在乡土文化的缺失和消亡之上。费孝通曾经在《乡土中国》里面说过"中国的文化在农村"③。城市的快速发展并没有给予乡村足够的思考和缓冲的空间，同时，信息化时代让这种影响呈现爆炸式的传播，乡村受到的经济冲击让原有文化信仰不复存在。与此同时，导致了农民的身份认同危机。身份的不认同让农民不再留恋乡土，"改变"（改造乡土建筑）和"离开"（人口流失）成了乡村的主流行为，承载着中国传统文化的乡村产生了文化断层的问题，乡土文化的衰退也就无法避免。张立等也从社会人文视角提到，村庄社会的逐步解构，让物质和非物质遗产难以持续。④

（二）"他山之石"——国内外乡村风貌保护的经验

城乡二元化跟城乡发展不均衡的现象并非我国独有，在历史上，许多国家也曾经历城市和乡村发展不均衡的阶段，都曾有过与我国现阶段类似的困境。工业化和城市化发展，导致传统乡村风貌逐渐发生着改变；城市化的建设风格破坏了原来的田园风貌，破坏了生态环境，因此，这些国家都想找回原有的乡村风貌。鉴于每个国家的国情和发展模式不尽相同，其关注的重点也不尽相同。以下主要通过分析欧美、日本、韩国等国家和地区的乡村振兴背景、过程和采取的对策措施，为我国乡村生态振兴提供借鉴意义。

1. 生态保护

在西方，乡村转型的主要发展模式为强调宜居性和多功能性的生态保护模式。西方从20世纪90年代开始反思如何回归乡村本来的景观风貌。西方乡村的转型过程可归纳为"乡村—现代化乡村—生态化乡村"的转变过程（Schmied D, 2005）。"二战"之前，西方国家的农村形态多为结构单一的聚落式的景观风貌。随着工业的发展，20世纪60年代汽车的普及增加了人口流动性，促进了城市的快速扩张，从而形成了沿主要道路发展的大都市乡村（Antrop M, 2000）。⑤ 袁青等人在关于"二战"后的乡村研究中发现，"美国多采用城市化的建设手法组织乡村，大兴乡村公路等灰色基础设施的铺设……乡村公路的发展打破了乡村原有的生态景观格局"⑥。这一点与国内现有的情况相似，都是因为公路交通等因素，给乡村的田园风貌造成了影响。在20世纪90年代后，环保意识的觉醒促使了西方乡村向生态保护综合性发展，并对未来做出合理规划。在展现现代化基础设施的同时，也保持生态特色的景观风貌。比如，欧美部分国家开始倡导保留小村庄原有的自然风光、小石子路和聚落建筑，

---

① 鲍梓婷、周剑云：《当代乡村景观衰退的现象、动因及应对策略》，载《城市规划》2014年第10期，第76-84页。
② 刘滨谊、陈威：《关于中国目前乡村景观规划与建设的思考》，载《小城镇建设》2005年第9期，第45-47页。
③ 费孝通：《反思·对话·文化自觉》，载《北京大学学报：哲学社会科学版》1997年第3期，第15-22、158页。
④ 参见张立、王丽娟、李仁熙《中国乡村风貌的困境、成因和保护策略探讨——基于若干田野调查的思考》，载《国际城市规划》2019年第5期，第59-68页。
⑤ Antrop M. "Changing patterns in the urbanized countryside of Western Europe". *Landscape Ecology*, 2000, 15 (3): 257-270.
⑥ 袁青、于婷婷、王翼飞：《"二战"后西方乡村景观风貌的研究脉络与启示》，载《城市规划学刊》2017年第4期，第90-96页。

并希望采用更多的乡土材料进行乡村建设。在基础设施完成的同时，政府和相关机构也建立了较为全面的乡村数据库，从而更全面、更综合地研究和发展乡村景观。

2. 振兴策略

宁满秀等人在《国外乡村振兴的经验与启示》的报告中指出，日本和韩国两国的乡村振兴是由政府主导的自上而下的运动，并力求激发村民参与组织活动。[①] 在日本，经济的发展和城市化导致城乡发展出现失衡。日本于1961年颁布实施《农业基本法》，通过国土再造与工业下乡，改善农村环境与均等化城乡公共服务。在经历了10多年的发展，日本实现了城乡收入均衡。20世纪80年代，在自由贸易的冲击下，日本乡村再次陷入衰退。日本政府的应对措施是实施乡村振兴，提出"景观风貌是公共财产"，推进"一村一品"，因地施策激发农业农村活力。

韩国在20世纪70年代进入快速发展的城镇化时期，其乡村风貌也遭到严重的破坏。工农差距过大，农村处于落后的状态，使韩国政府发起了"新村运动"，韩国农村遂得到全面的振兴。在韩国"新村运动"初始时期，韩国政府对农村的支援工作与中国相似，其自上而下的决策导致了效率的低下。随后，韩国政府进行了反思和改进——改善了志愿组织模式，将不同组织整合，采用了小规模、分阶段式的组织形式，倡导激发居民积极性，实现村庄的内生改造。如韩国的甘川文化村即通过政府+专家团体+艺术家团体的协同合作，把一个破败落后的城边村打造为韩国有名的艺术文化村。[②] 积极的艺术文化改造对改善农村风貌发挥了重要的作用。

无论是意识上开始提倡的"生态保护"，还是采用政策引导的"振兴策略"，我国也都开始了相应的探索和尝试。生态文明建设的契机和乡村振兴政策很大程度上证明我们走在了正确的道路之上。日本为振兴乡村而完善法律法规政策，促使我们思考如何保持城市和农村的经济平衡。韩国的新村运动通过一系列的改造措施，强调发挥地域特色和保留应有的乡村景观，这都给我国的乡村景观风貌改造和地域特色文化保护提供了借鉴意义。

（三）中国乡村的机遇与挑战

生态文明建设和乡村振兴助推了我国乡村风貌发展。通过建设美丽家园，乡村成为城乡居民向往与追求的宜居地。

1. 机遇

党的十九大报告对乡村振兴提出了二十字方针，按照"产业兴旺、生态宜居、乡风文明、治理有效、生活富裕的总要求，建立健全城乡融合发展体制机制和政策体系，加快推进农业农村现代化"。可见，实现乡村生态宜居，改善乡村风貌，对推进国家乡村振兴有着重要的意义。

"生态宜居"，一方面要在改善乡村居民生活条件的同时，促进城市居民对乡村美好生活的向往；另一方面要对生态保护体制机制进行改革创新，保证自然环境开发利用与保护的和谐统一。在乡村建设中避免过度的开采、环境的污染和灰色基础设施建设。

2. 挑战

政策是助推器，但也可能带来新的问题和挑战。总的来说，这是一个关于"输血"还是"造血"，"授人以鱼"还是"授人以渔"的思考——思考产业开发带来的经济效益的同时，如何避免这种经济活动破坏原有的乡村风貌；在乡村文明建设中，如何避免政府包办的"家长行为"，调动村民的积极性，引导村民自发地、积极地参与到乡村振兴的活动当中，杜绝类似过往"嗷嗷待哺"的"等待救援"行为；等等。此类问题均值得我们思考。截至目前，大多数的"千村一面"问题是由统一规划和略显心急的政策推进导致的。因此，"尺度问题"也要引起注意。在发展乡村旅游业时，要

---

① 宁满秀、袁祥州、王林萍：《乡村振兴：国际经验与中国实践——中国国外农业经济研究会2018年年会暨学术研讨会综述》，载《中国农村经济》2018年第12期，第130－139页。
② 赵民、李仁熙：《韩国、日本乡村发展考察——城乡关系、困境和政策应对及其对中国的启示》，载《小城镇建设》2018年第4期，第62－69页。

避免过度的人工开发。与此同时，在保护生态环境方面应坚持开发和保护并重，避免急功近利，盲目开发。

(四) 乡村风貌保护策略及实践案例

在乡村风貌的改造方面，我国也有很多值得借鉴的案例。下面将简单介绍浙江文村、贵州桐梓中关村和广东青田村的案例，从中探索乡村风貌保护的策略。

1. 浙江文村

文村是不得不提的一个中国乡村建设的经典成功案例。文村改造是建筑设计师王澍的第一个农居房项目，是从2012年开始的，从规划到落地用了三年时间，在浙江富阳文村打造完成28栋房子，成为了业内人士学习的典范（如图7-2所示）。

图 7-2　改造前后的文村

图片来源：https://zhuanlan.zhihu.com/p/27980803。

当地从明清时期保留下来的建筑大多采用杭灰石建造，每块石砖有着不同的纹理。王澍采用当地原有的建筑材料，并保留院子和堂屋这一彰显当地传统特色的建筑形式。文村改造后像是老村上自然生长出来的新村，它糅合了生态化的环境、传统历史和现代化的生活方式。王澍的策略其实很简单，他提及的"自然生长"虽说在村民看来略显深奥，但实际上表达的是一种聚落与自然环境之间的状态。正是这种朴素的意识，让富阳文村依旧有着天、地、人之间和谐的关系（如图7-3所示）。

图 7-3　改造后的文村

图片来源：https://zhuanlan.zhihu.com/p/27980803。

除了聚落整体风格的统一，王澍也很刻意地去打造相关"院落"之间的关系，每一家都有一个小院子，邻里的环境变得更为和谐。在材料的使用上，王澍采用如杭灰石、楠竹等材料，也会适当融入乡土材料。同时，在乡村更新的时候，王澍也保留了河岸边的杂草、驳岸长出的青苔，这些带有岁月和生命痕迹的植物和新增加的公共配套设施，如村口三角亭、连廊、长凳等，都让文村焕发了新的活力（如图7-4所示）。

图7-4 文村三角亭

图片来源：https://zhuanlan.zhihu.com/p/27980803。

2. 贵州桐梓中关村

乡村风貌更新可以是整体的，也可以是针灸式和节点式的。在乡村风貌更新的工作中，乡村的设计项目，无论建筑或是景观，都需要系统性的解决方案。从傅英斌主导的中关村改造项目中的人行桥、乙未园和村民中心等相关设计中，都可以看出傅英斌探寻乡村生活和村民关系的尝试。

在设计人行桥的时候，傅英斌认为这座桥的重要性不仅是物质上的，还是"人与人之间的桥"，而这更加重要。中关村人行桥本身的意义，不仅是取代原有架在河上的电线杆，以保证村民安全，改善居民出行条件，更是以桥为纽带，重建人与人、人与村落、村落与自然之间的关系（如图7-5、图7-6所示）。

图7-5 中关村人行桥改造前

图片来源：ⓒhttps://www.gooood.cn/a-lively-link-the-design-of-a-bridge-in-maoshi-town-of-guizhou-china-by-fu-yingbin.htm。

针对乡村主要施工人员即村民本身所掌握的技术局限性，项目采用的是水利工程中常用的石笼网箱工艺。这种工艺施工简便，造价低廉且无须机械，并且施工周期很短，非常符合当地的实际情况。同时，为保证足够的桥墩重力，减少冲击，还用船体形式设计桥墩（如图7-7所示）。

而在材料选用上，为了弱化石笼网箱跟钢结构桥面给人带来的工业感和冰冷感，项目用竹子作为灯杆和扶手的主要材料，并打通内部埋入照明线路，给这座桥增加了亲切感，也更好地融入了周围环境。这也让这座桥成了中关村一处重要的乡村风貌提升节点，获得了村民的一致好评（如图7-8、

图 7-6 中关村人行桥改造后

图片来源：ⓒ https://www.gooood.cn/a-lively-link-the-design-of-a-bridge-in-maoshi-town-of-guizhou-china-by-fu-yingbin.htm。

图 7-7 桥墩施工照片

图片来源：ⓒ https://www.gooood.cn/a-lively-link-the-design-of-a-bridge-in-maoshi-town-of-guizhou-china-by-fu-yingbin.htm。

图 7-9、图 7-10 所示）。

乙未园则是源自项目团队发现乡村儿童缺乏游乐场所而进行的儿童活动场所的改造。这个项目的特点是材料和施工都属于低成本、低技术，新场所对儿童有环境教育的作用，这点在乡村风貌建设中有十分积极的意义（如图 7-11、图 7-12 所示）。

项目组所需要的材料是"拼拼凑凑"和"缝缝补补"的，方案设计在很大程度上容纳了很多"废料"，而这些杂乱的材料却激发了场地体验的丰富性。所以，在这一基础上打造的儿童乐园，更大程度地增加了场所的在地性。

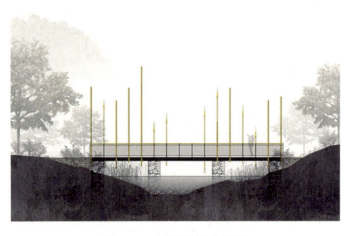

图 7-8　人行桥设计立面图

图片来源：ⓒ https://www.gooood.cn/a-lively-link-the-design-of-a-bridge-in-maoshi-town-of-guizhou-china-by-fu-yingbin.htm。

图 7-9　在桥面奔跑的儿童

图片来源：ⓒ https://www.gooood.cn/a-lively-link-the-design-of-a-bridge-in-maoshi-town-of-guizhou-china-by-fu-yingbin.htm。

图 7-10　桥头活动空间

图片来源：ⓒ https://www.gooood.cn/a-lively-link-the-design-of-a-bridge-in-maoshi-town-of-guizhou-china-by-fu-yingbin.htm。

图 7 – 11 乙未园建成后

图片来源：© https://www.gooood.cn/the – design – of – childrens – playground – in – the – theme – of – environmental – education.htm。

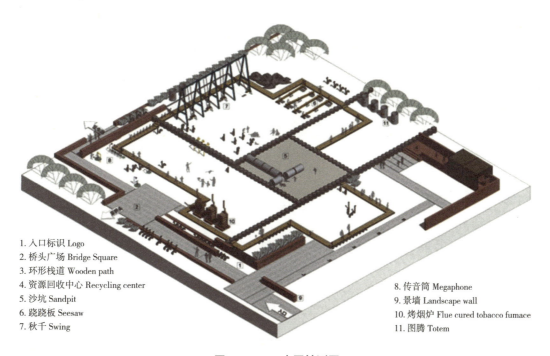

1. 入口标识 Logo
2. 桥头广场 Bridge Square
3. 环形栈道 Wooden path
4. 资源回收中心 Recycling center
5. 沙坑 Sandpit
6. 跷跷板 Seesaw
7. 秋千 Swing
8. 传音筒 Megaphone
9. 景墙 Landscape wall
10. 烤烟炉 Flue cured tobacco fumace
11. 图腾 Totem

图 7 – 12 乙未园轴测图

图片来源：© https://www.gooood.cn/the – design – of – childrens – playground – in – the – theme – of – environmental – education.htm。

设计中留有空白也是在乙未园常用的方法，设计师提供了颜料和水泥，吸引了大量居民前来。在场地上，小朋友们自由地发挥，即便并没有专人指导他们如何"设计"一个儿童游乐园，他们依旧留下了许多有意思的设计。项目的"留白"行为，试图带领村民参与到建设之中，也希望让村民在其中得到更多和场地交流的机会。此举是"引导"而非"强制"，但效果却出乎意料的好（如图 7 – 13、图 7 – 14 所示）。

在乙未园边缘，项目还设计了一个资源回收中心，用简单的红砖作为基础，外立面采用简单的红砖和竹板，并通过此建筑展示"资源回收利用"的相关知识，潜移默化地让儿童了解资源回收再利用的做法及其对乡村环境改善的意义（如图 7 – 15 所示）。

图7-13 居民参与

图片来源：ⓒ https://www.gooood.cn/the-design-of-childrens-playground-in-the-theme-of-environmental-education.htm。

图7-14 居民参与到建设和场地装饰之中

图片来源：ⓒ https://www.gooood.cn/the-design-of-childrens-playground-in-the-theme-of-environmental-education.htm。

图7-15 资源回收中心

图片来源：ⓒ https://www.gooood.cn/the-design-of-childrens-playground-in-the-theme-of-environmental-education.htm。

通过对废旧材料一系列利用而建成的乙未园,不仅提升了乡村居民的归属感,也让这个场地成了一个受欢迎的"场所",不只儿童,每一个村民都愿意接受并且喜欢上了这个场地。同时,傅英斌认为,乙未园的项目设计完成并不是结束,而是一个村民自主地创造属于自己的场地的开始(如图7-16所示)。

图 7-16 在乙未园玩耍、休息的人们

图片来源:© https://www.gooood.cn/the-design-of-childrens-playground-in-the-theme-of-environmental-education.htm。

村民中心原本是一座老宅,当地人希望建造一处书法文化空间,同时也希望增加儿童活动室和志愿者空间。傅英斌进行设计时并没有拆除老宅,而是对老宅进行了扩建。扩建后的村民中心保留了原有老宅的颜色,也保留了原有瓦片的质感。新旧木料材质和形式的对比,又在建筑上呈现出了明显的变化。这一"新"与"旧"的交替还在别处有所展示——利用现代材质的玻璃窗增加的采光和丰富的光线变化,让村民中心更富魅力。这一乡村改造,成了弘扬村庄书法文化的工作室和儿童们的第二课堂,更成了以点带面的"精神之匙"(如图7-17、图7-18所示)。

图 7-17 村民中心(左一)和村民中心绘画区域(右一)

图片来源:见傅英斌《贵州中关村村民中心改造》,载《城市建筑》2018年第13期,第72-77页。

图 7-18 村民中心内外空间的通透性和对多种材料的统一应用

图片来源:见傅英斌《贵州中关村村民中心改造》,载《城市建筑》2018年第13期,第72-77页。

3. 广东青田村

顺德的青田村（如图 7-19 所示）是一个有 400 多年历史的古村，跟很多村子一样，年轻人口的流失导致了乡村逐渐破败和文化遗产的逐渐消失，从而形成了空心村。在 2016 年，广东工业大学团队以文化作为催化剂，实现了乡村价值和人心的回归，增加凝聚力和文化认同感。

图 7-19 青田村

图片来源：见渠岩《青田范式：一种基于生活样式重建的乡土伦理与设计实践》，载《装饰》2019 年第 12 期，第 96-99 页。

广东工业大学团队采用的方法有：在物理形式上，避免拆除古建筑，打造私塾，建设公共图书馆和乡村展览馆。在人文精神上，深挖当地传统，恢复了"烧奔塔"等传统习俗。通过无形的影响，强化村民们的身份认同感。把艺术融合到乡村，带动了村民们参与的积极性，形成了可持续性良性循环（如图 7-20 所示）。

图 7-20 与居民讨论河道治理

图片来源：见渠岩《青田范式：一种基于生活样式重建的乡土伦理与设计实践》，载《装饰》2019 年第 12 期，第 96-99 页。

在这一系列措施之后，广东工业大学的艺术与设计学院也在这里成立了青田学院，并规划了一系列活动方案。青田学院艺术地的注入给青田村带来了新的活力，越来越多的年轻人选择了回乡发展。特色的乡村氛围也带动了当地的旅游业发展，许多人办起了民宿，经济上也有所改善。"青田范式"在积淀了乡村本土的文化气息的同时，也呈现了现代元素的风貌，为中国的乡村建设提供重要的借鉴意义（如图 7-21 所示）。

综上所述，以上三个案例都遵循了尊重乡村的历史和文化脉络的原则，从而尝试填补那些曾被遗忘的乡村文化价值，恢复乡村原有的风貌。其中，值得借鉴的是，他们没有仿古建筑，而是用传统结合当代的文化进行更新与创造。在此，我们可以窥见乡村风貌改善的三种方法：一是村落的整体风貌

图 7-21 "青田范式"

图片来源：https://m.sohu.com/a/328884060_826085/?pvid=000115_3w_a.

改造；二是通过小节点的改造，"以点带面"以激活乡村的活力；三是从文化传承切入的艺术等手段的干预。以上三种方法之所以成功，都离不开保留当地建筑特色，传承原有的当地文化和聆听满足当地村民的需求。另外，积极地参与配合也是成功的必要因素。乡村风貌改造，不仅需要政府部门的介入，还需要艺术家、设计师组织和当地村民的积极参与，齐心协力，方可达成。这些都为改善乡村风貌、让乡村生活重获生机提供积极意义。

（五）乡村风貌综合利用和建设

俞孔坚曾说过："景观是由人生活的痕迹留下来的，所以具有本地的文化属性。人和人之间的关系、社会属性，本质是人的归属感。人和土地的精神联系是有文化的。"乡村风貌的建设从来都不只有一个面。面对现阶段在乡村风貌建设中所遇到的机遇和挑战，应以综合利用和建设为抓手，从设计之策、非设计之谋和名片与品牌三方面切入，从而实现乡村风貌的综合利用和建设，达到乡村在物理环境和人文精神上的全面改善。

1. 设计之策

在进行乡村风貌更新的时候，到底可以采用何种设计方法？设计的策略又当是如何？本文认为，设计是解决乡村风貌问题的关键之匙，但其法门却未见得能简单被设计师所窥见，因为乡村的发展是在一种"有序"和"无序"的共同状态下进行的。"有序"，即在乡村规划和干预之后的发展；"无序"，则指的是如过往的生长和自我发展。而文化与在地设计则像是在有序与无序的切入点，而所有的设计都应当回归到居民本身的需求上，才可以更好地进行乡村风貌的综合利用和建设。

（1）"有序"与"无序"的结合

乡村振兴绝不是"输血式"的，而其中涉及乡村风貌建设的部分，即便在乡村风貌需要重新更新的情况下，也不意味着应是"千村一面"的形式。过往部分乡村存在的"设计"即"有序"，"有序"即"模板"的做法，实则并不能解决问题，还把乡村风貌引到了不正确的道路上。其实，用设计的方式去优化乡村风貌，并不是一个自上而下的设计引导过程，更不是一种设计的模板下放，而应最大限度地鼓励从本土乡村内生的设计，无论设计师还是村民，都应留有足够的空间和机会进行自主的"自下而上"的设计——即"无序"之更新。乡村风貌更新亦如《道德经》所谓"治大国，若烹小鲜"中的"烹小鲜"一般，举重若轻，掌握大方向之"有序"，鼓励看似"无序"的村民自发设计行为，实则可达到最好的乡村风貌改造效果。

模版式乡村改造的"固定思维"最早呈现在乡村居民的住宅改造上。正是这种低质量的"美丽乡村建筑模板"，导致了"千村一面"的乡村现状。即便做不到一栋一栋地进行设计，也应该鼓励村民在原有的基础上对乡村进行改造，而非异地重建。所以，这种"有序"应该是从整体乡村规划发展上的推动力的"有序"，而不是按模板造出如城市小区洋房一样的"有序"。

在制造"有序"或是"模板"的时候，可采取"新旧结合"的模式进行设计。"修旧如旧"在乡村传统建筑保护中比较常见，虽然被不少人诟病其制作"假古董"，但对于乡村民居来说，除去部分特别有历史价值的建筑，普通民居本就不存在"古董"的问题。所以，也许适当的"修旧如旧"（颜色、材质上的统一）反而可以保留乡村原有的部分气质。所以，"有序"的核心在于大方向与发展、行动的一致与有序，并可以在发展之中预留空间。

预留空间之核心意义，在于为村民自有发展的"无序"提供发展空间与可能。如果我们的设计不做得那么"满"，而是略留有余地，那么，对村庄内街道周围后退的线形空间、村庄本身的公共空间、居民前庭后院、村庄入口和部分边缘空间，都可以将设计的权力归还村民，做到更多"自下而上"的设计。

（2）文化之源

文化在乡村风貌更新之中的重要意义不言而喻。而不少设计师在乡村的改造中，对文化的呈现往往略显粗暴。例如，对建筑加上镬耳屋的镬耳，或是针对村落历史上的著名人物制作一个小院子、景观小品或是人物雕像，这种做法虽可以称得上是对文化的表达，但在实际上却不得其法：一是对文化脉络考虑的缺失，二是对文化本体的衍生逻辑的无视。这种做法如果在乡村蔓延开来，那就是单纯的"穿衣戴帽"或是"化妆工程"了。

所以，乡村风貌改造从文化角度也可以分为"探源""保留"和"转译"三种做法。"探源"，即为深挖文脉，找准文化的切入点进行乡土文化的挖掘，这可以是对某些乡村中保留的历史祠堂、古树、古井等所蕴含的故事等进行挖掘。例如，广州望岗村历史上出了一位著名的书法家黎湛枝，他曾经是末代皇帝溥仪的老师，而纪念黎湛枝考取功名的旗杆石矗立在黎氏大宗祠前，其中一系列有关黎湛枝的故事就可以作为望岗村文脉的重要文化"源头"予以挖掘。保留，则也可以被视作一种类似中国山水画意境中的"留白"，我们将之用于乡村风貌的更新之中，可以最大限度地保留原有的乡村聚落风貌或是整体风格。针对某些局部，如祠堂建筑群、石板路、旧石墙等，也可以不进行任何改动而予以保留。但"保留"中值得注意的是保留的"度"以及整体保留后的关键细节如何保证。"转译"，则是在探寻到文化源头的基础之上，对乡村核心文化在空间上进行样式的分解，不仅需要得其"形"，更重要的是得其"神"；不仅得表现在建筑物上，也应当表现在场地的空间、使用的形式之中。

（3）在地设计

乡村风貌中聚落形式、建筑体量与形态都影响整体乡村风貌中的人居环境，而影响建筑体量和外立面的一个重要因素则是建筑材料。乡土风貌在更新的过程中能否与周围环境和谐，对乡土材料的应用也应予以考虑。诚然，在新旧建筑的更新上，由于建筑技术、材料和需求的变更或进步，肯定不能要求现有、新建建筑再完全采用旧材料，但在景观或建筑的部分节点的构建上，可以适时地采用一些乡土材料。这既可以有效降低改造成本，也可以将其作为一种文化的符号或脉络来传承场地的乡土文化。这种乡土材料的使用可以是部分式的，例如，采用场地原有石材制作而成的挡土墙或是景观设施；也可以是"点睛"式的，例如，将旧材料用在窗户或是部分围栏的窗花上，强化乡土材料的"统一"与"节奏"；还可视作一种身份的识别形式，例如，设计单位在云南大理苍山附近的一个乡土村落中，就依照白族的设计，采用了瓦、木、砖、石灰岩等乡土材料，通过这些材料本身低饱和的色彩与粗犷的表面纹理，使更新后的景观与当地自然景观相适应。而对场地内部原有的石材，在略为加工之后用于景墙、装饰，大块石头用于堆砌水岸、假山与驳岸，或者进行切割加工，用于景观小品、坐凳、指示牌、座椅、灯具甚至垃圾桶等许多节点或设施之上（如图7-22所示）。

图7-22 大理苍山采石场乡土景观改造案例
图片来源：广州山水比德设计股份有限公司孙虎、孙晓峰拍摄。

邻近进行新旧更新的过程，可以参考相邻建筑或旧或新的形式（如窗户大小、建筑高度、后退距离、建筑形式、组件等），这种方式既可以保证每一户的特点，允许变动，又能够在发展和更新过程中跟左右保持一定的延续性和节奏感。确定这样的原则，就可以在这里对建筑风貌进行针灸节"点"式改造和整体风貌的"面"式改造。

（4）回归

乡村风貌更新最终的落脚点则在于对当地乡村居民意见的探访。通过让乡村居民参与，计划者才能更好地了解居民需求，让设计回归到乡村，根据乡村地域特点和居民生活习惯的实际需求进行改造，这将在很大程度上助力乡村风貌的更新与活化，并为当地的文化地域特色贴上可识别的标签。我国台湾地区将政府部门定位为指导者、审核者、协调者而非主导者[1]的思想，充分尊重村民意愿的分层管理经验，充分说明了公众参与和主导都是很有必要的。

不论是点或面的乡村风貌设计和发展，都要考虑到对乡村环境的保护。需要明白，乡村始终应该要有"乡村"的样子，过度城市化的居住小区式的升级是一种偷懒，更是一种"建设性破坏"。同时，村内的环境卫生治理，也是现阶段改善乡村环境的主要目标。环境是人们生活的载体，只有生活在更好的环境中，才能从根本上解决乡村风貌的主要矛盾；只有改善人们的生活质量，让人们过上更好生活的设计，才是响应乡村振兴政策的好设计。

2. 非设计之谋

设计只是乡村风貌更新的一环，乡村发展若想源源不断地获得助力，就要从我国乡村振兴的总目标——"乡村全面振兴，农业强、农村美、农民富"来着眼和思考。乡村风貌更新，更多地侧重和解决的是"农村美"的问题，而这一切需要建立在更全面的发展体制机制之上，如何做到这一点也需要更多非设计层面的思考与创新。

（1）活力重塑

许多乡村出现"空心村"或不同程度的"失活"现象，需要的不只是乡村风貌的更新与景观的重塑，更重要的是活力的重现。这个问题不是仅仅依靠设计可以解决的，而应该引入更多的活动让乡村再次焕发生机。

一是依靠环境更新后引入的新的形式，如乡村旅游、生态观光农业、乡村体验中心等。例如，日本水上町就在"农村公园构想"的思想指导下，完成了多个农产品加工中心的建设，并且顺应旅游需求打造了相关的温泉设施以及讲述和表演民间传统戏剧的演出中心；同时，在"工匠之乡"建设

---

[1] 张立：《乡村活化：东亚乡村规划与建设的经验引荐》，载《国际城市规划》2016年第6期，第1-7页。

了"人偶之家""面具之家""竹编之家""茶壶之家""陶艺之家"等传统手工作坊。① 这种更新的模式，就是在乡村风貌环境提升的基础上带来的旅游与体验模式的改变。这种更新不仅会改变乡村的产业结构与乡村居民的生活方式，促进部分居民从第一产业转型至第三产业，而且也会给乡村风貌的改善带来极大的帮助。

二是依托过往的文化或是活动的更新重塑，这需要设计预留——活动组织。我们从一些乡村的活力重塑中找到一些可资借鉴的途径。例如，南京大学的周凌工作室在南京桦墅村所做的"村口空间"，就将村口的一栋老房子改造成公共活动的空间。设计师希望以这种在传统布局中加入活动组织的方式来完成对村口空间的重塑。无论从历史上还是现今对村口概念的理解，人们对村口空间的公共性的追求都是一致的。周凌则保留了村口铺子，平日用作传统农产品的展示和售卖，周末则结合活动成为村民和游客买卖物品的集市。这样的村口既是得到合理利用的物质空间，又是一个充满公共性的空间（如图 7-23 所示）。

图 7-23　村口铺子

图片来源：周凌：《桦墅乡村计划：都市近郊乡村活化实验》，载《建筑学报》2015 年第 9 期，第 24-29 页。

（2）观念更新

乡村风貌的更新，要求观念也应当更新。这不仅需要设计师思考，也需要村民们的自我反思：我们的乡村是什么样子的？我们的乡村需要怎样的未来？在"有序"的时候，设计师需要自我约束，明白乡村风貌更新的核心意义和居民的真正需求。而在规划完成之后的大多数时间里，乡村居民的观念决定着乡村更新的"无序"阶段将如何变化。这也需要从观念上进行引导。

乡村风貌更新的成本是值得考量的，作为乡村更新中的重要主体，设计师确实需要避免以往的"美丽乡村"出现的快速简单、模板复制的方式（如图 7-24 所示）。乡村是文化的载体，旧的物质不应当在一轮乡村风貌更新之后消失殆尽。硬化道路不见得好过旧石板路，公园景观也不一定好过田园景观。而村民们也应该发挥自主性、积极性，进行可持续的乡村风貌建设，才能达到乡村振兴的最终目标。

3. 名片与品牌

名片与品牌也不容忽视。许多乡村都尝试着打造属于自己的品牌，并取得了不错的效果。

民间团体的参与，或在与艺术家和艺术院校合作的基础上进行更新与激活，并打造属于乡村的名片来提升知名度和品牌度，这对乡村活力的重新激活有重要作用。例如，日本的"越后妻有大地艺术祭"就很好地利用了"艺术"这个招牌将大片的乡村作为艺术的大型展场，挽救了衰败的越后妻有地区的乡村（如图 7-25、图 7-26、图 7-27 所示）。

---

① 王琼、季宏、陈进国：《乡村保护与活化的动力学研究——基于 3 个福建村落保护与活化模式的探讨》，载《建筑学报》2017 年第 1 期，第 108-112 页。

图 7-24　雷州市揖花村和遂溪县虎头坡村

左图来源：http://news.southcn.com/n/zsym/jplx/zhanjaing/content/2019-01/04/content_184714018.htm；右图来源：https://m.thepaper.cn/baijiahao_8603859。

图 7-25　越后妻有大地艺术祭

图片来源：http://home.163.com/18/0806/18/DOI0HGHA00108O8H.html#from=relevant。

图 7-26　马岩松在越后妻有的作品

图片来源：https://www.sohu.com/a/246759686_534425。

虽说这种方式不见得可以直接照搬，但我们也可以通过短期的和长期的非设计方式来助力乡村风貌的建设。从短期来看，可以定期举办地域文化活动；从长期来看，可以通过艺术形式逐步介入和改善来达到效果。

传统的民俗活动介入被证明是一种有效的工具，能激活已被渐渐淡忘的传统习俗、风土人情和当地的历史文化（江西婺源、宏村都证明这条路是可行的）。在传承历史文化的同时，深描"当代"的乡村文化，做到与时俱进，也有相应的案例可以借鉴（如湖南的凤凰）。在这其中，无论是打造名片或是品牌，仅仅靠建筑师、规划师和景观师都是不能实现的。所有的这些都应当建立在一个整体经济

图 7-27 越后妻有艺术作品《为了那些失落的窗》

图片来源：https://www.sohu.com/a/246759686_534425。

水平富足、基本生活条件满足的基础之上。① 同时，真正了解产业与行业发展的专家团队的介入也是必不可少的。因此，只有静下心、花时间进行深入调研，分析适合该村落的发展和综合建设方法，才能保证乡村风貌得到改善。

参考文献

［1］余柏椿. 解读概念：景观·风貌·特色［J］. 规划师，2008，24（11）：94-96.

［2］李王鸣，冯真，柴舟跃. 基于ESDA方法的区域乡村群体风貌规划体系研究：以舟山市定海区乡村为例［J］. 建筑与文化，2014（10）：94-96.

［3］孟莹，戴慎志，晓斐. 当前我国乡村规划实践面临的问题与对策［J］. 规划师，2015（2）：143-147.

［4］张立，王丽娟，李仁熙. 中国乡村风貌的困境、成因和保护策略探讨：基于若干田野调查的思考［J］. 国际城市规划，2019（5）：59-68.

［5］HU Z, FANG X. Tactical Rural planning in China "beautiful country" rural renewal planning project［C］. Ifla World Congress，2018.

［6］鲍梓婷，周剑云. 当代乡村景观衰退的现象、动因及应对策略［J］. 城市规划，2014（10）：76-84.

［7］刘滨谊，陈威. 关于中国目前乡村景观规划与建设的思考［J］. 小城镇建设，2005（9）：45-47.

［8］费孝通. 反思·对话·文化自觉［J］. 北京大学学报：哲学社会科学版，1997（03）：15-22+158.

［9］ANTROP M. Changing patterns in the urbanized countryside of Western Europe［J］. Landscape ecology，2000，15（3）：257-270.

［10］袁青，于婷婷，王翼飞. "二战"后西方乡村景观风貌的研究脉络与启示［J］. 城市规划学刊，2017（4）：90-96.

［11］宁满秀，袁祥州，王林萍. 乡村振兴：国际经验与中国实践——中国国外农业经济研究会2018年年会暨学术研讨会综述［J］. 中国农村经济，2018（12）：130-139.

［12］赵民，李仁熙. 韩国、日本乡村发展考察：城乡关系、困境和政策应对及其对中国的启示［J］. 小城镇建设，2018（4）：62-69.

［13］傅英斌. 贵州中关村村民中心改造［J］. 城市建筑，2018（13）：72-77.

---

① 王琼、季宏、陈进国：《乡村保护与活化的动力学研究——基于3个福建村落保护与活化模式的探讨》，载《建筑学报》2017年第1期，第108-112页。

［14］渠岩. 青田范式：一种基于生活样式重建的乡土伦理与设计实践［J］. 装饰，2019（12）：96-99.

［15］张立. 乡村活化：东亚乡村规划与建设的经验引荐［J］. 国际城市规划，201631（6）：1-7.

［16］王琼，季宏，陈进国. 乡村保护与活化的动力学研究：基于3个福建村落保护与活化模式的探讨［J］. 建筑学报，2017（1）：108-112.

［17］周凌. 桦墅乡村计划：都市近郊乡村活化实验［J］. 建筑学报，2015（9）：24-29.

（编者：侯泓旭、胡泽浩、蔡克光、吴克刚、张学晨、彭静萍、叶平、邓永雄、李振华）

第八章　乡村振兴战略的民生振兴及规划策略

我国农村经过长期的发展，各项民生项目取得了显著的成效，但不少乡村还面临着道路交通设施不足、供水保障水平不高、污水处理设施不完备、水利基础设施不完善、生活垃圾处理不系统、公厕数量和卫生条件不足、能源结构不合理、信息基础设施落后、农村就业不充分、分配单一收入低、教育资源短缺水平不高、医疗健康水平不高、社会安全与保障不足等问题。

为此，有必要对乡村振兴的民生振兴策略进行科学系统的规划和思考，以及策划具体的实施路径，以不断摸索乡村民生振兴之路。

第一节　中国乡村民生的现状问题

一、乡村交通设施不足

一是村道硬化比例不高。据国家统计局官方数据，2019 年全国村庄内道路总长度 3205823.81 千米，其中，硬化道路只有 1634591.38 千米，占总体乡村道路总长度的 50.98%。截至 2019 年年底，中国的村庄道路约有一半属于未硬化的道路，村庄道路硬化的情况不尽理想。①

二是宽度有限，使用不便。按照国家乡村道路工程技术规范的要求，道路宽度达到 4.5 米才能会车，但目前多数村庄的道路往往仅 3 米宽，在部分偏远山区的村道则更窄。多数村道无法满足会车的需求，一到春节等节假日，农村堵车的情况比城市还厉害。2020 年 10 月 21 日，广东省人大代表约见国家机关负责人"会诊"乡村建设难题时提到关于乡村道路拥堵的问题，表示广东省人大代表下乡调研时乘坐的中巴车也常在会车时无法通过而被困于半路。来自肇庆市高要区回龙镇的省人大代表夏冠新指出，多年修建下来的村路作为乡村振兴的命脉，目前仍存在着不够宽、会车难、对日常生活生产和地域交流造成阻碍等问题，村道限制着乡村的发展，需从机制上设法解决交通设施不足的问题。②

三是乡村公交覆盖度还不高。根据云南网 2019 年发布的官方报道显示，截至 2019 年年底，云南省 14449 个建制村，已通客车的建制村达 13882 个，通客车率 96.08%。全省暂未通客车的建制村有 567 个，其中，具备通客车条件的村有 455 个，暂不具备通客车条件的村有 112 个。在"村村通"客车推进过程中，让农村公交客运"开得通、留得住、有效益"，成了困扰运管部门的难题。有些村的路基达不到 4.5 米，客车行驶存在一定的安全隐患；部分村涉及危桥改造、窄路加宽、安防工程等工程建设问题；还有的村是村民人数少于 100 人，公交车空车率较高，由于客流量小、经营不善等原因亏损严重，如果当地财政收入不高，补贴不足，乡村公交就会形成"开得通、亏损大、留不住"的

---

① 《2019 年交通运输行业发展统计公报》，见中华人民共和国交通运输部（http://www.gov.cn/xinwen/2020 - 05/12/content_5510817.htm），访问日期：2020 年 5 月 12 日。
② 《云南省 14449 个建制村实现 100% 通硬化路贫困地区基础设施极大改善》，见昆明信息港（https://www.kunming.cn/news/c/2020 - 03 - 19/12880420.shtml），访问日期：2020 年 3 月 19 日。

僵局，确实难以为继。①

二、农村供水保障整体水平不高

鉴于我国农村人口居住分散、地理条件差异较大、水资源禀赋不均，当前农村供水整体水平仍处于初级阶段。根据《2019年城乡发展统计年鉴》显示，截至2019年年底，全国村庄供水普及率平均为80.98%，最低的省（西藏）仅为61.43%，部分地区的村民饮水安全尚缺乏保障。②

目前，乡村供水工程在部分地区存在以下三种现象。

一是供水工程较分散，并以小型集中供水工程为主，在运行管理方面难度较大。根据2019年城乡发展统计年鉴中村庄公共设施数据显示，2019年全国集中供水的行政村有370971个，占总村庄个数的78.29%。③

二是水质不稳定，小型集中供水工程只设计了简单的沉淀过滤装置。据2019年国家发改委和水利部、卫健委组织全国农村饮水安全现状调查评估结果显示，全国农村饮水不安全人口有3.2亿人，占农村人口的34%。饮用水不安全，给农村居民的身体健康保障和生产、生活带来许多困难。部分农村原有的饮水安全工程存在"工程老化失修，水源水量不足，水质不达标，管网渗漏严重"等问题。④

三是部分地区季节性缺水问题仍然存在，少数地区存在少量天数缺水情况。根据国家统计局2021年2月份公布的"国家脱贫攻坚普查公报（第二号）"内容显示，通过对中西部22个省（区、市）用水保障情况进行调研，调查结果显示，99.86%的国家贫困县建档立卡户不缺水，0.14%供水有基本保障但有少量天数缺水，6.33%未供水入户；非国家贫困县建档立卡户中有99.95%不缺水，0.05%供水有基本保障但有少量天数缺水，15.75%未供水入户。⑤

三、污水处理设施不完备

排水管网建设不完善，进度严重滞后。据国家住房和城乡建设部《城乡建设统计年鉴2019》数据显示，截至2019年年底，已对污水进行综合处理的乡村个数为3156个，占比为33.3%，污水处理率为18.21%。乡村排水管道总长度由2017年的1.9万千米上升至2019年的2.5万千米，增长速度约为31.58%，而农村每天污水处理能力由2017年的55.72万立方千米上升至2019年的80.11万立方千米，增长速度约为43.77%。由此对比可发现，排水管网的建成速度要低于污水处理厂的建成速度。⑥由于管网投资大于建污水厂的投资，并且管网维护管理困难，加上财政和运维管理等负担，很多污水处理设施"建而不用"，成了摆设。

---

① 《云南省14449个建制村实现100%通硬化路贫困地区基础设施极大改善》，见昆明信息港（https://www.kunming.cn/news/c/2020-03-19/12880420.shtml），访问日期：2020年3月19日。
② 《2019城乡发展统计年鉴》，见中华人民共和国住房和城乡建设部（http://www.mohurd.gov.cn/xytj/tjzljsxytjgb/jstjnj/index.html），访问日期：2020年12月31日。
③ 《2019城乡发展统计年鉴》，见中华人民共和国住房和城乡建设部（http://www.mohurd.gov.cn/xytj/tjzljsxytjgb/jstjnj/index.html），访问日期：2020年12月31日。
④ 《2019城乡发展统计年鉴》，见中华人民共和国住房和城乡建设部（http://www.mohurd.gov.cn/xytj/tjzljsxytjgb/jstjnj/index.html），访问日期：2020年12月31日。
⑤ 《国家脱贫攻坚普查公报（第二号）》，见国家统计局（http://www.stats.gov.cn/tjsj/zxfb/202102/t20210224_1814048.html），访问日期：2021年2月25日。
⑥ 《2019城乡发展统计年鉴》，见中华人民共和国住房和城乡建设部（http://www.mohurd.gov.cn/xytj/tjzljsxytjgb/jstjnj/index.html），访问日期：2020年12月31日。

四、水利设施不完善

我国农村的农田水利工程大多兴建于20世纪六七十年代，已经运行40多年，大多建设期较早，设施年久失修，即便有的经过多次维修和改造，也只是处理表面问题，本质上没有得到彻底改善。许多灌溉排水工程已经进入老化期，甚至超越了原本的使用寿命，渠道工程的损坏与失修造成了水灌不进、放不出的问题。近几年来，我国农村地区的旱涝灾害发生频率较高，影响着农作物的整体产量，不利于农村经济的发展。我国农村地区水利设施建设还不够完善，建设过程中的很多问题亟待解决。乡村水利设施主要针对农田水利工程点多面广、微小分散和多龙治水、标准偏低、重数量不重质量。

五、生活垃圾处理系统不完备

随着农村现代化进程的推进和农民生活水平的提高，大量工业化学物品进入农村家庭，成了生活必需品，这些物品在使用后产生了大量废弃物，增加了农村垃圾的复杂性，加大了处理难度，进而破坏了乡村的原生态环境。

据《城乡建设统计年鉴2019》数据显示，中国乡村生活垃圾的平均处理率为73.87%，处理率最低的省份（黑龙江）乡村生活垃圾处理率为9.15%。垃圾处理系统不完备，乡村环境卫生情况堪忧。[①]

六、农村公厕数量和卫生条件不足

根据国家卫生健康委员会的数据，改革开放后，全国拥有卫生厕所的农村住户比重大幅提高。1993年，第一次农村环境卫生调查结果显示，全国农村卫生厕所普及率仅为7.5%。到2017年年底，全国农村卫生厕所普及率已达81.8%，但少数偏远地区的农村卫生厕所覆盖率不高。据中国农业农村部发布的官方数据显示，截至2019年12月，中国农村共有公共厕所3.9万个，全国农村卫生厕所普及率超过60%，卫生厕所数量和卫生条件仍有较大的提升空间。[②]

七、能源结构不合理

当前，农村电网仍然存在问题。用电负荷迅速加快，电网和供电设备较为老旧，存在电力供应网络单一、配电变压器容量不足和线路载流量小的问题，无法满足生产与生活的需要。同时，缺乏定期维护和检修，导致违规用电情况时有出现，带来了安全隐患。

据国家统计局2019年城乡发展统计年鉴数据显示，截至2019年年底，全国乡村平均燃气普及率仅为26.81%，仅有天津、江苏、福建、山东、广东、广西、湖南超过50%，燃气基础设施建设需求和潜力大。[③]

目前，农村可再生能源的开发利用普及率比较低，集中供气网点很少，资金相对缺乏，新能源工程建设总体缺乏活力。

---

① 《2019城乡发展统计年鉴》，见中华人民共和国住房和城乡建设部（http://www.mohurd.gov.cn/xytj/tjzljsxytjgb/jstjnj/index.html），访问日期：2020年12月31日。
② 《2018年卫生健康事业发展统计公报》，见健康促进网（https://www.sohu.com/a/316305454_120059213），访问日期：2019年5月24日。
③ 《2019城乡发展统计年鉴》，见中华人民共和国住房和城乡建设部（http://www.mohurd.gov.cn/xytj/tjzljsxytjgb/jstjnj/index.html），访问日期：2020年12月31日。

八、信息基础设施落后

乡村通信尚不发达，信息基础设施建设有待加强。根据中国互联网络信息中心（CNNIC）发布的第46次《中国互联网络发展状况统计报告》数据显示，截至2020年3月，我国乡村地区互联网普及率为46.2%，较2018年年底提升了7.8个百分点，乡村宽带用户为1.35亿户，较2018年年底增长了14.8%。[1]

根据国家统计局《2020年国民经济和社会发展统计公报》数据显示，农村互联网普及情况远低于城镇。2020年年末，互联网上网人数达9.89亿人，其中手机上网人数为9.86亿人；互联网普及率为70.4%，其中农村地区互联网普及率为55.9%。[2]

九、农村就业不充分

据《2020年国民经济和社会发展统计公报》数据显示，2020年全国农民工总量为28560万人，比2019年下降1.8%。其中，外出农民工16959万人，占务工总人数的59.38%，农村就近工作机会相对少，就业不充分。[3]

十、分配制度单一、收入低

由于缺乏系统完善的科学分配制度，广大农民没有享受到更多改革发展的红利，只能凭借自身的劳动换取收入，收入形式相对单一，造成农民收入普遍不高、城乡收入贫富差距大等问题。

据《2020年国民经济和社会发展统计公报》数据显示，2020年，农村居民人均可支配收入为17131元，城镇居民人均可支配收入为43834元，农村人均收入相对较低。[4]

十一、教育资源短缺、水平不高

根据《中国农村教育发展报告2017》显示，2017年，农村学前教育在园生占总体的62.90%；农村义务教育阶段在校生占总体的65.40%；农村普通高中教育在校生占总体的52.35%。从学校数量看，2017年农村幼儿园数量占总体的69.03%，农村义务教育学校数量占总体的81.95%，农村普通高中数量占总体的49.76%。其中，优质的教育资源不多。

农村教育面广量大，依然是中国基础教育的大头。[5]但乡村教育投入有限、资源相对短缺，大多数办学条件较差，乡村教师队伍缺乏人才，队伍老龄化，教学学科结构不科学，教学质量不高。大多数乡村针对农民的职业教育处于空白状态，导致广大从业农民文化水平普遍不高，难以适应当下市场化的竞争和现代社会生产发展。

---

[1] 《CNNIC发布第47次〈中国互联网络发展状况统计报告〉》，见中华人民共和国中央人民政府（http://www.gov.cn/xinwen/2021-02/03/content_5584518.htm），访问日期：2021年2月3日。

[2] 《中华人民共和国2020年国民经济和社会发展统计公报》，见国家统计局（http://www.stats.gov.cn/tjsj/zxfb/202102/t20210227_1814154.html），访问日期：2021年2月28日。

[3] 《中华人民共和国2020年国民经济和社会发展统计公报》，见国家统计局（http://www.stats.gov.cn/tjsj/zxfb/202102/t20210227_1814154.html），访问日期：2021年2月28。

[4] 《中华人民共和国2020年国民经济和社会发展统计公报》，见国家统计局（http://www.stats.gov.cn/tjsj/zxfb/202102/t20210227_1814154.html），访问日期：2021年2月28。

[5] 邬志辉：《中国农村教育发展报告2017》，见中国网（http://www.chinateacher.com.cn/zgjsb/images/2017-12/27/11/ZGJSB11B20171227C.pdf），访问日期：2017年12月27日。

十二、医疗健康水平不高

据《2020 国民经济和社会发展统计公报》数据显示，2020 年年末，全国共有医疗卫生机构 102.3 万个，其中医院 3.5 万个，在医院中有公立医院 1.2 万个，民营医院 2.4 万个；基层医疗卫生机构 97.1 万个，其中乡镇卫生院 3.6 万个，乡镇卫生院数量占比 3.7%，农村医疗资源比例相对城镇而言较低，且水平相对不高。[①]

十三、社会安全与保障不足

当前，社保尚未完全覆盖到所有农民，使得部分农民缺乏在养老、失业、医疗等方面的社会保障，缺乏较强的抗风险能力。同时，还存在着一些特殊困难群众和弱势群体，需要得到进一步的生活保障。

近年来，随着城镇化快速发展，人口向中心镇、中心村进行聚集，"类城市"安全风险聚积；一些偏远农区成了"空心村"，日益凋敝，安全隐患增多。农村普遍地广人少，治安防控体系和力量薄弱，成为偷窃、经济诈骗等犯罪行为多发地，造成广大农民心理安全感缺失。同时，在近年的高速发展过程中，还存在一些因土地流转、征地拆迁等方面工作造成的社会矛盾和纠纷，有的没有得到及时解决和疏导，对乡村的社会稳定造成一定影响。

第二节 乡村民生振兴的规划策略

在民生问题中，"就业"是人民生活的根本，"教育"是强国富民的基础，"分配"是人民休养生息的源泉，"社保"是人民生存和发展的依托，"稳定"是人民安居乐业的可靠保障和坚强后盾。要振兴乡村，必须先解决好民生"本""基""源""依"和"盾"的问题，在完善民生环境设施及水平提升的同时，提升公共服务质量与水平，把乡村的就业、教育、分配、社保、稳定五大现实问题抓紧抓好。

实施乡村的民生振兴，应遵循习近平总书记关于乡村振兴的总体指导思想，根据国家乡村振兴战略的总体部署，重点聚焦民生短板，解决民生问题。中国从沿海到内地，从平地到高原，大大小小分布的行政村约有 69 万个，自然村约 267 万个（国家民政部 2017 年统计数据）。[②] 每一处村庄所在的地区都有差异，风土民俗、自然环境和民生短板都不尽相同。每一个地区实施乡村民生振兴措施之前，不应就着拿来主义盲目照搬照抄经济发达地区所谓的"先进经验"，而应根据本地乡村的实际民生情况，对本地区不同乡村之间的差异性和发展趋势进行充分分析，因地制宜，分类制定政策。

乡村民生振兴的规划策略，就是要针对目前存在的 13 个主要问题对症下药，从市政配套设施升级和公共服务水平提升两大方面着手改进。最终目的是要让广大人民群众有活干、有学上、有饭吃、有衣穿、有屋住，病有医、老有养、生活幸福，都过上好日子。

[①] 《中华人民共和国 2020 年国民经济和社会发展统计公报》，见国家统计局（http://www.stats.gov.cn/tjsj/zxfb/202102/t20210227_1814154.html），访问日期：2021 年 2 月 28 日。

[②] 《中国民政统计数据 2017》，见中国知网（https://data.cnki.net/Trade/yearbook/single/N2017110010?z=Z021），访问日期：2018 年 8 月 2 日。

第三节 乡村民生振兴的实施路径与技术方法

在乡村民生振兴施策的过程中,应突出强调"高质发展、软硬并重"的原则。"高质发展",即提升乡村劳动力文化教育水平和就业质量,建立公平合理的分配机制,解决广大农民最关心的收入分配问题;"软硬并重",即高度重视乡村"硬实力"和"软实力"的同步配套发展。硬实力主要是指升级乡村市政配套设施如农村道路、供水、污水、水利、公厕、能源等;软实力主要是提升乡村基本公共服务,包括公共服务设施的规划布置和服务水平的提升两方面,重点覆盖乡村就业、分配、教育、医疗与健康、社保与稳定等主要工作内容。改善乡村民生一定要"软硬"兼施,硬件设施和软件配套双管齐下,为民生振兴提供充分保障,让大多数农村人能够生活得幸福、有尊严。

一、升级乡村市政配套设施

(一) 乡村振兴中市政配套设施规划的重要意义

乡村市政基础设施主要包括:道路、供水、水利、环境卫生、电力、供气和信息化设施等。道路交通、通信、供电等基础设施建设规划,有助于打破城乡二元经济结构,将"引进来"和"走出去"相结合,同时可以降低农村商品生产和流通的交易成本以及农民面临的自然与经济风险,极大程度地提高农民生产劳动的积极性和农业生产效率。另外,发达的道路交通、良好的通信、高质的自来水、稳定可靠的供电是农民生活质量提升的重要体现。

乡村市政配套设施规划是推进农村生态文明建设的主要手段。污水、环境卫生基础设施建设规划,可以有效地解决农村地区"脏、乱、差"问题,减少污水、垃圾对河流湖泊及土壤的污染;燃气基础设施建设规划,有助于在农村推广清洁能源的使用,减少空气污染。

实现乡村市政基础设施的现代化是实现农村现代化的基础。加快乡村道路与通信工程基础设施的建设,能够促进乡村与外界之间的交流互动,帮助农民及时转变传统观念,了解与掌握当下先进的知识与技术,促进农业生产。农村基础设施投资建设主要针对社会福利事业,其投资水平能够直接影响福利事业的发展。

目前,随着乡村振兴战略的实施,乡村经济发展迅速,但我国仍存在乡村市政基础设施与乡村发展不协调的情况。乡村市政配套设施规划是统筹城乡发展、全面建成小康社会的突破口,是促进乡村社会经济持续发展、不断提升农民生活质量的重要手段,对推动乡村振兴战略的实现具有举足轻重的作用。因此,必须全面统筹推进乡村市政基础设施规划建设和发展,加快补齐短板,推动提档升级。

(二) 乡村振兴战略的市政配套设施规划策略

1. 道路建设提升

乡村道路建设对乡村经济的发展起着至关重要的作用。道路建设提升主要集中在四个方面:①全面推进"四好农村路"建设,满足机动车、非机动车和居民出行要求,营造安全、舒适的交通环境。②以人为本,因地制宜,打造具有当地特色的乡村道路。③发展城乡公交一体化,实现具备条件的建制村全部通客车。④完善安全防护设施。只有通过健全的乡村道路规划,形成便利的交通系统,才能将"引进来"和"走出去"相结合,让经济推动乡村更新,真正实现乡村振兴。

(1) 道路建设

道路建设包括乡村道路规划和乡村道路建设两方面。

1) 乡村道路规划

乡村道路系统是乡村发展的"骨架",通过道路系统把区域内的生产、生活连接起来,以一定方式组成有机整体。道路系统一旦确定,实质上就决定了乡村发展的布局结构、规模及形态。

乡村道路系统必须以乡村总体规划为基础,并结合更宏观的周边区域道路交通网络进行整体规划。首先,应根据乡村用地的功能、道路交通的流量及流向,结合现状环境与道路条件进行设置,使其布局更加科学合理。其次,应尊重乡村的传统格局、注重生态保护。这要求在进行乡村道路规划时使用安全环保、经济耐久的材料,并使道路的走向较好地顺应地形,尽量减少对山、塘、树等自然资源的侵占。

2) 乡村道路建设

根据在乡村路网中的交通作用及对周边居民的服务功能,乡村道路可分为干路、支路和巷道三个等级,不同等级的道路具有不同的技术标准与要求。干路以机动车通行为主,兼有非机动车、人行通行,设计时速 20～40 千米/小时;支路则以非机动车兼具人行为主,设计时速 15～20 千米/小时;巷道则主要供人通行(见表 8-1)。

表 8-1　道路系统组成

规模分级	人口规模(人)	道路等级		
		干路	支路	巷道
特大型	>1000	?	?	?
大型	601～1000	△	?	?
中型	201～600	△	?	?
小型	≤200	—	△	?

注:表中"?"为应设,"△"为可设,"—"为不设。

在乡村道路建设的同时应考虑道路平纵横。平面和纵断面应符合路网规划、道路功能的要求,同时还应考虑土地利用、文物保护、环境景观等因素。合理选用技术指标,路线设计应与已形成的自然地形地貌相协调,不深挖高填。最大坡度为 7%,当受地形条件或其他特殊情况限制时,经技术论证后,最大纵坡可增加 1%;最小纵坡不应小于 0.3%,遇特殊困难纵坡小于 0.3% 时,应设置锯齿形边沟或其他措施排水。

乡村道路由机动与非机动车道、人行道、绿化带、路肩等部分组成。干路应设置宽度不小于 6 米的双向机动车道以供车辆通行;支路可为单车道,宽度不宜小于 3.5 米。可供自行车与三轮车通行的非机动车道宽度分别为 1 米与 2 米,其道数可根据当地的交通量和通行能力确定。人行道宽度不小于 1.5 米,设施带宽度不小于 1 米。采用边沟排水的道路应设置不小于 0.5 米宽的保护性路肩。

路面结构也不容忽视。路面类型可根据道路等级、沿线环境、乡村传统风貌和施工条件等综合确定。水泥路面、石材路面、预制砌块路面用于各级乡村道路;沥青路面用于干路和支路;砂石路面用于巷道或暂无条件铺装的支路。沥青路面:干路采用双层式面层结构,支路采用单层式面层结构。水泥混凝土路面:干路水泥混凝土面板厚度不小于 18 厘米,支路不小于 15 厘米。石材路面:车行道块石厚度不小于 8 厘米,人行道不小于 5 厘米。预制砌块路面:人行道砌块厚度不小于 5 厘米,其他道路不小于 6 厘米。砂石路面:砂石路面面层厚度不小于 12 厘米。

最后,在道路养护与管理方面,道路建成后,养护与管理工作是保证道路系统服务水平的关键。强化乡镇政府的领导作用,明确监督方式,分级管理养护,明确职责,具体道路养护与管理建议由村委会指派。

(2) 城乡公交一体化发展

城乡公交一体化是衔接城市与乡村的民生工程,同时也是落实城镇化的根本保障。建立适应城乡公交一体化发展的管理机制,从战略高度进行统一规划指导,根据各地政策,指定实施方案,降低经营者的运营成本以提高企业经营客运线路的积极性,从而达到统一规划、协调发展、节约资源、便利群众的目的。

加快乡村道路建设,提高乡村道路的通达率,需要以居民出行要求为导向,加大行政村间的环路建设。同时,应注重公交线路的设置,以提高运营效率,并需要根据乡村客运量和实际规划,建设乡村客运站或简易车站。健全相关法规,加强市场监管。明确城乡公交的主管部门,实行统一管理,提高客运主体的素质,保证客运服务水平不断提高。

(3) 安全防护设施

在乡村建设的同时,也应该注意安全防护等细节。在村口、交叉路口、学校附近及陡坡、急弯、临水、傍山等危险路段,应根据实际需要设置村牌、路标、人行横道线、交通限速标志牌、减速带、警示警告标志、护栏等安全设施、指示或限速标志,以保证行车与行人的双重安全。

2. 供水保障提升

农村供水工程的目的是加强农村饮用水安全,提高农村的集中供水率、自来水普及率。让乡村居民,特别是贫困人口用上安全、达标的自来水,是"两不愁、三保障"的重要指标。目前,乡村供水工程在部分地区存在的现象有:①供水工程较分散,并以小型集中供水工程为主,在运行管理方面难度较大。②水质不稳定,小型集中供水工程多数只使用了简单的沉淀过滤装置。③部分地区季节性缺水问题仍然存在,此类地区以山区地形为主,雨水徒涨徒落,抗旱能力较弱。针对以上情况,乡村饮用水的选址与保护和乡村供水模式就尤为重要。

(1) 乡村饮用水源地选址与保护

结合乡村饮用水源地选址工程技术,针对水质水量的要求,我国实施了新、改、扩建水源地至少进行丰、枯两个季节的水质、水量监测的政策。水质需满足《地表水环境质量标准(GB 3838—2002)》或《地下水环境质量标准(GB 14848—2017)》中Ⅲ类水质的规定;若无后续净化措施,则需满足《生活饮用水卫生标准(GB 5749—2006)》的要求。水量不低于近、中期需水量的95%,同时要兼顾远期发展的需要。当地表和地下水源、水质、水量均符合要求时,应优先考虑地下水源。

在水源地选址方面,山区乡村应尽量选择山泉水或地势较高的水库水,依靠重力进行供水;位于平原地区的乡村可适度集中地开采地下水,以便于水源的卫生防护、取水设施工程建设及实施环境管理。连片供水水源优先选择深层地下水,取水深度可根据当地的地质结构确定。设置于村前房后的单户或多户水源井,可以地下潜水作为水源。地下水源应选择包气带防污性好的地带,并按照地下水流向,在污染源及镇(乡)村的上游地区建设并应尽量靠近主要用水地区。

在水源地取水口设置要求上,主要在大型河流、湖库水源地取水口,其应尽量设在河、湖库中间。同时,国家应给予资金和技术支持。在选择水源时,宜从供水的可靠性、基建投资、运行费用、施工条件和施工方法等多方面进行技术经济比选。

(2) 乡村供水模式的选择

我国乡村供水系统分为集中式与分散式供水工程两大类。其中,前者主要服务于村镇等较大的区域,是指水厂在统一取水净化后用管道进行集中输配;后者是微型供水工程,一般是单户或几户联合供水。两类供水工程的特征、存在形式如表8-2所示。

表8-2 乡村供水系统的分类

供水工程类型	特征	存在形式
集中式供水工程	1. 集中供水人口≥20人; 2. 有输配水管网	1. 城乡统筹供水工程; 2. 联村工程; 3. 单村工程

(续表 8-2)

供水工程类型	特征	存在形式
分散式供水工程	1. 无输配水管网； 2. 单户或联户为单元	1. 分散供水井工程； 2. 引泉供水工程； 3. 雨水集蓄供水工程

近年来，我国乡村供水工程的发展模式发生了转变，重点已从最初的解决乡村饮水困难问题转变为解决乡村供水安全问题。传统的分散供水模式供水工程规模小，存在处理设备简陋、处理工艺不完备、管理运行不到位等问题，导致水质合格率低，供水保障率低。而集中供水工程实现了水源统一管理，不仅避免了重复建设，降低了工程建设投资和供水成本，同时也极大地提高了农村的供水质量，实现了良性循环。

从长远来看，解决乡村饮水安全问题要结合城镇化发展方向和新农村建设，认真研究城乡布局，按照规模化发展、标准化建设、市场化运营、专业化管理的原则，在有条件的乡村积极推进城乡统筹供水设施及配套管网建设，在不具备城乡统筹供水条件的乡村，因地制宜地实施小型集中供水。

3. 污水处理设施提升

增加乡村污水处理设施，可以改善农村人口的健康和生活条件，减少对农村环境的破坏。促进乡村振兴，就要完善现有污水收集系统，使污水经由污水收集系统集中后进入污水管网。同时，推进"污水革命"，实现"污水有效收集、村内无积水、村外水变清"的治理目标。

（1）农村污水收集处理模式

根据各乡村地理位置、人口密度、市政管网完善程度、污水处理和利用情况等条件综合确定污水收集处理系统，总体可分为集中型和分散型两大类。集中型可分为接入城镇集中处理和区域型集中处理：接入城镇集中处理是通过排污管道收集污水，然后将管道接入临近的市政排污系统之中进行统一处理的方法，其适用于与污水管网距离近、有良好经济基础与符合接入要求的乡村；区域型集中处理适用于人口较为集中、规模较大的村庄，宜敷设污水管网，采用生态处理、常规生物处理等方法，集中处理污水。分散型可分为联户型分散处理和分户型分散处理：联户型分散处理是指个别户污水不能统一收集，需对几户设施一个污水处理点进行处理；分户型分散处理是个别户污水不能统一收集，单户进行污水处理的情况。

（2）农村污水收集系统

可根据地形、布局及巷道走向对村庄形态进行分类，帮助乡村选择合适的污水收集模式进行建设。农村雨污水设施可参照以下类型，具体见表 8-3。

表 8-3 村庄分类组合类型一览表

序号	村庄地形	村庄布局	巷道走向	推荐收集模式	备选模式 1	备选模式 2
1	山坡地（山地、丘陵等地面坡度较大的地形区域）	线形	平直	污水管和地面漫流	分流制	截流式合流制
			弯曲		截流式合流制	分流制
		非线形	平直	截流式合流制	污水管和地面漫流	分流制
			弯曲		分流制	污水管和地面漫流
2	平地（平原、盆地等地面坡度较小的地形区域）	线形和非线形	平直	分流制	截流式合流制	—
			弯曲	截流式合流制	分流制	—

农村雨污水设施运作流程如图 8-1、图 8-2、图 8-3 所示。

农村多数已建有雨污合流的沟渠，而且大多紧贴化粪池和房屋外墙而建，巷道上除了化粪池和雨水排水沟外，几乎没有空间可用以新建排水管道。因此，新建与否宜按照巷道内有无敷设位置决定：若有，则可使其紧挨现有雨水排水沟；若无，则可考虑将原有的沟渠改造为污水收集渠，使用地表漫流的方式进行污水排放。

（3）农村污水处理设施

我国针对农村生活污水处理水质有明确的标准，农村污水处理设施出水水质应符合《城镇污水处理厂污染物排放标准》（GB 18918—2002）一级 B 排放标准。位于生态敏感区需采取特别保护措施的地区，应另外确定出水水质标准。

农村生活污水处理工艺选择的原则应遵循：①稳定达标，针对农村水质和水量特点选择合适的污水处理方式，以确保其达到当地的排放标准；②经济实用，选用技术成熟、工程造价低、运行费用少和能耗低的处理工艺；③运行管理简便，针对捆绑打包专业管理或单一管理模式，选择能适应管理水平的工艺和设施；④易检耐用，农村生活污水处理设施规模小、体积小，尤其是一体化设备更需要重视设施性能的耐用持久性以及检修的简便性；⑤生态造型，农村自然生态环境较好，污水处理设施整体建设要求应达到生态效果。

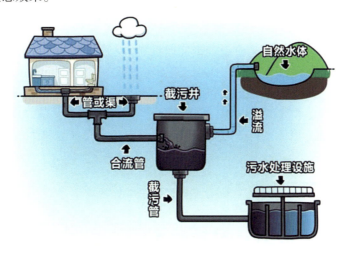

图 8-1　截流式合流制收集系统示意

图片来源：http://zfcxjst.gd.gov.cn/zcjd/wzjd/content/post_ 2186535.html。

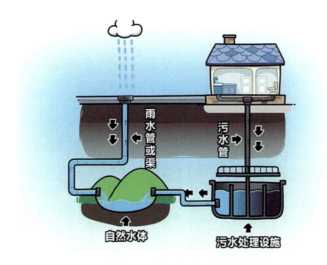

图 8-2　分流制收集系统示意

图片来源：http://zfcxjst.gd.gov.cn/zcjd/wzjd/content/post_ 2186535.html。

图 8 - 3　污水管和地面漫流收集系统示意

图片来源：http://zfcxjst.gd.gov.cn/zcjd/wzjd/content/post_ 2186535.html。

农村污水处理设施一般规模较小，分布较为分散，出水标准要求较城镇污水处理厂低，因此，其污水处理工艺应易于管理、便于维护，采用无动力或微动力。常用农村污水处理工艺有以下五种：①预处理单元。农村生活污水处理设施应设置预处理系统。设施主要包括化粪池、格栅、沉砂池和调节池。②厌氧池 - 接触氧化 - 人工湿地。该组合工艺具有较强的抗冲击负荷能力。③活性污泥法。该工艺为传统污水处理工艺，运行比较成熟。④膜生物反应器（Membrane Bio-Reactor，MBR） - 吸附除磷。该工艺采用膜分离技术富集微生物，同时配合吸附除磷工艺。⑤ AOF（Advanced Oxidation Processes）工艺→人工湿地。该工艺具备同步脱氮、污泥内源消化和生物生态除臭功能。（如图 8 - 4、图 8 - 5、图 8 - 6 所示）

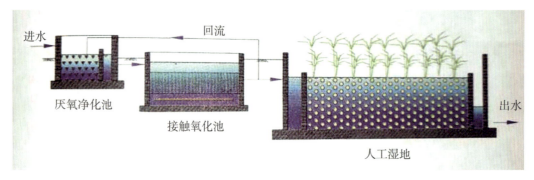

图 8 - 4　厌氧池 - 接触氧化 - 人工湿地组合工艺流程

图片来源：https://www.sohu.com/a/163110365_ 649223。

图 8 - 5　MBR - 吸附除磷工艺处理设施现场

图片来源：http://www.whjbhj.com/index.php/cat/32.html。

图 8-6 AOP 工艺处理设施现场

图片来源：https://wenku.baidu.com/view/2dbac91631126edb6f1a10d3.html。

4．水利基础设施提升

提升水利基础设施建设，是实现乡村振兴的基础。目前，水利基础设施存在重建设、轻管理的问题，严重限制了水资源的保护和合理利用。因此，应从以下三个方面对水利基础设施进行提升：①大力推进灌区工程改造建设，发展高效节水灌溉，完善农田灌排工程体系；②加强乡村防洪排涝水利设施建设，进一步提升乡村防洪排涝能力；③推进乡村水系综合整治，恢复河湖生态空间，营造良好的水生态环境。水利灌溉在乡村振兴中具有不可忽视的作用。

（1）水利灌溉体系

第一，合理选择节水灌溉技术。综合考虑各个区域农田的基本情况、气候条件、经济发展水平及水资源属性等因素，因地制宜地选择技术。第二，是根据农作物结构调整农田灌溉方案。按照各地区的农作物类型及种植比例对农田灌溉方案进行相应的调整，从而提高水的利用率。

（2）水利防涝

有序推进乡村涝区治理是十分重要的。病险水库水闸除险加固不容忽视，应推进病险水库水闸除险加固，完善防洪排涝体系。此外，由于涝灾的发生及其量值都有随机性，单纯靠工程治涝既不经济，也不完善，因此排涝非工程措施是重要的。

（3）河湖治理

首先，开展乡村河湖水环境治理，健全河湖管理保护长效机制，提高河湖行洪排涝的能力，增强水体流动性，并且要加强对重要水库湖泊周边区域污染源的治理，改善入湖库水质，同时需采取生态恢复的措施，促进生物多样化。其次，大力推进乡村水系连通，逐步恢复、重建、优化乡村河湖水系布局，盘活乡村河湖水体。最后，加强乡村水生态环境保护，重塑健康自然的弯曲河岸线。

5．生活垃圾设施提升

（1）垃圾收集处理

运用"村收集、镇转运、市处理"的模式，完善乡村镇区垃圾转运站的建设，达到"一镇一站"建设的最低标准；完善村庄垃圾房的建设，达到"一村一房"的标准。垃圾处理模式如图 8-7 所示。

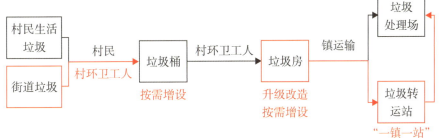

图 8-7 乡村垃圾收运模式示意

图片来源：作者自绘。

村庄的主干道中应设置密闭式垃圾箱或者垃圾桶,并且要注重垃圾箱的规格与风格,使之与村庄整体风貌保持协调一致。此外,还可按需设置小型的垃圾转运中心,其周边可用灌木等植物进行适当的遮挡并保持一定的卫生防护距离,以保持环境的干净整洁(如图8-8所示)。

图 8-8　乡村垃圾桶样式

图片来源:https://www.sohu.com/a/212042415_467520。

(2)村庄生活垃圾宜就地分类回收利用

村庄生活垃圾宜推行分类收集,增设垃圾分类收集设施,循环利用,采取"就地消纳为主,集中处理为辅"的处理策略。对可燃烧垃圾率先就地燃烧,进行减量化,剩余垃圾再放进垃圾转运站(点)不定期运往镇或县、市的生活垃圾填埋场集中填埋(如图8-9所示)。

有经济条件的改良版　　　　　　　　　简易版

图 8-9　垃圾分类收集设施[①]

(3)明确卫生保洁员负责设施的日常管理

村庄要建立卫生保洁制度,安排固定的保洁队伍,垃圾定点收集、堆放,实现日产日清。垃圾收集点应规范卫生保护措施,防止二次污染,蝇、蚊滋生的季节应定时喷洒消毒及灭蚊药物。

6. "厕所革命"

公共厕所设置应加快推进"厕所革命",推广节水型公厕,保证无害化厕所农村覆盖率达到100%。人口超过300人的自然村应按实际需求设置农村公厕。农村公厕宜按服务半径为500~800米的标准进行设置。乡村旅游区内应建设旅游公厕。

在公共厕所等级类型方面,农村公厕依据建筑设计要求,按等级划分为一类公厕、二类公厕、三类公厕和简易公厕。农村公厕建设宜以第三类为主,有条件的地区可建设前两类公厕,简易公厕则适

---

① 宋岭、张琼:《乡村振兴背景下村庄公共服务设施优化配置——以信阳新县为例》,载《区域治理》2020年第3期,第96-98页。

用于人口密度较低的地区。

根据农村公厕不同的建设形式,可分为附属式公厕和独立式公厕。独立式公厕是不依附于其他建筑物的固定式公共厕所,应建在村入口、活动广场、停车场、集贸市场等人口集中区域。附属式公厕为依附于其他建筑物的固定式公共厕所。针对我国乡村现状,应大力推广与村民活动中心、老人活动站等建筑结合的附属式公厕(如图8-10所示)。

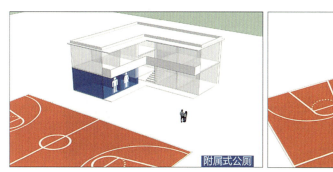

图8-10 农村独立式公厕和附属式公厕示意图

图片来源:作者自绘。

农村公厕改造可包括建设改造、粪便处理和配套设施改造等。可参考表8-4进行升级改造。

表8-4 农村公厕改造方向与范围

改造方向	项目	改造范围
建设改造	规模扩建	仅有男女独立单厕,隔间公厕或男女通用公厕形式应当按三类公厕的建设要求进行扩建,扩建时对原公厕进行沟洞填埋、地面破碎、挖坑
	厕所比例调整	厕位比例不满足规范要求的农村公厕,应满足男女厕位1:1.5~1:2的比例要求
粪便处理	处理形式改造	旱厕、沟厕应改造为独立冲水式厕所,安装蹲便器及水箱
	处理升级	农村公厕废水不得排入自然水域或直接接入村镇污水管网,应当建设化粪池进行处理后再接入村镇污水管网,也可统一抽运处理
配套设施改造	洁具升级	将落后淘汰、不符合节水要求、损坏的洁具进行更换升级
	标志牌	农村公厕标志牌应醒目且具有引导作用

将现有旱厕改造为冲水式厕所或粪尿分集式厕所,以使旱厕改造达到"便于清除粪便、防蝇、防臭、防渗漏"的要求。明确公共厕所卫生保洁员日常管理制度,公共厕所服务范围内设置明显的指引标识,旅游线路沿线区域按照标准上限设置公共厕所(如图8-11所示)。

7. 能源供给结构优化

推动乡村可再生能源开发利用,是《中共中央 国务院关于实施乡村振兴战略的意见》中乡村基础设施建设的重要部分,是实现乡村绿色发展,保护乡村生态环境,建设"美丽乡村"的关键环节。我国乡村可再生能源丰富,主要包括太阳能、风能、水能、生物质能等能源种类。受限于乡村地区发展实际和新能源利用技术,当前在乡村应用较为广泛、发展较为成熟的可再生能源主要是太阳能和生物质能(沼气)。乡村地区应因地制宜,根据区域自然条件,发展符合地区实际的可再生能源。

(1)乡村可再生能源开发利用

乡村可再生能源主要是太阳能和生物质(沼气),应根据区域实际情况,充分开发利用可再生能源,实现乡村绿色发展。

图 8-11　农村公厕改造后示例

图片来源：http://www.gdupi.com/Common/news_detail/article_id/3183.html。

1）太阳能技术

太阳能技术应用主要分光热和光电利用两大部分。①光热利用方面，当前乡村主要以太阳能热水器应用为主；作为重点开发的可再生能源，在太阳能资源丰富的农村地区，可结合新能源补贴政策来扩散太阳能利用的覆盖面。在室内生活方面，实现"改煤为光"，以太阳能集热器替代原有户内薪柴、煤炭锅炉，推广太阳能在烹饪与取暖等方面的应用，有效减少乡村燃料消耗；在农业生产方面，协调解决一次性投资问题，应用太阳能温室和太阳能土壤杀菌等技术，优化农业生产环境。②光电利用方面，当前乡村以分布式的屋顶光伏发电为主，在满足村用电力需求后，可将多余电量并网输送，实现农村增收。"光伏农业"是乡村太阳能利用的一个主要发展方向，其核心是实现光伏发电与产业发展的融合，协调光伏与农业生产的争光争地问题，采用复合型的太阳能电站，改善光伏板支架构造和阵列排放，在满足农作物采光需求的情况下进行发电，所发电量可以用于满足种植温室灌溉系统与恒温系统，并能结合太阳能灭虫、太阳能杀菌消毒等技术，提高农业生产效率，达到经济增收（如图 8-12 所示）。

图 8-12　光伏农业大棚

图片来源：http://www.zgjyjj.com/农业大棚/。

太阳能是当前乡村中使用条件最成熟的可再生能源，尤其对于落后地区，能有效减少当地薪柴、煤炭等燃料的使用，减少植被砍伐，改善乡村能源结构，改善农民生活环境与生活质量。太阳能利用在规划上，需要紧密结合新能源政策，尤其是光伏补贴政策，进行收益分析，结合与光伏企业的合作等方式，解决设备投资问题。在建设上，以村为单位，整村推进，使太阳能利用规模化和产业化。

2）生物质能（沼气）

沼气对增加乡村供能，改善炊事结构及卫生条件具有重大意义。完善乡村用沼气日常管理主要分为两个方面：①定期检测沼气池酸碱度，沼气的发酵是中性发酵，沼气池的酸碱度的测量 pH 值介于 6.5～7.5 区间为正常；②定期检测沼气池设备，除了沼气池盖外，还需对输气管、网、灯、灶具进行检查，尤其需注意管道老化、堵塞、弯折、积水等问题。

完善乡村沼气后续服务体系建设，对于已建沼气站的安全运行与效益发挥而言至关重要。对此，首先，需要建立长效服务机制，将沼气后续服务项目纳入政府公益性补贴范围，解决服务站生存困难的问题。其次，引导服务站转型升级，拓展业务范围，走出服务站多元发展的新道路。最后，推行沼液区域化配送，提升沼液配送服务质量。

（2）新一轮农村电网升级改造

电网对于农村而言是至关重要的基础设施。新一轮农村电网改造升级工程能有效提高农村地区电力供应质量，是农村经济发展的重要前提保障。当前，农村电网仍然存在较多问题。一方面，伴随着乡村振兴战略，农村建设步伐加快，导致用电负荷迅速加快，但农村电网和供电设备依然处于较为老旧的状态，存在电力供应网络单一、配电变压器容量不足和线路载流量小的问题，无法满足生产与生活的需要；另一方面，由于农村地区远离城镇中心，对农村地区供电设备无法做到定期维护和检修，管理上也缺乏规范，出现用户私拉电线等违规用电的情况，带来了重大的电力安全隐患。

农村电网升级改造策略，需要围绕以下几个重点。

1）科学合理规划农村电网结构

在 2016 年 3 月，国家发改委印发《新一轮农村电网改造升级项目管理办法》，提出农村电网升级改造实施的重点是农村中低压配电网，要求制定省级和县级农网改造升级规划（规划期为 5 年），并建立 3 年滚动修编项目储配库，35 千伏以上项目单独纳入，35 千伏以下项目以县为单位作为单个项目纳入。

对于农村电网现状，改善电网结构能极大地提高供电效率和可靠性。新一轮农村电网改造中，需要充分考虑地方农村的负荷特性，合理规划农村电网布局；依据地方农村实际电力需求，设置重要电力设施，并纳入农网改造 3 年项目储配库，依靠政策解决项目建设资金问题；明确负荷中心点，在负荷中心布置配电变电站；明确电力网络主干路由，合理设置环网，优化农村电网结构。

2）农村电力设备改造更新

在新一轮农村电网升级改造中，需要对农村区域内原有电力设备进行全面排查与检修，对质量不达标或无法满足农村生产生活需求的电力设备进行更换，在电力未覆盖的农村区域新建配电网工程。在变压器的选择上，合理选择容量，避免"大马拉小车"，同时保证户均配电容量在 2000 伏安以上，设备选型选用节能型变压器；在线路选择上，合理更换大截面导线，降低线路线损与压降，避免过载带来的安全隐患。安排对电力设备的定期维护与检修，保证改造后新电网的长期使用。

3）解决"低电压"问题

农村地区配电线路路径普遍较长，负荷点较多，线路末段负荷点的"低电压"问题严重影响供电质量，农村电网改造可从以下几点着手，优化解决"低电压问题"：增加电源点，缩短 10000 伏线路供电半径，对于重载和过载线路，优先将负荷转移到其他 10000 伏线路；提升电力设施调压能力，变电站采用有载调压型主变，并增设无功补偿装置；配电变压器在低压侧安装无功自动跟踪补偿装置；线路在有需要时，可安装线路分散无功自动跟踪补偿装置。

（3）供气设施向农村延伸

1）天然气

与整齐集中的城市居住区不同，农村居民居住得较为分散，因此天然气用气比城市更为灵活；并且,大部分农村坐落于较远的山地地区,距离现有的天然气管道较远,导致燃气管道接驳困难,山路运输也十分不便。针对乡村用气的特性,应规划不同的天然气设施建设方案,对于城市近郊或距离气源较近的村庄,科规划延伸天然气管道将村庄纳入天然气管道覆盖范围内。而对于距离气源远,接驳困难的村庄则可采用小型LNG瓶(组)进行供气。

2)液化石油气

天然气作为清洁能源,因其附属设施、转输运营费用等制约因素,在缺少严格技术经济论证的前提下,不能成为我国农村主要的气源。目前,我国农村主要的供气来源为液化石油气,其供气形式主要由运输车将瓶装液化石油气运输至地区集中供应站,再由农户到供应站购买或由供应站配送,其优势在于运输成本低,供应设备简单,投资较少。优化农村液化石油气供应站布局,在覆盖率、高效性等方面进一步加强,是乡村振兴战略实施的基础保障。

8. 乡村信息基础设施建设

在信息化时代,高效的通信网络系统是地区经济发展、社会进步、文化繁荣及科技发展的重要保障。随着乡村地区通信基础设施的初步完善,农业生产经营与数字技术的融合发展,为乡村人民在教育、医疗、就业、供销等领域提供了新的渠道,让人们不出村、不出户就能快捷地了解到有关农业生产生活的信息。

(1)乡村通信现状情况

截至2020年3月,我国乡村地区互联网普及率为46.2%,较2018年年底提升了7.8个百分点,乡村宽带用户为1.35亿户,较2018年年底增长了14.8%。① 随着"村村通"和"电信普遍服务试点"工程的实施,广大乡村人民逐步跟上了互联网时代的步伐(如图8-13所示)。

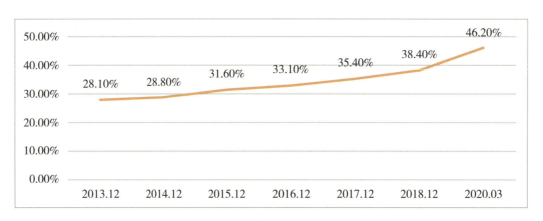

图8-13 2013—2020年乡村地区互联网普及率
图片来源:作者自绘。

随着光纤等乡村互联网基础设施的完善和手机等智能终端的普及,操作简便、触手可及的短视频不仅丰富了农民的日常生活,也成了强有力的生产工具。村民们通过拍摄家乡美轮美奂的自然风光、独具特色的风土人情吸引游客,带动乡村旅游与当地经济的发展。越来越多的农民在短视频的帮助下,解决了乡村特产的销售问题,带动了贫困地区经济发展。同时,由于乡村地区自然地域的异质性与经济社会发展水平的差异性,还有很大一部分乡村的通信基础设施存在设备陈旧、线路老化等问题,与乡村的经济发展需求存在较大的差距,并严重影响了乡村通信质量。

通常来说,满足乡村人民通信需求是乡村地区通信基础设施建设的根本性要求,主要体现在以下四点:①确保乡村地区居民的通信量得到满足,而且能满足不断增长的通信需求;②确保乡村通信质量可靠,通信基础设施具有较高的可靠性和便捷性;③在确保通信质量的基础上,要尽可能地节约资

---

① 《CNNIC发布第47次〈中国互联网络发展状况统计报告〉》,见中华人民共和国中央人民政府(http://www.gov.cn/xinwen/2021-02/03/content_ 5584518.htm),访问日期:2021年2月3日。

源,确保科学性、可靠性、经济性三者兼具;④乡村地区通信工程规划要充分考虑远期规划与近期规划的结合,既要确保近期需求能够满足,又要考虑未来远期发展的可能性。

(2)乡村通信基础设施规划建设

乡村通信基础设施规划建设包括宽带网络设施规划、通信基站设施规划、邮电物流设施规划和有线电视设施规划。

1)宽带网络设施规划

宽带网络设施规划是基于乡村地区电信业务量,确定通信设备的位置、线路设施的需求、通信能力及通信水平的设计。组网方式必须立足于对乡村居民当前电信业务需求的满足,并兼顾中短期的发展,避免频繁的网络升级与结构调整。值得注意的是,乡村地区不应盲目追求大容量,而应注重配置区域的合理性。同时,基于乡村的发展规划对网络传输网进行搭建设计也是至关重要的一环。例如,在较为集中的区域,骨干传输网应以环形网络为主、线型结构为辅。此外,应首选能够使用当地环境的传输设备,并且通信设备在布局上应靠近需求中心,尽可能地优化线路,最大限度地降低干扰。

2)通信基站设施规划

移动电话终端已经成为现在乡村地区获取外界信息的重要方式,直播和短视频的爆发式传播为农村电商创造了新的营销方式,开拓了更大的销售市场,对促进乡村互联网普及起到了极大的推动作用。移动电话终端的增加也相应加大了对乡村通信基站的业务需求,而乡村通信基站一般选址在政府机关、企事业单位及农贸市场等相对集中的地方,通信基站总量较少,需求过大导致网络速度慢、经常掉线等问题。因此,通信基站设施规划最需要解决的就是基站布点和覆盖范围的问题。基站布点根据技术特点和乡村的需求、目标边缘速率等规划,宜采用多家运营商共建共享的原则,降低基站建设难度,也可考虑与乡村照明灯杆集约化建设,将基站安装在灯杆顶部。

3)邮政物流设施规划

邮政物流设施作为农村电商的重要组成部分,需要完善乡村邮政所、农资站的综合物流服务功能,并建设具有符合村民需求的客运服务、农资及农产品仓储、日用品配送、快递配送等多种功能的综合运输服务站。每1个行政村宜设置1～2个乡村综合运输服务站,服务半径建议在3～5千米,单个乡村综合运输服务站的服务人口建议控制在3万～5万人,确保服务的质量与可持续性。

4)有线电视设施规划

有线电视设施主要是为了满足乡村居民对有线电视的观看需求,有线电视设施主要规划的是有线电视的设施及线路。为提升其经济性,有线电视设施布线应尽量"短、平、直",以兼顾当下的设备架设及未来的更新维护;建议有线电视设施与宽带网络设施共建共享,从而能加快其建设步伐,提高服务水平。

(3)通信网络催生乡村新发展

互联网可全方位改善乡村地区居民的生活、生产水平,为乡村振兴提供有力支撑。一方面,将通信网络深入农产品生产、加工、流通、消费等各个环节,整合邮政、供销、快递、金融、政务等资源,能够培育一批优质农产品的品牌,形成配套生产标准化体系,从而促进我国农业发展模式的转变。在农业方面,可以利用视频监控设备对农作物灾害进行远程监测与提前预警;或利用电商平台、短视频App和自媒体,让生产者与消费者直接对接,拓宽农产品的销售渠道。

另一方面,可依托网络建立教育资源共享平台,使乡村学生能够平等享受城市的优质教育资源。同时,也可打造远程医疗系统,造福乡村的患者。

例如,有"悬崖村"之称的四川大凉山阿土勒尔村在开通光纤宽带网络后,村里的孩子们可以通过远程教育与北京、上海等地的孩子同步学习课程知识。贵州遵义新州镇卫生院通过中国移动开展义务诊疗活动,有效帮助治疗当地群众的慢性病,实现了医疗信息化。福建地方政府与中国移动合作,在多个村镇的蔬菜大棚通过通信网络对农作物生长进行监测应用,提高了农作物生长率与蔬菜良品率。农户通过销售优质蔬菜,收入实现大幅增加。

在信息社会,通信网络成为社会生产的基本劳动资料和大众生活的必要物质条件,有必要为所有乡村居民提供基本的互联网接入端口，使得有使用意愿和支付能力的乡村家庭都能接入互联网。总而言之，随着乡村建设的加速，乡村地区的通信基础设施建设也需要进一步完善，这就要求对乡村地区现有的通信基础设施进行升级改造，提高乡村地区通信基础设施的可靠性与便捷性，以真正满足人们日益增长的通信需求和人们追求美好生活的迫切愿望。

二、提升基本公共服务水平

提升乡村公共服务，包括公共服务设施的规划策略与提升公共服务水平两大方面。

（一）乡村振兴战略的公共服务设施规划

"促进公共教育、医疗卫生、社会保障等资源向农村倾斜，逐步建立健全全民覆盖、普惠共享、城乡一体的基本公共服务体系"是《乡村振兴战略规划》中明确提出的阶段性任务之一。乡村基础教育设施、文化科技设施、社会福利设施、医疗保健设施等公共服务设施作为公共服务资源的构成要件与公共服务体系建设的物质基础，对完成这一任务具有重要的作用。[1]

由于我国长期以来实行城乡二元制管理制度，乡村公共服务体系远远落后于城市，存在着利用率较低、覆盖率不足、布局不合理、供需不平衡等诸多问题。[2] 这不仅给农村居民的生产生活带来了巨大挑战，也影响了乡村振兴战略的实施。因此，如何破解乡村公共服务设施规划配置难题，加速推动乡村公共服务体系建设成了当前社会各界亟待解决的重大课题。

1. 乡村公共服务设施规划的困境与挑战

乡村公共服务设施的现存问题促使各级政府等规划者纷纷采取积极行动，但在其具体规划与实际建设的过程中，仍存在着许多不足，甚至产生了新的问题。

（1）标准化配置难以满足人们的多样化需求

传统规划常采用"分级配套"或"千人指标"等标准，以村镇等级序列或人口规模为依据对公共服务设施的规模和内容进行配置。等级越高、人口越多的乡村地区会拥有数量更多和种类更全的公共服务设施。但是这些标准规划方法忽视了快速城镇化背景下乡村居民由于人口流失、结构失衡、职业多元、收入水平等不同所产生的具有层级差异和多元性的需求，而是把不同的需求对象当作"同质的人"来进行公共服务设施的配置，导致设施同质化有余而个性化不足，难以满足人们的实际需求。[3] 此外，随着生活水平的不断提高，农民对基层公共服务的供给内容也有了更高的要求，同时给乡村公共服务设施的规划带来了新的挑战。

（2）政府的盲目增设加剧资源浪费与不均等

一些乡镇政府试图通过新建公共服务设施来解决其覆盖率不足的问题。一方面，由于农村人口结构的失衡与恶化，这些新建公共服务设施的利用率并不高，其建成后逐渐闲置的现象屡见不鲜，严重浪费了政府财政支出与资源；[4] 另一方面，受到阶层结构居住分异现象的影响，不同地区的乡村居民对公共服务资源的获取能力、成本本就存在着较大差异。而这一盲目增设的举措更加剧了公共服务设施资源获取机会的不均等，影响乡村经济社会的和谐发展。[5]

---

[1] 曹海林、任贵州：《农村基层公共服务设施共建共享何以可能》，载《南京农业大学学报（社会科学版）》2017年第17卷第1期，第51—59、145—146页。

[2] 曹海林、任贵州：《农村基层公共服务设施共建共享何以可能》，载《南京农业大学学报（社会科学版）》2017年第17卷第1期，第51—59、145—146页。

[3] 万成伟、杨贵庆：《山地乡村公共服务设施精准化配置规划研究——以浙江省屿头乡为例》，见中国城市规划学会、杭州市人民政府《共享与品质——2018中国城市规划年会论文集（18乡村规划）》，中国城市规划学会，2018年。

[4] 陈玉龙：《乡村公共服务设施优化布局的地理计算》（学位论文），华东师范大学，2019年。

[5] 曹海林、任贵州：《农村基层公共服务设施共建共享何以可能》，载《南京农业大学学报（社会科学版）》2017年第1期，第51—59、145—146页。

(3) 设施布局不合理难以平等高效地获得服务

与城市地区交通四通八达、人群聚集的便捷生活不同，大部分乡村交通通达性较低、人们分散而居。但一些基层政府在进行设施规划时往往忽略了这一点，他们希望通过在发展条件良好、公共服务设施较多的中心村里设置更多的设施来扩大其辐射范围与提高服务水平。实际上，由于乡村空间分散，其他村庄到中心村的距离可能较远，加之道路的可通行性较差，设施难以起到纽带作用，散居的村民需要花费较长的时间才能前往中心村使用公共服务设施，而中心村的设施水平超标，加重了人们难以公平高效获取公共服务的情况。

(4) 多方共建机制模糊导致供给主体碎片化

近年来，一些经济发达的乡村地区试图摆脱自上而下、政府单方供给公共服务设施的路径依赖，倡导乡镇企业、社会组织多方参与设施供给的模式。但是由于缺乏合理的乡村公共服务建设机制及农民表达诉求的渠道，各参与主体供给的边界和内容依旧模糊，因此供给失控的现象时有发生。与此同时，在融资、建设、运营过程中，某些社会、市场主体为了自身利益而违反合同约定的情况也不断削弱着多元共建的实践基础，导致公共服务设施建设目标难以实现，公共服务设施供给主体碎片化问题逐步显现。①

2. 乡村公共服务设施规划策略

传统配置标准已经难以适用于我国现阶段乡村公共服务设施规划，乡村地区在人口、交通等方面的独特性也对规划提出了严峻考验。因此，需制定与设施建设现状、乡村自身特点高度结合的公共服务设施规划策略，解决公共服务设施的现存问题，回应面临的困境与挑战，提升其社会效益。

(1) 建什么——精准供给，按需配置

1) 根据村庄特色实行精准供给

乡与乡之间、乡村内部之间由于类型、经济发展水平、人口结构的不同而不可避免地存在着需求内容与层次的差异，因而，在规划前期应通过对乡村人口规模的科学预测、人口结构及规模的精细统计，为配置提供依据和支持。在此基础之上，根据村庄类型进行设施的个性化配置与精准供给。如基于人口特征，针对老龄化程度较为严重的村庄加强医疗卫生、养老等公共服务设施的配比；或基于乡村发展特质，在旅游发展型村庄中增配与旅游服务密切相关的住宿、餐饮和旅游用品市场；也可基于地域文化，设立戏台、展览馆等物质载体，对地方传统文化进行展示与传承。

2) 根据村民需求提供多样设施

村民对公共服务设施的需求受到性别、年龄、收入、职业等多种因素的影响，对设施的需求也不尽相同。因此，对目标人群需求与满意度进行调研，精准了解村民对设施的需求特征也是规划中必不可少的环节。依据村民的个性化、差异化需求，提供类型多样、内容丰富的公共服务设施。如增设女性喜欢的轻、慢型运动康体设施，年轻人喜欢的娱乐休闲、商业购物等发展型设施以满足人们的多样化需求，提升公共服务的能力与水平。这样既能避免由于公共服务设施供需不匹配所造成的资源浪费，也能使设施内容与项目安排与时俱进，满足人们不断增长的公共服务需求。

(2) 建多少——盘活存量，资源共享

1) 促进既有资源活化再生

受到乡村交通道路条件的限制与人口结构差异的影响，通过增加设施提升乡村公共服务体系这一方法并不总是行之有效，特别是对于财政和建设用地较少、人口分散的地区。而盘活乡村中一些利用率较低或是废弃的公共服务设施不仅能为人们提供更多的场地，减轻地方财政的压力，而且也有利于保护村庄整体风貌与肌理。对于在某些特定时间段闲置的公共服务设施，也可以通过动态上的功能整合，弥补其在某一时间段中的使用空缺，将设施持续利用效益最大化。例如，可利用寒暑假时间在小学开展农业技能培训或定期举办体育健身活动。对于长期闲置的设施，则应结合当地人民的需求，通

---

① 费月升、王要武：《多方参与城市基础设施供给条件下政府激励措施仿真研究》，载《工程管理学报》2010年第1期，第18-22页。

过功能的置换或者重组以提高其使用率，使之焕发新生。

2）合理调配促进设施共享

当前乡村公共服务设施规划建设往往是以村为单位进行的，不仅容易导致同等级、同类型的设施重复建设且使用率不高的局面，也加重了当地的财政负担。各村应适时改变各自为政的情况，从增量发展转向资源共享之路，打破行政界限所构建的无形壁垒，通过统筹村庄内部及村际的设施，在保证内部均衡发展的基础之上与其他村庄协同共享公共服务资源，推动同种类型的设施在相邻村落之间的共同或调剂使用。同时，各个村庄尤其是位于偏远地区、规模较小、基础薄弱的村可与其他村庄进行公共服务设施的共商共建，进一步完善共享网络，既能减轻财政负担，又能增强设施辐射能力，提高使用效率。

(3) 建在哪儿——合理布局，构建圈层

1）服务设施布局注重公平与效率

公平与效率的合理协调是公共服务设施规划所追求的目标。"公平"，指的是设施应该惠及所有使用者；"效率"，则要求节约投资建设成本，避免设施闲置浪费。[①] 鉴于此，在进行乡村公共服务设施选址时需要将服务半径小、村民使用频率高的设施进行均等化布置，降低人们的出行成本，使每个人都能够便捷高效地获得公共服务。对于其他设施，应采用集中与分散有机结合的模式。如文体活动室、图书阅览室等具有互补性与兼容性的设施可以采取集中建设的策略，而卫生室等医疗设施应进行小规模、分散布置，使各类公共服务设施都尽可能最大限度地服务更多人。

2）构建协同运作的新型乡村生活圈

"生活圈"理论常被应用在城市公共服务规划之中，即以交通时间作为依据划分不同的生活圈，再按照圈层的层级布置各种不同类型的设施。但由于乡村交通通达性低、人们居住分散，因此，在乡村公共服务设施规划中，人们的步行时间不能作为单一的划分标准，而是需要结合当地人口规模、空间形态、村镇功能定位等多重要素对生活圈的划分进行综合考虑并根据人们的需求进行设施配置，从而构建适宜乡村自身情况的"新型生活圈"。[②] 同时，在各个层级的生活圈之间建立密切联系，使生活圈相辅相成、协同运作也是必不可少的一步。如此，才能创建优质平台，实现乡村公共服务全覆盖。

(4) 怎么建——多方共建，动态谋划

1）健全多方共商共建机制

政府应发挥在乡村公共服务设施建设中的主导作用，明确与其他参与主体的权责划分，建立共建责任共识，遏制多元供给的碎片化倾向，避免因为行为边界得不到合理界定而导致的分散经营以及责任推诿现象。同时，基层政府应积极组织交流协商活动，提升在设施内容、总量、布局等各方面的共同决策效率及协商成果对乡村公共服务设施建设的影响力。此外，需要将作为农村公共服务设施消费者和享用者的农民也纳入多方共建机制中，建立多方平等交流、共同参与的乡村公共服务设施体系多方共商共建平台，帮助乡镇企业、社会组织等其他供给主体精确界定、判断乡村居民的需求偏好，从而更好地提供满足人们需求的设施。

2）应时应需的动态化谋划

当前，受到自上而下的"项目安排制"的影响，乡村公共服务设施的建设内容、布局具有一定的随机性，常常出现因响应某项政策或计划的推出而"一窝蜂"建设某一类设施，却导致其他类型设施的建设速度与完善程度远远落后的整体发展失序的现象。[③] 为避免此类现象，在乡村公共服务设施建设中应制定具有前瞻性、动态性和均衡性的设施分期建设计划，使设施配置的先后顺序与乡村发

---

① 张大维：《公平与效率视角下的社区服务设施建设》，载《现代城市研究》2011年第7期，第21-25页。
② 伍志凌、张晓波：《乡村生活圈构建与公共服务设施配置研究——以甘孜州石渠县为例》，载《居舍》2020年第12期，第9页。
③ 万成伟、杨贵庆：《式微的山地乡村——公共服务设施需求意愿特征、问题、趋势与规划响应》，载《城市规划》2020年第12期，第77-86、102页。

展的定位顺序相对应。在先后顺序方面，优先建设满足村民共性与刚性需求的设施，在后期建设中根据发展的实际情况再逐步建设满足个性需求的设施。需要注意的是，乡村公共服务设施建设并非一劳永逸，因为随着社会经济的持续发展，人们的使用需求也在不断变化。只有构建"需求—规划—实施—调整—反馈—需求"动态机制，不断对乡村公共服务设施规划建设进行调整与修正，不断提高服务水平，才能逐渐实现城乡一体化均等发展的目标。

（二）提升乡村公共服务水平

1. 提升公共服务的规划策略

公共服务是政府及相关事业单位根据公民、法人或者其他组织的要求，履行法定职责，为其办理有关事务或者提供帮助的公共服务行为。提升基本公共服务是惠及民生的重要措施，公共服务主要包括教育、医疗卫生、养老救助、社会保障、公共安全等内容。

习近平总书记多次强调，要坚决贯彻落实农业农村的优先发展，要求在资金投入上优先保障，在干部的配备上优先考虑，在要素配置上优先满足，在公共服务上优先安排，确保农业农村优先发展。针对目前我国农村民生实际问题，要加强党组织在农村地区的领导，国家的力量要适当介入农村。认真做好农村民生发展规划，把公共服务和社会事业发展的重点放在农村，做到既量力而行，又尽力而为，事情一件接着一件办，一年接着一年干，扎实有序地推进各项农村民生工作。

政府部门的公共财政资金要持续加大对民生发展板块的投入力度，各项社会事业经费要有序逐步向农村倾斜，优先保障农村民生发展的需要，积极引导社会资金参与，形成多元持续的资本运作格局。健全与农村民生优先发展相配套的工作推动机制和政绩考核指标体系，建立领导责任制和考核督导机制，制定科学规范的考核评估体系，提升农村居民满意度，补齐短板，不断提升农村基本公共服务标准和水平。

提升基本公共服务有五个重点：促进就业、完善分配制度、发展农村教育事业、推进健康乡村建设、加强农村社会保障。

2. 提升公共服务水平的实施路径与方法

按图索骥、对症下药，对公共服务现状中的就业、分配、教育、医疗健康、社保稳定等问题，进行有针对性的服务水平提升，切实改善和提升公共服务水平，可具体从以下五个方面抓好落实。

（1）促进农民就业

促进农民就业可以通过提高就业服务水平、出台就业扶持政策和创造多元的就业岗位选择来实现。

1）提高就业服务水平

建立覆盖城乡的公共就业服务体系，建立规范的就业服务制度，优化相关政府部门的行政效率和服务水平，提高地区行政管理和审批效率。地方政府要建立就业岗位需求信息发布平台，确保相关信息的及时发布和更新，并组织开展线上线下多元化的系列就业指导，在线跨地区共享岗位信息；政府相关部门应及时、准确地通过公开大众知晓的渠道或官方权威平台向社会公布相应的政策清单、对应政策的申办流程和补贴标准，确保政策落实到位；政策服务人员应主动加强与当地农村流动劳动力之间的定期联系，并做好信息备案和分级分类服务工作。地方人力资源主管部门要统筹乡村人力资源，推动形成规范、有序、平等、统一的城乡人力资源市场，最大限度地发挥乡村现有劳动力的生产价值。尝试通过政府购买服务，适当引进第三方专业统筹管理的方式，通过绩效考核打分付费，提升地区整体就业服务质量。

2）落地就业扶持政策

政府方面要建立健全城乡人力资源法律法规，出台农村劳动力就业指导条例，行政管理依法合规地保障农村劳动者和用人单位合法权益，对该地乡村劳动力市场的管理，应纳入当地人力资源市场法律法规体系，进行监督管理，统一对农民就业情况进行登记和管理。依法合规，按章办事，提高乡村就业保障。

要不断完善工会、企业和劳动者之间的协调机制，落实对乡村劳动力市场人力资源的就业服务，构建和谐稳定的社会劳动关系。做好人才激励、教育培训、资金奖补、职称评定、社会保险等相关就业保障扶持措施，有针对性地开展多种形式的乡村职业技能交流培训，定期组织开展乡村职业技能提升活动，充分运用当下"互联网＋职业技能培训"模式，按照就业意向、区域特点和产业需求，开发一批线上培训课程资源，用以加强农民通用就业知识、专项就业技能提升、转岗转业等方面的培训。鼓励培训机构或培训平台与企业之间共同开展定向岗位、订单式人力资源就业创业技能培训，要对就业困难的乡村劳动力实行分类分级政策，有针对性地加强就业帮扶和指导。

3）多元的就业岗位选择

改变以家庭为单位的小农生产方式，通过发展各种农业合作社、农机服务社、农业企业、农产品商会等乡村农会组织，发挥这些组织的积极作用，提高农业的组织化程度，重新组织起目前相对松散的农村生产力。通过组织和管理，提升优质农副产品的品质，丰富农副产品种类，发展农产品粗加工和相关农村民俗文化产业，提高农业生产的专业化分工水平和农副产品的附加值，延长上下游产业链，提高地区农产品的市场定价能力，进而扩大农业生产和服务领域的就业机会。

抓住国家振兴乡村的历史机遇，以实施农村基础设施建设等项目作为带动，将农民剩余劳动力组织起来，引导参与农田水利设施修复、村庄道路建设和养护、人居环境的整治、乡村绿化美化等工程项目建设，吸纳更多农民参加就业。

积极发展乡村生产性服务业和农产品加工行业，吸引农民在农资供应、农机维修、农产品初加工、储藏保鲜、清洗包装，以及物流运输等行业就业。

结合乡村传统特色农业与现代产业发展的要素，充分挖掘农业的多种功能和农村特有资源，借助网络平台发展农村电商，探索直播直销等新业态，推广当地优质特色农副产品，鼓励农民在乡村观光旅游、休闲农庄、农事体验、健康养生等民俗文化产业方面就业增收。

鼓励发展乡村养老育幼、家政服务、资源回收、流动商品等公益性服务业。鼓励开办家庭农场和特色农庄、兴办特色种植业和规模养殖业，鼓励农民往农业生产原料的加工与供给、农机设备的维修与保养和其他生产服务行业就业发展。

支持地区产业龙头企业通过临时性、季节性、弹性用工等形式，吸引返乡留乡农民工灵活就业。鼓励企业之间开展用工调剂、交替上岗、借调代岗或劳务派遣等多种形式，增加就业机会，实现返乡留乡农民工灵活共享就业岗位。支持企业延伸产业链和服务外包，吸引农民在农闲时参与加工、包装、运输等环节，实现农民临时兼业。

对通过市场渠道难以就业的农民工，整合各类资源，积极拓宽渠道，开发乡村保洁员、护路员、生态护林员等公益性岗位，托底安置就业。

（2）完善分配制度

完善分配制度包括科学再分配政策、健全分配制度和注重乡村经营。

1）科学制定再分配政策：扩中、提低、限高

要持续完善以按劳分配为主、多种分配形式并存的分配制度，推进乡村经济分配制度改革，通过"提高低层收入、扩大中层数量、限制大部分收入最后只流入某个别人身上"，不断缩小收入贫富差距，形成中间大、两头小的收入分配格局。

通过建立农业产品定价差异化的制度，提高地区优质绿色农副产品的定价水平和定价能力，解决地区优质农副产品定价过低的问题。持续推进农业生产和销售过程中的信息化建设，提高地方对当地农副产品差异化分类和差异化定价的能力，建立健全收益分配制度，不断完善惠农利益链，促进农民增收致富。

2）健全分配制度

通过科学地制定再分配政策，确保乡村收益与农民共享。在这个过程中要重点考虑一些能直接影响居民收入的因素，将其作为制定分配制度的参考因素，加强风险控制。要注重开发农业的多种功能，提升农产品价值、延长乡村产业链、完善利益分配制度，通过股份合作、利润返还、保底分红等

多种利益分配模式,将全产业链的增值收益合理地分享给农民。

3)注重乡村经营

要实现从"重视乡村建设"到"注重乡村经营"的理念转换。在基层实践中高度重视规划问题、用地问题、人才问题等要素的制约,抓好乡村建设,重视乡村经营,使农民短期收益和长远收益相结合,形成可持发展的经营模式,保障农民长久收益,拓宽农民增收渠道。

(3)发展农村教育事业

教育是乡村振兴的基础,从长远来看,应把教育放在乡村民生振兴的首要位置。农村教育的内容应包括但不限于义务教育、文化教育、学历教育、职业教育、法制教育等。

1)发展农村义务教育

推动以城市带动乡村,建立城乡一体、均衡发展、资源均衡配置的模式,整体推进城乡教育统筹力度,促进优质的教育资源从城市向农村流动。

第一,要全面改善乡村教育办学条件,加强寄宿学校的建设。重点推进农村小规模学校和乡镇寄宿学校标准化建设,关注学生的健康生长环境,实施农村义务教育"营养改善计划"。发展农村学前教育,加大体育健康教育,促进学生身心全面健康发展。大力普及高中教育,加大对上学困难的学生进行资助,健全助学贷款制度,让绝大多数农村适龄青年能接受普通高中教育,努力让更多人接受高等教育。

第二,以城市优质教育资源带动乡镇校园建设,推动优质学校向周围农村薄弱学校资源帮扶常态化,统筹城乡师资配置,鼓励资源向乡村倾斜,把乡村教师队伍建好建强。重塑尊师重教的风尚,提高乡村教师队伍待遇,对农村教师在收入福利、住房医疗、教育培训、职称评定等方面给予更多政策倾斜,统一城乡教职工的编制和待遇标准,推进城乡教育优质均衡发展,为广大农村学生提供更加公平、有质量的教育。

2)发展农村文化教育

充分认识到文化的重要性,在历史风貌、游客服务、传统美食、乡村治理等各个方面,都充分融入文化教育。立足于传统乡村文化,发动乡村民间艺人丰富文艺精品创作,发展文化产业,深入推进乡村精神文明建设。

一是要将加强农村思想文化和道德建设、提升农民精神风貌、培育和发展乡风文明作为文化教育的重点。以社会主义核心价值观为引领,挖掘当地特有民俗文化等传统资源,采取符合本地农村特点的方式,宣传中国特色社会主义,弘扬民族精神和时代精神,加强爱国主义教育,不断提高乡村社会的文明程度。鼓励人民以苦干实干、奋发向上的高尚生活态度,共建美好家园,营造乡村社会良好家风和淳朴民风。

二是加强文化教育的引领作用,在切实保护好农村优秀农耕文化遗产的基础上,结合城市文明和优秀外来文化成果,进行创造性的转化与经营,创新发展模式、丰富表现形式,不断赋予传统文化教育新的时代内涵。

三是推动优秀乡土文化遗产的合理利用,充分发挥乡土农耕文化在凝聚人心、教化民风中的重要作用。通过规划手段,划定乡村建设的生态自然和人文历史两条保护线,保护好历史遗址、文物古迹、建筑遗迹、村落村寨、传统民俗等,加强农村地区优秀戏曲、曲艺等文化软实力的传承与发展。

四是健全乡村文化服务体系,加强农村公共文化建设,加强农村基层文化服务中心的建设,发挥好文化礼堂的作用,提升乡村公共服务的效能,丰富和充实乡村活动的内涵。持续推动公共文化资源向乡村倾斜,提供优质的文化服务产品,支持文艺工作者进行"三农"题材的文艺创作与生产,鼓励不断推出反映当前乡村生产生活状态的优秀文艺作品,充分展示新时代的农民精神面貌。通过引导社会各界人士积极投入乡村文化产业的建设中来,不断繁荣乡村文化市场,不断挖掘和培育本乡本土人才,开展文化点对点的帮扶,创新文化内涵,丰富文化形式,传递正能量。同时,也要加强对农村文化市场的监管,避免文化糟粕出现。

五是广泛地开展移风易俗行动,开展"文明村镇""五好家庭""星级人物"等精神文明评比创建活动。抵制人情攀比、铺张浪费、厚葬薄养等陈规陋习，加强宗教管理、抵制封建迷信。加强健康文化宣传和科学教育，提高农民科学文化素养，丰富农民群众的精神文化生活。要发展农家风情，提升乡土味道，凝聚和传递正能量、传承好家风，促进乡村美丽经济的多元化探索。

3）发展农村学历教育

乡村教育的一个重要组成部分是学历教育，是壮大地方人才队伍、带动地方振兴发展的重要举措。通过学历教育，打造一批高素质并扎根于乡村的干部队伍。人才队伍的建设应建立自主培养与人才引进相结合的机制，发挥新乡贤的作用，壮大地方人才队伍，实现乡村教育资源提升。以乡情乡愁为纽带，吸引支持杰出乡贤、企业家返乡投资兴业、捐资捐物，发展教育事业；鼓励退休党政军干部返回基层发挥余热，支持专家学者下乡研究乡村社会和农业产业发展，支持医生、教师、规划师、建筑师、律师等群体从事乡村行医办学、规划建设与法律服务；支持部分技能型人才返乡创业；鼓励社会教育团体下乡开展志愿工作、包村包项目服务乡村教育。

4）发展农村法制教育

坚持依法治理乡村、推广乡村法制教育，增强村民群体的法律意识和法制观念，使法律成为广大乡村公民的行为规范和维护乡村社会安定的有力武器。

发展法制教育，一是要落实常态化普法学习宣传，定期组织法律讲座、开展乡村线上法律咨询和服务，引导乡村社会尊重法律、了解法律、学习法律、遵守法律，以法治建设维护乡村社会的和谐稳定。二是要善于利用法律知识来教育农村年轻一辈，使其从小就接受法治和民主教育，增强年轻人的法制观念，自觉履行守法公民的义务，懂得利用法律武器维护自身权益，不突破法律底线，自觉遵纪守法，维护社会公平正义。

5）发展农村职业教育

发展乡村职业教育的目的，是要培养造就一支懂农业、爱农业、扎根农村的现代化职业农民队伍。农村职业教育应做好以下五个方面的工作。

一是鼓励各地建立职业农民制度，实施职业新农民培养项目，开展职业农民职称评定试点，通过专业的职业技能培训和考核，使高素质人才队伍不断进入农业领域；要求职业新农民持证上岗，完善相关产业发展配套。

二是支持建立农民专业合作社、专业技术协会根据各地实际情况创新农民培育机制。发挥农合组织的积极作用和正面影响，鼓励地区高等职业院校、地区农业企业龙头等社会组织承担农业培训，参与对农民的职业化培育。

三是要支持农民通过弹性学制参加中高等农业新型职业教育，逐步分类推进中等职业教育免除学杂费，对符合条件、表现优异、为乡村发展做出突出贡献的人员要适当发放助学补助。

四是地方乡镇应建立与高等院校、科研院所等单位的长期合作关系。学校、企业和科研单位要加强与地方乡镇之间的联系，鼓励专业技术人员到乡村、乡镇企业挂职，采取兼职和离岗创业等形式，激活乡村产业职业化发展。要保障投入到乡村职业化教育的技术人员在工资福利、社会保障、医疗健康、职称评定等方面的权益。

五是要全面推广农业技术服务的特聘计划。允许农业领域的科研人员通过提供技术增值服务取得合理报酬，鼓励推动地方知识产权的保护，在乡村发展的过程中形成以知识价值为导向的收入分配制度。深入探索公益性和经营性农技推广道路，推动产学研快速融合发展，实施"农业科研杰出人才计划"和"杰出青年农业科学家"项目。

（4）推进健康乡村建设

完善城镇职工和城乡居民基本养老保险制度，为乡村建立城乡统一的现代医疗保障。医疗保障应覆盖全民，由政府主管部门进行城乡统一筹划，明确医保范围和相应的权利职责，构筑可持续的多层次社会保障体系。

2020年2月，国务院出台了《关于深化医疗保障制度改革的意见》，政府持续推进全民医疗保障制度改革，坚持以人民的健康为中心，加快建成权责清晰、城乡统筹、覆盖全民、保障适度、可持续的多层次医疗保障体系，通过统一制度、完善政策、健全机制、提升服务，增强医疗保障的公平性和协调性，发挥医保基金战略性购买作用，推动医疗保障和医药服务高质协同发展，促进健康中国战略实施，使人民群众有更多获得感、幸福感和安全感。

推动健康乡村建设应注重以下六个方面。

1）坚持"保障基本，实事求是"的原则

立足地区经济发展水平、考虑居民负担和基金承受能力，统一覆盖范围，明确保障范围和标准，逐步缩小城乡医疗保障差距、减小地区之间的差异，保障城乡居民能公平享受基本的医保待遇。

提高医保统筹力度，鼓励有条件的地区实行省级人民政府统筹，整合城乡医保经办机构、人员和信息系统，优化流程，提供一体化的经办服务，统一乡村基本医保的行政管理工作。

根据地区内各市、区、县的医疗服务和经济发展水平，加强医保基金的分级建档管理。采取相应的绩效奖惩措施，充分调动政府行政管理部门和相关经办管理机构的积极性和主动性，主动提升医保工作服务效能，提高城乡医疗保障水平。

2）统一筹资政策

建立稳健、可持续的筹资运行机制，筹资政策要与基本国情相适应，应匹配各方承受能力和协调基本健康需求；加强监管基金的运行，做好动态风险预警，预防系统性金融风险。

首先，基本医保基金要满足国家统收统支、管服一体的标准，基本医疗保险统一由市地级政府统筹管理，用于本地区最基本的医疗保障。要持续完善筹资成本合理分摊和调整分配，多渠道进行筹资，一般农村地区实行农民缴费与政府补贴相结合。一般乡村就业人员参加基本医疗保险，由个人和用人单位共同缴费，缴费挂钩经济发展水平和居民人均可支配收入，鼓励村集体或其他社会组织给予扶持或资助。

其次，要坚持缴费与待遇挂钩，分类分级提供医疗保障。在基本医疗保障全民覆盖的前提下，根据地区发展情况，适当地提高个人缴存比例，加强基本医疗保险、普通大病保险、传染性疾病的应急救助体系、一般医疗救助、商业健康保险之间的有效衔接，系统性强化医疗保障制度的整体性和协同性。

最后，医保基金应财政单列、单独建账、单独核算。在精细核算、考虑地方财政收支平衡的基础上，规定乡村居民个人缴费标准与当地乡村人均可支配收入挂钩，逐步建立起与各方承受能力、地方经济社会发展水平相适应的医保基金筹资机制。

3）统一城乡保障待遇

统一城乡基本医疗保障待遇，要建立城乡统一的、高效有用的医保支付机制和规范统一的医疗救助制度，提升医保资金使用效率和经办管理服务效能，提高乡村卫生服务机构的医疗服务水平。推广实施医疗保障待遇清单制度，采取医保目录管理，明确保障标准和待遇，统一医疗标准，并由省级人民政府监督，地方不得擅自更改。完善异地就医直接结算，深入推进支付方式的改革，在突发疫情等紧急情况时，确保医疗机构先救治、后收费，确保患者不因费用问题影响就医。

对重点救助对象和困难民众实施精准识别，科学确定救助范围，通过资助重点救助对象参加普通医疗保险、对困难就医群众进行医疗费用补助，一定程度上提供大病医疗救治费用补助等手段，保障其就医机会。强化普通大病医保与一般医疗救助、基本医疗保险的三重基础保障，协同各类商业医保形成互补，提高重特大疾病的医疗保障水平，保障农村居民和城镇居民公平对等享有相同的基本医疗权益。

4）统一乡村医保目录

进行城乡居民医保目录（主要为医疗药品和医疗服务）的调整优化，要适应广大普通群众的基本医疗需求，适应临床技术进步，并遵循临床必需急需的优先纳入医保目录原则；医疗技术手段适宜且安全有效，医疗成本在基金可承受的合理价格区间内，考虑基金承受能力，明确药品和医疗服务支付的范围。

一是对不同医保人群和不同地点实行分级管理与动态调整，在现有城镇居民医保和新农合目录的基础上，考虑参保人员的需求变化和参保地点的不同，由各省级政府统筹地区医保目录的实时动态调整，根据国家基本医保用药和基本药物管理制度的规定，请医疗行业权威、临床经验丰富的一线医疗专家代表以及行业内第三方公益性组织共同研究本地区的医保目录增减、扩大或缩小范围等情况，重点是要将一些临床价值高、经济性评价好的医疗药品、诊疗技术稳定可靠的医疗服务项目、医用耗材合理的用品等优先纳入医保支付范围，保证医保药品和医疗服务项目种类基本齐全、结构总体合理。

二是明确中央政府和地方政府对医保目录的调整职责和权限。医保目录应由中央统一调整部署，地方政府根据自身实际情况需要进行调整医保目录的，应将调整方案上报中央备案审批，地方政府应根据获批的方案组织医保目录的调整，确定医保目录内容，严格控制医保用药，限定支付范围，保证全国医保目录范围基本统一。

5）简化基本医疗保障的协议管理

简化医药机构定点申请的流程、审核评估、协商谈判的程序。将地区符合条件的医院、医疗站点、卫生站、药店等医疗机构统一纳入城乡医保协议管理的范围，加强标准化、规范化的医疗保障公共服务，实现一站式服务、一窗口办理、一单制结算，省去复杂烦琐的申报、审核等多次往返来回办理文件的环节。地方要建立统一的医疗保障服务网站和咨询热线，推进网上办理医疗服务事项，提高医疗保障机构的运行效率和服务质量。

建立跨区域就医管理机制，同步推进分级诊疗制度的建设，避免浪费医疗卫生资源，避免农村老百姓一生病全部往大城市医院扎堆，逐渐形成乡镇级病情首诊、重大疾病能及时快速转诊、急慢分开治疗的城乡一体、上下联动的就医秩序。支持有条件的参保居民与正规医疗机构及医师开展个人签约服务，定人定点专业治疗，制定差别化的支付政策。

支持"互联网+医疗"等新服务发展模式，建设全国医保联网的信息化平台，大力推行电子社保卡，推动城乡居民基本医保信息与定点医疗机构、医疗救助机构、商业医疗保险机构之间的信息业务协同，实现必要的信息交换和数据及时共享。当然，在这一过程中要重视强化个人医疗信息安全和患者信息隐私保护。

加强对乡镇医药机构履行医保政策协议的考核，规范医药机构的行为，重点加大考核乡村医保定点机构的服务质量和费用控制等指标，完善相应的清退机制并严格执行。对公立的医疗机构与非公立性质的医疗机构要实行同等管理政策，对于不合格的定点机构要坚决清退，对造成严重社会影响的医疗机构要相应追究责任，严格控制城乡医药机构的准入质量。

6）加强监管

坚持管办分开，坚决执行国家统一的基金财务制度、会计制度和基金预决算管理制度，落实地方政府财政监管和审计责任。纳入财政专户的城乡居民医保基金，实行收支账户分开两条线管理，做到医保基金收支对等、独立核算、专户管理。对于任何非法挪用挤占的单位和个人，一经发现，严格查处。

监督检查常态化。利用信息化手段，对基金的使用情况采用大数据实行动态分类监控，推进医保智能审核和实时监控，促进医疗保障基金流向健康合理的渠道。地方主管部门要建立医保信息强制披露制，依法向社会公开医药费用、费用结构、医保基金收支运行情况、参保人员就医结算等信息，强化基金的外部监督和内部审计，充分发挥市场机制的作用，加强社会舆论监督，共同规范医疗服务行为，以及完善医保基金的运行机制。

建立医疗保障信用管理体系，加强医保领域的立法工作。国家层面的行政主管部门应负责统筹推进医疗保障制度的改革，充分发挥医疗行业和社会相关专业人士的积极作用，研究解决医保改革中跨部门、跨区域、跨行业的重大问题，指导各地区政策衔接规范，加强医保、医疗、医药制度政策之间的统筹协调和综合配套，加快形成完善的法律法规体系。将违法骗保行为人列入国家医保失信黑名单，以零容忍的态度依法追究欺诈骗保行为责任，确保基金安全高效、合理使用。

(5) 加强农村社会保障

社会保障制度应坚持"保障基本"的原则，政府应按照"兜底线、织密网、建机制"的要求，建成保障适度合理、全民覆盖统一、可持续发展的多层次社会保障体系。除了教育和医疗等社会公共服务之外，农村社会保障体系要重点针对老年人养老、农村残疾人等困难人群的扶危救困和救助进行兜底，以及农村留守妇女儿童、困境儿童等弱势群体的关爱服务等。

1）农村养老措施

建立适合农村居民的基本养老保险制度，与农村的基本公共服务、农村特困供养服务、农村互助养老服务相互配合，形成农村基本的养老服务网络。

试点推动互助性养老服务，充分利用好乡村现有的人力资源，通过村集体和村委组织农村的低龄健康老人，为全部或部分丧失生活自理能力的高龄老人提供一些基本照料，依靠乡邻熟人社会之间的互帮互助，实现乡村的低成本高效益养老。在这一过程中，给低龄健康老人提供一定的服务补贴，补贴资金由被照顾的老年人子女和政府共同支付。同时，将所提供服务的健康老年人服务时间记录在案，将来可以根据此记录，使其获得相对应的同等的养老帮助。鼓励地区资源发展互助型养老服务，支持政府和公益性社会组织面向乡村失能和半失能老人提供公共服务设施的建设。

在一些有条件的乡镇，可建立一些具有综合服务功能、医养相结合的正规养老机构，作为乡村养老保障的补充。要求养老机构必须具备正规资质，要有正规的护理员和管理机构。

建立农村老年人协会，鼓励村集体建设用地优先用于发展乡村的养老服务，经常性地组织社会活动和文化交流活动，满足老年人的精神需求，提高农村老年人闲暇时间的生活质量。老年人之间频繁的交流活动，也是开展乡村互助养老的基础。鼓励有条件的乡村开发农村健康养老产业项目，将农村养老形成产业，带动地区乡村收益。

2）覆盖基本保障

城乡统筹发展，健全乡村低保标准的动态调整机制，推进农村低保制度改革。全面实施农村老、弱、病、残、孕等弱势群体的救危扶困制度，提升乡村社会机构的托底保障能力和救助服务质量。

应合理安置农村失业待岗人员，在有条件的地方要将当地农民工就业用工纳入社会保险的范畴。要求签订合同，建立农民工专项账户，鼓励为农民缴纳社保，覆盖农民工基本五险。

健全农村慈善关爱服务体系，地方应全面优化生育政策，覆盖和适当提高生育补助标准，保障农村生育妇女哺乳期的身体健康，并为婴儿的哺育和成长创造良好的条件，倡导优生优育。定期对农村妇女儿童、孤寡老人和危困残疾人等重点弱势群体开展健康服务和疾病预防，以保证居民健康。设置基层社会管理服务岗位，引入社会团体和慈善机构专业人才，通过志愿者下乡等方式，关爱服务农村老、弱、病、残、孕等弱势群体，提升乡村社会保障水平。

针对农村的低收入群体逐步建立农村安全住房保障机制；将进城落户的农村转移人口纳入城镇住房保障等公共服务体系；对于未能落户的城镇常住农民工及其随迁家属，则应加大在教育、就业、医疗、养老和保障性住房等方面对其的保障性投入，使其得以享受与城镇居民等同的基本公共服务。

3）安全稳定

加强农村灾害防治救助能力的建设。做好农业防灾减灾、加强灾害监测、落实减灾措施，防范化解风险，减轻灾害影响，保证农业稳定。

完善信息共享和联合会商机制，地方农业农村部门和地方气象部门要加强日常交流与合作，定期交流沟通，建立健全信息共享机制，共同推进农业防灾减灾工作。加强联合监测和联合会商，对苗情、墒情、灾情和气象条件实施精密监测评估，确定灾害发生及影响，共同提高预报预警的准确性。

充分发挥地方农业信息服务平台、基层农业技术服务站、气象信息站和信息员的作用，做好灾害预警服务。要聚焦主产地区和主要规模主体，提供精细化指导服务和点对点直通式气象服务。要统筹社会资源，优化信息渠道，加快信息传播和扩大信息覆盖面，共同推进预警信息进村入户、农业气象防灾工作。

联合制定乡村防灾减灾应急预案，组织农技人员和基层服务人员成立基层防灾减灾应急救援队伍。在关键农时和灾害多发季节，联合组派专家组和工作组深入田间地头，指导科学抗灾救灾和灾后恢复工作。在农村开展各类因地制宜的应急演练，完善应对各类自然灾害的应急指挥机制。

面向农村社会普及各类灾害事故防范应对基本技能，宣传安全应急知识，提高农民防灾避灾的意识和能力。加强灾害的风险管理、业务培训和先进装备技术的推广应用，提高识别灾害风险隐患的能力。制定多种宣传途径和方式，通过网络授课、新媒体公众号、电视访谈等多种形式，对行政村负责人及管理人员进行专题培训，提升基层防灾减灾能力。

将防灾减灾救灾工作与基层社会治理、公共服务提升工作等有机结合，积极指导基层实行常态化安全隐患排查。开展应急专家技术服务进乡村活动，深入开展安全应急知识和救援技能应急演练，指导乡村基层开展灾害事故隐患排查治理，支持引导社会力量广泛参与农村灾害事故隐患排查治理，强化基层防灾减灾意识，提升应急自救能力。

建立安全生活环境保障，重视乡村社会稳定，加强社会治安管理，依法严厉打击各种乡村刑事犯罪。加强农村法制宣传和文化建设，将法治、德治、自治有机融合，健全乡村治理和社会矛盾纠纷处理机制，建立乡村治安防控体系。加强农村安全监控、基层警务值班室、警务流动执勤站点等安全设施的布置。同时，坚持依法治理乡村社会，落实基层农村的常态化普法学习宣传，深入开展乡村爱国卫生运动，增强遵法、学法、守法和用法观念，把各种矛盾冲突化解在萌芽状态，增强乡村群众的安全感。

重视持续改善农村人居环境，保护农村良好生态环境，维护乡村居住环境的和谐稳定。加强治理突出的环境问题，抓好农业污染防治，促进绿色发展，实现农业生产无污染、废弃资源再利用以及乡村产业可持续发展的长远目标。

参考文献

[1] 曹海林，任贵州. 农村基层公共服务设施共建共享何以可能 [J]. 南京农业大学学报（社会科学版），2017，17（1）：51-59，145-146.

[2] 宋岭，张琼. 乡村振兴背景下村庄公共服务设施优化配置：以信阳新县为例 [J]. 区域治理，2020（3）：96-98.

[3] 万成伟，杨贵庆. 山地乡村公共服务设施精准化配置规划研究：以浙江省屿头乡为例 [A]. 中国城市规划学会，杭州市人民政府. 共享与品质：2018中国城市规划年会论文集（18乡村规划）[C]. 中国城市规划学会、杭州市人民政府：中国城市规划学会，2018：13.

[4] 陈玉龙. 乡村公共服务设施优化布局的地理计算 [D]. 华东师范大学，2019.

[5] 费月升，王要武. 多方参与城市基础设施供给条件下政府激励措施仿真研究 [J]. 工程管理学报，2010，24（1）：18-22.

[6] 张大维. 公平与效率视角下的社区服务设施建设 [J]. 现代城市研究，2011，26（7）：21-25.

[7] 伍志凌，张晓波. 乡村生活圈构建与公共服务设施配置研究：以甘孜州石渠县为例 [J]. 居舍，2020（12）：9.

[8] 万成伟，杨贵庆. 式微的山地乡村：公共服务设施需求意愿特征、问题、趋势与规划响应 [J]. 城市规划，2020，44（12）：77-86，102.

（编者：汪华清、山水比德创新研究院、陈满、邓钟尉、许波、李庭坤）

下编　规划实践

❖ 地产扶贫振兴类型

第九章 聚焦从化狮象村扶贫攻坚规划实施建设（政府规划引领+地产融合建设）迈向新型城镇化的标杆[①]

第一节 概况

一、位置及范围

狮象村位于从化区（原从化市，后同）吕田镇西部，距吕田镇区6公里[②]，距从化城区约60公里，距广州市区100公里。村庄东与水埔村接壤，南临塘田村、安山村，西邻北星村，北接北溪村、东坑村，狮象路从西南向东北贯穿整个村域（如图9-1所示）。

图9-1 狮象村在从化区的位置
图片来源：曾永浩自制。

---

① 本案例中引所数据及相关资料均源自广州筑鼎建筑与规划设计院有限公司《吕田镇狮象村总体规划》（2011年）。
② 1公里=1千米。

（一）自然条件

狮象村村域面积为 2937 公顷。用地以山地为主。地势高低起伏，地貌类型多样，地形构造丰富，由山脉、丘陵、峡谷、河流、湖泊、沼泽等组构而成。

狮象村属亚热带季风气候，年平均气温 19.5℃，年平均降雨量 2016.5 毫米，最冷月的气温在 0℃ 以下，故不适宜荔枝、龙眼等水果生长。因受季风环流的影响，冬半年以吹东北风为主，夏半年以吹东南风为主。狮象村的气候、地貌和土壤环境适宜多种常绿阔叶林和亚热带植物的生长，森林植被发育良好。

（二）人口情况

狮象村下辖 15 个经济社，2012 年有常住户数 606 户，人口 1824 人（见表 9-1），户均人口约为 3 人。其中，有农村低保户和低收入户（"双低户"）共 54 户。老年人与儿童的比重较大，年轻人多在外务工。

表 9-1　狮象村 2002—2012 年人口发展情况统计

年份	2002	2003	2004	2005	2006	2007	2008	2009	2010	2011	2012
人口（人）	1555	1584	1598	1613	1665	1680	1699	1718	1740	1787	1824

（三）行政建制

狮象村共有 15 个社，分别为上围社、石龙社、大围社、新围社、东村社、黄江社、潘屋社、黎屋社、东门社、西门社、大一社、大二社、大三社、慈坑社、水口社。村委位于村中部。

（四）村社经济情况

狮象村产业结构以第一产业为主，第二、第三产业发展较弱。狮象村的第一产业主要为水稻、番薯、毛竹等的种植。村内耕地以水田为主，家禽、家畜均为自家圈养。村内有部分农田出租，用作花卉基地，村集体收取租金。

（五）村民经济情况

村民收入来源途径少、人均收入偏低。中青年村民大多外出打工或经商。村民主要收入来源为务工收入和农业收入，大部分家庭人均年收入为 5100 元人民币。

二、发展优劣势分析

（一）优势

（1）政策优势

狮象村是从化区的名村申报点。狮象村的发展和建设得到了广州市及从化区的高度重视，并于 2010 年 8 月成功申报广州市新农村建设示范点，极大地推进了村内的新农村建设工作。

（2）资源优势

狮象村风景秀丽，环境极佳，村内可用于旅游开发的自然和人文资源都十分丰富。自然资源包括乡村景观、有机农场、原生态林场、受到严格水体保护的流溪河、石灰岩溶洞。人文资源包括广州古人类遗迹、吕田围屋等。此外，凭借地处响水峡漂流度假市出口的优势，该村在 2009 年被列为乡村游建设单位。

（二）劣势

一是村集体和村民收入偏低，难以为狮象村的未来发展提供有力的经济支撑。

二是狮象村村域范围内有大部分林地属于流溪河水源保护林市，开发受到限制。

三是缺乏异质性资源和特色农产品，村经济发展特色不明显。

四是现有的旅游资源尚未开发或发展已停顿，难以对村的发展起到带动作用。

三、存在问题

存在问题主要包括以下几项：①村内片市之间联系道路较为狭窄，质量不高。片市内正在施工，道路衔接不通畅，"断头路"多，宅前路尚未完全硬化；②村内有大量新建居住建筑，但缺乏相应的公共活动场所、文娱和体育等设施，缺乏服务的商业店铺；③排水系统不完善，污水大部分就近排入池塘和小溪，缺乏污水处理设施；④生活垃圾收集设施仍不齐全，缺乏管理，乱倒垃圾现象严重。

第二节 政府规划引领

一、政府规划引领

为了贯彻广州市委、市政府"走新型城市化道路"和"建设美丽城乡"的战略部署，落实 2011 年 12 月 12 日市长办公会（穗市长会纪〔2011〕95 号）"结合村庄整治工作，从每个市、县级市中选取 2～3 个村庄开展规划编制，规范农村房屋建设行为，作为示范村庄在全市推广"的要求，从化市规划局（今从化区规划局，后同）制定了新背景下的村庄规划编制的相关要求和任务计划，展开新一轮的村庄规划编制工作。

2012 年 11 月，受从化区规划局委托，广州市原冶金设计院有限公司承担了《从化区吕田镇狮象村"美丽乡村"规划》的编制工作。

二、规划目标

解放思想、转变作风、创新思路，充分发挥市、镇（街）和村的主体作用，充分发挥村民参与规划的主观能动性，按照城乡统筹和新型城市化的要求，对全市既有的村庄规划进行全面梳理修编，提高规划的可操作性，推动规划落地，共同把广大农村规划建设成为环境优美、宜居宜业的幸福家园。

通过"美丽乡村"示范村庄规划工作，建立村民自治的规划建设机制和配套政策，贯彻"美化乡村环境、集约节约用地、提升农民生活水平"的核心目标，促进城乡统筹，探索广州市新型城市化道路模式，并总结经验在全市推广，切实改善农村的人居环境，建设适宜农民生活和创业的"美丽乡村"。

将狮象村建设为集生产生活、休闲旅游、生态保育于一体的"美丽乡村"示范村。

三、规划原则

一是重点突出，以"美化乡村环境、集约节约用地、提升农民生活水平"为核心目标。

二是贯彻集约节约用地的原则，控制村庄建设用地总量，不突破原有规模。

三是做好与国民经济和社会发展规划、城市总体规划、土地利用总体规划的协调，村庄规划建设用地控制在土规建设用地范围内，与关于城市规划确定的道路、重大市政基础设施、公共服务设施、公共绿地以及重点功能的市规划不存在矛盾。

四是远期以村为单元，在建设用地总量平衡和不动用基本农田保护市的情况下，调整土地规划建设用地图斑，优化村庄用地布局。

五是探索以村民意愿为主导的规划编制和实施建设机制，提高村民参与规划的积极性。

四、规划期限

规划期限为2013—2020年，其中，近期为2013—2015年。

五、村庄分类

狮象村位于从化区吕田镇西部，距吕田镇区6公里，距从化城区约60公里，距广州市区约100公里。根据《广州市村庄规划编制指引（试行稿）》，将狮象村划入城郊村范畴。

狮象村在发展类型上属于生态农业发展型和乡村旅游发展型。

六、规划构思

本规划结合狮象村地理市位和资源禀赋，根据《从化区"美丽乡村"示范村村庄规划编制技术要求》对村域进行功能分区的标准，规划狮象村的村域功能结构为："一轴五区"（如图9-2所示）。

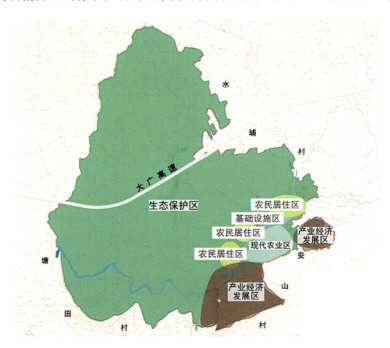

图9-2 狮象村村域功能结构分区

图片来源：曾永浩自制。

(一)"一轴"

指沿狮象路形成的村庄经济发展轴,将居民点与经济发展市分开,是村主要的交通通道。

(二)"五区"

指生态保护区、居住区、产业发展区、现代农业区、基础设施区。其中,生态保护区以加强对流溪河水源周围林地的保护为目的,避免在保护区内进行不必要的建设;居住区包括村内3个居民点,分为上、中、下三个片区;经济发展区布局有主要的村经济发展项目;生态农业区是村民开展农业活动的主要区域;基础设施区包括了村委会、文化室、村民活动中心和一些商业设施。

七、狮象村规划主要内容

狮象村位于从化区吕田镇西部,距吕田镇区6公里,距从化城区约60公里,距广州市区100公里。村域面积为2937万平方米,用地以山地为主。规划改造前,狮象村居民点分散,村建设用地主要集中在村道两侧,用地较为分散,村内闲置宅基地较多,建筑质量较差,总的建设用地规模总面积约60公顷,人均建设用地面积严重超标,村域内缺乏市政设施和公共服务设施,且各社之间距离较远,分布极不合理。自然村主要分布在村域的东部,共有15个社,分别为上围社、石龙社、大围社、新围社、东村社、黄江社、潘屋社、黎屋社、东门社、西门社、大一社、大二社、大三社、慈坑社、水口社。村委位于村中部。迁村并点前,2007年的狮象村有住户584户,总人口1680人,户均人口约为2.88人。其中老年人与儿童的比重较大,年轻人多在外务工。(2007年统计数)狮象村产业结构以第一产业为主,第二、第三产业较弱。狮象村的第一产业主要为水稻、红薯、毛竹等的种植。

村内耕地以水田为主,通过沟渠引山泉水灌溉。家禽、家畜均为自家圈养。村域范围内有古人类遗址狮象岩及巢氏大宗祠等历史建筑。桂峰河自东北向西南贯穿村域。

(一)村庄规划总体布局

根据狮象村域特色,结合村庄地形地貌,在广泛调查充分论证后,确定规划狮象村总体布局空间结构为"一轴、两片、三组团"(如图9-3所示)。("一轴":指将桂峰河两岸作为景观走廊,贯穿整个规划区范围。对河的两岸进行统一整治,结合原有的湿地景观,打造"一河两岸"生态绿道,作为整个区域的发展轴的同时也成为一大风景点。"二片":指以桂峰河为界,以自然生态景观为主。"三组团":指上、中、下三个居住组团,从节约土地和合理高效利用土地的角度出发,将15个社队的15个居民点集中到上、中、下三个片区居住,狮象村村民集中迁居到这三个片区居住。每个片区配套建设公共服务设施,包括健身场所、文化室、活动室及基础设施道路、照明、供水、绿化等,将生活污水和垃圾统一处理。)

通过规划设计,在现状空闲宅基地的基础上拆村并点,节约了土地面积。狮象村在村庄规划后的建设用地面积将约为37.5万平方米,较现有的60万平方米减少22.5万平方米,节约出的建设用地可考虑用作本村经济发展用地,用以发展旅游业、花卉种植、餐饮服务业等,改变农村生产结构的同时,也能提高村民的整体收入。

(二)上片集中居住点规划设计

上片集中居住点规划建设用地面积约10.43万平方米,其中集中布置92栋联排式新型农村住宅,合共184户。狮象村上围社、石龙社、大围社以及新围社合共180户搬迁聚居在此。规划充分结合了原有的自然山水及地形地貌条件,使建筑与周围环境融为一体,合理组织各个景观节点,注重点、线、面、体的有机结合,又注重和整个环境的协调。规划设计保留现有的祠堂、门楼等历史文物古迹,对其进行更新、改造与融合,使其成为活动中心。部分祠堂采用原址重建的方式,使其更好地与

图 9-3　从化区吕田镇狮象村总体规划平面图

图片来源：曾永浩自制。

周围建筑保持一致性。为了节约用地，住宅建筑布局尽量以行列式为主，但方案中注重组团间的绿化，使整体布局显得更为活泼，形成更为多变的庭院空间效果。规划在此片区进村路东部设置整个大狮象村的主入口标志（如图 9-4 所示）。

图 9-4　上片集中居住点规划总平面图

图片来源：曾永浩自制。

（三）中片集中居住点规划设计

中片集中居住点规划建设用地面积约 10.93 万平方米，其中，集中布置 100 栋联排式新型农村住宅，合共 200 户。狮象村东村社、潘屋社、慈坑社、黄江社、黎屋社合共 200 户搬迁聚居在此。规划以中部道路为轴，两边基本对称发展。整个形体宛如盛开的郁金香，寓意村庄的发展生机勃勃。小区沿进村路配置乡村旅游接待中心和娱乐文化中心，其后对称设置两栋乡村公寓。保留两个原有的鱼塘，稍做修饰形成蝴蝶公园，宛若两只"蝴蝶"在村庄入口处翩翩起舞，寓意吉祥如意，欢迎四方宾客。内部道路以直线型为主，顺畅地连通小区内的各个部分。为节约建设用地，建筑以行列式为主，考虑到需要架设高压线，建筑退让 10 米以上。保留黎屋建筑质量较好的 4 栋建筑，对祠堂进行原地重建，其余 4 个经济社分别新建一个祠堂。保留小学教学楼现状，并将村委搬迁至此。规划在中轴线入口处设置该片区入口的标志物（如图 9-5 所示）。

图 9-5　中片集中居住点规划总平面图

图片来源：曾永浩自制。

本片区南部有部分区域为大东门经济发展用地，本方案将其规划为公园用地，不安排建筑。

（四）下片集中居住点规划设计

下片集中居住点规划建设用地面积约 16.13 公顷，其中保留 5 户，新建 230 户。狮象村东门社、西门社、大一社、大二社、大三社以及水口社合共 225 户搬迁聚居在此。

在设计中，结合现有地形与路网特点，充分利用景观资源，打造流线型的庭院空间。使建筑群体呈"井"字状布置，既体现吕田民居"围"的特色，又丰富了民居景观。同时，布局呈流线型，达到了良好的庭院空间效果，在沿街立面上形成了层次变化丰富的建筑轮廓线。

结合休闲小广场，引入自然生态绿化开敞空间，使村民及游客在工作游玩之余可以缓解疲劳，增添情趣。同时，通过空间的营造，结合本土特色小品设计，如农耕工具，形成自然搭配，使景观效果更显和谐，为游客创造一个既能观赏、体验，又能休憩的多元空间（如图 9-6 所示）。

图 9-6　下片集中居住点规划总平面图

图片来源：曾永浩自制。

(五) 村庄景观规划

以桂峰河为主轴线,通过对桂峰河滨水景观的重塑,营造富有动感的滨水观景带,从北至南依次为:流溪生命之源—乡村体验旅游区—康体休闲娱乐旅游区—流溪之恋(生态漂流旅游区)(如图9-7所示)。

景观轴线上节点分为三类:中心景观节点—公园景观节点—滨河景观码头节点及外围自然景观渗透,形成一条主次分明、景观主题鲜明的滨河轴线。

景观元素突出乡村景观特点,营造地域性浓郁、乡村植物特色鲜明的绿景,对滨水观景带进行细分,塑造富有变化的河岸植被;以植物的季相、色相等搭配,满足"时时有景、处处有景"的景观规划要求;通过种植高低错落的植物——灌木、乔木、藤类、挺水植物、浮水植物等,塑造多元化的视觉效果。切合狮象村实际的景观规划,引领村庄一步一步实现"美丽乡村"的目标。

(六) 村庄产业规划

规划方案把村民住宅集中布局在桂峰河西侧的三个集中居住点,将结余出来的桂峰河东侧现东村社和黄江社所在的村集体建设用地划定为集体经济用地,集中规划为乡村公寓、酒店等,并结合乡村特色设置农家乐体验项目,设为外来游客接待、会议中心,面积约17.5万平方米,为村集体经济持续发展奠定坚实基础。

图9-7 狮象村集体经济用地规划总平面图
图片来源:曾永浩自制。

为了发展狮象村的乡村旅游,除了规划村集体经济用地外,规划单位还分析其资源的分布现状、区位、市场等因素,整合各项旅游资源,以乡村体验、乡村观光、乡村漂流等几种开发模式为主,打造了"狮象八景"新名片,将狮象村建设成以自然生态为依托、以乡村体验为核心、辅助以乡村田园文化产品的休闲度假型村落。

1. 乡村体验旅游区

乡村体验旅游区位于桂峰河西侧,包括规划的三个村民集中居住点以及其中的农事体验区域。规划将其打造成一个集游客服务、旅游信息咨询、农家乡野餐饮、大众休闲娱乐于一体的乡村体验性较强的旅游片区。

2. 田园观光区、花卉基地

生态田园观光区利用村庄现有的生态农田,以大片的农田作为旅游大背景,建设旅游观光道路,整合现状生态资源，为游客提供原汁原味的田园风光景色。

花卉基地选址位于狮象村村委对面靠桂峰河的旱地，通过土地整合，采用开放式的栽培方式，形成一望无际的花海，给人以震撼的视觉冲击力。规划将其建设为集花卉培育、花卉观赏、花卉销售于一体的大型花卉基地（如图9-8所示）。

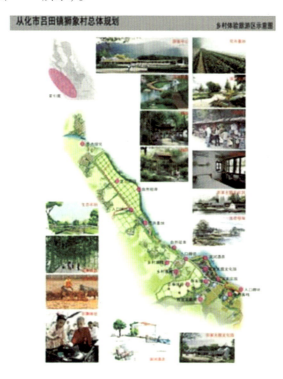

图9-8　从化乡村体验旅游区示意图

图片来源：曾永浩自制。

3. 森林溶洞探险区

森林探险区选址位于桂峰河东面大山的密林，谁利用狮象村丰富的森林资源，以"惊、险、奇"为主题特色，在森林资源相关保护政策的许可范围内，开展一系列森林探险项目。

溶洞探险区位于桂峰河东面，谁利用狮象村现有的溶洞地貌，开发溶洞探险项目。但由于溶洞地貌较为特殊，因此在开发前应尽量完善规划，应在不破坏其特殊性的前提下进行开发（如图9-9所示）。

4. 古人类遗址区

狮象岩古人类遗址选址位于狮象岩及石器时代遗址，谁开发石器时代遗址，通过资源整合建设，结合狮象岩整体开发，重现古人类的生活场景，让游客近距离地体验广州古人类的生活环境、生活方式，真正地了解"广州古人类文明"（如图9-10所示）。

5. 生态有机农场区

生态有机农场选址位于狮象岩附近现已开发的东升有机农场，以"清新淡雅观赏园、寓教于乐科普园，体验休闲游艺园、品味家居生活园"为主题特色，被打造成集科普教育、文化教育、生态体验等于一体的生态有机农场（如图9-11所示）。

6. 响水峡旅游景区

响水峡旅游景区位于狮象村南部，现已进行开发并逐步投入使用，但仍有提升完善的空间。本项目主要以自然山体地形为背景，开发漂流、度假酒店、康体休闲等高端休闲旅游项目，打造一个以生态为特色，体现天然养生的旅游片区。

图 9-9 狮象村溶洞旅游开发

图片来源：http://travel.sina.com.cn/news/p/2009-05-14/085583643.shtml。

图 9-10 狮象岩古人类遗址

图片来源：https://www.sohu.com/a/243037349_480131。

7. "一河两岸"生态景区

主要是依托贯穿于整个规划区范围的桂峰河，形成两岸自然湿地景观。规划尽量保持原有的自然生态环境，向游客呈现一个原始的没有被破坏的狮象村生态旅游环境。

8. 生态水源林区

生态水源林区位于狮象村西北部，是"狮象八景"中面积最大的一个景区。这里是最原始的自然生态景区，没有一点污染。作为天然氧吧，可使人身心舒畅。本景区在开发的过程中需要充分考虑环境保护的问题，不能盲目开发。

八、狮象村村庄规划的建设实施

2011 年，在广州市、从化区两级政府的大力支持下，广州市著名企业星河湾集团被引进并对狮象村进行扶贫建设，按照村庄规划统一建设，共出资 1.19 亿。其中，8000 万元～9000 万元用于村民住房、村庄公服设施、基础设施建设，其余 2000 万元～3000 万元用作狮象村集体经济发展基金。在

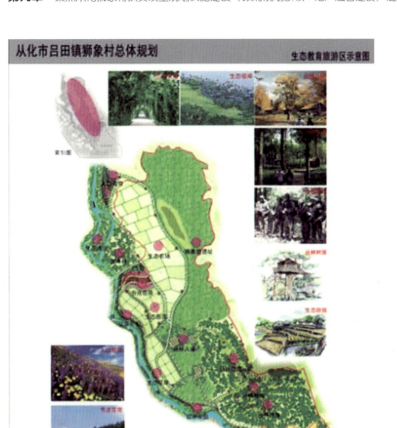

图 9-11 生态教育旅游区示意图

图片来源：曾永浩自制。

"拆村并点"中引导鼓励村民主动交回旧宅基地，严格落实一户一宅，以旧换新，签订协议旧房拆除后方可搬入新屋。2015 年 8 月，全部完成安居房 600 套并交付农民使用。

通过精准扶贫，整个狮象村的村容村貌发生了翻天覆地的变化。狮象村曾经潮湿低矮的土坯房变成了一栋栋整齐漂亮的小洋楼（见图 9-12、图 9-13、图 9-14）。村集体经济也得到了一定发展。2019 年，狮象村村民人均年收入 14500 元，村民对党的农村扶贫帮扶政策极为拥护。在当前全国新一轮乡村振兴的背景下，以村庄规划为引领，通过精准扶贫，探索农村通过迁村并点，集约节约用地，将结余出来的集体建设用地用于发展村集体经济，产业协同发展、环境整治提升的狮象村发展模式仍有着借鉴意义。这是各级政府、开发商、农民互动融合发展的一种典范，较早地为新时代乡村振兴做出了探索。

| 旧村庄房屋 | 新建住宅 |

旧村庄房屋　　　　　　　　　　新建住宅

旧村庄房屋　　　　　　　　　　新建住宅

图 9-12　村庄建设前后对比

图片来源：吴李自摄。

全景照片	
村头照片	
村尾照片	

图 9-13 新村全景图

图片来源：吴李自摄。

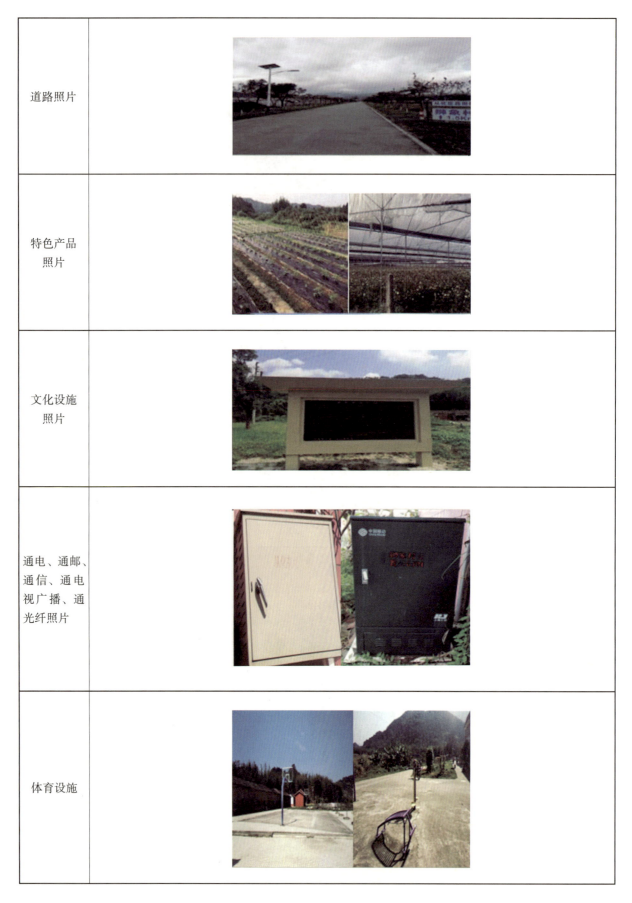

图 9-14 配套设施图
图片来源：吴李自摄。

第三节　地产融合建设

一、合作背景

从 2010 年起，从化区政府与星河湾地产控股有限公司（以下简称"星河湾"）签订友好协议，由星河湾建设狮象村扶贫改造项目。政企合作这一良好模式从此给狮象村带来翻天覆地的变化。

二、"经济造血式"扶贫成为新型城镇化建设的狮象村模式

党的十八大之后，中央确立了"加快推进城镇化"的目标。而国务院总理李克强则指出，新型城镇化建设应着力提高内在承载力，发展和城镇建设相融合。[1] 在 2010 年的两会期间，除提出缓解房价上涨的提案外，星河湾董事长黄文仔就以广东省从化区狮象村扶贫为例，提出"造血式"的农村扶贫概念。他认为，扶贫不应仅是简单的捐助，还必须通过"经济造血"的方式，提高贫困人口的综合素质，改善生产作业条件。[2]

新型城镇化应该是全方位产业的城镇化，狮象村的新农村改造案例则为全国城镇化建设改革提供了一定的实践经验。资料显示，狮象村位于革命老区广州从化区吕田镇，人均年收入不足 8000 元，当地村民主要靠种植业和小规模养殖业为生，是广东省、广州市最贫困的村庄之一。星河湾公共事务副总监龚岚介绍说，过去，村民住在潮湿、低矮的土坯房里，随时有倒塌危险。2011 年 3 月，星河湾捐资 1.19 亿元改造建设狮象村。到 2013 年 1 月，已有 150 户人家搬进两层高的新房，133 户准备收房。按照配置标准，每位村民可以免费获得人均 22 平方米的住房，这也意味着即使是一个五口之家也可以零成本入住新房。而集中居住规划不仅改善了村民的居住环境，还为狮象村节约了近 300 亩土地，供当地村民耕种。星河湾则对狮象村农业产业的发展进行重点扶持，定期安排专家培训村民，以实现当地经济的可持续发展，改变贫困人口的生存环境和生活方式。[3]

三、狮象村启示：以人为核心的可持续城镇化建设

城市学者柳军直言，城镇化建设给中国很多企业，特别是房地产企业带来很多"想象"。"很多人在里面看到圈地的可能，有一些人则在里面看到农村发展新路径。"[4] 不过，龚岚向记者表示，"星河湾绝不会在狮象村拿一寸土地。过去不会，将来也不会。"[5] 黄文仔则在接受记者采访时表示，在狮象村改造后，农民可以用节约下来的土地发展农业，以解决收入问题。"所以我们还建了一个很大的农贸市场，实现农副产品的集散和销售，这一部分经营收入就可以解决农民的贫困问题。这就是我

---

[1] 《李克强主持召开国务院常务会议 部署加强新型城镇化建设等》，见中国政府网（http://www.gov.cn/xinwen/2020-07/22/content_5529162.htm），访问日期：2020 年 7 月 22 日。
[2] 《星河湾集团狮象村帮扶项目背景素材》，见网易房产网（https://c.m.163.com/news/a/93QOIK8E00873L40.html?spss=adap_pc&referFrom=&isFromH5Share=article），访问日期：2013 年 7 月 15 日。
[3] 《"经济造血式"扶贫 新型城镇化建设的狮象村样本》，见中国新闻网（http://www.chinanews.com/house/2013/07-15/5041493.shtml），访问日期：2013 年 7 月 15 日。
[4] 《"经济造血式"扶贫 新型城镇化建设的狮象村样本》，见中国新闻网（http://www.chinanews.com/house/2013/07-15/5041493.shtml），访问日期：2013 年 7 月 15 日。
[5] 《"经济造血式"扶贫 新型城镇化建设的狮象村样本》，见中国新闻网（http://www.chinanews.com/house/2013/07-15/5041493.shtml），访问日期：2013 年 7 月 15 日。

们所说的经济造血功能。"①

柳军认为，新型城镇化的核心是"人"，星河湾在狮象村的建设更多的是从人的角度着手，体现了城镇化建设中的人文关怀。柳军表示，在操作过程中，有的项目基本上是把农村土地城市化视为城镇化建设的终点，但他认为这与实际上生活城市化或者人文关怀能否落实还有很大差距。柳军说："我见过很多项目都属于一次性扶贫，没有可持续的可能性。但在狮象村改造模式里面，我看到了几个关键的东西，包括土地集约化、农业产业化、经营的企业化，还有模式多样化等。"② 与一些缺乏可持续性的所谓的扶贫项目相比，狮象村模式或许能带来更好的启发。

中国乡村规划设计院院长、著名"三农"问题问题专家李昌平说："很多地方搞扶贫，最后农民的土地都被拿走了，但是星河湾没有占老百姓便宜。"除此以外，他也对星河湾以农民为主体进行建设的方法和理念表示认可。李昌平甚至断言，以狮象村为模板，"中国农村城镇化是有希望的"。不过，面对高昂的城镇化改造成本，仅靠企业捐助明显并非解决之本。黄文仔也坦言，"这还需要企业、政府、农民、社会多方面的努力，才能使得农村面貌有更多的变化"③。

中国新一轮城镇化规划正在制定中，并有望在2013年内出台。面对当前中国城乡二元结构的发展现状，新型城镇化进程如何化解农民进城困境，消除"城市病"干扰，仍有诸多难题待解。城镇化规划今年（2013年）或出台，中国改革开放30多年来，城镇化进程取得了巨大成就，数据显示，2012年中国城镇化率达到52.57%，与世界平均水平大体相当。④ 在多年的城镇化进程中，几亿农民走出土地，成为城市建设中不可或缺的主力军。但这些数量巨大的新市民群体在城市中的生活质量却并不尽如人意，他们受教育程度、工作类别以及户籍的限制，始终难以真正融入城市生活，更难得到和其他城市居民一样享受同等社会福利待遇的权利。

四、启动新型城镇化建设，成为解决这一问题的决策选择

从2010年年底起，国家发展改革委就已经开始会同财政部、国土资源部（今自然资源部，后同）、住房城乡建设部等14个部门启动城镇化规划编制工作。随后，"城镇化建设"被写入党的十八大报告，和新型工业化、信息化、农业现代一起，成为未来中国发展的方向。2012年12月16日，中央经济工作会议指出，城镇化是中国现代化建设的历史任务，也是扩大内需的最大潜力所在，要积极引导城镇化健康发展。⑤ 从此，城镇化更成了舆论的焦点。

新一届政府如何规划城镇化道路，为世人所关心。在经历种种猜测与传闻后，6月26日，国家发改委主任徐绍史在向全国人大常委会所作的报告中透露，国家城镇化规划目前正在广泛征求意见并抓紧修改完善中。这份报告首次明确了城镇化的道路，户籍改革成为报告的最大亮点。该报告称，要全面放开小城镇和小城市落户限制，有序放开中等城市落户限制，逐步放宽大城市落户条件，合理设定特大城市落户条件，逐步把符合条件的农业转移人口转为城镇居民。报告还表示，加快推进基本公共服务均等化，努力实现义务教育、就业服务、社会保障、基本医疗、保障性住房等覆盖城镇常住人口。同时，对于城镇化建设中最为敏感的土地制度，报告指出，实施最严格的耕地保护制度和节约用地制度，按照管住总量、严控增量、盘活存量的原则，创新土地管理制度，优化土地利用结构，提高

---

① 《"经济造血式"扶贫 新型城镇化建设的狮象村样本》，见中国新闻网（http://www.chinanews.com/house/2013/07-15/5041493.shtml），访问日期：2013年7月15日。

② 《"经济造血式"扶贫 新型城镇化建设的狮象村样本》，见中国新闻网（http://www.chinanews.com/house/2013/07-15/5041493.shtml），访问日期：2013年7月15日。

③ 《"经济造血式"扶贫 新型城镇化建设的狮象村样本》，见中国新闻网（http://www.chinanews.com/house/2013/07-15/5041493.shtml），访问日期：2013年7月15日。

④ 《我国2012年城镇化率达52.57% 与世界平均水平相当》，见中央政府门户网站（http://www.gov.cn/jrzg/2013-06/26/content_2434974.htm），访问日期：2013年6月26日。

⑤ 《中央经济工作会议：城镇化是我国现代化建设的历史任务 也是扩大内需的最大潜力所在》，见新华网（http://www.xinhuanet.com/politics/2012-12/16/c_114044278.htm），访问日期：2012年12月16日。

土地利用效率，合理满足城镇化用地需求。业内人士透露，国家城镇化规划或于今年（2013 年）下半年正式出台。2013 年或将成为新型城镇化破题之年。①

五、广东狮象村扶贫改造实践引发新型城镇化路径探讨

2011 年 3 月，星河湾捐助从化区资金 1.19 亿元，派出精干团队规划和建设，积极践行企业公民的社会责任，让狮象村喜露新貌。难能可贵的是，在帮扶狮象村时，该公司不但以一贯的对建筑品质的高要求打造狮象村，还通过集约建设用地、合理分布产业用地，建立村经济发展基金和村慈善福利基金，以及组织技能培训，提高村民素质等举措，为狮象村的后续发展注入活力，让农民安居乐业成为现实。据了解，目前，狮象村新农村建设已取得阶段性的成果，部分村民已经欢欢喜喜地搬进了新房。在配置标准上，每位村民可免费获得人均 22 平方米的住房。这意味着一个五口之家基本上能够零成本入住新房，狮象村这一做法正好成为新型城镇化路径探索提供了案例。

2011 年 7 月 12 日，来自北京、上海、山西、广州的媒体代表上百人同赴广东从化狮象村实地考察，并探讨狮象村的新型城镇化建设经验。据了解，位于革命老区广州从化区吕田镇西南角的狮象村，地处美丽的流溪河源头，却是广州最贫困的村庄之一。这里依山傍水，景色优美，但远离城镇，工商业均难以进入，过去，村民们住在潮湿、低矮的土坯房，且随时有倒塌的危险，只能依靠种几亩田地过活。村里的年轻人都需要外出打工才能帮补家用，待年老力衰时，再回家务农。

2013 年 7 月 13 日，由北京大学光华管理学院、21 世纪城镇化研究中心共同举办的"从化狮象村启示——2013 中国新型城镇化发展论坛"在广州举行。中国乡村规划设计院院长、著名"三农"问题专家李昌平，北京大学公共传播与社会发展研究中心负责人师曾志，国务院发展研究中心社会发展部巡视员林家彬，王志纲工作室战略研究院副院长云亮，《新周刊》主笔、趋势观察家闫肖锋等专家学者参与讨论并发表精彩观点。②

六、从化狮象旧村改造：走出一条"造血式"城镇化新路

"从化狮象村启示——2013 中国新型城镇化发展论坛"在广州举行，各位专家这样评述：黄墙红瓦的 600 多户小别墅齐齐整整坐落在绿色草坪中，周围是宽敞的大道……这不是城市里某高档住宅小区，而是狮象村旧村改造后的景象。③

此前，大部分村民在泥砖屋中已经住了半个世纪，很多人均居住面积还不到 5 平方米。如今，由狭窄、阴暗、落后的泥砖屋飞跃到宽敞明亮、安全卫生舒适的小别墅，这在全广东省新农村建设中还是首例。据星河湾集团董事长黄文仔介绍，对狮象村的改造和扶贫走的就是一条"造血式"的城镇化道路。

除此之外，星河湾还对狮象村农业产业的发展进行重点扶持，定期安排专家培训村民，并利用自身酒店产业进行农副产品采购，和村委共同成立、运营"星河湾狮象农业发展公司"，以解决村民就业与增收问题，探索出一条政府帮扶、民营企业做主角的实现"经济造血式"的创新扶贫之路，也为全国城镇化建设改革提供了有借鉴意义的实践经验。

中国乡村规划设计院院长、著名"三农"问题专家李昌平认为，城镇化和新农村建设都应该坚持"三生共赢"，即建设有历史传统的生产、生活和生态的共赢。此外，城镇化一定要考虑到老百姓

---

① 《全国人大常委会组成人员对国务院关于城镇化建设工作情况报告的审议意见》，见中国人大网（http://www.npc.gov.cn/npc/c22242/201310/558d55966848499f910ca3ae7111bea1.shtml），访问日期：2013 年 10 月 11 日。
② 《2013 中国新型城镇化发展论坛广州举行》，见中国网地产网（http://house.china.com.cn/688182.htm），访问日期：2013 年 7 月 14 日。
③ 《从化狮象旧村改造：走出一条"造血式"城镇化新路》，见中新网（https://www.chinanews.com/gn/2013/07-15/5043104.shtml），访问日期：2013 年 7 月 15 日。

在城镇化过程当中的发展权衡以及分享发展城镇之后真实的收益分配权，狮象村在这方面做得很好。

此外，李昌平还认为，未来城镇化建设将面临大量老龄人口的养老以及城镇化之后农民安置两大难题，并提出了要打造"养老村"："养老问题成为中国第一大难题，去哪里养老，如何养老，要探讨中国模式。把一些生态好的村庄变成养老村，利用集体所有制的优势在村庄养老这种模式就很好，比如说狮象村的生态环境就很好，老人在这里养老很舒服，成本很低，但是幸福指数很高，很适合于办养老基地。"①

七、聚焦狮象村扶贫试点是一种探索新型城镇化强有力的模式

国务院总理李克强提出："城镇化是现代化的必然趋势，也是广大农民的普遍愿望，它不仅可以带动巨大的消费和投资需求，创造更多的就业机会，其直接作用还是富裕农民、造福人民。"② 新型城镇化已成为中央和社会各界热切讨论的发展话题，甚至已上升到中国经济发展的主战略之一。

结论：从化狮象村"扶贫改造成'美丽乡村'"建设是在广东先行先试的亮点，并且规划超前到位，同时得到政府的大力支持和引进了星河湾房地产开发公司。

从2011年至2013年，在广州市委、市政府的牵线搭桥下，星河湾捐资1.19亿元，亲力亲为改造建设狮象村。经过两年多的规划建设，狮象村共新建住房550户，使2900个农民从危房迁出并搬进两层高的新房（见图9-15），实现了真正的安居。

(1) 狮象村上片　　　　　　　(2) 狮象村中片

(3) 狮象村下片　　　　　　　(4) 生态环境

图9-15　狮象村建成后实景图（1-4）

图片来源：吴李自摄。

正是集中居住和规划，狮象村已节约近300亩土地以供当地村民耕作，加之星河湾考虑到生态与绿色健康食品问题，对狮象村农业产业发展进行重点扶持，针对过去单一的种植方式，定期安排相关专家为当地村民进行培训，以实现当地经济转变的可持续发展，从根本上改变了贫困人口的生存环境和生活方式，并逐步带领当地村民走上脱贫、致富的"乐业"之路。

---

① 《从化狮象旧村改造：走出一条"造血式"城镇化新路》，见中新网（https://www.chinanews.com/gn/2013/07-15/5043104.shtml），访问日期：2013年7月15日。

② 《李克强总理：新型城镇化是以人为核心的城镇化》，见中国日报（http://www.chinadaily.com.cn/chinesevideo/2013-03/17/content_16314813.htm），访问日期：2013年3月17日。

狮象村的新农村改造案例探索出一条民营企业做主角实现"经济造血式"的创新扶贫之路，为全国城镇化建设改革提供实践经验。

富而思源，不断发展壮大的民营企业关注、牵手和推进城镇化建设，是历史渊源所系和浓厚情感所在。

如今，在推进新型城镇化建设的进程中，星河湾集团等一批民营企业已经先行先试，走进贫困村，实践企业公民的社会责任，为新时代乡村振兴战略贡献力量。这对于壮大城镇化建设的社会力量、规范企业行为、树立行业良好形象、引领行业可持续发展、促进经济社会环境均衡发展等具有战略意义，值得向全中国推广。

案例特色小结

本案例的模式是政府引导与房地产相融合，通过对农村散户进行拆迁并村的思路，将贫穷山区的散户整体搬迁到新农村，解决了安居乐业的根本问题，并且给予乡村企业集体经济大力扶持，解决了农民生存、生活、就业的问题。本案例类型属于生态农业和旅游发展的典型模式。其具体模式是探索城乡融合的试验区，是新型城镇化先行先试的试验田。其可视为一种新型城镇化的样板；既造血又输血的乡村改造模式，在全国引起了轰动，已经成为乡村振兴的学习基地。该规划建设项目为优秀作品，获得广东省市优秀规划设计奖、全国脱贫攻坚奖。

［编者：广州筑鼎建筑与规划设计院有限公司（曾永浩、肖鹤、彭德循、吴李、朱峰锋、徐燕波）］

第十章 聚焦国际合作指导下的从化区规划建设（中国首席生态设计小镇公园理念）引领国内外新型城镇化的模式[①]

从国际视野顶层设计新思路出发，以生态设计小城镇公园为一体的理念，以高瞻远瞩、超前务实为宗旨，在具有可操作性和可持续性的实质性建设战略布局思想的指导下，从化良口生态设计小镇的项目得到一一落实，从而在乡村振兴脱贫攻坚上，在社会效益、经济效益、综合效益三方面都取得了翻天覆地的变化，成为广东省乃至全国脱贫攻坚致富的优秀典型案例。

第一节 政府规划引领

一、从化生态设计小镇概况

生态设计小镇选址位于良口镇塘尾村、良明村区域，地处从化生态养生谷内，毗邻从都国际会议中心、香港马会从化马场等大型企业项目，周边拥有流溪温泉度假区等生态旅游资源（如图10-1所示）。总规划面积约49.7万平方米。

生态设计小镇主要盘活旧厂房、旧村落及废弃农贸市场等存量物业和村集体留用地，通过村企共建的形式搭建乡村振兴的发展平台。围绕原有"一河一路十区"的总体空间布局开展建设。"一河"是指鸭洞河生态廊道；"一路"即生态设计大道；"十区"是红色旅游文化展示、中瑞低碳促进中心等十个主题区域。

生态设计小镇采取"政府引导，市场运作，社会参与"的模式，分三期进行建设，第一期是规划设计和试运行阶段，主要工作是进行"一会一园一路一河"四个节点的工作，目前已经完成；第二期是完善和提升小镇的基础设施；第三期是验收阶段，进一步提升"十区"的基础设施，加快小镇的产业引入。

二、生态设计小镇编制概况

2018年2月起，从化区（原从化市）政府与坤华地产公司签订友好协议，共同开发打造从化生态设计小镇。

2018年3月，生态设计小镇规划正式启动，通过盘活旧厂房、旧村落及农贸市场等存量物业和村集体留用地，以村企共建的形式搭建乡村振兴发展平台。通过对废弃的乡村农贸市场进行改造，在原有建筑基础上，利用当地盛产的竹子和节能灯，将其设计为充满现代感的绿色节能建筑。设计师在不破坏周边环境的前提下，保留建筑本体，没有大拆大建，使用了大量循环可再生材料，通过加钢结

[①] 该案例属自创项目，案中所引数据及相关资料均源自广东坤银泰铭投资集团有限公司编制的《康养生态总体规划》（2020年10月）。

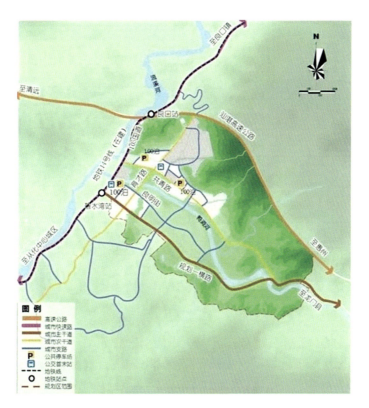

图 10-1　生态设计小镇区位图

图片来源：陈俨自制。

构、坡屋顶等方式进行"穿衣戴帽"式的改造，没有新增用地，在短短 89 天时间内就成功将其打造成为国际关注的世界生态设计大会永久会址，有效盘活了乡村沉睡资源，创造了令人瞩目的"从化速度"和"从化质量"，是践行"绿色发展"的典型案例。

第二节　生态设计小镇的核心价值

《工业和信息化部 发展改革委 环境保护部关于开展工业产品生态设计的指导意见》曾明确指出："引导企业开展工业产品生态设计，促进生产方式、消费模式向绿色低碳、清洁安全转变。"

欧盟委员会和中华人民共和国工业和信息化部共同编写的《中欧产品生态设计政策研究和信息报告》指出："工业设计的产品生态设计是生态设计和工业设计的重叠，是工业设计的绿色升级版本。"

生态设计在当今中国具有高度重要性的原因有五点：有助于①低碳工业发展；②实现污染防治的目标；③实施扩展的生产者责任制制度；④提高产品竞争力；⑤促进绿色技术创新。

生态设计是实现精准设计、精准制造与精准营销的重要手段，从而降低浪费，也是践行"两山理论"，实现生态可持续发展的具体体现。其中，嵌入式技术及信息技术与工业设计缺乏深度融合是阻碍世界设计发展的关键原因之一，嵌入式技术及信息技术与工业设计的深度融合大大提高了设计的效率和产品内在智能质量，并以数字化核心软硬结合，降低对环境的破坏。

生态设计小镇自 2018 年落成以来，在联合国工业发展组织及部省市各方支持下，创建了"五位一体、专兼协同、有核无边"的开放协同发展的创新模式（如图 10-2 所示）。

即以广州坤银生态产业投资有限公司作为研究院创办及运营主体的企业主体为核心层，以教育部计算机辅助产品创新设计工程中心、澳门科技设计中心、香港低碳设计中心、从化科技设计协同创新研究院、院士工作室为共性技术研究平台层，以世界生态设计大会、联合国工业发展组织国际生态设

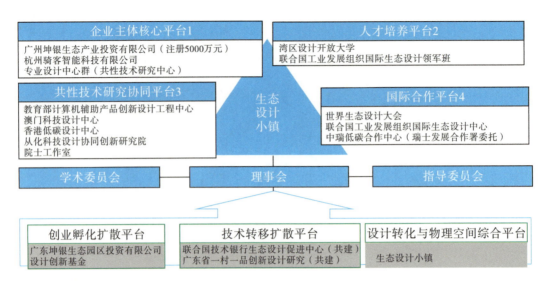

图 10-2　生态设计小镇创新模式

图片来源：陈俨自制。

计中心、中瑞低碳合作中心（瑞士发展合作署委托）为国际合作平台，以"湾区设计开放大学"与联合国工业发展组织国际生态设计领军班为研究院人才培养平台（包括浙江大学、荷兰埃因霍温理工大学等高校研究生联合培养平台），以联合国技术银行生态设计促进中心、广东省一村一品农业创新设计研究院为技术转移扩散平台，以广东坤银生态园区投资有限公司设计创新基金为创业孵化扩散平台，以生态设计小镇为人才聚集与产业成果扩散平台，聚合一批设计与制造企业，并持续开放、优化，实现"资源共享、能力互补、供需对接"的可持续发展模式，联结乡村振兴战略，推动从化区域"美丽乡村"建设，加强村院合作，实施村民收入倍增计划，以实现公益机制与市场机制的互为支撑。

第三节　生态设计小镇规划总体构思理念

一、生态设计小镇总体的定位

（一）生态设计小镇的含义

生态设计小镇是从化区第二批建设的特色小镇，近期规划面积约 0.66 平方公里，远期规划面积约 4.73 平方公里。小镇是以生态设计为核心，集政、产、学、研、金、介、用、合于一体的综合性创新创业平台。

（二）定位目标

目标是建设中国生态设计第一小镇，打造中国生态设计之都、生态设计产业策源中心、中瑞低碳城市项目典范和乡村振兴战略示范点，将其打造成让全世界都向往的全域生态设计小镇公园。

（三）总体发展构思

按照规划，生态设计小镇总体发展构思是"三大平台"，即世界生态设计大会、国际生态设计促进中心、湾区生态设计开放大学。主要发展智能交通、生物光源、服务机器人、智能平衡车等生态设计产业，开展生态设计资源评估，进行知识产权交易与保护，进行生态设计教育与国际交流合作等。粤港澳大湾区拥有雄厚的珠三角产业基础，是生态设计作为强大的创新引擎驱动生态产业化、产业生态化发展的极佳舞台。在中国工业设计协会副会长、秘书长应放天看来，从化地处粤港澳大湾区的生态核心，也是广深港澳科技创新走廊的生态源头，依托生态设计大会全球平台的连接，可以让设计要素在广州北部的自然乡村、美丽绿色的环境里加速转化成创新生产力。

（四）总体空间布局

生态设计小镇未来的总体空间布局是"一河一路十区"。"一河"：鸭洞河生态廊道；"一路"：生态设计大道；"十区"：国际生态设计促进中心、中瑞设计中心、生态设计产业区、乡村振兴示范区、世界生态设计大会中心、设计名匠工作坊、国际设计使馆区、生态设计创意谷（生态设计博物馆）、设计人才生活区、生态设计体验区。

目前，小镇正在加快推进国际生态设计促进中心、中瑞设计中心、中国生态设计产业研究院、设计企业总部（设计师工作坊）、湾区设计开放大学等二期项目建设。

二、生态设计小镇规划的总体内容

建立生态环境资产评估标准、认证和交易体系，设立并颁发首届世界生态设计大奖，通过引进发展和生态相协调的绿色智能产业，通过品牌、人、财、物的集聚整合，打造生态设计价值链体系，使从化成为真正充满希望的"设计田野"，将从化打造为中国生态设计之都，实现把"绿水青山"实实在在地转化为"金山银山"的黄金理念。

未来，生态设计小镇将通过树立全球生态设计品牌，集聚世界生态设计领域人才，打造世界生态设计创新创业平台，走城乡融合发展之路，让农业、工业、科技、设计等产业依托生态小镇，实现"生态产业化""产业生态化"，真正将生态设计小镇打造成为粤港澳大湾区生态设计高地和创新创业高地。

从化通过全力奋战拼搏，终于用了89天的时间在良口镇打造好了生态设计小镇。2018年12月13日，首届世界生态设计大会在广州从化生态设计小镇举行，大会会址也将永久落户于此。这次会议是由联合国工业发展组织、中国工业和信息化部和广东省人民政府共同发起的一个国际性会议，来自全球30多个国家和地区的重要国际嘉宾出席了会议。大会除举办一系列高端论坛和成果发布会外，还将颁发世界生态设计大奖，并联合发布《世界生态设计产业发展从化倡议》，倡导以设计创新助推世界经济包容和可持续发展。同时，积极落实"中国—瑞士低碳城市合作"项目，从化区人民政府、中国工业设计协会与瑞士设计协会在大会期间签署《中瑞设计合作协议》，共同打造"一校、一院、一园区"的城市低碳产业设计生态链，包括共建中瑞低碳城市产业园、共建粤港澳生态工业设计研究院、共建湾区设计开放大学等一系列合作。

三、生态小镇的建成及会址落户广州无疑是对广州的一种肯定和启示

生态设计是第三产业的一个重要分支，广州有良好的设计产业基础，有区位优势、交通优势，也有粤港澳大湾区建设的重大机遇，尤其是当前，广州正加快建设设计园区，着力打造国际设计之城。可以说，广州在生态、设计两方面都具备了出众的实力和潜力，是这次广州从化脱颖而出的重要原因。

高端国际会议是一个优质平台，具有强大的辐射力和集聚效应。大会的召开、落户把广州从化生态设计小镇置于国内外的聚光灯下，是对广州在世界范围内的有力宣传。大会召开后，如何抓住机遇和资源，高起点、高标准建设从化生态设计小镇是关键。根据规划，生态设计小镇建成并运营后，将在集聚全球优秀设计师，发展智慧农业、工业设计等产业群，设计人才培养等方面下功夫，并举办一

系列高端论坛和成果发布会，落户一批项目、成立多个机构，将对小镇发展产生强大的推动作用。从广州层面来看，发展生态设计产业意义重大：一方面，推动经济高质量发展，要在生态文明建设方面持续发力；另一方面，实现老城市新活力，需要在城市规划建设管理上出新出彩。广州可以以这一国际会议为契机，与国际专家、机构携手合作、共享机遇，为城市生态文明建设和绿色低碳发展提供更多技术方案和商业应用模式，以设计创新推动城市环境、产业发展等再上新水平，推动广州成为全球生态设计策源中心和"生态设计之都"、中瑞低碳城市项目典范，成为生态文明建设制高点和建设全球重要"生态经济策源中心"。

四、生态设计小镇的总体布局与功能分区综述

（一）生态设计

小镇坐落于良口镇塘尾村、良明村，辐射周边良平、高沙、塘料几条村，辐射人口约1.14万人。小镇近期规划面积约0.66平方公里，远期规划面积约4.73平方公里，预计总投资约28.2856亿元，以社会投资为主，分三期（2018—2025年）建设。其中，生态设计大道改造、世界生态设计大会会址建设等一期项目已于2018年年底完成；二期工程包括鸭洞河、上水精品酒店和设计师村（如图10-3所示）；三期工程正在规划中。

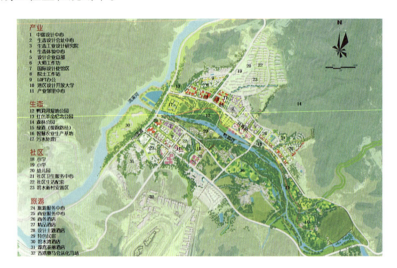

图10-3 生态设计小镇总体布局

图片来源：陈俨自制。

（二）建设规划和进展

目前已完成第一期工程，第二和第三期工程正在建设或规划中。

（三）"一河"：鸭洞河生态廊道

通过对鸭洞河水系的改造，形成了鸭洞河东西贯穿的生态布局，实现了对生态环境的山水林田草一体化保护，唤醒了鸭洞河的生态自我修复功能，提升了水源水土的修复涵养。全面贯彻和执行了"绿水金山就是金山银山"的生态理念，并以此带动了周边旅游业和服务业的发展，也为社会创造了更多的就业岗位。

（四）"一路"：生态设计大道

生态设计大道改造属于一期项目，已于2018年年底完成。生态设计大道的改造完成改变了以往

村道破落,通行不方便的局面。同时,进行村民民居改造,大规模运用了生态低碳环保技术,大量采用了竹、石、花、草等大自然原生态素材,在未增加一分建设用地规模的情况下,将水泥凹凸的旧村道改造成绿荫生态设计大道,促进了生态工业设计的合作与交流以及大幅度增加了到小镇乃至从化区观光旅游的游客数量(如图10-4所示)。

规划前现状图

规划后鸟瞰图

图10-4 生态设计大道改造前后对比图

图片来源:陈俨自摄。

1. 规划前后概况对比

生态设计大道一期项目的前身是一个乡镇里废弃的农贸市场;现在的景观大道曾经只是一条简陋的村车行道,场地整体荒无人烟,鲜少有当地居民活动的痕迹。同时,设计师还发现原场地周边存在滩涂地,原有树种简单、植物生长杂乱等问题。

2. 景观布置

从化生态设计小镇从"乡镇"变身为"世界性生态设计文化创意之都"。规划从功能上将地块分为入口生态之门、生态设计景观大道、会议中心广场与生态草坪四部分,打造成一个集生态、文化、休闲、教育于一体的城市公共开放空间,为人们提供一个生态富氧的大自然休闲旅游花园(如图10-5、图10-6所示)。

3. 景观设计思路

项目整体紧扣"原生保留、传承文化、生态设计"三个关键词,以"生态+设计"为题,最大限度地关注场地与环境、场地与文化、场地与使用者之间相融共生的关系,以此作为设计策略,用温柔内敛的设计手法,使景观改造很好地融入场地和环境。

原生保留:秉承尊重场地环境的原则,比如会议中心西入口特有的榕树夹道被保留了下来(如图10-7所示)。

图 10-5　景观总平面图

图片来源：陈俨自制。

图 10-6　功能分区图

图片来源：陈俨自制。

图 10-7　原生景观保留

图片来源：陈俨自制。

文化传承：设计师在保留了原有建筑物的同时，还融入了场地原有的特质，进一步强化了文化气息，比如设计中保留了小镇入口的石牌坊建筑。设计师查阅大量岭南牌坊建筑的资料，从中提取蝙蝠、鹤舞、祥云等具有代表性的古代建筑装饰元素，对牌坊表面进行重新修葺改造。

生态设计：将生态策略融入设计。场地设计充分考虑雨水收集回用处理，利用绿化缓坡收集并净化雨水，建立植被缓冲带，减少污染（如图 10-8 所示）。

图 10-8　生态环境打造

图片来源：陈俨自制。

4. 景观设计的主要内容

小镇主入口区域：在道路的展示界面上，可见一面高低起伏、错落有致的文化格栅山墙隐现于树阵间。这一设计灵感起源于岭南传统聚落的格局和风貌，提取了岭南古建筑坡屋顶的艺术剪影元素，采用现代材料结构钢来打造文化格栅山墙，达到在现代审美的基础上传承岭南文化的目的（如图10-9 所示）。

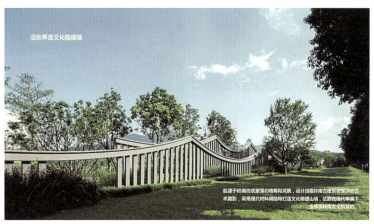

图 10-9　沿街界面文化格栅墙

图片来源：陈俨自制。

生态设计景观大道：进行了主道路改造，将原本破旧的乡村公路扩建成了双向四车道的柏油路。

设计师将场地内部可利用的大树进行移植和清理，并适当增加了一定数量且大小相近的大树，保留并修整道路旁现有的植被，作为大道的生态背景，打造出一条林荫生态的迎宾大道，为车行和人行提供遮阴功能，展现生态设计小镇风光（如图 10-10 所示）。

图 10-10　生态设计景观大道

图片来源：陈俨自制。

会议中心区域及周边环境区域：首先是会议中心前广场，会场为主角，景观为会场周边提供所需的功能空间，同时结合并将建筑立面的肌理与材质融入景观设计中，使景观与建筑和谐共生。

会址中心前预留一片生态大草坪，作为多功能活动空间。这不仅是为大会举办者考虑，方便其将大草坪用以进行户外会议，或举办户外的生态教学活动、乡村生态活动、全民活力运动会等，同时也为周边居民提供一个休闲场地。

会场西广场入口的设计以台地绿化结合阶梯解决了原有的陡坡问题，同时设计无障碍通道，在保证公共空间的无障碍化的同时，巧妙地实现了场地人车分流，提高了场地安全性，体现了人文关怀（如图 10-11 所示）。

图 10-11　会场西广场入口阶梯设计

图片来源：陈俨自制。

会议中心东庭突出绿岛松景、砾石旱景，为会场休息区提供一个禅意景观。

会议中心西侧中庭以砾石结合点景树、景石等造景，营造简洁、高品质、静谧的中庭空间，为会议人员提供一个舒适的室外休息场所（如图 10-12 所示）。

（五）"十区"

主要以建设国际生态设计促进中心、中瑞设计中心、生态设计产业区、乡村振兴示范区、世界生态设计大会中心、设计名匠工作坊、国际设计使馆区、生态设计创意谷（生态设计博物馆）、设计人

图 10-12　会议中心西侧中庭环境营造

图片来源：陈俨自制。

才生活区、生态设计体验区为主要内容。"十区"的建设，强化了小镇的国际化定位和策源中心发展方向，为生态工业设计产业提供了配套齐全的公共设施、展示空间、服务平台和生活体验。

（六）功能片区的配套介绍

根据规划区为生态经济示范区的目标定位，规划区以生态设计产业为主。为吸引与产业发展需求匹配的创意研发人才，同时依托生态设计小镇发展旅游休闲产业，项目组将规划区公共服务设施分为两大类：第一类是为产业人口和居住人口提供的社区生活服务设施；第二类是为旅游人口服务的旅游服务设施。

1. 社区生活服务设施

社区生活服务设施主要为在规划区工作和生活的产业人口和居住人口服务。除了根据《广州市城乡规划技术规定》相关技术指标配置"区域、街道、居委"3级社区公共服务设施外，规划针对创新研发类产业配置创新社区商业设施和品质化设施，以满足产业人群个性化、多样化的服务需求。

按照每2.9万人要配置3个生活邻里中心的要求，全方位满足教育医疗、文化娱乐、体育休闲、商业配套的多元化需求。针对创新研发类产业人口，于生活邻里中心两三处配置创新社区商业设施和品质化设施。

2. 旅游服务设施

旅游服务设施主要为参加国际生态设计大会等重大会议的商务人群和广州周边区域周末游的旅游人群服务。规划建议设置旅游接待、旅游解说及导视、旅游住宿等配套服务设施。

3. 生态环境

鉴于生态设计小镇的研学旅行基地地处良口镇塘尾村、良明村区域，辐射周边良平、高沙、塘料等村，周边均为森林和河流围绕，人流量较小，且暂无大型工业企业，因此，当地所产生的生活垃圾和工业垃圾也较少。

生态设计小镇安排了专人轮岗巡视基地及周边的卫生状况，及时安排保洁人员对卫生环境进行维护，取得了良好的环境维护效果。通过近两年的环境建设，已达到了绿水青山的标准。

除了体验场馆、应用场馆、展示场馆周边均铺设草地和鲜花外，还定期对基地内场展馆、公共区域、办公室、外围下水沟、草坪天台等进行四害（老鼠、蟑螂、苍蝇、蚊子）消毒杀菌工作。确保基地的卫生问题得到保障，降低细菌、病毒给游客所带来的负面体验感。

4. 交通网络

生态设计小镇研学旅行基地周边有两个高速路口，分别为温泉和良口，连接105国道，约15分钟可到达基地。10分钟车程可达附近的两家社区医院，30分钟车程可达1家二甲医院。以公路作为主要交通要道组织日常研学旅行活动，采取"高速+国道"的行走路线能大大缩短路程时间。

对于重大活动的举办，研学旅行基地联合政府机关、旅行中介及活动需求方临时增加所需交通工具，以灵活应对旅行过程中的突发事件。

案例特色小结

本案例旨在从国际视野顶层的新思路出发，以高瞻远瞩、超前务实为宗旨，并在具有可操作性和可持续性的布局建设思想的指导下，通过以特色生态设计产业为着力点，以点带片，聚片成面，全域推进人居环境整治，为实施乡村振兴战略奠定坚实基础。具体设计是紧扣"原生保留、传承文化、生态设计"三个关键词，关注场地与环境、历史、人文的关系与表达，采用当地竹、瓦元素，打造与自然融合，内外通透的空间。在乡村振兴脱贫攻坚工作上，社会效益、经济效益、综合效益都取得了翻天覆地的变化，成为广东省乃至全国脱贫攻坚致富的优秀典型案例，更成了建设中国生态设计第一小镇，打造了中国生态设计之都、生态设计产业策源中心、中瑞低碳城市项目典范和乡村振兴战略示范点。建成后实景如图10-13所示。

图10-13　建成后实景

图片来源：陈俨自摄。

小镇现已从农贸市场变为拥有76家入驻企业的全球生态设计资源汇聚高地，其产业结构的变化不仅激发了当地的旅游产业，带动了周边村镇与村民的经济发展，更极大丰富了村民的精神文化生活。通过盘活废旧农贸市场等乡村闲置资源，小镇在89天内从"乡镇"摇身一变，成为"世界性生态设计文化创意之都"。

小镇的发展找准了自身资源特色的客观优势，以文化创意办公、商业、国际创新学校、艺术中心等业态融入小镇建设，将形成开放、高科技、功能化、生态化的综合创意产业园区，激活周边土地的价值，也对岭南文化起到传承与创新的重要作用。本项目案例属于"创新产业和文旅"的发展模式，曾获第十届园冶杯·市政园林文旅类、广州市优秀工程勘察设计行业奖等奖项。

［编者：广州怡境景观设计有限公司（张达、陈俨、杨超、蔡小晶）和广东坤银泰铭投资集团有限公司（耿洪霖、方松川、李国柱）］

❖ 空间布局振兴类型

第十一章 连片开发统筹发展的乡村振兴规划
——龙川县省级新农村示范片乡村振兴规划方案[①]

第一节 项目概况

2014年9月,广东省委农办召开省级新农村示范片建设工作会议,提出从2014年开始连续3年在省内14个地级市各遴选一个资源本底条件好、具有岭南文化特点、符合连线成片要求的若干自然村作为新农村建设示范片,拨款1亿元进行支持推动连片规划建设。要用5年时间,通过"省拨款、市遴选、县申报"的形式,集中力量、整合资源、连线成片,打造一批新农村示范片的"标杆样板"。河源市2014年第一批遴选紫金县建设省级示范片,2015年遴选和平县建设省级新农村示范片。龙川县省级新农村示范片是2016年河源市第三批遴选的示范片。[②]

第二节 基础条件

一、项目位置与范围

龙川县省级新农村示范片位于龙川县中部的丰稔镇南部,紧邻县城镇老隆行政区,是龙川县城与北部乡镇联系的门户地带。片区内有G205国道呈东西向横穿,向北处接S227省道,并有隆江线及河惠莞高速等区域交通通道经过,水上交通可通行东江,区域交通便利。

龙川县省级新农村示范片包括丰稔村、莲东村、十二排村、黄岭村和成塘村5个行政村,共计22个自然村,6382户,总人口19347人,面积582万平方米(如图11-1、图11-2所示)。[③]

[①] 本案例项目为自创项目,案例中所引数据及相关资料均源自龙川县委农办、广东省城乡规划设计研究院《龙川县省级新农村示范片——建设工程详细规划》(2016年)。
[②] 转引自《关于推进省级新农村连片示范建设工程的实施方案》,见广东省人民政府网(http://www.gd.gov.cn/gdywdt/tzdt/content/post_76032.html),访问日期:2017年3月2日。
[③] 转引自龙川县丰稔镇政府。

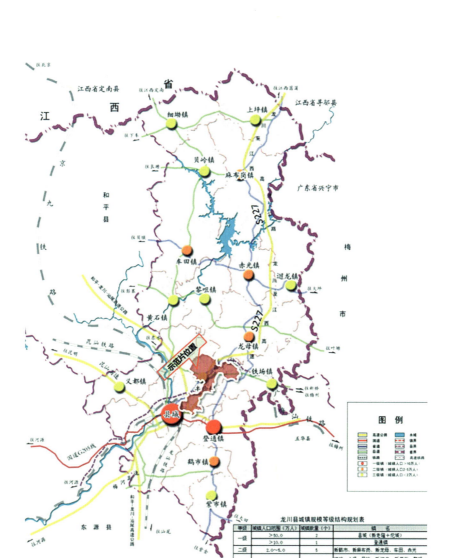

图 11-1 区位示意-示范片在龙川县的位置
图片来源：《龙川县省级新农村示范片——建设工程详细规划》，黄华绘制。

二、优势因子明显

龙川县是千年古县、中央苏区县、全国油茶示范县、全国粮食生产先进县、全国健身活动先进县、全国特色农业加工基地、全国粮油糖高产创建先进单位，历史文化突出，同时农业农村发展的基础条件较好。[①] 龙川新农村示范片作为河源市第三批省级新农村示范片，具有农业基础条件好、乡土文化资源突出的特点，同时也有一定的建设基础。但是，也存在与广东省其他地方相似的问题。为此，该项目的试点示范可以为龙川县其他地区和粤北地区新农村建设与探索积累宝贵经验。龙川示范片具有三大优势。

（一）自然生态本底良好，农业产业化雏形初现

龙川省级新农村示范片所处的丰稔镇，作为县域北部的第一镇，休闲资源禀赋突出，是城郊特色农业休闲后花园，也有县域三大旅游产业园之一——丰稔休闲农业旅游产业园。初步形成多种经济作

---

① 转引自龙川县志地方志编撰委员会《龙川县志（1979—2004）》，广东人民出版社 2012 年版。

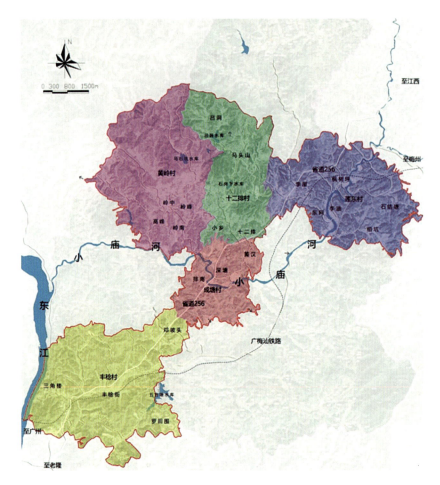

图 11-2 龙川县省级新农村示范片的五个行政村和二十二个示范村分布
图片来源：《龙川县省级新农村示范片——建设工程详细规划》，李彦鹏、黄华绘制。

物种植基地的万亩油茶基地、沙田柚基地、火龙果（左拔）种植基地、枇杷（莲东）种植基地等，是龙川农业产业化的代表性区域（如图 11-3 所示）。

（二）示范片有"全国特色农业加工基地"建设的优势

依据龙川县的城市总体规划，示范片南部规划建设为全国特色农产品加工基地，同时，规划区内还规划建设如油茶基地、火龙果基地等多个生态农业园区。示范片是龙川农业产业化的代表性区域，将成为龙川县城及全国特色农业加工基地、旅游景区后花园基地，串联自身生态优势，突出丰稔特色。

（三）乡土文化底蕴深厚，代表性强

龙川县是南粤古国的起源地之一，也是最早的客家聚居地之一，有"百越首邑"之称。示范片内的黄岭村和丰稔村是龙川县比较有代表性的古村落。

黄岭村被广东省文学艺术界联合会和广东省民间文艺家协会评为"广东省古村落"，是龙川最具代表性的传统村落，历史建筑保护较好，具有代表性的历史建筑如"水前下叶屋""塘子背叶屋""祖芬叶屋""珠树分荣叶屋"等。黄岭村、佗城和蓝关韩公祠（韩愈）都是龙川人文景观的典型代表。黄岭村至今仍保存 100 多座古民居，其中一部分民居被列为龙川县保护单位。黄岭的古民居主要分两大类：一为客家围龙屋，如古亭前儒林第、塘子背叶屋等；一为客家方形屋，如梅塘角叶屋、珠树分荣叶屋等。丰稔村的历史人文资源也很丰富，主要有三角楼、廻霍元庵、基督教福音堂、位于忠

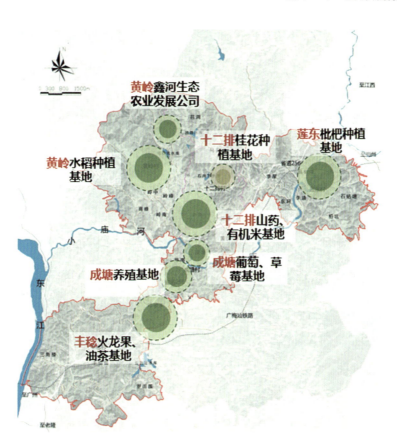

图 11 - 3　示范片农业资源分布

图片来源：《龙川县省级新农村示范片——建设工程详细规划》，黄华绘制。

恕阁经济合作社的东江纵队阻击战遗址、百年邬氏祠堂，还有一棵古榕树（如图 11 - 4 所示）。[①]

图 11 - 4　黄岭村有历史文化价值的建筑

图片来源：《龙川县志》。

---

①　转引自龙川县志编撰委员会：《龙川县志（1979—2004）》，广东人民出版社 2012 年版。

三、存在问题突出

（一）缺乏统筹规划，发展建设各自为政

示范片内村庄联系紧密，但缺乏统一规划，且规划未与当地生态、文化、产业相结合，在挖掘村庄自然、历史人文和产业元素方面不到位，没有突出鲜明的村庄文化特色。缺乏系统深入的研判，没有科学合理规划，公共空间绿化美化率低，示范片整体风貌不协调、不统一。村庄发展仍然各自为政，缺乏统一协调。

（二）建筑风貌塑造缺乏有效的统筹和治理，现状风貌格局相对散乱

龙川县新农村示范片区内的建筑新旧交替。旧建筑大多数为一层的砖结构平房，建筑较为破旧，质量较差。新建筑大部分为2～3层的砖混结构，建筑质量较好，外立面部分有瓷砖装饰，但风格多样且零乱。私搭乱建成为普遍现象，沿边搭棚盖小房，形形色色的违章建筑成为农村空间环境的"减分项"。历史遗留的私搭乱建现象太过普遍，村容村貌整体形象不佳。

（三）基础设施薄弱，远远未能满足需求

虽然近年来各级对示范片投入的水电路等设施建设的力度较大，取得了有目共睹的成绩，但仍存在农村发展不平衡、基础设施条件普遍较差的问题，大部分的村庄道路、供排水、环卫、公共服务等基础设施建设状况还比较落后，难以适应村镇经济发展建设和人们生活生产的需求。

第三节　示范片连片发展建设思路

一、凝练主题，落实以人为本的发展理念

（一）建设目标

通过挖掘乡村文化价值，整合乡村生态农业资源、景观风貌资源、历史文化资源，通过核心村带动，示范村联动，凸显本土村庄的生活风貌和文化内涵，打造新农村建设示范工程，带动龙川新农村建设迈入新阶段，为龙川创造一个"宜居、宜业、宜游"的新农村示范片。

依托龙川北部第一镇的门户优势，景观上，形成代表龙川乡村风貌特征的"美丽乡村"景观带，形成辐射带动北部新农村建设的示范性节点。功能上，形成县域重要的村旅游发展的集聚区，与县域旅游格局整合。产业引导上，作为农业产业化发展和"三高"农业发展的龙头，将示范片作为一个县域"乡村旅游大观园"和"示范性幸福家园"来打造，并加强建设生态北部生态农业和"三高"农业的龙头、示范性的"美丽乡村"景观带。

（二）主题定位

规划将示范片的发展主题定为"首邑沃土，幸福家园"。以"首邑"突出示范片的地方特色和人文特色。"沃土"来源于乡土，突出乡野情怀，同时表达示范片农业产业发展的基础。以示范片建设推动农业规模化、产业化，推进"三高"农业的发展，形成农业产业化、高端化的发展格局，同时打造农业采摘园等生态旅游新业态。"幸福家园"是建设目标，强调示范片建设以人为本的理念，强

调示范片的规划目标是实现农民增收这一主旨。在人居环境整治基础上，发展乡村旅游新业态，形成乡村人居环境建设和村庄发展的新景象。

二、空间布局："以点带面，示范带动"

（一）空间组织思路：突破"单点式发展"模式，推动"连线成片"发展建设

按照省委农业办公厅"集中力量、整合资源、连线成片""连点、连线、成片"的建设指导，突破以往"单点式发展"的思路（如图11-5所示），推动新一轮的"连线成片"整体建设。选择资源条件好，具有岭南文化特点、乡村特色的5个连线成片的自然村作为重点建设名村和周边50个左右的村庄作为示范村进行建设。

在"点的选取"上，选取5个主体建设行政村，重点打造一个核心村的示范段；在"线的串联"上，以S227为轴线，串联示范段和景观节点，形成"'美丽乡村'示范带"；在"面的打造"上，从差异化入手，对示范片内的村庄建设进行示范引导和经验推广，形成景观突出、生态良好的示范性村庄。

以农业产业化发展带动新农村建设，突出普遍性和可推广性，形成辐射带动北部新农村建设的示范性节点。

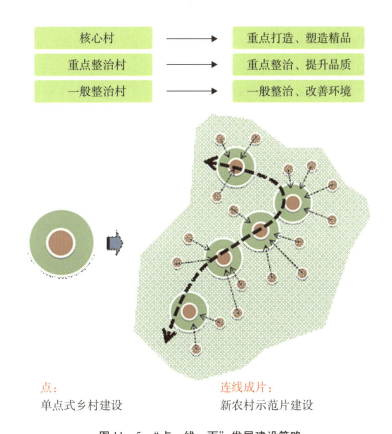

图11-5 "点-线-面"发展建设策略

图片来源：《龙川县省级新农村示范片——建设工程详细规划》，黄华绘制。

为此，规划形成"一带、两轴、五区、多点"的空间结构（如图11-6所示）。"一带"——滨水风情带：沿着小庙河打造滨水风情景观带，是主要的休闲、游憩、滨水旅游带。"一心"——服务中心：位于丰稔镇镇区位置，十二排村内，是主要的集散中心和生活配套服务中心。"两轴"——发展主轴和发展次轴：发展主轴串联丰稔村、成塘、十二排和黄岭村，是示范片发展的主要纽带，发展

次轴连接莲东,是村庄发展轴。"五区"——传统村落旅游区、生活配套服务区、人居环境示范区、传统农业提升区、现代农业展示区。"多点"——旅游服务节点、农业展销节点、交通服务节点和休闲文化节点。

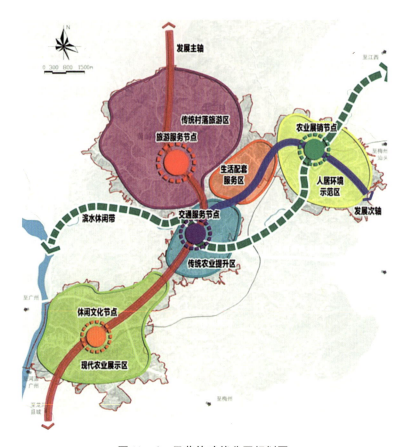

图 11-6　示范片功能分区规划图

图片来源:《龙川县省级新农村示范片——建设工程详细规划》,李彦鹏、黄华绘制。

(二) 统筹"生产—生态—生活"三大功能分区,建设美丽家园

依托丰稔镇作为龙川北部第一镇的门户优势,规划引导形成代表龙川乡村风貌特征的"美丽乡村"景观带。落实"美丽中国"新战略,对标"美丽乡村"建设要求,在环境美、生活美、产业美、人文美等四个方面,结合示范片的优势因素和特色资源,打造"生产发展、生活宽裕、村容整洁、乡风文明、管理民主"的新农村(示范片)。

其中,以"山、水、路"为基底,强化环境美化工程,美化环境;发展有机农业、绿色农业、健康农业,打造果美、田美、林美的绿色农业体系,美化产业。以人居环境为核心,强化村庄环境整治、古村落保护和风貌协调,建设村容整洁的宜居村庄,美化人居。强化基层管理,保障村民利益,促进村庄资源整合,打造和谐社区,建设美丽家园(如图 11-7 所示)。

三、产业发展:引导一村一品,推动"三高"农业发展

(一) 以农业产业化带动发展建设,突出"造血"功能

生产发展是示范片一切发展建设的基础,规划以村容整洁、"美丽乡村"为目标提升新农村的整体质量;以基础设施、公共服务设施为骨架,支撑农村生活发展;以产业发展、村民富裕的"造血"

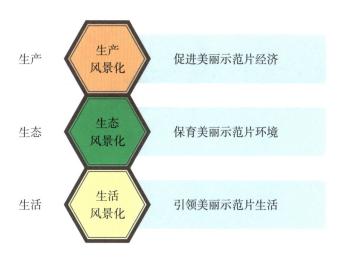

图 11-7　美丽家园建设策略

图片来源：《龙川县省级新农村示范片——建设工程详细规划》，黄华绘制。

功能为根本，为新农村建设提供持续动力。（如图 11-8 所示）。

图 11-8　示范片建设思路

图片来源：《龙川县省级新农村示范片——建设工程详细规划》，黄华绘制。

（二）因地制宜，规模整合，主导产品突出，为示范片提供物质基础

因地制宜，规模整合，为示范片提供物质基础。基本农田基地：重点发展优质水稻与有机蔬果；经济林果基地：主要种植枇杷、柿子、火龙果、柑橘等。林地基地以种植松杉等树种为主。丰稔村以腐竹为重点，形成一村一品特色产业。继续发展现代农业和加工业，建立农业产业化发展基地。成塘村扩大渔业养殖，形成一村一品特色产业。继续以生态农业为方向，建设集高新科技农业、果树种植、水产养殖于一体的高新农业产业基地。黄岭村以柿饼和古村旅游为重点，开拓现有生态涵养林的经济价值，与其他牲畜进行复合经营的复合共养，打造民居即旅游、乡村即景区、生活即体验的古文化体验型村落。十二排村以有机大米为重点，以现代种植业发展带动产业化进程，推进农村生活体验、特色农产品加工等产业发展，利用吕洞水库周边良好的生态资源，保育生态本底，重点发展为生态林业及生态农业。莲东村以枇杷种植为重点。发展有机、观光、科技、创意农业，发展特色农产品、手工艺品，并发展农业休闲旅游，发展农村特色节日旅游、特色市集（如图 11-9 所示）。

（三）促进农业第一、第二、第三产业协调发展

在片区内形成跨村集中连片发展产业的态势。加强丰稔村农产品加工基地建设，实现第一产业与第二产业协调发展。加快黄岭古村落旅游开发，加快挖掘乡村旅游价值。挖掘农业生态景观资源，尤其是要依托农业产业基地，并加快休闲旅游业发展，打造休闲农业景观，实现"旅游+农业"的乡

村旅游协调发展（如图11-10所示）。

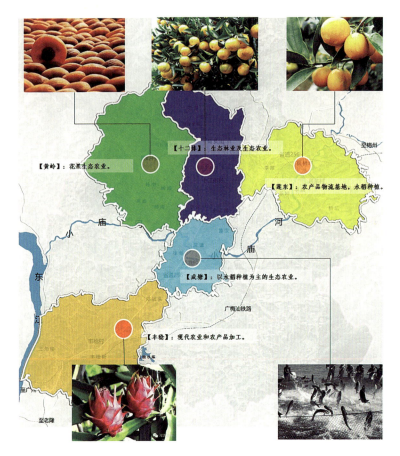

图11-9 示范片产业规划布局图

图片来源：《龙川县省级新农村示范片——建设工程详细规划》，黄华绘制。

图11-10 示范片产业发展导向图

图片来源：《龙川县省级新农村示范片——建设工程详细规划》，黄华绘制。

第一产业高端化。农产品加工基地、"三高"农业示范园、农业产品物流，打造全方位、立体化农业开发模式。重点发展火龙果种植、油茶制作、枇杷生产、畜禽养殖和渔业养殖等。

第一产业、第二产业融合发展。依托丰稔镇丰稔村全国特色农产品加工基地，建立融研、供、产、销于一体的体系，大力发展有机蔬果加工、畜禽肉类加工，规划莲东村建设农产展贸市场，支撑农产品物流发展。

第一产业、第三产业融合发展。推动第一产业与第三产业协调发展，重点依托生态农业产业园，形成生态采摘、产业化农业观光等特色项目，建立休闲农庄等乡村旅游发展业态。

四、交通设施：强化互联互通，形成"连片"发展支撑体系

规划以示范片的现状道路为基础，进行交通网络建设，构建外联内通、快慢相宜的交通网络体系（如图11-11所示）。

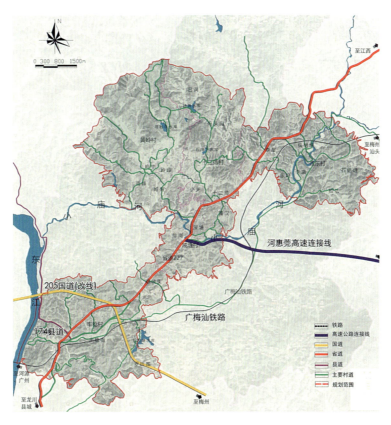

图11-11 示范片道路交通规划图

图片来源：《龙川县省级新农村示范片——建设工程详细规划》，李彦鹏绘制。

道路交通规划主要包括在片区内统一完善路网的分级和对道路设施升级改造。一是对省道进行拓宽和改线，布置相关设施和绿化；二是对县乡主干道进行梳理，提升等级；三是连接"断头路"，实现道路村村贯通；四是完善交通配套设施。

梳理各行政村内村道，保留原有由227省道向两侧呈枝状分布的格局，结合田埂或山坡低地进行拓宽，使乡间"断头路"形成环线。结合旅游规划，设置道路周边的旅游设施。结合道路周边宅旁绿化、照明系统，对丰稔村、莲东村、成塘村、黄岭村内的主要道路进行绿化、亮化。结合省道、小庙河、东江，形成该核心示范区对周边村庄的辐射。

同时，方案结合游览线路、现有道路，规划绿道系统。依据现有资源和山水条件的不同，打造不同的主题，包括滨水风情段、田园体验段和古村落景观段。以丰稔村的入口广场和莲东村为起始点，绿道总长约41000米。绿道沿途设置综合驿站和一般驿站。

五、公共公用设施：打造覆盖全面的村庄公共服务体系

在名镇名村建设的基础上，进一步完善公共服务设施体系，优化城乡统筹发展。在示范片内统筹设置片区级及村庄级公共服务中心（如图11-12所示）。片区级公共服务中心为满足示范片区级公共服务均等化的要求，着力打造为整个示范片服务的公共服务中心。村级公共服务设施按照《村庄整治规划编制办法》的有关要求进行，满足公共服务均等化要求。以行政村为单位，着重做好"五个一"工程，即一个公共服务站、一个文化站、一个户外休闲文化活动广场、一个宣传报刊橱窗、一个无害化公厕。本次规划在村庄原有设施的基础上，对"五个一"工程进行完善和提升。

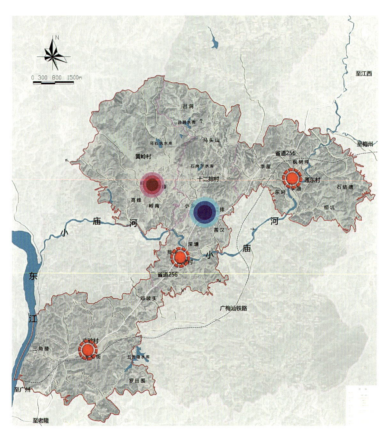

图11-12　示范片公共服务设施体系规划图

图片来源：《龙川县省级新农村示范片——建设工程详细规划》，李彦鹏绘制。

六、休闲景观：加快休闲农业与乡村旅游规划，突出乡村旅游示范

挖掘乡土景观和文化资源，形成乡村旅游大观园，集聚现代农业休闲产业、乡土产业、古村落民生文化体验等。打造旅游核心吸引力，依托生态农业资源，充分利用有机农业基地，打造休闲农业产业园。项目组通过村庄环境的亮化、美化，挖掘人文内涵，打造和谐的"美丽乡村"，并对生态宜人的田园景观进行再造，开发多种旅游业态，打造休闲农业产业集群，形成四大旅游区、一个生态农业及"美丽乡村"旅游带（如图11-13所示）。

（一）农业生态旅游区

丰稔和成塘形成农业生态旅游区，重点依托农业产业园区和有机作物种植基地，加快发展农业采

图 11-13 示范片休闲旅游规划图

图片来源：《龙川县省级新农村示范片——建设工程详细规划》，李彦鹏绘制。

摘、有机农产品体验等农业休闲旅游项目。

（二）旅游综合服务区

十二排村及镇区形成旅游综合服务区，建立和完善旅游接待配套设施。

（三）古村人文旅游区

黄岭村依托古村落和建筑景观，形成古村人文旅游区，打造古村文化体验区。

（四）宜居乡村旅游区

莲东村依托山水人居环境，形成宜居乡村旅游区，重点开发农家乐等旅游开发项目。

七、人居环境：加强乡村风貌整治，打造人居环境建设示范

挖掘传统的民居地方特色，提出村庄环境绿化美化方案；确定沟渠水塘、壕沟寨墙、堤坝桥涵、石阶铺地、码头驳岸等的整治方案；确定本地绿化植物种类；划定绿地范围；提出村口、公共活动空间、主要街巷等重要节点的景观整治方案。防止照搬大广场、大草坪等城市建设方式。

（一）公共空间改造

街巷广场是村落中最重要的交通空间，不仅发挥着促进居民交往的作用，在有些自然村落中，街道两侧还是重要的商业公共空间，通常与宗祠一起构成村落的公共活动中心。有些广场与村落的村委会、老年活动中心建在一起，不仅是人流集散之地，也是村民互相交往的重要空间。项目单位通过拆

除违章搭建，整治环境，充分利用街巷与院落周边可利用的空间打造小广场，进行公共空间改造，形成整洁、清新的村落景观环境（如图11-14所示）。

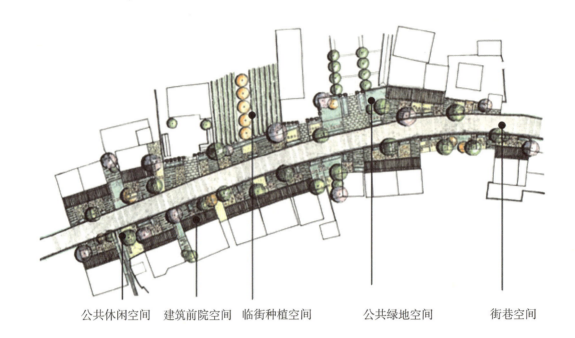

公共休闲空间　建筑前院空间　临街种植空间　　　公共绿地空间　　　　街巷空间

图 11-14　街巷空间设计示意
图片来源：《龙川县省级新农村示范片——建设工程详细规划》，李彦鹏绘制。

（二）农房改造

对现状规模较大、建筑质量较差、区位适中、有利于组织农民生活和现代化农业生产的居民点可进行保留改造。项目单位通过改造，营造一个环境清晰、街道整洁、设施完善、布局合理、建筑协调、美观的居住环境。保留改造型的农村居民点的宅基地，在规定标准范围内，允许在原址改建、扩建或者翻建；对现状具有鲜明地域风貌特色的居民点进行墙面和屋顶整治。

案例特色小结

本案例打破了单个村庄各自为政的规划思路，以连片统筹的思路，对片区进行统筹规划。广东省从2014年开始探索特色连线成片的新农村建设模式，以"连点、连线、成片"作为乡村振兴的思路，集中力量、整合资源、连线成片，打造一批新农村示范片的"标杆样板"，对村庄连片发展，具有重要的意义。

［编者：广东省城乡规划设计研究院有限责任公司（李彦鹏、黄华、冯启胜、蔡克光、张磊）］

❖ 精准扶贫振兴类型

第十二章　贵州荔波县瑶山古寨村脱贫攻坚实施模式案例[①]

第一节　荔波县将瑶山旅游产业与扶贫工作相结合

重点依托易地搬迁、景区提质扩容、民族文化遗产等项目，开启了"文化+旅游+扶贫"的发展模式，推动文化与旅游、文化与扶贫深度融合，使瑶山从一个以游猎为生、刀耕火种的顺应自然生态的贫困村寨，蜕变为旅游致富的"美丽乡村"。撕掉贫困标签的瑶山，村落变景区，群众变演员，技艺变技能，瑶山群众搭上"旅游车"，吃上"旅游饭"，发起"旅游财"。

11月21日，"大瑶山与世界对话——2020年民族地区脱贫攻坚经验交流峰会"在荔波县瑶山古寨举行，来自全国各地的专家和学者共聚瑶山、共话民族团结、共享脱贫经验。瑶山是黔南贫困程度最深、脱贫攻坚难度最大的"三山"之一，也是黔南"十三五"期间高质量完成脱贫攻坚任务的一个缩影。

在这场旷日持久的脱贫攻坚战中，黔南历届班子一任接着一任干，不断总结经验，瞄准坚中之坚，攻克难中之难，突破薄弱点，补齐短板，将"大扶贫"这一民生篇章书写得力透纸背，壮怀激烈。

一、瑶山古寨基本情况

瑶山古寨位于荔波县西南部，距离荔波县城35千米，瑶山瑶族乡地处黔桂交界，和麻山、月亮山合称贵州"三山"，是典型的深山区、石山区，土地贫瘠，水源匮乏，世代生活在这里的瑶族群众过去以狩猎为生，是脱贫攻坚最难啃的"硬骨头"。到了20世纪70年代末，人们劳作一个劳动日只有二角二分钱，那个时候，当地百姓吃了上顿愁下顿。

瑶山古寨面积206.17平方米。全乡总人口10216人；著名景点有瑶山古寨、梦柳风情小镇、懂蒙民族村寨，瑶山是白裤瑶的聚集地，也是文旅扶贫的典范，在国家脱贫攻坚政策的指引下，瑶山的未来充满活力（如图12-1所示）。

2020年民族地区脱贫攻坚交流峰会为什么选择在瑶山举行？

根据专家们的点评总结，它有以下几种敢为人先的创新。

[①] 本案例为自创项目，案例所引资料及相关数据均来自"荔波县扶贫开发办"。

图 12 – 1 瑶山古寨

图片来源：汲涛拍摄。

一是瑶山古寨具有上千年历史的良好自然风貌和奇观，适合人类居住，各级政府既予保护，又予发展，创造了人与自然和谐相处的良好生态环境。

二是凭借原有的青山绿水，瑶山古寨有着丰富的旅游景区景点，成为人们心目中的旅游热点。

三是瑶族祖辈留下来的自然文化遗产，吸引着人们传承、传播和发展。

四是在"政府引领+企业支持+农民自力更生"的理念指导下，贫困多年的瑶族山寨有了翻天覆地的变化。2014 年，识别在册、建档立卡的贫困户有 1270 户，共 4252 人，贫困发生率为 44.43%。各年度的贫困人口精准识别工作数据显示，当前建档立卡的贫困户有 1453 户，共 5766 人。目前，瑶山瑶族乡 7 个贫困村全部脱贫出列，所有贫困户人口脱贫出列。

五是久困于穷，冀以小康。近半个世纪以来，为摆脱贫困，瑶山百姓经历了七次搬迁（详细见后），累计有 841 户瑶族同胞迁出深山陡岩，住上了新房子，过上了好日子（如图 12 – 2、图 12 – 3 所示）。

图 12 – 2　荔波县瑶山瑶族乡 20 世纪的茅草房民居

图片来源：汲涛拍摄。

图 12-3　荔波县瑶山瑶族乡拉片村拉懂吉生态移民新村
图片来源：汲涛拍摄。

二、"七迁"追梦时间轴

瑶山经历了七次搬迁（如图 12-4 所示）。

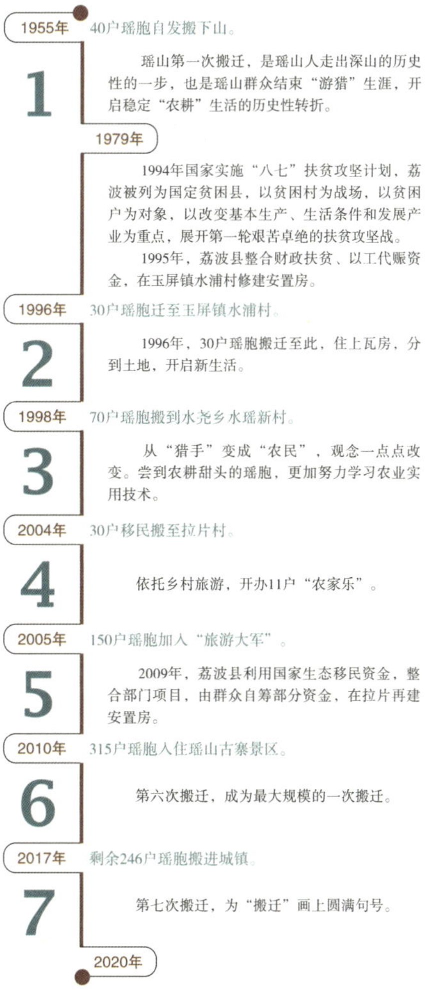

1　1955年　40户瑶胞自发搬下山。

瑶山第一次搬迁，是瑶山人走出深山的历史性的一步，也是瑶山群众结束"游猎"生涯，开启稳定"农耕"生活的历史性转折。

1979年

1994年国家实施"八七"扶贫攻坚计划，荔波被列为国定贫困县，以贫困村为战场，以贫困户为对象，以改变基本生产、生活条件和发展产业为重点，展开第一轮艰苦卓绝的扶贫攻坚战。

1995年，荔波县整合财政扶贫、以工代赈资金，在玉屏镇水浦村修建安置房。

2　1996年　30户瑶胞迁至玉屏镇水浦村。

1996年，30户瑶胞搬迁至此，住上瓦房，分到土地，开启新生活。

3　1998年　70户瑶胞搬到水尧乡水瑶新村。

从"猎手"变成"农民"，观念一点点改变。尝到农耕甜头的瑶胞，更加努力学习农业实用技术。

4　2004年　30户移民搬至拉片村。

依托乡村旅游，开办11户"农家乐"。

5　2005年　150户瑶胞加入"旅游大军"。

2009年，荔波县利用国家生态移民资金，整合部门项目，由群众自筹部分资金，在拉片再建安置房。

6　2010年　315户瑶胞入住瑶山古寨景区。

第六次搬迁，成为最大规模的一次搬迁。

7　2017年　剩余246户瑶胞搬进城镇。

第七次搬迁，为"搬迁"画上圆满句号。

2020年

图 12-4　"七迁"时间轴
图片来源：金进自制。

三、深化旅游扶贫多样化发展，打造"美丽乡村"新格局

近年来，瑶山瑶族乡以文化为魂，深入挖掘和充分利用××，把文化资源优势转变为旅游资源和经济优势，通过"旅游+民族文化"，以"五变"为抓手，深化旅游扶贫多样化发展，打造"美丽乡村"新格局。

（一）村落变景区

依托瑶山古寨、懂蒙民族村寨等传统村落，将传统村落升级改造为旅游景区，成功打造梦柳布依风情小镇3A级景区、瑶山古寨4A级景区、懂蒙民族村寨等景区景点（如图12-5所示）。

图12-5　懂蒙民族村寨

图片来源：汲涛拍摄。

（二）技艺变技能

通过开展猴鼓舞、陀螺、瑶绣、瑶陶等非遗文化培训，促进瑶族群众对非遗文化的传承，同时通过创建扶贫车间、陀螺协会、服饰协会等平台，畅通民族手工艺品产销链，使群众的技艺变技能，拓宽群众就业渠道，促进群众增收致富。

（三）民房变客房

将农户老旧楼房改造为民宿客栈，带动群众发展乡村旅游，让更多群众在家门口就搭上"旅游车"，吃上"旅游饭"。

（四）群众变演员

依托瑶山独特的瑶族文化和旅游景区，打造国内首个瑶族文化写生基地，吸引各高校艺术师生及绘画爱好者到瑶山采风写生，使瑶山风景变画景，使瑶山群众变演员。通过"协会+景区+群众"模式，组建三支共80多人的瑶族表演队，分别在瑶山古寨景区、小七孔景区、梦柳布依风情小镇演出，32名群众在瑶山古寨景区从事农家场景工作。

（五）产品变商品

积极发展订单农业、订单旅游商品，引导和激励群众从事农特产品种养殖和民族特色手工艺品开

发，推动农家产品变成商品，进一步丰富旅游景区业态，带动群众增收致富。目前，通过景区、扶贫车间、写生部落，450余户600余名群众发展农特产品种养殖及手工艺品加工、销售，搭上"旅游车"，吃上"旅游饭"，发起"旅游财"。

四、发展方兴未艾

如果说昔日瑶山因贫困而闻名，那么，今日瑶山因旅游而瞩目。走出去的瑶乡人在外面打拼，生生不息；而留在瑶乡的群众，经历数次搬迁、聚集、移民，发展方兴未艾（如图12-6所示）。

图12-6　瑶山瑶族乡拉片村

图片来源：汲涛拍摄。

如今，瑶族同胞在家门口创业，就业、住房、饮水、就医、就学（见图12-7所示）等问题得到全面改善，有的甚至开起了小轿车，办起了农家乐，迎来了美好的新生活。

一栋栋现代化的农村民居、一条条错落乡间的柏油马路、一张张甜美幸福的笑脸、一份份发自内心的自信，无不演奏着瑶山腾飞的新旋律。

图12-7　瑶山小学的孩子们

图片来源：汲涛拍摄。

如今，这里已经从以打猎为生的贫困村寨，摇身一变，成为以旅游带动脱贫致富的美丽新农村。

五、各风景区风情景观游览

酿酒坊（如图12-8所示）是酿酒的重要场所。白裤瑶信奉"无酒不成席"，男子好喝酒，认为酒是招待客人的最高礼遇。另外，酒还有更重要的意义，即敬神祭祖，祈求平安。酿酒是白裤瑶女子必备的工艺之一，她们独特的酿酒工艺，将原料加上中草药，让酿出来的酒格外香醇可口。

图12-8　酿酒坊
图片来源：汲涛拍摄。

禾仓（如图12-9所示）是瑶山古寨标志性的历史古建筑，有的禾仓已存在上百年。禾仓建筑风格独特，用四柱支撑，上层垫以木板，周围用竹篱笆围成圆形，顶上盖以茅草，这些禾仓用来存放粮食和贵重物品，具有防潮、防盗、防鼠的作用。禾仓下面通常会放置一些生产工具，或者作为寨上的人们聚会聊天的场所。

图12-9　禾仓群
图片来源：汲涛拍摄。

拉片古村落是传统的自然村寨，房屋以古老的土墙建筑为主，其原生态泥瓦式结构的住房，以及禾仓、房屋等均具有独特的设计工艺（如图12-10所示）。

图 12 - 10　拉片古村落
图片来源：汲涛拍摄。

瑶王府是瑶王及瑶族长老以火塘形式不分贵贱议事的地方，是一座两层楼的圆形独特古建筑，一楼用来惩罚违反族规、触犯寨规的人；二楼是瑶王议事的场所，也是瑶王用于宣布族内重大事项的地点（如图12-11所示）。

图 12 - 11　瑶王府
图片来源：汲涛拍摄。

古遗址是白裤瑶族先辈们各种活动留下的遗迹，包括白裤瑶族对自然环境利用和加工而遗留的一些场所，以及范围更大的村寨等各类建筑群体或残迹。其建筑形式本采取木构架、草泥建造的半穴居住所，进而发展为地面上的建筑，并形成聚落（如图12-12所示）。

图12-12 古遗址

图片来源：汲涛拍摄。

瑶池民宿是勤劳的瑶族人民根据原建筑风貌结合当地人文自然景观、生态环境资源及狩猎文化生产活动，为外出郊游或远行的旅客提供个性化住宿（如图12-13所示）。

图12-13 瑶池·小七孔民宿

图片来源：汲涛拍摄。

第二节　贵州瑶乡之变：浓缩极贫地区脱贫攻坚奋斗史

一、"七迁"出深山——贵州瑶乡之变：浓缩极贫地区脱贫攻坚奋斗史

在前面六次搬迁的基础上，进入精准扶贫期后，为了彻底改变贫困村民的生存环境，斩断"穷根"，2017年至2019年，瑶山古寨村落迎来了第七次搬迁，这也是史上力度最大的搬迁。黔南各级政府及主管部门献计献策，集中人力、物力，拨款总计6000余万元，安排居住在深山里的最后246户1045名瑶族同胞当中的206户住进县城的兴旺社区，40户安置在小七孔景区门口的梦柳小镇。

与过去相比，第七次搬迁具备鲜明特点：方式由部分搬迁变为整体搬迁，搬迁主要目的地是山下的新县城，246户移民搬进了公共服务设施与市政基础设施配套最完善的新县城。

搬迁前，深山村民对外面的世界心怀恐惧。"一开始做搬迁动员，有的寨子的人全躲起来关门不见。"被派驻到兴旺社区做移民工作的瑶山乡干部何春柳回忆，工作队反复上门耐心说明，以争取他们的理解。

在兴旺社区，每个乡镇都要派一个干部跟踪服务移民，瑶山乡派了3个，主要负责教不识字的瑶山移民记住楼栋房号的办法，"7像镰刀，11像筷子"；带他们"县城一日游"，熟悉超市、菜场、医院、学校和广场的位置；等等。

荔波县瑶山瑶族乡懂蒙瑶寨的村民搬迁后，原来的寨子作为传统村落保护下来以发展旅游业，通过"一迁一保"，既解决了农民的安居，又发展了旅游经济，两全其美。

二、基层干部的奋斗

一代又一代的基层干部通过接力，为"七迁"付出了汗水、辛苦乃至生命，使瑶族在经济上、文化教育上发生了很大变化，移民过上了幸福生活。

新村建立后，布依族干部覃红建任新村支书。开荒之初，食物不够，覃红建开车拉自家的粮食发给村民；调解新村移民与周边布依族村民的矛盾，为村民的生产与发展夜以继日地奔波，辛苦奉献了19年，直到2018年8月因胃癌去世。同年年底，村民人均年收入达6545元，顺利脱贫摘帽。移民们以瑶族最高礼节为他敲响铜鼓，鼓声经久，回荡不息。

多次搬迁过程中，瑶山人还接收到来自全国各地的真情与爱心。王陆保是瑶山瑶族乡现任乡长，也是全乡第一个大学生。到今天，瑶山已经有30多个大学生，义务教育阶段入学率达到100%。

正是瑶山人民艰苦卓绝的奋斗，使他们向着自力更生的方向，沧桑"七迁"，每一次迁徙的章节，都留下了他们艰辛奋斗的故事，书就了一部瑶乡人与贫困战斗的史诗。

第三节　脱贫攻坚的精英

近年来，黔南地区坚持以习近平新时代中国特色社会主义思想为指引，深入学习贯彻落实党的十九大精神和习近平总书记在贵州省代表团的重要讲话精神，牢记嘱托，感恩奋进，大力培育和弘扬新时代贵州精神，坚决扛起打赢脱贫攻坚战的重大政治责任，以"贫困不除、愧对历史，群众不富、寝食难安、小康不达、誓不罢休"的信心和决心，真抓实干、埋头苦干，齐心协力推动脱贫攻坚取

得了巨大成就。在脱贫攻坚战场上，英雄辈出，涌现出一大批优秀共产党员、优秀党组织书记、优秀村第一书记和先进党组织，他们是实现黔南地区乡村扶贫工作的动力和榜样。

一、脱贫攻坚归眼底 万家贫乐在心头——都匀市委常委、副市长金进

2017年年初，为积极响应国家号召，支持西部地区的脱贫攻坚事业，时任广州市黄埔区鱼珠街办事处党工委委员、武装部长的金进主动报名申请参加东西部扶贫协作和对口支援工作。

金进来到都匀市后，用了不到半年时间，几乎走遍了都匀市全部52个贫困村，摸清了都匀市的贫困现状和产生贫困的原因，并积极对外宣传都匀市招商引资的优惠政策，推动都匀市与广州市相关企业签约多个合作项目，开展都匀市各村和广州街道、相关企业结对帮扶，积极协调企业投身"百企帮百村"扶贫项目，吸纳贫困人口到广东地区就业，大力推进消费扶贫，积极推动"黔货出山"、粤港澳大湾区"菜篮子"产品黔南州（都匀）配送中心建设；着力打造东西部扶贫协作样板，将"输血式"帮扶改变为"造血式"帮扶，形成有系统、有组织、有周密计划的扶贫协作新格局。

2017年4月，金进在毛尖镇摆桑村调研时得知，该村33名孩子依旧挤在破烂不堪的教室里读书，于是，他积极协调广州企业援助修缮摆桑小学，倡导并组织"扶贫济困送温暖，情系学子献爱心"活动，发动亲朋好友参与扶贫、义务支教，共收到教育资助金12.4万元。两年来，金进先后拜访广州、深圳、东莞、佛山等地的60余家企业，宣传都匀的地理、交通、人文、生态优势，解读都匀的招商优惠政策，协调和组织推动广州、深圳、东莞等地的90多家企业分70多批次赴都匀考察调研，寻找合作项目。2017至2019年，都匀市与广州市相关企业签约产业合作项目7个，总投资额17.48亿元。同时，促成3个大项目签约落地：广东海大集团投资3.8亿元，建设平浪生态养殖项目；广东新农人农业科技股份有限公司投资2.1亿元，建设墨冲农业科技产业园项目；广州三佑生物科技有限公司投资3亿元，建设都匀大健康产业园项目。3个项目将带动当地500多个合作社或家庭农场，帮助2000多名贫困户脱贫，促成当地3000多人就近就业。

金进积极动员协调，促成广州黄埔区鱼珠、黄埔街、夏港街3个街道办事处和茅岗社区与都匀市绿茵湖办事处、归兰水族乡、毛尖镇3个镇（办）和双堡村结为对子，并签订"携手奔小康"帮扶协议。黄埔区3个街道办事处支援资金240万元，派300多人次到都匀开展帮扶；黄埔区企业面向贫困劳动力提供就业岗位1598个，吸纳贫困人口254人到广东地区就业；在都匀设立就业扶贫车间，吸纳部分贫困劳动力；黄埔区援助都匀市资金共计2093万元，援建项目20多个。在他的沟通协调下，"黄埔区·广州开发区对口帮扶黔南州领导干部能力提升专题培训班"已开办5期，共培训116名干部。

金进还大力推进消费扶贫，积极推动"黔货出山"，充分利用"粤港澳大湾区名品联展会""广州民俗文化节""国际食品食材展览会"等平台，发动都匀毛尖、匀酒等20余家有实力、有品牌影响力的本地企业多次赴广州展览推销。同时，还积极推动粤港澳大湾区"菜篮子"产品黔南州（都匀）配送中心建设。今年5月9日，都匀市墨冲镇良田坝蔬菜示范基地正式启动，为都匀各类产品走进大湾区奠定了坚实的基础。

为推动黄埔区广州开发区与都匀市扶贫协作工作落实落地，金进协调编制了《黄埔区·广州开发区对口帮扶黔南州都匀市三年行动方案（2018—2020）》，也将其称为"黔南模式"：即将"输血式"帮扶改为"造血式"帮扶，将单向式帮扶改为多向式帮扶，将松散式帮扶改为紧密式帮扶，将零散式帮扶改为计划式帮扶，形成有系统、有组织、有周密计划的扶贫协作新格局。金进通过加强两地联络联系，开展绿博园建设和产业园发展深度合作，强化资金帮扶、产业帮扶、人才帮扶，构建"一联两园三帮"的工作体系，着力打造东西部扶贫协作样板。

金进带着责任、带着感情，引项目、筹资金，以一个共产党员的优秀品质，尽心尽力地开展帮扶

工作，助推都匀市贫困村从 52 个减少到 28 个，建档立卡贫困人口从 52594 人减少到 25529 人。①

二、踏遍青山人未老——墨冲镇凤啭村第一书记况兆春

2017 年 12 月 20 日，况兆春被派遣担任黔南州教育局派驻都匀市墨冲镇凤啭村第一书记。作为家里的顶梁柱，妻子工作繁忙，家有病重的岳母在医院需要照顾，但况兆春毅然告别妻儿，在都匀市委组织部党建办报到的当天，就一头扎进脱贫攻坚这场没有硝烟的战场中。

况兆春来到凤啭村仅 3 个月，就走遍了凤啭村 18 个村民组，主动与老百姓拉家常，切实了解凤啭村老百姓的贫苦。他将田间地头作为讲台，加强宣传党的惠农政策和扶贫政策，与村组党员干部、农民群众、致富能手座谈交流，了解生产生活状况，询问他们对凤啭村发展的建设意见、发展思路，认真做好民情日记。况兆春完成了 68 次入户调查工作，共撰写并报送工作信息 16 篇，驻村工作日记 30 多篇。通过开展遍访、回访和深入的走访调研，到贫困户家中走访座谈，况兆春增进了与贫困户的感情，为更好地开展精准扶贫和脱贫打下了良好的基础。

凤啭村贫困的主要自然原因是"山高坡陡田地少，土地贫瘠产业弱"。况兆春常常讲，"办法是想出来的，资金是跑出来的"，脱贫攻坚只有真抓实干，才能实现"基础强、产业兴、生态美、百姓富"。②他带头到武警黔南支队、黔南州教育局、贵州剑化社区管理局、都匀市司法局、都匀市卫生健康局等帮扶单位，共筹集帮扶资金 200 余万元，启动凤啭村"乡村振兴"庭院美化和遇仙桥文化保护项目建设，完成凤啭村甲土卫生室、3 个组高位水窖、"组组通"道路护坎、坝莫铁桥、村文化广场、垃圾处理场等基础设施项目的建设；争取上级专项产业扶贫资金 400 余万元，组织成立了"都匀市墨冲镇洪运种养殖农民专业合作社"，完成了凤啭村 1500 亩板栗提质改造、200 亩构树种植、400 亩辣椒种植、600 亩蔬菜种植、300 亩山桐子种植、200 亩刺梨种植和 100 头肉牛育肥养殖。在短短一年半的时间里，凤啭村基础设施持续得到改善，产业项目全面发展，凤啭村贫困户实现人均增收 5000 元以上，为 2019 年全村顺利脱贫打下了坚实的基础。

为推动乡村治理有效，况兆春开创了"农村网格化管理 + 乡村环境整治 + 组管委"结合模式，完善乡村治理机制，提升乡村治理水平，使凤啭村在创新"治理"中求发展。

况兆春在脱贫攻坚一线脚踏实地践行宗旨，兢兢业业履行职责。由于工作业绩突出，2018 年他被墨冲镇党委评选为优秀党务工作者，被黔南州教育局机关党委评选为"脱贫攻坚优秀共产党员"。同时，在 2018 年度黔南州州直单位选派驻村第一书记年度考核中，他被评为"优秀"。

三、脱贫路上无怨无悔——归兰水族乡翁降村党总支书记韦国茂

"韦国茂同志，你现在在哪里务工，因工作需要，请你务必于 15 日前返乡，有重要工作安排。"这是 2017 年 12 月 12 日，归兰水族乡党委委员蒙家春与韦国茂的一段通话内容。③ 接完电话，韦国茂当即放下浙江优厚的待遇和优越的工作环境，立即返乡到村委报到，一头扎进了脱贫攻坚工作中。

结合脱贫攻坚"志智"双扶，韦国茂带领村支"两委"人员通过走村串户，向群众宣传党的各项惠农政策，与群众促膝谈心，了解民情民意。通过大家的努力，群众对村支"两委"班子有了重新的认识，使干部在群众中树立了良好的形象，为后面开展各项工作奠定了群众基础，也凝聚了班子

---

① 《"我的脱贫故事"三年扶贫情 一生都匀人 | 都匀市委常委、副市长（挂职）金进》，见天眼新闻网（https://mbd.baidu.com/newspaper/data/landingsuper?context = %7B%22nid%22%3A%22news_ 9030782271414520411%22%7D&n_ type = -1&p_ from = -1），访问日期：2020 年 12 月 18 日。

② 《榜样的力量——都匀市 2019 年脱贫攻坚群英谱系列报道之一》，见云黔南网（http://m.qnmeitiyun.com/duyun/p/29213.html），访问日期：2020 年 7 月 2 日。

③ 《榜样的力量——都匀市 2019 年脱贫攻坚群英谱系列报道之一》，见云黔南网（http://m.qnmeitiyun.com/duyun/p/29213.html），访问日期：2020 年 7 月 2 日。

的团结。

为了能够更好地服务群众，使全村党员有活动场地，在上级支持下，翁降村一组协调6亩多土地用以新建活动阵地及一个村级文化活动场所。众所周知，征地工作是天下第一难事，特别是在人均土地少、地段好的地方开展征地工作，那更是难上加难。他明知这项工作困难重重，仍然勇挑重担，多次自费给外出务工的被征地户做思想工作，通过动之以情、晓之以理，最终群众自愿配合。现在，新村委会办公楼已建成验收，文化广场正在建设中。

根据村里的实际情况，韦国茂和村支"两委"利用中央专项扶贫资金和帮扶单位资金，发展了一批投资小、见效快的产业。他们因地制宜，实施光伏发电项目，在翁降村排界坡建成并网容量72千瓦的光伏发电项目，年保底收入5万元，覆盖贫困户64户239人，人均增收209元；大力发展海花草，在水源丰富的三组，引导群众种植海花草，目前已有150亩的规模，惠及贫困户35户145人，可为贫困户人均增收1500元；发展一枝黄花中药材种植，种植地54亩，当年即可产生效益，亩产值8000元，利润18万元，可使全村贫困户人均增收264元；同时，发展中药材白及种植22亩，投资50万元，次年产生效益，亩产可达1000斤，利润38万元，可覆盖贫困户114户441人，可使贫困户人均增收800多元。此外，他们还引导村民发展毛尖茶产业。该村荒山荒地较多，目前有茶叶1200亩，可采面积800亩，每年春茶亩产可达5000元。

翁降村已有翁降小学和村卫生室，教育和医疗基本能满足当地群众需求，但随着社会经济的发展，建设服务农民最后"一公里"的串户路、机耕道和群众活动场所也是亟须解决的。为提升脱贫攻坚成效，2017年以来，韦国茂和村支"两委"带领群众，建成了1100米的串户路、1200米的机耕道和近2000平方米的群众活动场所，还将继续扩大建设串户路、机耕道和群众活动场所等。

翁降村61户移民搬迁户移民到都匀金恒星和城南家园安置点，移民搬迁户搬出原籍地后，是否有就业、是否适应城市生活、孩子是否有学校就读，韦国茂对此时常牵挂在心，经常到安置点召集搬迁户开会，向他们宣传移民政策，让他们树立信心，尽快融入城市生活，争当文明市民。2018年12月，韦国茂与驻村干部张兵兵前往广州黄埔街道办事处争取到扶贫资金2万元，慰问了43户易地移民搬迁户，进一步稳住了移民户的心。

翁降村全村634户2672人，2014年年初，有贫困户262户1087人，贫困发生率为40%。截至2018年6月底，经过"1+9专项治理工作"后，全村有建档立卡贫困户271户1119人。2014年年底，脱贫31户129人；2015年，脱贫52户235人；2017年，韦国茂与村支"两委"成员通过大量工作，2018年脱贫138户563人，目前贫困人口为36户120人；2019年拟全部脱贫。

四、贫困户主动摘帽当村干部——毛尖镇双新村村委会主任赵培友

2016年12月，34岁的赵培友当选都匀市毛尖镇双新村村委会主任，率领村支"两委"和群众一道攻坚克难，扎实工作，完成了双新村深度贫困村脱贫摘帽任务。

上任伊始，赵培友为掌握村现状，理清发展思路，深入走访退休老干部、老村干部、致富能手和农户，征求意见和建议，获取了第一手资料，积极组织配合村支"两委"关于村发展规划的制定和实施。

双新村是一个边远山区的深度贫困村，各项基础设施如通村道路、村支"两委"办公条件等极度薄弱，既是村支"两委"和群众的焦点和难点，也是村脱贫出列的攻坚点。赵培友和村支书四处奔走，寻求上级党委、政府、各部门和热心人士的理解支持，通过不懈努力，扩建改善村支"两委"办公条件如愿实现，农家书屋、村医务室、便民服务中心、脱贫攻坚作战室等配套设施设备也得到了补充完善；通村公路硬化和通组道路硬化基本覆盖全村，结束了过去"晴天一身灰，雨天一身泥"的日子；修建文村级化广场3个，计划再修建4个文化广场，让村民在劳动之余也能像城里居民一样欢快地跳着广场舞。

赵培友原为毛尖镇建档立卡贫困户，经过自身努力，于2016年脱贫摘帽。他与5户农户出资80

万元成立了毛尖镇欣盛种养殖农民合作社，有效带动黑山羊养殖以及蔬菜、白及、辣椒、水苔种植等，积极引进茶香乌金猪养殖大户落地双新；充分利用上级扶贫资金入股投资到合作社，实行入股分红利益连接机制，解决部分村民就近务工和贫困户增收难的问题，也让他们学到了相应的管理××和技术，有力地助推村顺利决胜脱贫攻坚；通过产业发展带动村集体经济积累，由原来的"空壳村"发展到现在实现10万元村集体经济积累。此外，他还认真落实"四议两公开"制度，坚持民主决策和村务监督委员会制度，坚持依法办事。他常对干部和群众说："在村里办事，不论大事小事，都要按制度办，依法办。"

赵培友和村支"两委"在全村开展了"双十星"评比活动，让双新村广大村民在争星摘星的过程中实现自我教育、自我约束、自我管理和自我提高。双新村各自然寨较零散和分散，管理十分不便，他和村支"两委"通过推动成立组管委，实现各小组组民自我教育、自我约束、自我管理、自我提高的村民自治管理机制，使村社会治理能力明显增强，大大提高了工作效率。他创立的"组管委"模式和"双十星"评比活动，不仅被《贵州日报》《黔南日报》、当代先锋网等党报党性网站刊载，得到新华社记者的关注，还与"党性体检"一起作为全州组织工作现场会的观摩内容。赵培友以发展民族特色为出发点，向上级争取到资金210万元，打造了布依文化长廊，组建了两支民族山歌队伍和一支布依民族舞蹈队且队伍逐渐扩大，不仅丰富了村民的文娱生活，还巩固和完善了文化宣传阵地，提升了群众的精神文化生活。

五、冲锋陷阵的"广州与黔南"兄弟

在黔南脱贫攻坚一线，不仅有胸怀赤胆的"地方部队"，还有装备精良的广州"特种兵"和技艺娴熟的"国家队"。为了消除贫困顽疾，他们奔赴"沙场"，点"兵"破局，冲锋陷阵，与黔南人民结为血脉相连的亲兄弟。

广州市遵照"中央要求、黔南所需、广州所能"，创新帮扶模式，立下把黔南建成"粤港澳大湾区生活物资保供地、稳定劳动力输出地、新一轮产业转移承接地、综合旅游目的地"的誓言，尽锐出战黔南，资金、项目、人才、技术层层"加码"，整合各方援黔力量，形成帮扶合力，强力推进"广东市场+黔南产品""广东企业+黔南资源""广东总部+黔南基地""广东研发+黔南制造"，成为黔南脱贫攻坚战场上一股势不可挡的洪流。

2016年以来，广州各级投入财政帮扶资金18.47亿元，实施扶贫项目867个，受益贫困人口达36.11万人次；引进广东企业140个，实际投资106.86亿元，企业带动贫困人口7.56万人，其中吸纳贫困人口就业6359人；广州共选派党政干部80人次、专业技术人才752人次到黔南挂职帮扶，为黔南培训党政干部8915人次、专业技术人员6.82万人次；黔南选派306名党政干部、1033名专业技术人员到广州跟岗挂职锻炼；累计培训贫困村创业致富带头人5435人。

与此同时，中央统战部、国家林业和草原局、北京邮电大学、国家投资开发集团公司和中央戏剧学院共5家中央单位长期定点帮扶黔南6个贫困县，2016年以来，落实帮扶资金10.04亿元，实施帮扶项目491个，覆盖贫困人口40.96万人，带动脱贫14.75万人；帮助引进企业23家，投入资金13.29亿元，开展消费扶贫，帮助销售农特产品5113.16万元，购买农产品1261.58万元。

布依苗族自治州州内795家民营企业主动参与"百企帮百村"精准扶贫行动，帮扶贫困村666个，实施项目2189个，投入帮扶资金（含物资）19.78亿元，受益群众达30.42万人次。

六、"当代女愚公"——邓迎香

在黔南反贫困大业征途上，英雄辈出，鼓点激越，精神激昂。1984年，罗甸县大关村党支部书记何元亮领着一帮血性汉子，拉开了大关人劈石造田的序幕，男人抡大锤，女人掌钢钎，老人小孩砌石抠土，用1200多亩保水良田解决了全村人的温饱难题。大关人用血肉之躯树起了"自力更生、艰苦奋斗、坚韧不拔、苦干实干"的精神丰碑。

有着"当代女愚公"之称的邓迎香曾带领村民两次挖山凿洞,以"不等不靠,敢想敢干,齐心协力,攻坚克难"的"麻怀干劲",用13年时间"啃"出一条200多米长的出山隧道,为村民找到一条生存出路。

七、最美奋斗者——南仁东

平塘县克度镇绿水村大窝凼是闻名于世的"国之重器""中国天眼"落户之地。从选址到建成历时22年,南仁东先生在此耗尽了他毕生的精力,创造了"追赶、领先、跨越"的"FAST① 精神"(如图12-14所示)。

图12-14 "中国天眼"②
图片来源:汲涛拍摄。

从"大关精神"到"麻怀干劲"再到"FAST精神",体现了黔南人为生存而战、为出路而战、为跨越而战的精神品质。这是黔南干部群众在决战脱贫攻坚、决胜全面小康的伟大斗争中筑起的精神高地,是"团结奋进、拼搏进取、苦干实干、后发赶超"的新时代贵州精神在黔南大地的生动实践。

这些精神,如一粒种子,播进黔南人的骨子里,长成了参天大树,黔南涌现出一大批先锋模范群像:身残志坚、带领群众养牛致富的全国自强模范"矮哥"王华银;带领群众搬出大山,走上致富路的全国人大代表、惠水县新民社区党支部书记罗应和;一家三代接力坚守麻风村的三都县民政局麻风村管理员、获民政部最高荣誉"孺子牛奖"的王胜林;42岁倒在脱贫攻坚路上的贵定营上村同步小康驻村工作队队员、"全省优秀共产党员"黄和艳。他们是时代的骄子,在求变创新的洪流中,凝聚起推动历史前进的磅礴力量。

---

① FAST,全称Five-hundred-meter Aperture Spherical radio Telescope,即500米口径球面射电望远镜。
② 中国天文学家、中国科学院国家天文台研究员南仁东担任FAST工程首席科学家兼总工程师建造的"中国天眼"。

案例特色小结

该案例是精准扶贫的经典案例。通过党和政府正确引领,在财力、物力、人力三力方面给予大量投资,结合扶贫改造,将该村落上千年丰富的自然资源和古文化遗产发挥释放,使之成为得天独厚的旅游胜地,以旅游产业促进其他产业兴旺。

而其中脱贫攻坚的精英干部也充分发挥了其作为各级党员的先锋模范作用和标杆作用,带领农民真抓实干,在脱贫攻坚工作上取得了极大的成就。2020年,该案例获评全国民族脱贫攻坚奖,并召开了民族交流论坛会。黔南地区总结出以"五变"为抓手的理念,深化旅游扶贫多样化发展,打造出"美丽乡村"新格局,打造"旅游+文化+扶贫"模式,大大助力了乡村振兴工作。

[编者:广州中大城乡规划设计研究院有限公司(曾永浩、金进、陈建人)、贵州诚远富森营销策划有限公司(汲涛、陈安宇、徐燕波、曾叶靖、许进胜)]

第十三章　聚焦当代愚公毛相林以"下庄精神"引领下庄村乡村振兴[①]

第一节　项目概况

一、项目区位

项目位于重庆市巫山县竹贤乡下庄村。巫山县位于重庆市东北部，处于三峡库区腹心，素有"渝东北门户"之称。竹贤乡位于巫山县东北部，距县城60千米。下庄村地处竹贤乡西南角，明清时期建制，为竹贤乡所辖6个行政村之一，共有土地面积5.2平方公里。

下庄村（3、4社）三面环山，一面朝后溪河峡谷，坐落于一处天然的"大天坑"之中，从坑沿到坑底的高程约1100米。截至本规划结题时，仅有一条硬化村道连接竹贤乡政府，即"下庄天路"。

二、项目规模

本次规划范围核心区为下庄村3社和4社以及下庄村部及前坪广场，重点涵盖下庄3社和4社村民集中居住点、柑橘园、桃园以及桶形山体包围的河谷区域，面积约为284公顷。

三、建设背景

下庄村是一个"天坑村"，一眼望去，村的四面皆悬崖峭壁，下庄村的村民需要通过村背后的下庄古道，翻过海拔1200多米的高山才能通往外界，道路条件差，环境十分恶劣，货物出不去也进不来，这也导致下庄村处于贫困落后的状态。为改变这种情况，1997年，下庄村党支部书记毛相林带领村民开山凿路，历时7年时间，牺牲了6个人，依靠村民自己的力量铺就了一条通往幸福生活的下庄天路。而在修路过程中，下庄人展现的"不等不靠""开拓进取"的精神被称为"下庄精神"。下庄村政府及村民为传承和发扬"下庄精神"，修建了下庄人事迹陈列馆，专门用来讲述下庄人修路的故事，使"下庄精神"可以永续流传下去。下庄天路不仅仅是一条下庄人通往幸福的道路，更是一种不屈不挠的精神象征。

2017年，党的十九大报告提出乡村振兴战略，并指出坚持农业农村优先发展，加强农村基层基础工作，实施乡村振兴战略。2020年，中共巫山县委办公室印发《竹贤乡下庄村乡村振兴示范点建设工作方案》（以下简称《方案》），《方案》决定依托"时代楷模"毛相林同志带领下庄人打通出山路，走上致富路过程中所展现的"勤劳勇敢、艰苦奋斗、坚守初心，自强不息"的"下庄精神"，在下庄开展示范村建设工作。"下庄精神"在全国的知名度和影响力的提升，为下庄村的旅游发展带来

[①] 本案例项目为自创项目，案例所引数据及相关资料均来自广州智景文旅研究院《巫山县下庄村乡村振兴规划》（2021年）。

了新的历史机遇。接受教育培训的党员干部、旅游研学的青少年、慕名而来的大众游客都纷纷涌入这个小山村,来感受和学习"下庄精神"。在这种背景下,进一步通过发展旅游产业传承好、发扬好"下庄精神",带动当地农业产业发展,进一步提升当地村民的就业和收入水平,进而把下庄村打造成为重庆市乡村振兴的典范,是下庄村村委提出的振兴目标。在"时代楷模"毛相林的带领下,下庄村经过多年的发展,已经实现了全村脱贫。但下庄旅游才刚刚起步,"下庄精神"的传承还缺少一定的载体,旅游发展的基础设施和配套设施还不完善,如何进一步利用好、发扬好"下庄精神"这张名片,就是我们研究的重点。本次规划即是在详细调研下庄村现有条件的基础上(如图13-1所示),依托"时代楷模"的影响力,讲好下庄故事,发挥党建引领作用,做好下庄服务,传承"下庄精神",展现下庄风貌,为下庄乡村振兴助力,将下庄村打造成为重庆市党员干部教育培训的基地、乡村振兴的示范点和全国乡村旅游重点村。

图13-1 项目组与"时代楷模"毛相林共谋下庄发展(左)和项目组深入实地调研(右)

图片来源:广州智景文旅研究院提供。

第二节 现状特点

一、优势因子

(一)百折不挠的"下庄精神"

什么是"下庄精神"?修"天路"只是"下庄精神"的典型体现之一。人是要有一点拼搏精神的,从开凿天路到打赢脱贫攻坚战,从看天吃饭的贫困村到走上乡村振兴的致富路,重庆巫山下庄村靠的就是这一股子劲儿。而这股劲儿就从下庄人身上充分地体现出来。

下庄村党支部书记毛相林带领大伙儿凿壁开路,以血肉之躯在悬崖峭壁上历时7年,开凿出一条长达8公里的"天路",这条路成了村民与外界沟通的唯一出路,也是村民脱贫致富的希望(如图13-2、图13-3所示)。路通了,毛相林又开始寻求发展致富之道,先是种漆树,漆树种植失败了又养山羊,尽管都失败了,但是依然不放弃。他在县里农业专家的帮助下,决定发展柑橘、桃树、西瓜等产业,在县、乡的支持下,终于成功。村领导班子带头,村民团结配合,齐心协力,不向困难低头,越挫越勇的这么一股子劲儿就是"下庄精神"。这种精神是村党支部书记及其村组干部带领下庄人民在脱贫攻坚战中产生的,淋漓尽致地展现出下庄人骨子里昂扬向上、不屈不挠的精神风貌,这种精神就是现代的愚公移山精神。在新时代开展乡村振兴,我们都需要这种精神,并且需要去学习这种精神,因为"精神的力量是无穷的",而这种精神放眼全国也是独一无二、不可复制的,是下庄乡村振兴的强劲动力。

图 13-2　下庄人在悬崖峭壁上开山修路

图片来源:广州智景文旅研究院提供。

图 13-3　下庄人历时 7 年以血肉之躯筑成的"天路"

图片来源:广州智景文旅研究院提供。

(二)得天独厚的自然环境

下庄村地处四川盆地东部边缘、大巴山脉前缘和鄂西山地的接壤地带,其地貌特征明显受区域大地构造和岩性的控制。该地地形复杂、高差巨大,自然生态地理单元体量巨大,是大三峡腹地最原始的地区之一。下庄村三面环山,山脊分明,线条明晰,山体海拔在 1000 米以上,为中山。山间、山头多有奇石,万丈岩石耸立,崖壁上保留多个穴居洞口。大体量的峡谷、沟壑群、台地、山脉、森林、村落、田园及梯田群交织一体,构成了不同于一般的山地型自然与人文交融的景观组合。同时,因可进入性差,下庄保留了原始的生态环境、淳朴的人文风情。将下庄原生态山地环境与"下庄精神"结合,即构成了下庄开发旅游业最基础的自然和人文资源。

(三)集中丰富的旅游资源

下庄村位于国家 5A 级景区巫山小三峡、小小三峡马渡河支流的发源地,是小小三峡景区的重要延伸部分,其旅游区位非常重要。周边景区主要有小三峡、小小三峡、大昌古镇、当阳大峡谷、巫山县城等,邻近已发展乡村旅游的乡镇主要包括骡坪镇、平和乡等。下庄村应进一步充分发挥其区位特点和优势,加强可进入性和对外连通性,将下庄、竹贤一线尽快对接巫山旅游景区集中区,从而更好地发挥其资源的巨大价值。

二、劣势因子

（一）人居环境有待改善

下庄村村民住宅新旧不一、形式多样，缺乏整体性和视觉美感；公共活动空间缺乏，公共绿地和公共活动空间不足，村庄的整体环境需要改善。

（二）公共服务设施建设相对落后

下庄村内现有卫生站、小学和陈列馆等公共服务设施，缺乏商业服务设施，村民购物要到周边村镇，较为不便。缺少文化活动空间、休闲活动场地、旅游服务设施。公共服务设施有待进一步提升。

（三）市政基础设施建设有待完善

现状设施标准较低，功效不足。例如，现有供水设施不能满足村民日常饮水需要，部分道路尚没有硬化。

（四）村集体经济薄弱

下庄村产业单一，以农业种植户为主。村社经济相对薄弱，尚无村集体收入来源。

（五）年龄结构趋于老龄化，村庄发展面临空心化

下庄村现有人口结构以60岁以上的老人居多，年轻人选择外出打工，家里剩余劳动力缺乏，村庄常住人口逐渐减少，有空心化的趋势。

（六）村庄特色资源利用不足

目前，在自然和人文资源的挖掘方面，尚有很大空间。没有形成自身的产品和品牌，业态单一，吸引力不足。

第三节　振兴发展策略

下庄村的乡村振兴策略：弘扬"下庄精神"，发挥党建引领作用；整合现有资源；完善配套设施，整治人居环境；健全产业体系，提升收入。

一、弘扬"下庄精神"，实现党建引领作用

"下庄精神"是下庄脱贫致富、实现乡村振兴的灵魂，支撑着世世代代的下庄人不断地艰苦奋斗，奋发进取。"下庄精神"的实质更是诠释了共产党员的初心使命，"时代楷模"毛相林展现了贫困山区基层党员带领着百姓战胜困难、共同致富的坚强意志，这突显了在新形势下，共产党员把坚定信念转化为行动能量的政治品格。如何把这种"下庄精神"外化为乡村振兴不断深入的动力，用载体呈现给外界？如何通过党建来引领"下庄精神"，使其在巫山、在重庆乃至全国都能够得到推广，并以此推动下庄村各方面的发展？这需深入挖掘下庄精神在物质层面的呈现，合理设计党建学习课程，规划学习下庄路线。

二、围绕"下庄精神"整合现有资源

下庄村自然生态环境保存完好，风景秀丽。目前，下庄村的资源较为分散，缺乏统一的主题，下庄精神的品牌形象尚不够突出，如下庄古道、下庄"天路"、下庄人事迹陈列馆、愚公讲堂等文化资源需要进一步整合。通过在整体上利用好、整合好下庄现有的资源，实现资源效益最大化，使前来学习下庄精神的游客既能欣赏到下庄秀丽的风景，又能感悟和传承下庄精神，以自然与文化资源作为依托，大力发展文化旅游产业，推动当地经济增收。

三、立足"下庄精神"，整治人居环境

完善的基础设施是乡村振兴的后勤保障。目前，下庄村对之前打通的"天路"进行了硬化和加固拓宽，加强村内外的经济联系。下庄村要发展旅游业态，吃、住、行、游、购、娱等都需要相关配套设施，为游客提供吃、住的地方。因此，要依托下庄村现有的基础设施，整体规划，平整道路，绿化公路；同时，要对下庄村人居环境因地制宜地进行包装策划，根据每栋民居的独特性进行"一房一景一改造"。

四、传承"下庄精神"，提升收入

下庄村在"天路"修通前主要种植玉米、红薯及土豆等农作物，"天路"开通后，在毛相林及村干部的带动下，引进了西瓜、核桃、脐橙等种植产业，发展"三色"经济，即蓝色（劳务输出）、绿色（西瓜）、橙色（纽荷尔）等产业。但这些产业主要以第一产业为主，随着旅游业的快速发展，下庄村若需要实现全面振兴，就需要重新审视现有的资源，壮大第一产业资源，延长第二产业，创新第三产业，完善产业体系，融合第一、第二、第三产业发展，在新时代的背景下，继续传承下庄精神，依托下庄独特的自然生态环境，实现农业、旅游业和文化产业的融合和可持续发展，从而增加当地村民的收入，提升村民的生活质量，实现下庄乡村振兴的目标。

第四节　项目规划设计与实施

一、规划总体定位与发展目标

（一）总体定位

本项目紧紧围绕"三峡秘境，原乡下庄"的总体定位，依托下庄村三面环山的自然地理环境和下庄人民不畏艰难勇修"天路"的历史人文精神，展现下庄人民勤劳勇敢、艰苦奋斗、不忘初心、自强不息的下庄精神，体现下庄村青瓦如黛、阡陌交通、竹林摇曳、橘香四溢、清泉细流、袅袅炊烟的原生景观和生态原乡风貌，将下庄村打造成为游客远离城市喧嚣、体验原生态乐趣的"打卡胜地"，是党员干部和青年学生群体加强自身学习、与时俱进，树立正确价值观的生动课堂，也是体验下庄人自强不息精神的户外家园。

（二）发展目标

立足于本项目的开发条件和开发理念，通过对周边产品和业态进行调研分析，本项目应顺应时代发展背景，依托自然山水，立足于下庄"勤劳勇敢、艰苦奋斗、坚守初心、自强不息"的精神，在将下庄村打造成为乡村振兴点示范村、重庆市党员干部教育培训的基地、全国乡村旅游重点村的总目标的基础上，发挥"时代楷模"的带动作用，进一步突出"三峡秘境，原乡下庄"的旅游氛围，建设小而美的原乡旅居社区，成为重庆市党员干部教育培训基地，成为小三峡旅游环线、平河官阳旅游交通线上的重要乡村旅游节点，农旅融合体验打卡地。对标全国一流旅居社区建设，将下庄的乡村旅游打造为一种生活方式，让下庄村成为重庆市乡村旅居目的地。（如图13-4所示）

图 13-4 规划发展目标
图片来源：广州智景文旅研究院提供。

二、总体布局与功能分区

（一）总体布局

项目规划核心规划范围为下庄村3社和4社，包括3社和4社居民集中居住点、柑橘园、桃园及河谷区域。根据下庄的资源条件重点布局30个项目（如图13-5所示）。

图 13-5 项目总体布局
图片来源：广州智景文旅研究院提供。

（二）功能分区

本次规划根据"下庄精神"、下庄民居、田园风光、自然生态环境等要素进行功能板块的设置，划分为五大板块，分别为时代楷模广场、党员干部教育培训基地、下庄乡村旅居社区、农旅融合示范区和三峡秘境游乐区（如图13-6所示）。

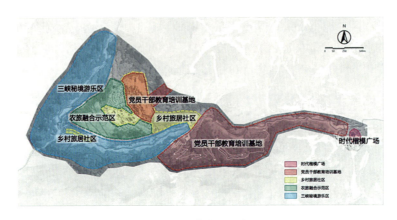

图13-6　功能分区布局

图片来源：广州智景文旅研究院提供。

三、项目规划设计与实施：打造"下庄精神+"综合体助推乡村振兴

弘扬"下庄精神"，在下庄村形成乡村振兴的党建引领，再次激发下庄人在新时代背景下自力更生、战天斗地的精神，实现下庄乡村振兴。在此过程中，充分发挥基层党建在乡村振兴中的积极作用，加强村社干部的党性教育，培养乡村振兴人才队伍，形成可复制的下庄经验，为建设社会主义新农村提供强有力的政治思想保证和人才智力支持。在此过程中，下庄党员干部培训基地作为"下庄精神"家园的重要载体，如何把弘扬"下庄精神"、展示下庄形象、丰富文体活动等功能有机结合，进一步助推乡村振兴，是需要深入思考和探索的问题。广州智景文旅研究院结合下庄村现在的资源条件，对展现下庄精神文化的物质载体在提质扩面的基础上做足"精神传承"文章，发挥其辐射力和带动力，全力打造"下庄精神"+党建教育、"下庄精神"+研学基地、"下庄精神"+文创基地、"下庄精神"+乡村旅游等"一站式""下庄精神+"综合体（如图13-7所示）。

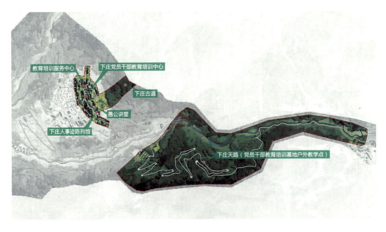

图13-7　党员干部教育培训基地项目布局

图片来源：广州智景文旅研究院提供。

（一）"文化+"突出多样性，挖掘从浅到深

为更好地传承和发扬"勤劳勇敢、艰苦奋斗、坚守初心、自强不息"的"下庄精神"，把下庄建设成为党员干部教育培训的基地、党员干部培训现场教学点和基层支部主题党日的重要场所，编制全市干部教育培训、党员教育培训基地备案目录，增加现场教学点及相关配套设施安排（如图13-8、图13-9所示）。

图13-8 "下庄天路"研学中心（党员干部教育培训基地、研学基地）效果图

图片来源：广州智景文旅研究院提供。

图13-9 教育培训服务中心效果图

图片来源：广州智景文旅研究院提供。

1. 做好红色资源开发，实现建设效益最大化

下庄村因一条路而生，也因一条路而兴。项目组深度挖掘下庄红色资源，打造"下庄天路"红色旅游IP，并纳入巫山县精品旅游路线。在政府的支持下，该村建设下庄事迹陈列馆，将当年修路的器具、图片影像等资料整齐罗列，使游客置身其中，打造红色旅游、党史教育前沿基地。

此外，为避免资源的浪费及重复建设，同时根据下庄未来的发展需求，对现有的竹贤乡村学校进行改造，新建"下庄天路"研学中心，配套建设大、中、小型会议室，主要用于党员干部教育培训，

并增设小学教育功能;选址配套建设教育培训服务中心,为教育培训提供餐饮、住宿等服务功能。

2. 挖掘"下庄天路"文化内涵,打造事迹现场教学讲坛

对"下庄天路"和下庄古道进行提质升级改造。"下庄天路"长约8公里,连接下庄村委会至下庄人事迹陈列馆。规划进一步加强"天路"的安全保障,在易落石处增加安全防护措施并设置警示标识牌。同时,在教育培训方面,通过对下庄人修"天路"历程的梳理,把"下庄天路"打造成为户外教学点、热门打卡点和场景再现点,回顾感人至深的修路片段。例如,在前往老下庄公路沿途的私钱洞、鸡冠梁、黄会元牺牲地等相关主要节点进行现场教学,由讲解员随行逐点现场讲解牺牲6人、历时7年、修通8公里"下庄天路"的艰辛历程,使下庄人修"天路"的精神可以再次展现,使游览者能够身临其境,体会、感悟和传承"下庄精神",从而达到教育培训的目的(如图13-10所示)。

全景下庄打卡点

图13-10 "下庄天路"现场教学点设置

图片来源:广州智景文旅研究院提供。

3. 突出内容建设,将"下庄精神"与党性教育相结合

对下庄人事迹陈列馆广场进行提质改造,用于《下庄人事迹》主题展览,现场由讲解员解说时代楷模毛相林带领全体村民向绝壁宣战、向贫困宣战的豪情壮志。同时,在下庄人事迹陈列室小型报告厅,邀请"时代楷模"毛相林讲专题党课,与党员干部面对面交流,或观看毛相林专题党课视频,接受党性教育(如图13-11所示)。

利用毛相林老屋等建成村史馆、乡风乡贤馆、整治生活馆,复原毛相林家庭生活场景、家风家训,展示毛相林荣誉奖状奖牌、下庄村新乡贤名录,用雕塑景观复原修路动员群众会、黄会元牺牲后村民会议举手表决继续修路的场景等,展示下庄文明乡风。在时代楷模广场或其他合适场地,修建入党誓词的主题背景墙,组织党员重温入党誓词,开展党性教育(如图13-12所示)。

图 13-11　下庄人事迹陈列馆（左）及陈列馆广场提质改造效果图（右）

图片来源：广州智景文旅研究院提供。

图 13-12　时代楷模广场效果图

图片来源：广州智景旅游规划设计有限公司提供。

（二）"建设+"凸显特色性，范围点面结合

乡村既是一个整体，也有其本身个体的独特性。从全局去规划下庄村的整体发展，同时又能够凸显局部元素，做到特色发展与点面结合，成为下庄规划的重点。规划从下庄精神与"乡愁"着手，依托下庄独特的生态自然风光和淳朴的人文风情，将其打造成为乡村旅居社区示范点。

1. 完善社区的基础设施及配套设施

设施是支持乡村发展的基础条件，吃、住、行、游、购、娱六要素都是基于相关配套设施才能顺利开展。因此，规划根据下庄发展的整体定位，结合村民的实际发展诉求，对下庄民居进行整体的环境整治与设施改造，在餐饮、住宿、游览及其他配套设施和软件服务等方面满足旅居社区的业态调整。规划主要从四个方面完善：①主要公路两侧的绿化美化；②引导村民进行庭院改造；③完善旅居社区的业态调整；④增加和升级改造停车场、旅游公厕、活动广场等服务配套设施和电信网络、污水处理、垃圾收集、路灯照明等基础配套设施（如图13-13所示）。

2. 鼓励村民发展特色乡居，突显原乡性

规划将老下庄（3、4社）整体打造成为旅居社区，引导村民发展不同的产业业态，将下庄人自力更生、艰苦奋斗的精神与市场化的运作机制相结合，提升下庄的接待能力和对外形象展示能力。下庄旅居社区主要由古石门商业街、下庄院子等重点建设项目组成（如图13-14所示）。

（1）古石门商业街

古石门商业街是在现有建筑的基础上进行修缮和功能的改造，保留原有的古石门，按照修旧如旧的原则打造的商业街，以引导全村的商业业态进驻和集中。环境整治主要是清除杂草及堆积的杂物，统一建筑立面风格及招牌，重点营造老下庄的环境氛围。

图 13-13 公路绿化改造

图片来源：广州智景文旅研究院提供。

图 13-14 古石门游客中心（左一）及古石门商业街（右一）

图片来源：广州智景文旅研究院提供。

（2）"一房一景一改造"——下庄院子

对下庄院子进行包装策划，利用村民房前屋后的土地，按照"宜产则产、宜种则种、宜养则养、宜休闲则休闲"的原则，对庭院半开放空间加以引导，大力发展下庄的庭院经济，院子里栽种葡萄、核桃、桃树等当地果树，形成"四季有果可栽，四季有花可赏"的格局。同时，将庭院作为下庄的特色品牌加以打造和推广，形成"下庄院子"IP，开展农耕文化体验，庭院"茶餐厅"、庭院园艺、庭院休闲、庭院工坊等多种业态。充分利用下庄院子的空间，使其起到邻里沟通、旅游接待、业态开展等作用，让游客在下庄旅居既能有更充裕的时间参观学习下庄精神，还能够近距离体验原住民的生活，满足他们对"世外桃源"的追求，消解他们的"乡愁"心结（如图 13-15 所示）。

（三）"产业+"打造融合性，发展联动增强

无论采用哪种方式进行乡村振兴，都绕不开发展产业这个主要议题。产业发展是乡村振兴的重要前提，没有产业支撑乡村经济发展，乡村振兴就难以持续。下庄传统产业以种植业为主，在"天路"开通之前，下庄村民辛苦种植和圈养的农作物及家畜运不出去，只能自产自销。"天路"修通后，在毛相林的带动下，下庄村发展了西瓜种植产业。随后，他乘势而上，邀请市县农业专家深入考察分析，并确定了柑橘、桃、西瓜三大产业在下庄村的发展战略，结合劳务输出，形成了著名的"三色"

图 13 – 15　下庄院子

图片来源：广州智景文旅研究院提供。

经济（即蓝色：劳务输出、绿色：西瓜、橙色：纽荷尔），下庄村自此打通了脱贫致富之路。

广州智景文旅研究院在对下庄现有的资源进行调研汇总，对下庄村现有的农业产业发展进行科学合理研判后得出，下庄村的乡村振兴之路要在发挥"下庄精神"与"时代楷模"的引领作用的基础上，深入推进第一、第二、第三产业融合发展，增强各产业的关系链，打造下庄"文化＋农业＋旅游"产业体系，创新发展"产业＋生态＋娱乐"的发展模式。

1. 农旅融合示范点——柑橘观光园

规划按照休闲农业的要求，加快农旅融合，将下庄橘园打造成为可游赏、可采摘的休闲农业园，整合现有成片橘园，并在现有的毛路基础上，修建采摘步道、观景亭和文化雕塑等附属设施和配套景观（如图 13 – 16 所示）。

图 13 – 16　下庄柑橘观光园

图片来源：广州智景旅游规划设计有限公司提供。

2. 农旅融合示范点——研学基地

为传承和发扬下庄精神，打造下庄精神旅游研学基地。这对于青少年群体从小形成正确的价值观，发扬自力更生的拼搏精神，具有重要的意义。同时，增设"正气课堂"项目，把它作为下庄精神展示和传承的重要项目之一，布置纪念石雕、栽种纪念林、设置儿童攀岩等。将干农活体验作为青少年活动的一堂课，组织孩子们参与劳动，满足孩子内心最真实的需要，让游戏回归自然，让体验回归农村，让教育回归纯真。

3. "产业＋生态＋娱乐"，该产业模式主要体现在滨河休闲游乐板块

该区域位于下庄村旅游资源较为集中的地区，生态环境保持良好，自然风景独特，集结了峡谷、溪流、桃林、竹林等资源，主要承载下庄村旅游休闲游乐的功能。根据下庄现有的资源条件和市场需求，充分利用下庄的河谷资源、水资源和桶状地形资源，规划亲水游乐项目、极限运动项目以及其他项目三大类型的旅游项目，真正将下庄的绿水青山变为金山银山。

(1) 亲水游乐项目

项目组根据下庄河谷的现状特点、丰水期水位等因素，结合下庄旅游的整体定位，对下庄的河谷资源进行充分利用，增加娱乐性和趣味性项目的同时可设置具有一定难度的挑战项目。团队可利用该项目组织集体水上拓展活动。

(2) 极限运动

推出适合极限运动爱好者的体验类产品，设置飞拉达、蹦极、悬崖秋千等高空体验项目，让下庄精神再次体现在现代极限运动中，在发展中传承与展现。

(3) 悬崖影院

利用崖壁进行投影，丰富下庄村的夜间游览项目，打造悬崖影院，可以采用激光秀短片的形式展示和介绍"下庄精神"等。

可以看到，在规划下庄村的产业发展中，从产业体系上看，一是在原有的优势产业上进行优化升级，把柑橘种植园提质升级为观光采摘文化园；二是延伸产业链条，把"下庄精神"与当地得天独厚的自然环境结合，重点打造党员干部教育培训基地及研学基地；三是拓展新的产业模块，充分利用下庄村保存完好的自然生态环境，打造河谷休闲游乐板块。从产业区域上看，把村子的每个区域都调动起来，对不同的区域因地制宜，发挥特长，打造亮点，对不同地方通过产业结构的调整，形成合理的产业分工体系，实现区域内产业的优势互补和每个区域产业的协同发展，以局部促进整体，以整体统筹局部，联动增强，从而达到优化下庄村每一板块的产业结构、提升产业能级、增强产业的竞争力的目的。

第五节　项目实施效果

抓住特色、打造亮点是项目最重要的出发点。虽然下庄村的自然环境相比其他乡村有自身的优势，但是自然生态并非下庄最大的亮点，"下庄精神"才是下庄实施乡村振兴的核心要素，下庄精神推动着下庄修通"天路"，脱贫致富，同样，下庄人也能继续发挥这种不等不靠、独立自强的毅力，响应党和国家的号召，一往无前地向全面建成小康社会的目标迈进。

下庄村自实施乡村振兴战略以来，村民生活发生了翻天覆地的变化。一是生活好起来。刘恒保家一直是"低保户"，一年人均收入不到2600元，他家五口人一直挤在一个房间里面。在政府的帮助下，他家住上了青砖绿瓦的二楼"小洋房"。二是钱包鼓起来。下庄村一手抓特色产业园，一手抓乡村旅游、红色旅游，两手抓，两手都要硬。村民们纷纷种植起核桃、纽荷尔、西瓜，单就纽荷尔，每户一年就能收入一万多元。更有三名贫困户合伙弄起了"三合院"民宿，年底，他们每户就分红了3万多元。三是精神富起来。下庄村以新时代文明实践中心为载体，成立"愚公大讲堂"，宣传社会主义核心价值观、先进文化、"下庄精神"，开展"家风润万家"行动，形成了文明乡风、淳朴家风，出不闭户就是下庄现在的真实写照。四是人口多起来。这两年，返乡的村民越来越多，原200多名外出务工村民中，已有100余人选择了留下。"村里要搞旅游，你们要回来尽点力……"袁孝恩是当年修路的"功臣"，听说村里发展乡村旅游，他一个电话就叫回了两个儿子。①

---

① 《山村脱贫记：下庄"蝶"变》，见重庆晨报（https://www.cqcb.com/county/wushan/wushanxinwen/2021-01-07/3542229_pc.html），访问日期：2021年1月7日。

第六节 下庄村——新的起点再出发

2018年11月6日，时任县委书记李春奎主持召开县城乡规建委会2018年第12次会议，研究评审下庄村旅游发展策划与规划。会议评审指出，不甘落后、不等不靠、不畏艰险、不怕牺牲的下庄精神，是64万巫峡儿女劳动形象的一个缩影；是"勤劳、奉献、开放、自强"巫山精神的生动诠释和具体体现。弘扬和传承好下庄精神，对推进脱贫攻坚工作，加快巫山发展等都具有重要的现实意义。评审会议充分肯定了规划对下庄的定位和总体布局方案，规划成果获得一致通过。

下庄村所属的竹贤乡强力打造"三峡秘境，原乡下庄"，围绕下庄党建教育基地、青少年研学基地、三峡原乡旅居地"三地"目标进行建设。至2019年，下庄精神陈列馆启动布展设计，下庄民宿一期19栋房屋完成改造，下庄"桃园秘境"已完成建设。同时还打造了罗家沟、彭家沟等乡村旅游示范点，提速发展一批乡村农家乐，提升农村避暑纳凉、休闲度假接待服务能力。扶持发展乡村农家乐12家，下庄三合院、福坪农家乐等均开门迎客。

下庄村村民黄玉高告诉记者，现在下庄村的环境好了，产业也发展起来。如今正在搞乡村旅游，他们的日子越来越有盼头。①

在下庄精神的宣传下，巫山、重庆等地企事业党支部纷纷组织党员、入党积极分子前往巫山县竹贤乡下庄村开展支部主题党日活动，通过体验"下庄天路"、参观下庄人事迹陈列馆、观看《筑梦天路》《绝壁上的天路》纪录片等方式，聆听和传颂下庄人在11位共产党员的带领下耗时7年，在绝壁上凿出一条8公里的出山公路脱贫致富的故事，感受不等不靠、锲而不舍的下庄精神。

截至2020年，下庄村人均可支配年收入超过13000元，被重庆市授予脱贫攻坚工作先进集体，现任村主任毛相林被中共中央宣传部授予"时代楷模"称号。该村开拓了一条属于下庄人的脱贫路、小康路、幸福路。

第七节 下庄村乡村振兴规划建设启示

一、实现乡村振兴需要充分发挥党建引领作用

党建引领乡村振兴，是一个全新的途径，也是一条康庄大道。下庄村自有的"下庄精神"，是非常独特的文化资源，广州智景文旅研究院在最初介入该项目时，就第一时间提出要以"下庄精神"为核心，以党建引领为抓手，借此充分发挥基层党建在乡村振兴中的积极作用，完善基层党建培训教学计划和组织常态化交流活动，加强村社干部的党性教育，培养乡村振兴人才队伍，为建设社会主义新农村提供强有力的政治思想保证和人才智力支持。党建的引领作用在新时代乡村振兴中的地位越来越不可忽略，未来的乡村振兴离不开党建的支持与合作，本次规划正是广州智景文旅研究院对党建引领下的乡村振兴发展模式的一次深入探索。

---

① 左黎韵：《下庄村真的赶上了好时代》，见重庆日报（https://www.cqrb.cn/html/cqrb/2021-02/13/001/content_rb_279188.htm），访问日期：2021年2月13日。

二、实现乡村振兴要发挥村民主力军的作用

乡村要振兴，必须靠人民。在时代楷模毛相林带领下，全村村民紧紧团结在一起，集中拳头，向绝壁要"天路"，屡败屡战搞种植，摸石头过河搞旅游，建立了特色产业园，搞活了乡村旅游，壮大了集体经济，增加了村民收入。特色产业自生造血，外出人口回流，人民群众拥护，在乡村振兴新阶段，政府更是加大支持力度，再加以"自强不息、坚守初心、艰苦奋斗、勤劳勇敢"的下庄精神，下庄村乡村振兴将越来越红火。"下庄精神"成就了下庄，下庄人民成就了下庄。

三、实现乡村振兴要以农业发展为基础

乡村振兴，大多要以农业发展为基础。农业发展的关键是要积极提高规划村庄的农业生产效率，提升农业发展附加值。在下庄案例中，乡村振兴中农业的规划以农旅融合、农教融合为亮点，以山地有机农业为特色，形成第一、第三产业联动优势，使农业产业不断向纵深化和精细化发展。乡村要振兴，农村要赶上城镇，势必不能走，也不应走城镇发展老路，要立足乡村特色文化、自然优势，在新时代的要求下，走最适合时代、最适合人民、最适合乡村的振兴道路。

四、实现乡村振兴抓住了生态优先关键窗口期

在产业发展以外，类似下庄村这种位于大山之中的村落，在进行规划的时候，要将生态优先作为第一原则，在旅游开发过程中注重生态协调和平衡，统筹安排好对区内生态资源的保护和利用，以生态经济的理念推动旅游区旅游的发展。"绿水青山就是金山银山"，隔绝的自然环境是过去下庄的穷根，但在乡村振兴、生态旅游大开发的背景下，独特的自然环境成为了村民的摇钱树、致富树，象征贫穷的夯土房摇身一变就能搞起农家乐、民宿。下庄村之所以成功，正是抓住了这个发展关键节点，围绕文旅融合、农旅融合、红旅融合，盘活了丰富自然人文资源，走上了旅游振兴之路。

案例特色小结

本案例以"下庄精神"为着手点，通过"下庄精神"的文化引领，把下庄村打造成为党员培训教育基地，学习下庄人在脱贫致富道路上所发挥的不畏艰苦、勇往直前的奋斗精神，同时，也聚焦于毛相林村支书在带领村民开凿山路，走向脱贫致富和乡村振兴的过程中发挥的领头羊的作用。

2020年，在决战决胜脱贫攻坚之际，中央宣传部向全社会宣传发布脱贫攻坚一线优秀党员干部代表毛相林的先进事迹，授予其"时代楷模"的称号。下庄发展以人文精神为契机，从人居、文化、产业等全方位实施乡村振兴工作，不仅保证了乡村振兴工作的顺利开展，也成了支撑下庄人大力推进乡村振兴的原动力。

[编者：广州智景文旅研究院（胡辉伦、何静秋、何宏峰、雷小玲、梁子茵、许进胜）]

❖ 环境整治振兴类型

第十四章 创建广州花都港头村岭南特色"美丽乡村"精品示范村

——"文化植入+基金运营"的乡村振兴新模式[①]

港头村位于广州市花都区花东镇东北部，面积 2.83 平方公里，是广东著名古村落，先后获评为"广东省第三批古村落""中国传统村落"。2019 年，广州市政府将港头村评为首批"美丽乡村"精品示范创建对象之一。同年 9 月，由广东恒建投资控股有限公司出资设立广东"美丽乡村"振兴发展产业投资基金，并将首个项目落户港头村。由此，港头村开始书写乡村振兴发展的新篇章。

第一节 港头村历史文化积淀深厚

港头村（如图 14-1 所示）历史悠久，区位优越，环境优美，流溪河自村前蜿蜒而过，既是古时花都的水陆交通要道，也是花都数百年农耕文化的历史见证，拥有岭南风情浓郁的人文景观和诗意田园的自然景色。

图 14-1 港头村全貌

图片来源：http://economy.southcn.com/e/2020-08/13/content_191311708.htm。

一、国际空港旁的传统村落

港头村紧邻广州白云空港经济区，可以说是一座拥有水陆空便利交通条件的历史文化古村落。它

[①] 该案例属于自创项目，案例所引数据及相关资料均源自广东省建筑设计研究院有限公司《花都港头美丽乡村规划》（2020 年）。

距离广州白云国际机场17公里,从村子到白云国际机场仅需10分钟车程;距离花都中心城区约23公里,村北紧邻贯穿花都区的花都大道;村前的流溪河曾是广州市中心区与北部地区联系的主要水路运输要道,目前仍具备游船同行条件。

二、岭南特色文化荟萃

港头村自元至正十八年(1358年)由曾子后代曾文孙举家迁入,至今已有600余年历史。岭南特色传统村落景观、大量明清时期古建筑以及内容丰富的民间传说至今仍得到较好的保存。[①]

港头村被誉为"露天的明清建筑博物馆"。港头村在布局上传承了典型的广府民居风格——"梳式布局",整个村落坐北向南、背山面水,东南西三面皆有水环绕,素有"三水朝北,四水归源"之美誉。村中建筑布局整齐,每座建筑以冷巷分隔,现存10余条古巷道均用麻石青砖铺砌,由古朴的花岗岩石板路贯穿全村,尽显岭南古村落格局特色。目前,保留完好的明、清时期的古建筑共166栋,面积4万多平方米,文孙曾公祠、云门别墅、八家祖屋供日楼、福如楼等皆为典型岭南古建筑之代表,是大湾区内较有代表性的清代民居建筑群落之一,有"东隅港头"的美称(如图14-2所示)。

港头村文风鼎盛,人文气息浓郁,耕读文化遗存深厚,历代曾有多人中举为官,因有"五代连甲科"之盛誉。舞鲤鱼、游灯节等非物质文化遗产得到较好的保存和整理抢救。村内宗祠更是每年婚嫁、宗祠庆典、武术表演、斗鸟、贺寿、投灯、醒狮等民俗活动的重要场所,丰富的民俗活动基本上以祠堂为载体,得到了不断的传承发展。

三、田园风光优美

港头村生态优美,自然资源丰富,有水田2000多亩、山林1700多亩、鱼塘400多亩。整个村落置身于农田之中,数条河涌蜿蜒穿过,众多鱼塘点缀其中,周边被荔枝、龙眼、石榴、柑橙、木瓜等各种岭南水果绿植簇拥,传统建筑与自然环境交相映。

第二节 以文化复兴引领乡村振兴

2019年,港头村紧抓"美丽乡村"精品示范建设的机遇,引入广东"美丽乡村"振兴发展产业投资基金,以岭南国际建筑师公社为主体,打造乡村振兴建设新样本,规划总用地面积为295.4万平方米,总建筑面积59.65万平方米。积极挖掘港头村的岭南文化特色,培育新兴产业要素,规划六大功能组团(分别为岭南国际建筑师公社组团、新村居住组团、岭南原乡组团、岭南湿地公园生态组团、创想田园游憩组团、山地度假休闲配套组团,如图14-3所示),植入创意设计、乡土文创、文化体验、乡村度假、岭南宜居社区等复合功能,推动乡村发展动力转型。以展现岭南传统乡村新貌,激发乡村产业创新发展活力为目标,通过社会资本与村集体、村民合作共建,打造宜居、宜业、宜创、宜游的乡村发展新典范,实现乡村振兴发展。

---

① 参见《走进中国传统村落之:广东省广州市港头村》,见百家号网(https://baijiahao.baidu.com/s?id=1683065963174855398&wfr=spider&for=pc),访问日期:2020年11月11日。

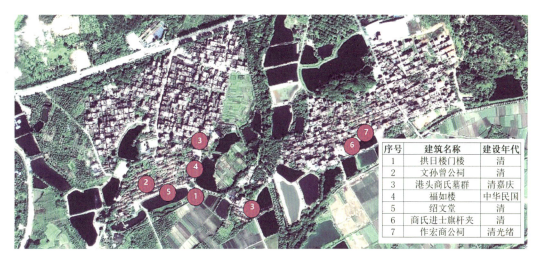

图 14-2 港头村古建筑群

图片来源：《花都区花东镇港头村乡村振兴控制性详细规划调整环境影响评价》，https://pan.baidu.com/s/1IZYnxi4CAexK3LAUNeFonQ。

图 14-3 港头村功能分区规划图

图片来源：《花都区花东镇港头村乡村振兴控制性详细规划调整环境影响评价》，https://pan.baidu.com/s/1IZYnxi4CAexK3LAUNeFonQ。

一、结合地方文化导入新经济动力,培育根植本土的新产业

(一)利用历史文化资源,发展文化创意产业生态

项目设计单位通过注入建筑设计、文化创意、文化交流、博览体验等新功能,活化保留完整的岭南历史建筑群;利用港头村及其周边村庄特色生态产品,结合文化创意,在栽培、形式、包装、用途等方面培育创意农业,发展精深加工、综合利用加工等新功能。因此,基于对港头村多元价值的挖掘,确立了以乡村文旅业、教育研学产业、创业孵化和现代智慧农业为核心的四大新产业体系,并明确股东投资报酬率(IRR)达到 8.9%。

(二)建设"岭南国际建筑师公社"新型乡村社区,培育乡村产业新载体、新模式

岭南国际建筑师公社并非沿用传统的地产开发模式,而是以推动乡村振兴为目标的人才资源共享平台。该平台通过对接资源业务,吸引著名建筑师、设计师和艺术家等高端人群扎根乡村,发掘和提升当地产业特色,注入新的社会文化资源,带动当地村民经济收入增加。采用"房东+股东+分红"模式,以设计、文化、艺术和媒体等力量引领乡村活化转型。岭南国际建筑师公社首期项目邀请了 8 位国内外知名的建筑设计大师,通过"1 位建筑师 +1 座院落 +1 种业态"的形式,要求每位建筑设计大师立足特色岭南文化,在传统村落中改造、更新或新增一处建筑精品,以之作为该大师的实践工作坊,同时引入文创教育、艺术展览、餐饮娱乐等多元业态,提升村落传统空间的现代活力。

(三)深化数字化服务,发展乡村经济等新业态

加强国际建筑师公社功能的完善,为设计师提供社交、交流的场所,规划设立会议展览中心,作为建筑及设计行业展示、会议论坛的新载体,为历史建筑注入新活力(如图 14-4 所示)。积极发展共享经济,策划共享农庄、共享工作室、共享民宿、智能乡村文旅、互联网+创意、新型电商等新业态,充分发挥数字经济的作用。同时,引导云服务拓展至乡村地区,推进数字乡村、数字农场等的运用,打造"互联网+"升级版。

图 14-4 港头村会议展览中心效果图
图片来源:《花都港头"美丽乡村"规划》。

(四)企业与村民建立利益联结机制,实现共创、共建、共享

一方面,引导村民参与建设运营"美丽乡村",鼓励村民通过经营休闲农业、名宿、农家乐等形

式实现自主创业。新业态的植入也为乡村创造了大量的就业岗位，村民被返聘为创意社区的工作人员、现代农业工人。另一方面，引入投资企业与村集体经济组织建立租金收益分享机制，提供利润分红，壮大集体经济，实现村民享有薪金、租金、股金"三金"长期收益，让村民在乡村活化中获得更多实惠。

二、引入基金运营补短板，打造美丽宜居乡村建设典范

广东"美丽乡村"振兴发展产业投资基金是广东省首个"美丽乡村"领域的投资基金，以广东省内"美丽乡村"相关项目为主要投向标的，而港头村"美丽乡村"示范建设项目成为该基金首批投资建设项目之一。该基金采用政府、产业资本、国资控股公司和社会资本"四位一体+基金"模式，以基金模式联动政府和企业，以国有资本撬动社会资源，促进农村第一、第二、第三产业融合，搭建"美丽乡村"振兴发展平台。通过基金平台，调动各方力量共同投入乡村振兴，持续促进和推动各类资本、技术、人才、管理等先进资源要素跨界配置和产业有机融合，有效弥补乡村在基础设施、人居环境和生态环境等方面的短板。[①]

（一）完善的基础设施是"美丽乡村"建设的基础

经过广州市"美丽乡村"工作办公室立项审批，港头村道路硬底化、综合服务中心、鱼塘整治等基础设施建设均已完成，"八一"爱民广场、改水工程等基础设施已投入使用。同时，根据港头村的发展定位，规划旅游接待处、游憩栈道、购物娱乐、体育健身、医疗救护等旅游景区服务配套设施。此外，规划因应设计师、艺术创作者的工作生活需求，打造独具岭南建筑特色的公共交往空间，营造让本地人员进行社会交往、开展沙龙论坛等文化交流的创意场所（如图14-5所示）。

图14-5　社区公共交往空间效果图

图片来源：《花都港头"美丽乡村"规划》。

（二）舒适的人居环境是"美丽乡村"建设的核心

以建设国家3A级旅游景区和打造古村落旅游为目标，通过岭南国际建筑师公社平台的统一规划，将港头村打造成为集新型农民居住区、曾子文化体验区、都市农业体验区、风景观光区、综合养生区及流溪河观光带（即"五区一带"）于一体的"美丽乡村"，将基础设施建设和村庄风貌提升作

[①] 参见金琳《广东恒健"美丽乡村"基金推动乡村振兴》，见搜狐网（https://www.sohu.com/a/376076013_481760），访问日期：2020年10月15日。

为人居环境改造的重点，实现港头村宜居、宜业、宜游的振兴目标，将港头村打造成一个田园绿野、自然生态、种植饲养、度假消闲、寻觅书香、感受乡情的岭南建筑文化体验新家园。

（三）优美的生态环境是"美丽乡村"建设的支撑

良好的生态环境是港头村的最大优势和宝贵财富。为了保护港头村的原生态景观，岭南国际建筑师公社在村庄改造时引入循环经济和环保理念，通过采用人工湿地污水处理、艺术家工作坊太阳能屋顶发电等先进技术，减少对村庄的环境污染。通过将古村落资源与周边广阔的山、水、林、田、湖、草等资源充分融合，形成以生态为本、以溪水为脉、以文化为魂，串联港头村的公共空间和开放空间，使其成为一个有机整体，践行"绿水青山就是金山银山"的理念（如图14-6所示）。

图 14-6　港头村鸟瞰效果图

图片来源：《花都港头"美丽乡村"规划》。

三、活化乡村文化和乡风文明，建设岭南建筑文化体验新家园

（一）以古建筑保护为核心，传承岭南传统文化

以宗祠为核心的古建筑群是港头村全体村民的精神寄托和精神家园。岭南国际建筑师公社通过走一条"大师团队＋原味修复＋活化利用"的路径，深入挖掘古建筑隐含的历史价值、工艺价值、美学价值和科学价值，最大限度地保留了古建筑群的风貌特色，并加入现代设计品读、乡土文化创意、郊野体验度假、宜居岭南家园等元素，更好地彰显了岭南乡村文化传递出的优秀思想观念和人文精神道德，既充分尊重历史和文化，又契合了当代消费者对乡愁的追忆和精神追求，不断赋予港头村古建筑群新时代的内涵。

（二）以民俗互动为亮点，增加游客体验感

乡村文化不是静态的存在，只有演变成可参与、可体验的项目，才能让游客有更深刻的感知。传统民俗作为乡村文化的重要组成部分及承载乡愁的"活化石"，要让"参与"和"互动"成为连接乡村文化与游客之间的桥梁。除了让游客体验港头村的美食和民宿外，岭南国际建筑师公社的设计师和艺术家根据功能定位，增加不同的民俗体验项目，如新型农民居住区有婚丧嫁娶、迎来送往；曾子文化体验区有节庆祭祀、儿童开笔礼、传统经典诵读；都市农业体验区有田园生产、农业劳作；综合养生区规划禅修、中医药膳等项目，让游客能真实地感知、触摸和体验真正的乡村民俗。

（三）以创意活动为引领，营造浓郁的乡村文化氛围

项目单位积极吸引民间文艺研究会活动基地、诗社活动基地、书法家协会创作基地、楹联创作基地、婚纱摄影基地等一批文创机构入驻，极大地丰富了港头村的艺术气息。此外，为了调动村民参与乡村文化建设的积极性，结合村民和村庄发展的需求，积极开展乡村厨艺比赛、民宿管理培训、美食文化培训、乡村论坛等创意活动，使这些不断输入的文化产品逐渐影响村民的观念和行为，营造整个村庄浓郁的文化氛围和提升村民的素质（如图14-7所示）。

图14-7　港头村文化活动场所效果图
图片来源：《花都港头"美丽乡村"规划》。

四、政、企、村携手共建，建立优化乡村治理经营机制

（一）发挥政府的行政力，为"美丽乡村"建设提供政策支持

花都区政府将"美丽乡村"建设作为推进新型城市化发展的重要窗口，为"美丽乡村"建设提供了各种政策保障。在产业发展上，加强同广州龙头企业的合作，实施农业品牌建设和"一村一品"专业村认定申报；在招商引资上，花都区启动了"百企帮百村"工程，企业与行政村签订对接帮扶协议，对"特色精品村"实施村庄产业规划和产业导入。

（二）发挥企业的经济力，为"美丽乡村"建设提供资金保障

依托国有资本运营平台和产融结合平台，在基金运作上突破常规大胆创新，私募股权基金的期限通常设置为5年至8年，而"美丽乡村"基金的期限设置为40年。"美丽乡村"基金通过对港头村的环境改造、产业导入、文化传承发展、激活村中老旧房屋、闲置土地、低效用地等"沉睡资产"，合理配置土地资源，构建产、城、人、文融合发展的新经济，实现"土地资源—资产—资本—资金"新模式，形成可持续发展的乡村振兴创新发展模式。

（三）发挥村集体的自治力，为"美丽乡村"建设提供群众基础

国家引导、政府搭台、企业主导、全民参与的村庄运营机制使村民在"美丽乡村"建设中发挥了决策、监督、参与的主人翁作用。港头村在坚持以人为本、尊重农民主体地位的前提下，将重大问题的决策权交给村民，严格执行"一事一议"或"一事多议"的程序，确保村民真正享有知情权、

参与权、表达权和监督权。港头村村道通过满足村民利益主体多元化要求，更好地激发村民的积极性和参与热情，保障了村民利益和维护了农村社会的稳定。

五、培育新型乡村职工，实现农民增收与项目增值双赢

（一）多举措培育人才，实现乡村人才振兴

实施乡村振兴，人才是关键。港头村通过以下四个方面进行新型农村人才培养：①通过对农村劳动力进行技术培训，使村民成为有文化、爱农业、懂技术、善经营的新型职业农民。为了提高新型职业农民培训的针对性和实效性，根据农民的生产需求开展"生产知识送上门"培训班，邀请专家进行精准培训，让村民学习农业新业态、观光农业新模式，对完成相关培训、通过考核、符合新型职业农民条件的学员进行认定。②通过普及手机端软件，使村民遇到种植、养殖上的问题时都可以通过语音、图像等形式上传到网上，获得及时、免费的专家咨询服务。③通过对村庄精英和高级知识分子的精细化培训，培养一批从事农村休闲观光、农村电商等新产业、新业态的从业人员。港头村通过上述多项举措扶持乡村人才，让这些新型职业农民和乡村新职工成为乡村振兴的主力，让他们在港头村乡村振兴中实现自己的价值。

（二）多渠道拓展就业，实现农村劳力转移

在就业渠道上，与广东省农科院、农业学院等签署合作协议，加大对农民进行农业技术培训的力度，并针对乡村旅游的需要，开展"粤菜师傅""企业新型学徒制""民宿管理"等技能培训班，为乡村农家乐、民宿、茶吧的发展培训更多的从业人员。

（三）多形式增加收入，实现村民共同富裕

除了传统农业种植、饲养收入外，村民还可以通过土地收入、家庭经营收入、宅基地使用权、集体收益分配等多种形式增加收入，实现村民共同富裕。

第三节 港头村建设经验总结与启示

一、新产业动力植入与地方经济创新活力激发相结合，是实现乡村振兴的根本保障

乡村振兴不仅是空间形态的改变，更是乡村经济和农村产业发展动力的更新迭代。在新经济发展的趋势背景下，单一的传统农耕产业布局容易使乡村地区失去活力和持续发展的动力。使传统乡村与新经济、新业态成功嫁接，以新产业植入激活乡村经济，才是乡村产业振兴之根本。

在严格遵守传统村落文物保护要求的前提下，通过统一规划、统一设计，对村庄进行综合性开发，引入多种业态，为村庄提供新的产业平台，打造一系列极具当地特色的乡村文创产品和旅游纪念品，创造价值、创造就业，为古村落注入新活力。同时，乡村也要以此为契机，通过升级传统产业，挖掘品牌内涵，塑造品牌形象，以产业升级带动乡村农家乐、民宿、民俗街等新元素加入，激活乡村"造血"功能。

二、本土化特色营造与现代化设施建设相结合，是营造生态宜居村落的路径

古建筑、巷道、界碑、池塘等遗迹景观是村中历代人的乡愁记忆，而现代化的生活污水处理系统、环保公厕、无人售货超市、无线网络、酒吧、快递亭等元素则是当代人日常生活所需。"美丽乡村"建设是发现美、创造美、展示美的过程，全方位发掘村庄的个性和特点，突出"一村一景""一村一品""一村一韵"的本土特色。同时，处理好历史遗存与当代生活共融，让村落景观与人文内涵共生，让传统文化与时代精神共鸣，赋予古村落新的生机与活力。通过引入现代城市的先进管理理念，以智慧乡村的管理方式让古朴与现代交相辉映，让古村落在现代化气息下彰显恬静优美的田园意境，从根本上和整体上改变乡村面貌，把乡村建设成为生态宜居的魅力农村、幸福农村。

三、地方文化活化利用与乡风民俗传承相结合，是乡村文化建设的有效举措

践行社会主义核心价值观，引领乡村文化建设。民俗和文化是延续古村落活力的重要因素。整合村中历史文物资源，活化地方文化，特别是以宗祠为核心的岭南文化，开展"祠堂文化示范工程"创建××，将祠堂打造成为农村文化传承的载体、精神文明建设新阵地和乡风民俗博物馆，充分结合村庄人居环境和建筑风貌，挖掘当地历史、名人、典故、神话等特色文化符号，通过展示民俗魅力，形成良好的社会风尚和乡村文化。同时，培育乡村工艺传承人、民间文化骨干，推动乡村文化建设，丰富乡村文化生活，实现乡村人文美、风尚美、文化美，全面深化农村精神文明建设。

四、乡村自治与政企合作相结合，是乡村治理及集体组织运营的创新机制

以夯实乡村治理为根基，探索乡村治理新机制。政府和企业要充分听取村民对"美丽乡村"建设的美好愿景。政府要为镇、企、村三者合作提供政策保障和合作空间。企业要发挥自身的专业特长和优势，在乡村改造方案、营销策划、招商引资、运营管理等方面提供专业指导。村庄要发挥集体经济与社会资本合作的优势，建立农村集体经济合作框架。通过明确政府和企业的职责，建立村、政、企三方沟通机制，探索乡村自治与集体组织运营有机结合的新模式。

五、拓宽转移就业渠道与提升就业技能相结合，是促进乡村生活富裕的重要措施

人才振兴是乡村振兴的前提和关键，激发农民内生发展动力，培育新型职业农民。实施乡村振兴，产业振兴是重点，人才振兴是关键，深入挖掘乡村特色资源，将乡村的田园风光、农副产品、特色文化进行深度融合，形成独具特色的乡村旅游文化产品和经济新增长点，通过古村落活化中产生的大量就业机会，吸引更多村民就业和自主创业，实现劳动力就地转化。同时，创新农产品销售方式，利用"互联网+"拓宽销售渠道，通过专业的市场化商业运作，盘活乡村资源，以乡村产业振兴带动农民提高生活水平。

案例特色小结

该村是广州市首批"美丽乡村"精品示范创建对象,也是中国传统村落、广东省第三批古村落,资源特色突出,在产业导入培育、金融资本运作、乡村环境风貌营造、政企各界联动机制等方面均有突出亮点,具有相当高的研究和学习价值。在新一轮乡村建设中,创新采用基金运营模式;在产业发展上,构建与乡村特色相结合的建筑文创新产业体系;在建设模式上,聚合国内外建筑师共同创新;在环境营造上,体现岭南特色与现代技术相结合,利用绿色金融支撑乡村振兴,在全国均具有积极示范作用和现实意义。创建建筑师公社等设计建设方式,创新建筑文创产业资源导入途径,培育乡村经济新业态,引起广泛的社会关注,案例经验值得推广。

[编者:广东省产城融合规划研究院、广东省建筑设计研究院有限公司(徐建华、龙国辉、王大强、全冠儒、王晓勇)]

❖ 生态振兴类型

第十五章 陆河县南万森林小镇项目乡村生态振兴新思路[①]

第一节 项目概况

一、项目区位

小镇位于广东省汕尾市陆河县东北部的南万镇，距离县城约14千米，主要依靠县道X123连接县城及甬莞高速公路，自然生态地位显著。

二、项目规模

规划范围为南万镇行政区域，包括黄福、万东、万西、万中、万全、杞洋、深度、长田、桂培、长营、梅角、长坑、南告、罗庚坝14个村委会，规划范围总面积11301.6公顷。

三、项目建设背景

根据《广东省林业厅关于大力推进森林小镇建设的意见》（粤林〔2017〕75号）等文件要求，结合南万镇经济社会发展的实际需求，综合南万镇山、森、田、水等自然要素，对森林小镇建设的定位、布局、目标和重点工程进行全面研究，建设南万镇生态旅游型森林小镇。

规划设计单位通过强化资源保护节约利用、构建融合发展产业体系、持续改善城镇人居环境、传承发挥乡村传统文化、塑造地方景观风貌特征等手段，探索基于全域自然资源保护与可持续利用策略的乡村生态振兴新思路，为同类型项目提供一定的建设指导经验。

---

① 本案例所引数据和资料均源自广东省岭南综合勘察设计院《广东省陆河县南万森林小镇建设规划（2017—2021年）》。

第二节 现状特征

一、优势因子

(一) 城镇发展潜力较大

南万镇位于广东省汕尾市陆河县,全镇国土总面积11301.6公顷。南万镇属山区,境内群山连绵,最高海拔1073.9米,最低海拔320米,平均海拔达到696.95米,普遍海拔400米以上,山多地少,素有"九山半水半分田"之称。南万镇处于北回归线以南,属南亚热带季风气候区,海洋性气候明显,光、热、水资源丰富。2016年,全镇实现生产总值31000万元,农业总产值为11211.13万元,工业总产值4502万元,旅游业收入260万元,农民人均纯收入7020元,财政总支出2680.5万元,城镇发展空间潜力巨大。①

(二) 现有资源类型丰富

1. 森林资源

全镇森林资源丰富,截至2016年年底,全镇国土总面积11301.6公顷,其中,林业用地面积9876.6公顷,森林面积8965.5公顷(乔木林地8924.3公顷,竹林41.2公顷);没有国家特别规定的灌木林地,全镇森林覆盖率达79.33%(如图15-1所示)。②

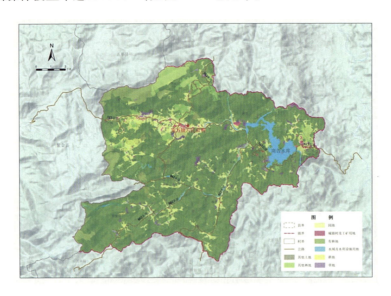

图15-1 土地利用现状图

图片来源:陆河县自然资源局提供。

根据资源空间分布的情况、生态区位重要性、生态功能脆弱性等,按照全面保护与重点突出相结合的原则,将区域内各林地、湿地划分为Ⅰ级、Ⅱ级、Ⅲ级、Ⅳ级共四个保护区域等级。根据

---

① 《南万镇简介》,见陆河县人民政府网(http://www.luhe.gov.cn/luhe/zjlh/gzjj/content/post_325053.html),访问日期:2020年12月8日。

② 数据来源于广东省岭南综合勘察设计院:《广东省陆河县南万森林小镇建设规划(2017—2021年)》,2017年9月。

《2015年陆河县林地变更调查报告》显示，南万镇林地保护划定面积共计9876.6公顷，湿地保护划定面积共计387.77公顷，Ⅰ级保护面积为275.37公顷，Ⅳ级保护面积为112.4公顷。[①]

2. 绿地资源

现有休闲游憩绿地（场所）3个，分别为红椎林生态公园、南天湖湿地公园、神象山公园。

3. 生态资源

南万镇生态环境优美，有丰富的生态旅游资源，是陆河绿色生态走廊旅游区重要的组成部分。南万镇的旅游资源涵盖了自然山水、人文古迹、生物景观、民族风情等多种类型，主要生态旅游场所包括陆河县南万红椎林省级自然保护区、大鲵资源自然保护区、陆河县南天湖湿地公园3处。现有生态旅游接待床位380张、接待餐位560个。生态旅游场所平均负离子含量达到3000个/立方厘米。

4. 旅游资源

南万镇具有独特的山水环境和丰富的生态旅游资源，主要景点有神象山公园、南万红椎林生态公园、岳坑祠农会旧址等旅游景点（如图15-2所示）。近几年来，在政府的积极推介下，南万镇的知名度不断提升，游客量也不断攀升。

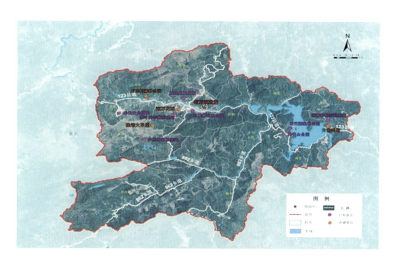

图15-2　旅游资源现状

图片来源：陆河县自然资源局提供。

二、现状特征分析总结

（一）有利因素

除了一系列国家和地方顶层设计文件为建设森林小镇提供了政策指引和技术指导外，政府部门的大力支持也为森林小镇的建设提供了资金和人力保障，同时，优越的自然条件和丰富的旅游资源还为建设森林小镇提供了坚实的物质基础。

1. 森林资源丰富

森林覆盖率达79.33%，远超广东省森林小镇评价指标50%的标准；生态公益林52.075平方千米，占林业用地面积52.73%，超过广东省森林小镇评价指标45%的标准。[②]

2. 旅游资源丰富

红椎林省级自然保护区、大鲵资源自然保护区、南天湖湿地公园、神象山公园、红椎林生态公

---

① 数据来源于广东省岭南综合勘察设计院《广东省陆河县南万森林小镇建设规划（2017—2021年）》，2017年9月。
② 见《广东省陆河县南万森林小镇建设规划（2017—2021年）》，2017年9月。

园、岳坑农会旧址（爱国主义教育基地）等旅游景点和茶叶科学教研基地、中药材种植基地、青梅种植示范基地等基地奠定了南万镇建设生态旅游型森林小镇的基础条件。

3. 红色文化资源

汕尾市爱国主义教育基地——岳坑农会旧址（爱国主义教育基地）在革命时期是岳坑农会会址，中共广东省委原书记、原副省长古大存等一批领导同志曾在岳坑祠领导和开展游击对敌斗争，在革命斗争史上留下了壮烈的篇章。

陆河县委、县政府和南万镇党委、政府高度重视森林小镇的建设工作，多次实地考察调研指导，成立了由镇党委和政府主要领导为正副组长、分管领导抓具体工作的工作小组，负责建设工作，为森林小镇的建设提供了良好的政治保障和技术保障。

（二）存在问题

1. 基础设施较落后

南万镇区路道窄，配置低，预留路较少；建筑面貌陈旧落后，街道绿化和公园绿地建设不足；医疗及教育设施落后；信息化普及不足，吃、住、行、游、购、娱等旅游要素方面无特色，有待提升。

2. 旅游资源品牌知名度不高

旅游景点亮点不足，对游客的吸引力有限，区域内有较多的生态资源及本地特色资源，但是知名度不高，影响不广也不深，森林文化植入不够，宣传不足。

3. 建设资金缺乏

南万镇地理位置属偏远山区，交通、经济发展相对落后，森林小镇建设资金的筹措较为紧张。现有生态旅游接待床位较少。

第三节 项目规划设计

一、目标定位

（一）性质定位

依托优美的生态环境、独特的森林景观、丰富的旅游资源，整合山、林、田、水等自然要素，融合森林生态文化、红色文化和客家文化，把南万镇建设成为森林康养、休闲观光、红色旅游的生态旅游型森林小镇。

（二）主题定位

结合南万镇优美的生态环境、独特的森林资源、历史文化资源和小镇发展定位，将主题定位为：南天神象、椎涛茶香·十里花溪、云间南万。

（三）总体目标

在规划期内，通过实施一系列城镇绿化美化、森林生态质量提升、旅游基础设施完善等工程，有效地提高南万镇的旅游服务水平和镇域森林生态环境，使当地人们的生活水平有较大提升，建设具有地方特色的生态旅游型森林小镇。

至2018年，各项建设指标全部达到或超过广东省森林小镇建设标准。

至2021年，镇区绿化覆盖率达33%，全镇生态旅游场所达到6个。

二、空间布局

规划布局以镇域森林生态体系建设为中心，以生态旅游基础设施为重点，以城镇绿化、乡村美化绿化、道路绿化和生态水网建设为抓手，建设充满山水文化的绿色小镇。南万镇的森林小镇建设空间布局可概括为"一核、两带、多点"。

（一）"一核"

"一核"指镇区核心区域，综合各类绿地、生态公园以及南万花海的建设，优化镇区空间品质，打造镇域发展核心和公共服务配套核心。

（二）"两带"

"两带"指依托南万的道路、河流、山峦、湖泊等自然地理格局，形成北部的生态旅游休闲带和南部的自然风光景观带。

（三）"多点"

"多点"指镇域内的生态公园、湿地公园、旅游景点、"美丽乡村"、生态观光农业等形成的绿色生态景点和历史文化景点。

三、功能分区

从森林小镇创建要求、林业发展目标、自然山水架构、地质地貌的构造，综合考虑镇域生态环境的敏感性、生态功能服务的重要性，以及未来南万生态建设需求、产业发展方向，将南万镇分为以下3个生态功能区域。

（一）西北部生态旅游综合发展区

该区以南万镇区为中心，沿县道 X123 和乡道 Y862 道路形成的自然区域，范围包括黄福、万东、万西、万中、万全、杞洋、桂培 7 个行政村。该区域分布有红椎林生态公园、娃娃鱼观赏洞、南万花海、桂培大草原等生态旅游景点，为南万镇生态旅游的核心区域，也是森林小镇生态旅游建设的重心。

（二）东部南天湖休闲度假区

该区以南天湖为核心，范围包括深度、长田、长坑、南告 4 个行政村。该区以环湖车道为纽带，将南天湖片区内各景点进行有机的连接，主要景点有客家文化养老基地、佛园、文昌阁休闲度假区以及野外活动拓展区。

（三）南部自然风光观赏区

该区是以长梅河为主线而形成的自然区域，范围包括长营、罗庚坝、梅角 3 个行政村。该区有丰富的森林资源和优美的自然风光，是南万镇重要的生态控制区域。该区主要实施生态保护措施，加大森林资源的保护力度，开展森林抚育等工程，维护稳定、健康的森林生态系统，发挥其森林生态屏障作用。

第四节　振兴发展策略——以自然资源保护与合理开发推动乡村振兴

一、强化资源保护节约利用

近年来，南万镇坚持"绿水青山就是金山银山"的发展理念，积极开展保护区、生态公园、城镇绿化建设，通过人工造林、森林抚育、森林保护等措施提升森林质量和森林景观，提升森林生态功能等级，加强林业和生态环境的保护，建立完善的森林生态体系，强化自然资源的保护利用，实现自然资源的保值增值。

（一）提升森林质量

对郁闭度0.5以下的有林地、未成林造林地进行改造抚育，提升森林质量和林地生产力。规划通过人工造林、封山育林、森林抚育等多种林业措施，多管齐下，全面提升镇域内林地生产力和林木生长量，提高森林生态服务功能。

（二）打通生态廊道

在南万主要河流、重要水源地，通过生态文化、绿色景观、休闲度假相结合，依托重要水源地绿化工程和其他重要水系绿化工程，大力建设特色鲜明、覆盖南万的湿地网络，强化水污染治理和水网疏浚贯通，构建生态景观廊道，完善动植物迁徙交流的生态廊道。

（三）优化生态公益林

至2016年，全镇生态公益林面积5207.5公顷（一二类林面积4631.4公顷），一二类林覆盖率达到88.9%。未来两年，南万镇按照生态优先、兼顾生产、量力而行、群众自愿的原则，拟规划扩大公益林面积280公顷；严格实施广东省生态公益林划定、补偿及管理规定明确划定条件及补偿标准，对符合标准的林地，逐步纳入生态公益林体系；严格控制各类建设征用生态公益林地，不得擅自变更、改变林地用途。

（四）加强绿地系统建设

南万镇区绿地系统建设布局为"一核、两带、多点"。"一核"：通过镇区中部花海景观打造，构建绿地系统核心景观。"两带"：通过水系整治与滨水绿地的结合，打造自然生态景观通廊。"多点"：指社区级公园绿地。

（五）保护古树名木

加强数字化档案管理，建立古树名木地理信息数据库，定期调查更新，实行动态管理；严格实施广东省古树名木保护管理有关办法，加强古树名木监管力度；严格管理古树名木移植，并针对近年来古树名木保护中存在的病虫危害等问题提出切实可行的整改措施；挖掘古树名木的历史文化内涵，深挖古树文化。

（六）划定林业生态保护红线

按照南万镇林地资源空间的分布情况、生态区位重要性、生态功能脆弱性等，按照全面保护与突出重点相结合的原则,将区域内各类林地划分为Ⅰ、Ⅱ、Ⅲ、Ⅳ级4个保护区域等级,根据不同的保护区域,实行差别化的管控措施(见表15-1)。

表15-1 林业生态保护区控制一览表

等级	面积（公顷）	保护措施
Ⅰ级	3411.75	实行全面封禁管护，禁止生产性经营活动，禁止改变林地用途
Ⅱ级	565.33	局部封禁管护，鼓励和引导抚育性管理，改善林木质量和森林健康状况。严格控制商品性采伐，要使区域内的商品林地逐步退出，并将其划入公益林地管理范围
Ⅲ级	1395.01	严格控制占用征收有林地，从严控制城建、勘查、商业经营设施等建设用地，对重点商品林地实行集约经营、定向培育。公益林地在确保生态系统健康和活力不受威胁或损害的前提下，允许适度经营和更新采伐
Ⅳ级	4416.1	严格控制林地非法转用和逆转，控制采石取土等项目用地。推行集约经营、农林复合经营，在法律允许的范围内合理安排各类生产经营活动，最大限度地挖掘林地生产潜力

二、构建融合发展产业体系

在充分发挥神象山公园、南万红椎林生态公园、岳坑祠农会旧址等既有旅游资源带动作用的基础上，深入挖掘南万镇山、水、田、林、湖、园等自然资源，在充分保护自然资源的基础上，加快镇区公园布局建设，打造森林康养基地、森林人家、森林客栈、生态农业示范园（如广东鸿海生态农林科技有限公司中药材种植基地、希望青梅种植专业合作社现代农业示范基地等）、绿道及生态旅游配套设施（如镇区供销农贸市场、商业服务中心、旅游配套设施、森林驿站等）等一批项目，培育林业、农业产业，发展传统茶产业，加强第三产业及相关配套设施，促进南万镇第一、第二、第三产业深度融合。

三、持续改善城镇人居环境

以改善农村居住条件、人居环境，提高村民生活质量为目标，力争在规划期内，城镇街区和村庄风貌整治、城镇街区和村庄环境卫生整治、村镇公园建设、城乡绿道建设、绿色生态水网建设等工作有较大突破和进展。在此基础上，根据南万镇的资源禀赋条件，充分挖掘南万森林小镇的特色和优势，弘扬和传承农村传统文化，提升村居文化内涵，推动名村示范村建设，将南万镇打造成为环境优美、文化厚重、宜居宜游的森林小镇。

（一）整治城镇风貌

对街道、建筑物附着物进行整治。拆除不符合规划要求的建筑物，对建筑物的外立面进行清洁，拆除影响街道景观的建筑物附着物；实施镇区亮化、美化工程，对镇区主要道路及节点统一规划城镇建筑物主基调颜色，使其符合森林小镇的整体风貌，并结合建筑物实际，增设路灯及夜景工程，让镇区更加亮化、美化、统一；合理规划绿地广场、停车场等公共开敞空间，规定统一的小贩摆摊经营点，加强监管，杜绝乱占、乱卖、乱租"三乱"行为；落实农村泥砖房改造、环境卫生和大气污染整治、老楼危楼等安全排查整治和城乡水环境综合整治等工作；开展群众喜闻乐见的文娱活动，不断丰富和满足全镇人民群众日益增长的文化需求。

（二）整治环境卫生

整治环境卫生包括以下几方面：①垃圾处理整治；②河涌整治；③农贸市场的建设和管理；④推进长效治理，推进垃圾分类处理，无害垃圾就近掩埋，提升净化水平；⑤大力推进改厕工程，推广建设卫生厕所，村庄建设水冲式公共厕所；⑥农村污水处理设施建设；⑦加强农村污染治理，不仅要实现对金属、玻璃、塑料等垃圾的回收利用，垃圾无害化处理，以及田园（养殖区）清洁、水源清洁和家园清洁，还要对农村工业企业污染加强治理，"三废"（废水、废气、废渣）达标排放；⑧河涌整治。

（三）建设村居公园

村居公园建设可改善村民文化、休闲、娱乐、健身等公共活动场所功能，陶冶村民情操，丰富村民业余生活，规划在万全村委建设一个占地面积1亩、投资150万的文化公园，2017年年底建成使用。

（四）美化乡村绿化

积极开展南万镇乡村绿化美化工作，实现村旁、路旁、水旁、宅旁基本绿化全覆盖，改善村民居住环境。南万镇现有县级以上乡村绿化美化示范点2个，规划至2018年（攻坚期）在万全村委增加创建完成1个乡村绿化美化示范点，达到建设指标要求。

（五）街道绿化

南万镇范围内，主街道两侧全部为楼房所覆盖，几乎无行道树种植。规划建设期内，对进镇区道路两旁可绿化范围进行绿化，对不可绿化的区域摆放花卉或灌木等盆景，美化街道。

四、传承发挥乡村传统文化

在人与自然和谐发展的生态文化指导下，把南万镇建设成集生态林业建设成就展示、林业科研科普与自然课堂教育、森林生态旅游与生态休闲度假、红色旅游与生态民俗旅游、社会主义新农村建设示范于一体的多功能森林生态文化示范基地。

（一）传播生态文化

通过公益宣传广告、举办生态文化节庆活动、建立森林和湿地生态文化基地等方式，传承和弘扬生态文明；每年开展镇级生态科普教育活动3次以上，为创建森林小镇营造良好的氛围；主动寻求社会资源，结合镇区特色、优势，积极组织生态文化下基层活动，深入开展生态文明教育进校园、进村居、进企业、进机关、进家庭"五进"活动，提高公众参与度。

（二）开设自然教育课堂

规划在红椎林生态公园开发一条自然课堂科普路线，整条路线长度为3千米。在南天湖湿地公园建设人工降雨科普教育基地1处。

（三）弘扬传统民俗文化

弘扬宣传陆河县南万吉象歌、南万擂茶（如图15-3所示）等一系列传统民俗文化；建设南万森林小镇，加强对南万文化遗产、古村落的保护；通过构建生态文化科普教育基地、发挥网络新技术、开展生态文化科普主题活动，加强科普教育宣传；在南万镇范围内选取合适地点建设义务植树基地，认真组织全民义务植树活动，建立义务植树登记卡制度，广泛开展城镇绿地认建、认养、认管等多种形式的社会参与绿化活动。规划建立南万红椎林生态公园、万东村森林公园、镇区中心公园符合地方文化特色的义务植树纪念林基地 3 处。

图 15 - 3　南万擂茶

图片来源：http://www.amizhe.com/news/7ixz95757wz7571.html。

五、塑造地方景观风貌特征

在建设南万森林小镇的过程中，通过各类文字、图形、记号、符号等视觉要素，重点将森林公园、示范基地、南万花海等各要素转化成直观具体的视觉语言形式，并结合南万镇客家文化、红色文化等特点，在设计时融合"绿色"与"红色"的特色，全面展示森林小镇的文化和形象，方便游客和村民了解、认识森林小镇，打造具有南万特色的森林小镇。

（一）建立森林小镇形象标识系统

利用各类宣传平台和载体推广南万森林小镇形象标识；以森林公园、广场、景区等人群集中的活动场所为依托，设计制作以生态标牌和数字二维码为主要形式的森林小镇红色生态科普标识体系；以城镇绿地、各类公园和城乡绿道等生态服务设施为节点，设计制作具有指示标志功能，方便广大人民群众亲近自然、接受生态和红色文化教育的森林小镇生态导向标识体系；设计和制作南万镇建设森林小镇的标语、口号，合理而科学地分布于整个南万镇的不同区域，包括机关单位、学校、社区、企业、街道、广场等，并发布在相关的网站、官方微博、微信公众号、书刊视频资料及宣传单上，使得森林小镇形象标识得到应用和推广。

（二）加强生态及红色文化科普标识

在森林公园、湿地公园、红色文化旅游地等人群聚集的场所的合适位置布置森林小镇红色生态科普标识。生态科普标识以生态标牌和数字二维码为主，运用多种形式来标识，力求在彰显生态和森林小镇的共性的同时，融合南万自然环境与历史文化的特点，打造独具个性的南万生态与红色文化符号。在科普标识设计上，可将规划区域中存在的特有的或者典型的湿地动植物形象化，融合红色文化典型表现形式，运用到标牌等标识的设计中，以达到增加趣味性、吸引游客兴趣的目的；同时，将标识设计成翻页形式、抽拉式、拼图等形式，增加游客的参与性、互动性；还可以设置留言窗口、照片栏等，让游客留下自己的感受或作品。

（三）设计森林小镇生态导向标识

森林小镇生态导向标识（见图 15 - 4）系统以城市绿地、各类公园和城乡绿道等生态服务设施为节点，设计制作具有指示标志功能，方便广大人民群众亲近自然、接受生态教育和红色文化教育的森林小镇生态导向标识体系。森林小镇生态导向标识系统包括说明－地图类生态导向标识和指向类生态导向标识两个小类。

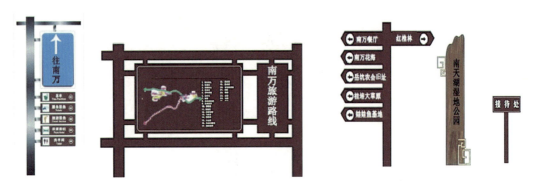

图15-4　生态导向标识体系设计示意

图片来源：陆河县自然资源局提供。

第五节　项目实施效果与启示

一、整合自然资源、发挥自然资源多重效益，是乡村生态振兴的有效路径

对于乡村的自然资源，如果只利用不保护，坐吃山空是不行的；如果单单守着绿水青山，不加以合理利用并产生附加值，也是换不来金山银山的。对乡村要在保护现有自然资源的基础上，合理制定资源利用策略，通过增加生态产品和服务供给，满足人民日益增长的对优美生态环境的需要。只有瞄准人们休闲旅游消费需求的新变化，推进农业与旅游、文化、康养、体育等产业融合发展，土地才会增加附加值，生态才会变成"摇钱树"，田园风光才能成为"聚宝盆"。

二、完善产业融合、做大做强农业绿色产业，是乡村生态振兴的长效保障

针对南万镇乡村生产供给质量不高、效益偏低、产业体系不明等问题，坚持以农业供给侧结构性改革为主线，以提高发展质量和效益为中心，充分发挥南万镇森林资源、生物资源、消费市场和经济基础等方面的优势，做优传统产业、做强优势产业和做大新兴产业，实现农业转型发展、绿色发展和融合发展，构建现代农业产业体系、生产体系和经营体系，推进农村第一、第二、第三产业融合发展，培育农业农村发展新动能，保障乡村生态振兴，推进乡村产业振兴。

三、改善人居环境、加强乡村生态环境整治，是乡村生态振兴的重要举措

南万镇坚持以建设农村生活宜居环境为首要任务，以"百村示范、千村整治"建设为统领，牢固树立"绿水青山就是金山银山"的发展理念，要按照山、水、林、田、湖、草是一个生命共同体

的理念，通过整治城镇风貌和环境卫生、建设村居公园和村居公园等一系列举措，深入推进乡村人居环境整治，加强乡村生态环境整治，不仅显著改善了村容村貌，建设了美丽南万，而且充分体现了乡村生态振兴的长远意义和价值。

四、构建特色风貌、传承地方历史传统文化，是乡村生态振兴的动力源泉

发挥南万镇生态山水和特色农业优势，深入挖掘乡土文化、客家文化、红色文化的历史底蕴和艺术内涵，通过传播生态文化、开设自然教育课堂、弘扬南万吉象歌、推广南万擂茶等一系列宣传传统民俗文化的活动，塑造具有地方特色的景观风貌及标识系统，加强与县城及周边地区的联动发展，打造山水交融与客家风情传统乡村文化交相辉映的"美丽乡村"展示带，使南万镇成为陆河县乡村生态文明的重要示范点。

案例特色小结

本案例以自然资源保护与合理开发来推动乡村生态振兴。其特点在于：①项目目标定位及空间布局明晰合理，贴合项目所在地实际情况；②充分保护并对地方森林资源、水资源、田园等自然资源加以合理开发利用；③建设森林康养基地、森林人家、森林客栈、生态农业示范园等项目，培育林业、农业产业，发展传统茶产业，加强第三产业及相关配套设施，促进第一、第二、第三产业深度融合，为当地带来示范作用；④加强人居环境整治优化，持续提高居民幸福感。

［编者：广州筑鼎建筑与规划设计院有限公司（陈焯荣、彭俊、周源、叶智超、卢树彬、吴奕涛、成向群）］

❖ 产业振兴类型

第十六章　潮州凤凰谷茶旅田园综合体策划与规划项目[①]

第一节　项目区位

一、省域层面：粤东城镇群的核心城市

潮州，粤东城镇群的核心城市之一，位于韩江中下游，地处珠三角城市群与海西城市群连接地带，是深圳、汕头、厦门3个经济特区的交汇点；毗邻港澳台地区，是沿海西连珠三角、东接闽浙、北通湘赣的交通要道，拥有国家一类口岸潮州港。

二、市域层面：四通八达的交通网络

凤凰镇位于潮州市北30多公里处，位于潮安区北部地区，凤凰镇毗邻各乡镇，是重要的商品聚散地。近几年来，共投入3亿多元建成的汕凤公路和丰柏公路第一期工程等基础设施建设使凤凰公路东连饶平，南通潮州，西接丰顺，形成四通八达的交通网络。

三、镇域层面：离市区一小时交通圈

东兴村，含东坑、后河、上郭、三河、新村、尖山脚等14个自然村，在潮安区庵埠北48.5千米，凤凰镇人民政府驻地西南1.1千米，属凤凰镇，有简易公路通丰柏公路。韩江新城规划片区位于凤凰镇1小时交通圈内（如图16-1所示）。

[①] 该案例项目为自创项目，案例中所引数据及相关资料均源自潮州凤凰谷茶旅田园综合体策划与规划项目（2020年）。

图 16-1 项目区位

图片来源：http://www.chaozhou.gov.cn/u/cms/www/201707/31170153efx4.pdf。

第二节 现状问题及特色

一、优势因子

（一）政策扶持

凤凰茶产自潮州凤凰镇，独特的潮州工夫茶是"潮人习尚风雅，举措高超"的象征，形成很有特色的潮州茶文化。潮州工夫茶是中国茶艺中最具代表性的一种，虽然盛行于闽粤港台地区，但其影响早已遍及中国，远及海外。

《潮州市绿色发展示范区发展总体规划（2016—2025年）》将凤凰镇定位为茶旅小镇，重点建设凤凰山脉生态旅游景区、"民俗文化"生态旅游度假区、精制茶制造业、生态旅游区。

（二）"美丽乡村"精品游线

潮州市潮安区"茶旅生态游精品线路"是粤东地区较为成熟和知名的乡村精品线路，集中展示了潮州北部"美丽乡村"建设、生态观光、农业休闲体验、茶文化和乡村潮菜文化。

"茶旅生态游精品线路"起点为潮安区归湖镇狮峰（甬莞高速归湖出入口即可抵达），途经文祠镇赤水村、凤凰镇凤湖村凤翔峡、叫水坑村、东兴村凤凰谷、棋盘村美丽茶园，终点为乌岽村凤凰天池，全程长55公里（如图16-2所示）。

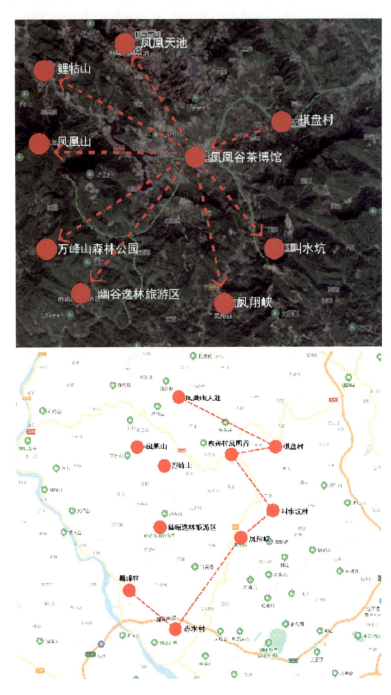

图 16-2 茶旅生态游精品线路

图片来源：张晓婷制图。

二、劣势因子

根据2019年数据资料统计显示，全镇茶叶种植面积7万多亩，年产茶叶1000多万斤，年产值10亿元以上，茶园平均亩产14286元，共有茶商895家、茶企128家，成规模以上1家，年出口额7700万元，2019年茶农人均可支配收入19272元。就这一数据来看，第一产业中凤凰单丛茶的产量资源相对薄弱，茶产业的种植也相对过剩。[①]

其次，茶产业的过度开发势必会造成一定程度的生态破坏。随着经济的发展，茶产业成为当地地区的支柱产业，成为那里村民收入的主要来源，这也引发了茶农盲目开发茶山的冲动。这导致生态环境遭到破坏，水土流失，以至于土壤变得贫瘠，小气候环境恶化，也将对未来茶叶品质和茶产量的发展带来负面影响。

最后，茶产业行业经过近几年的"洗牌"，已经形成了相对稳定的格局。但随着一些品牌凭借着创新和推广打响了知名度，茶叶行业迎来新的发展机会，茶产品却变得越来越同质化，诸多茶饮品牌的混乱竞争也使得茶叶行业有发展缓慢的趋势，其中凤凰单丛茶也面临着相似的问题，总结来讲就是茶产业链条短、结构层次浅、产品附加值低、同质化高、体验场景少、客群单一等。

第三节 振兴发展策略

一、协同发展

中央提出，"十四五"期间，我国将进入新发展阶段，我们要研究新情况、作出新规划。研究新情况、作出新规划就要面对新的形势，解决新问题，实现新突破，就需要创新。乡村振兴作为国家战略，要在新的情况下实现"三个创新"。乡村振兴从人的因素来看，主要包括三个层面和维度，涉及三方面的关系，即以农民为主体、以企业和社会资本为主力、以政府为主导。这就是要在政府的主导下，充分调动和发挥农民和企业及社会资本的积极性，使企业和社会资本与农业、农村、农民实现有机融合，促进和发展生产力，进而开创乡村振兴的新局面。精准切入区域茶园产业链，与政府、企业、农民共同做强做大。

针对茶园的发展，第一步便是加强良种茶园的标准化建设。具体来讲，按有机茶生产技术的要求平整土地，施足有机肥料，统一放线、统一品种、统一栽植，高标准建园，严格按照有机茶园的要求选择肥料，制订春芽肥、夏秋追肥、冬管基肥施用技术标准，确保施肥标准化，做到科学施肥、合理施肥。

第二步，茶园的生产急需提高茶叶生产机械化水平。纵观茶叶机械行业，还存在很多问题，例如，茶叶机械生产企业规模小、设备制造水平低、茶园作业机械特别是机械化采茶普及进程仍缓慢等。这就需要我们重新思考：如何提高茶园机械化生产水平？①需要吸引更多的资金和大型企业进入茶机行业，推动更多实力的行业将资金投入茶园作业和茶叶加工机械的研制开发和生产，促进茶机行业做大做强。②茶叶加工新型单机开发将更加注重提高产能和科技含量，对茶叶机械的发展，将更加重视诸如冷冻、膨化、热管、微波、远红外、生物颗粒燃料、自动化控制等高新技术在茶机领域的应用，强化对新型制茶原理的研究，提高茶叶加工品质，方便茶农使用、节约人工，促进"机器换人"，为连续化、自动化生产线的研发奠定基础。③清洁化、连续化、自动化生产线开发仍是当前茶叶加工机械研发的重点，主要是更加重视和追求茶叶品质，提升机械产品制造质量和智能化水平，降低造价，在各类茶叶产品标准化水平不断提高的前提下，逐步实现各类茶叶加工生产线的定型和系列化，促进茶叶机械产品和生产线的标准化制造，更好地满足茶产业发展需求。④采茶机械化将成为茶叶机械化发展中的重中之重，支持和加强国产机型的研发和推广，加快采摘基础条件改造和树冠培养，在机械、农艺和茶叶加工工艺技术不断融合的条件下，可以预见采茶机械化的步伐将加快。

[①] 《千年古城茶韵飘香 凤凰单丛茶今开采》，见澎湃新闻·澎湃号·政务·潮州发布（https://www.thepaper.cn/newsDetail_forward_11920572），访问日期：2021年3月27日。

第三步，加快茶产业生产结构调整，通过引进高优质的茶树品种，与原茶树品种的提纯复壮相结合，有计划、有步骤地改良换种，改造品种形状差、低效益的中低产茶园，切实调整茶树品种结构和产品结构，提高凤凰山地区茶叶发展水平。

第四步，强化产业科技支撑力度，用现代消费品的思维，引入科技去推动茶行业产品的标准化，从而进一步加快产业深加工产品研发。

第五步，针对优质品牌的高山茶做到品质提升。凤凰单丛茶的产品开发以及品牌打造还存在一定的问题，比如品牌意识和知识产权意识淡薄、商标使用混乱、品牌缺乏创意、对品牌的宣传和使用不够等，这就需要我们扶持茶叶龙头企业，实施品牌战略和规模化经营，重点开发茶文化，提升单丛茶叶的知名度和产品内涵，从而研究和开发极具茶文化内涵的茶叶品牌产品，提高国内外市场的知名度和产品声誉，提高茶叶产品的附加值，通过强化宣传和促销，努力开拓市场，搞活茶叶流通。

二、产业融合

伴随着国潮来袭、第三次"国货运动"的兴起，以及创意经济、数字经济、知识经济、智慧经济时代的到来，中国茶产业迎来了最好的发展时代。目前，凤凰单丛茶产业正处于转型升级的关键期、创新发展的机遇期、质效提升的深化期。此外，受新冠疫情的长期影响，茶产业发展更是进入了低迷状态，茶叶采摘生产、茶叶销售贸易、茶文化旅游节庆活动等均受到较大程度的影响。如何在"后疫情时代"推动茶产业全面恢复正轨，激发茶业经济发展活力，克服和解决当前困扰我国茶叶产业发展的诸多难题，进一步推动中国茶叶产业创新升级与跨越式发展，从而向"复兴中国茶文化，振兴中国茶产业"的终极目标迈进，成为当前乃至今后较长时期内茶界同仁需要共同面对的新时代命题。面对上述问题，我们认为，大力推进茶产业跨界融合，积极培育和发展新业态、新模式、新工艺，鼓励和支持发展茶文化创意产业新形态，将是切实而有效地解决困扰我国茶叶产业的众多现实难题，推动中国茶产业转型升级与创新发展的关键所在。就项目本身而言，它将围绕乡村振兴路上的乡村精品旅游路线，以此为支点，配合相关公益文化的宣传+民宿博物馆+食品街的权力打造。此外，项目还将在核心区建立研发中心、品牌中心、仓储基地以及茶叶银行，打造商业中心、凤凰谷茶叶品牌专卖店等。

三、标准化流程

中国是茶叶大国，却并非茶叶强国，大而不强、大而不精的问题比较突出，标准化工作落实不到位是造成产业众多问题的原因之一，而只有质量和安全都有保证、品牌公信力强的企业才会赢得消费者和市场的认可，标准化是引领茶产业高质量发展的关键。

我国茶叶产品标准体系也在逐步建立和完善，依托现有种植园区，整合周边自然资源，凤凰谷单丛茶产业基地迈着坚定的步伐，将打造一条从育苗、种植、加工、仓储、孵化到展销、旅游、文化、住宿、体验、餐饮一体化的单丛茶全产业链，实现"茶+旅游"双产业驱动，打造世界级的"单丛茶文化小镇"。相关茶叶生产企业要严格执行相关标准，要严格管控，逐步实施以"茶园生态化"为主的质量安全发展模式，走可持续健康发展之路，加大各项标准和质量安全标准的执行力度，政府部门要加强对茶叶企业的监管力度，引导消费者树立理性的茶叶质量安全观，让消费者喝上质量安全、放心的健康茶。

四、打造政府、企业、村民联动的休闲农业生态圈

以市场为导向，推动茶业和旅游业融合。以茶文化为引领，重点打造采茶、制茶、认茶、识茶、品茶、购茶一条龙体验项目，以效果为导向，实行政企合作的模式。

一是政府引导在项目发展中起最基本的推动作用,主要集中精力做一件事:搭建平台。招商引资,引入企业合作开发;完善基础设施,对凤凰茶园产业基地进行景区化打造;与高校合作,提高茶叶科普中心的教育功能,提供一系列技术支持,提供适当的财政支持以及协调促进各方合作事宜。

二是企业在政府的总体规划布局下配合建立区域旅游开发平台,组建区域内的产、学、研机构,对区域内的住宿设施、体验设施、茶园特色、农业资源等进行综合开发,然后推向市场。

三是村民参与美丽乡村建设,与政府企业合作共赢,注重田园景观的保护与提升,注重地域文化符号的保留,营造出美丽迷人的乡村环境(如图16-3所示)。

图16-3 政府、企业、村民联动的休闲农业生态圈
图片来源:张晓婷制图。

第四节 项目规划设计与实施

一、整体结构

整个凤凰谷茶旅田园综合体项目的结构布局为"两景夹一带,四组携八区"(如图16-4所示),围绕东新村独特的自然资源,将滨水景观和山林景观纳入规划当中,组成当地独树一帜的自然生态。

根据《潮州市绿色发展示范区发展总体规划(2016—2025年)》的总体思路,将凤凰谷茶园景区划分为生态休闲板块、文旅服务板块、智慧物流板块、新型社区板4大组团,最终通过组团的形式串联形成一条最重要的产业核心带。

二、功能分区

多个旅游功能区协同,形成生态休闲区—生态种植基地—民俗文化展示区—智慧物流集散区—特色餐饮服务区—综合服务核心区—茶文化特色民宿区—居民生活区—户外休闲拓展区等功能板块(如图16-5所示),达到引流效果,有效激活区域全域旅游,积极促进田园综合体与城市联动。

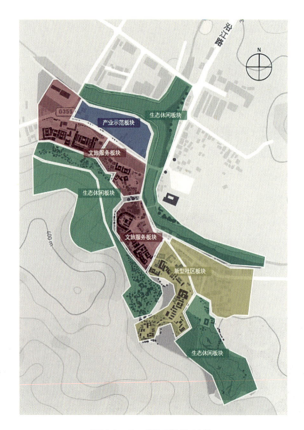

图 16-4 项目整体结构
图片来源：丘伽益制图。

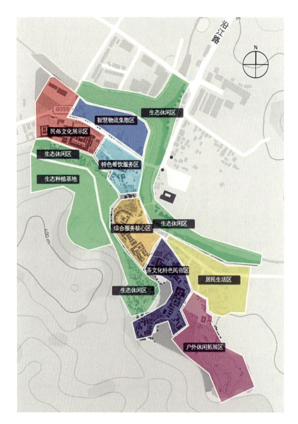

图 16-5 项目功能分区
图片来源：丘伽益制图。

三、游线规划

凤凰谷茶园旅游线路的规划根据园区资源特点,按照一定的主题,对园区旅游沿线进行组织编排,从空间尺度可规划分为:深度文化旅游体验线,商务、产业体验线和研学、自驾体验线三类游线(如图 16-6 所示)。针对不同的旅游人群、功能选择,划分制定出最合适的旅游导览路线。

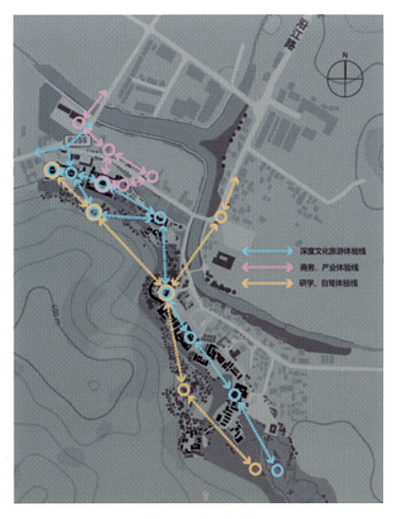

图 16-6　项目游线规划

图片来源:丘伽益制图。

四、项目建设

我们希望通过项目的实施能大大改变项目的生态环境,即改善茶园单一的生态环境,增加茶园物种多样性,增加茶园的综合经济收益,并建立以下核心项目。

(一)以茶博馆为项目核心,立志做凤凰茶文化展示基地

以茶博会为中心,以工夫茶为纽带,展示"千年单丛,万里飘香"的茶文化,展示单丛茶这一传奇饮品的茶山,展示单丛茶的历史文脉以及与茶文化相关的创意衍生产品。建立茶博馆以承办茶博会,依次带动未来凤凰镇茶产业资源的调动,盘活当地经济,建立美丽乡村振兴的新标杆。

（二）潮味食街的打造

打造以地道本土产品为内容的体验区和以单丛特色民族文化为亮点的餐饮区，把建议以单丛茶文创产品为主体的文化展销中心作为抓手，以食养文化为主题，以餐饮与展销为主要业态，提炼当地的产业价值，让这些场所成为养生游乐的好去处，潮味食街将成为膳食文化的传播中心。

（三）产品培育基地的打造

通过打造凤凰单丛研究院、技术实验室、科研成果转化基地、人才培育中心等形式，提高整个产业的科技含量，让这些场所成为"产、学、研"一体化的最佳载体；通过专业人员、团队入驻的形式，对核心技术进行把控、实施策划等，依次提高产业的产值、产量、品质。

（四）茶园——有机生态示范基地的打造

依托基地内万亩茶田，打造生态种植园区，并开放部分区域，让消费者体验手工摘茶叶的乐趣。通过研发，以凤凰古茶对标澜沧古茶的高标准来建立融生态、体验、旅游线路为一体的综合性茶叶园区。

（五）美丽乡村培训学校的建立

项目将携手鲁家两山学院，高举"两山理论"，创建交流培训学校，传播乡村振兴理论知识。美丽乡村培训学校的建立不但可以提高项目的高度，而且可以增加定点会务收入。

（六）潮味民俗博物馆的打造

潮味民俗博物馆是以展示属于潮州独有的文化财富、潮州本地民俗和民间文化为主要内容的主题博物馆。民俗文化是人民群众创造并享用的生活文化，随着时代的进步，民俗文化在某种意义上已经成为历史。因此，打造潮味民俗博物馆具有一定的意义，目的在于对当地独有的特色文化进行保护、传承、展示、发扬等，让更多的民众通过了解过去的民俗文化来学习传统文化。

（七）凤凰谷茶叶品牌专卖店

以凤凰单丛为载体创立首家品牌专卖店，进一步展示潮州非遗文化。"凤凰谷茶叶品牌专卖店"以凤凰谷为品牌核心，以全国门店为枝节，通过门店的扩张，扩大品牌知名度与影响力，为小镇吸引客群，提供客户，传播小镇的声名，传递凤凰单丛茶文化。

（八）精品民宿/酒店

依托当地现状地形，设计要引入潮汕当地文化特色，充分融入本底环境，在山水间营造原始的自然魅力。另外，将民宿的种类分为三档：高端民宿群、中高端民宿群和中低端民宿群，以满足不同消费人群的需求。

另外，还有四大板块配套下的辅助性产业。例如，生态休闲板块下的环形栈道、马术训练营、环形冲浪场、儿童游乐园、生态创意雕塑、婚纱摄影基地、茶山步道、接待服务区、热气球营地等；智慧物流板块下的种植采摘中心、科研中心、电商中心、古茶拍卖中心、品质管理中心、产业金融中心、智慧物流中心、物联网中心等；文旅服务板块下的禅修营、红色文化陈列馆、木屋、石斛书吧、摄影社、后河民乐社、单丛茶茶农协会、陶艺吧、讲习所、凤凰画社、大师工坊、综合服务中心、文创街等；新型社区板块下的居民生活区。目的是为乡村居民建设可以媲美城市的生活质量又同时具有乡村味的生态环境的社区环境。

案例特色小结

独特的潮州"工夫茶",是"潮人习尚风雅,举措高超"的象征,潮州借此形成了很有特色的潮州茶文化。潮州工夫茶是中国茶艺中最具代表性的一种,其影响早已遍及中国,远及海外。

本案例提出了协同发展、产业融合、标准化流程、打造政府企业村民联动的休闲农业生态圈等振兴发展战略,对其他的"农业+文旅特色小镇"建设具有重要的参考价值。

习近平总书记于2020年10月视察潮州,对潮州工夫茶给予高度评价,这是潮州茶文化"走出去"的重要契机,同时给本项目赋予了独特的价值和意义。

[编者:广东两山乡创产业发展有限公司(丁炜、潘仲涵、张晓婷、黄衍光、李凌波、陈思)]

❖ 旅游振兴类型

第十七章 旅游振兴乡村
——以汕头市潮阳区金灶镇及诸暨市姚江镇新桌山村为例

第一节 聚焦汕头市潮阳区金灶镇如何编制旅游总体规划与实践案例①

一、基本概况

（一）基本情况及位置

金灶镇位于广东省汕头市潮阳区西北部，地处榕江南岸，东接关埠，西北接揭阳，南与谷饶、贵屿隔山相邻。它处于小北山下之山丘、平原地带，共有4个居委会和42个村委会，总面积78.9平方公里，有山地近5万亩，耕地3.6万亩；处于潮阳区西北部、榕江中下游南岸、小北山北麓，是潮、普、揭三地交汇处；潮惠高速、揭惠高速和省道S234穿镇而过，并与镇域内159乡道、160乡道和162乡道等连接；周边分布着潮阳高铁站、潮莞高速公路、潮汕国际机场等，对外交通便捷。

乡村旅游是系统解决"三农"问题最直接、最有效的手段之一。在党的十九大提出区域协调发展、绿色生态、美丽中国、乡村振兴、脱贫扶贫等国家战略的背景下，金灶镇迎来了以乡村旅游为切入点、快速发展的大好机遇。

（二）存在问题

在2016年之前，金灶乡村旅游资源仍处于待开发状态，旅游发展存在如下问题：①环境卫生差。经过人居环境整改，村庄面貌有一定改观，但是"脏""乱""差"现象依然突出，污水乱排、垃圾乱倒、房屋乱搭乱建、杂物乱堆乱放。②传统建筑景观残破衰败，村内田间电线随意拉设，影响了整体风貌。③各个村落尚处于"毛坯"状态，缺乏必要的接待配套设施，吃、玩、行、住、购、厕等基本要素均未具备。④村民没有经过系统的培训，素质较低，缺乏服务意识和必要的管理知识和经营能力，缺乏经营管理主体与合理的运营模式。⑤特色旅游交通、游客服务中心、标识系统、观景休憩

---

① 本项目案例为编制单位自创项目，案例中所引数据及相关资料均源自广州市智景旅游规划设计有限公司《汕头市潮阳区金灶镇根据发展总体规划》（2017—2030年）。

设施、旅游厕所、主题旅游线路设计未能达到国家基本标准。⑥新农村示范片、人居环境整治建设工程更多地关注环境整治、建筑风貌、基础设施等方面，缺乏系统性、专业性的旅游策划设计。⑦全镇和各村庄市场定位不清晰，品牌建设滞后，缺乏明确的营销目标和营销行动计划。

（三）规划机遇

1. 政策层面：国家全力推进新农村建设

广东省省级财政连续三年每年投入几十亿元用以建设省级新农村连片示范工程和农村人居环境综合整治，促使农村基础设施、人居环境、特色产业、公共服务、社会保障和生态环境得到显著改善和发展。[①] 在潮阳区发展战略中，金灶镇是潮阳区实施省级新农村示范片建设、"千村整治"、"百河千沟万渠整治"、"绿满家园"建设、"美丽乡村"建设、脱贫攻坚、全面建成小康社会的重点区域。目前，金灶镇已经有11个村分别完成新农村示范片建设、省定贫困村村庄整治规划和"美丽乡村"建设规划，为全镇发展乡村旅游打下了良好基础，提供了强有力的公共服务设施保障。

2. 区域层面：金灶镇处在大发展的前夜

金灶镇是一个民风淳朴、经济结构以农为主的半山区、老区镇。金灶镇在20世纪50年代后期至60年代初，曾因农业精耕细作、水稻高产而闻名全国。但长期固守在几分薄地从事传统农业耕作的人们观念保守，商品意识和市场经济观念极为淡薄，加上土地资源限制，且位于经济中心汕头市之边、潮阳县（今潮阳区后同）尾，因而长期以来迟迟未能得到发展，成了不被人们所认识、无人问津、被边缘化的地区。随着区域交通的不断改善，金灶镇因其经济地理区位和地缘经济优势突显，加之国家政策向贫困地区、革命老区倾斜，上级领导和省、市、区各有关政府部门的干部也常来问津、关心和支持，镇委政府高度重视发展，各界专家学者倾力相助，前来金灶寻找商机的企业家也摩肩接踵，金灶又逐渐成了一个"新热点"地区，这是金灶前所未有的形势。

3. 旅游产业层面：市场旅游需求旺盛，产业转型升级

中国旅游经济发展迅速，国内旅游市场继续火爆，表现出强劲的旅游出行需求；旅游需求多元化，将实现"旅游观光时代"向"旅游休闲时代"的转型，进入旅游需求强劲的黄金时代。汕头加快旅游业转型升级和创新发展，大力发展乡村旅游，促使旅游业成为当地经济的支柱产业之一，建设旅游强市和中国沿海旅游名城。围绕建设区域旅游休闲中心的战略目标，着力打造滨海旅游板块、文化旅游板块、美食旅游板块等五大旅游版块。金灶镇所在的潮阳区是未来汕头旅游业的发展重点，汕头将打造金灶旅游区等特色精品农业生态乡村旅游区和金灶镇等四个旅游特色名镇。随着高铁联络线、高速、城际轨道等立体快速交通的发展，旅游交通环境的全方位改善，潮汕揭自助游将迎来井喷期。金灶的潜在客源市场将进一步扩大，通过其绿水青山、田园风光、万亩果园、优良生态，满足以汕潮揭城市群、汕头大湾区为主体的1小时出行圈都市市场近郊旅游休憩的需求。

4. 发展旅游，是金灶镇经济与产业突破的最佳选择

金灶镇要抢抓机遇，首要任务是抓经济发展，只有通过抓经济，发展生产力，才能改善人民的生活质量和提高人民的生活水平，才能从根本上解决镇内的各种社会矛盾和民生问题，协调人与自然的关系，实现和谐发展。而主导产业则是区域经济发展的主动力。金灶镇的主导产业是什么？模仿一些先发展地区"工业立镇"的发展模式，是不符合金灶的实际的，而继续遵循传统种植业发展模式，也无法振兴经济、脱贫致富、解决民生问题。根据金灶地区的实际，结合金灶地区的基础和资源、环境特点，宜选择发展第三产业中的旅游业，以此作为振兴和发展镇域经济的切入点，作为金灶镇的主导产业。金灶镇领导班子敏锐地认识到这一点，并及时提出发展生态型旅游业。根据多次全面考察和深入调研与研讨，证明此举符合金灶的实际，是金灶主导产业的最佳选择。

[①] 《推进新农村示范片建设补齐全面小康"短板"》，载南方网（http://epaper.southcn.com/nfdaily/html/2016-02/02/content_7514984.htm），访问日期：2020年10月15日。

二、规划构思与空间格局

在百舸争流的区域竞合中，在面临发展转折的关键时刻，一个地区必须依靠科学的发展思路。为充分利用好政策、区位、资源、生态和当地特色农业产品优势，以旅游业作为振兴和发展镇域经济的突破口，经多方比选，2016年，金灶镇聘请广州智景旅游规划设计有限公司编制了《汕头市潮阳区金灶镇旅游发展总体规划及乡村旅游规划》，为金灶镇旅游业的发展把脉支着、明确方向、描绘蓝图。规划要点如下。

（一）金灶镇旅游业发展的基本理念、指导方针

依托"条条清水穿镇过，座座青山果飘香"的自然生态基础，整合、提升、强化特色种植业和特色农副产品、水乡田园风光、丘陵山地四时佳果、潮汕民俗文化、传统潮汕民居、文物、古迹、古建筑等资源，对准现代人的旅游消费需求，"先入为主"，发展农业、乡村休闲观度假业。"先入为主"是就金灶地区旅游资源基础尚属一般化，面对大好机遇和周边激烈竞争的形势，要抢占先机、率先发展而提出的。

（二）金灶镇发展的方向和目标

要坚持"旅游旺镇"总方针，把金灶镇打造成为汕头市榕江南岸新的经济增长点、生态型特色小城镇、潮阳区四大旅游名镇之一。经过科学规划、健康发展，把金灶镇建设成未来潮阳区的第二个副中心，形成集农业体验、乡村旅游、生态休闲、文化考察、主题度假于一体的特色"原味潮乡，果香小镇"旅游地（如图17-1所示）。

图17-1 金灶镇乡村旅游发展定位与目标

图片来源：王胜国制图。

（三）金灶镇旅游发展的空间格局

科学选择旅游发展空间模式，是保障金灶旅游业快速、有序、健康、协调、持续发展的重要途径和手段。规划提出"一心、二带、三区"的金灶乡村旅游发展空间格局。"一心"：以镇区（含金溪、

玉浦）所在地集食、住、娱、玩、购、游等于一体的旅游综合接待、服务中心。"二带"：榕江南岸滨水风光游览观光带、省道234金灶段沿线生态产业经济带。"三区"：传统集市文化老街和农业经济综合体试验区，潮汕水乡、民俗风情和民俗文化体验区以及丘陵低山原生态观光、游览、购物、休闲、养生度假区。

（四）金灶镇的主要旅游产品结构

规划期（2017—2030年）内，全镇拟开发8大核心景区、12个重要项目和19个辅助性项目，基本涵盖镇域各村。8大核心景区包括：麻田紫气生态型休闲养生度假区，灶浦传统市集文化老街，榕江南岸农业经济、科技文化综合体，涵元宝塔水乡风光、民俗文化、禅文化体验区，榕江南岸水乡湿地观光游览区，柳湖湾旧村新貌文化游览区，大夫祖果香橄榄城和观音山休闲养生度假区。在14年规划期内，分三步走，实现规划战略目标。近期（2017—2020年）除柳湖湾旧村新貌文化游览区外，拟启动7大核心项目对外宣传、招商引资，作为金灶镇旅游业发展的引擎，面向近域市场，打造潮汕平原休闲度假后花园、潮阳区旅游增长极。

三、金灶镇旅游战略实施的措施与策略

金灶镇的各项旅游基础设施和接待服务设施极为薄弱，人们的旅游意识更是空白，要发展旅游业，一切都必须从零起步，采取以下措施与策略，确保规划的有效实施。

（一）村旅融合、统一实施

以"绿""富"和"美"为主题，立足榕江平原纯农区和小北山优质生态环境，坚持山、水、江、田、林、路、村、镇相统一，抓好乡村规划、综合实施、治理与管理，将"美丽乡村"、人居环境整治规划和特色农业规划与旅游有机结合，以村促旅，以旅兴村。改善生态、优化景观，提升乡村的"颜值"；围绕食、住、娱、玩、购、游等旅游要素和旅游产品要求，布局风味农家餐厅，为农村开辟就地就业、增收致富的新渠道。通过举办一年一度的杨梅节，开展三棱橄榄、桑葚、火龙果、草莓等特色农产品采摘和农业科普活动，吸引游客下乡休闲、入园劳作、下田体验、入村消费，增加当地旅游收入、促进金灶乡村发展。

（二）结合实际、因村制宜

落实一村一策、一村一景、一村（户）一品，避免就点论点、就村划村、千村一面劳民伤财的做法。2017年，金灶镇被列为广东省定贫困村示范村和"美丽乡村"的7条村之一，在其整治创建规划编制中，根据不同的村庄和农业、环境的个性特征，赋予其不同的旅游特色。

（三）改善交通，完善配套，引客上门

对接区际大交通，搞好镇内路、桥等基础设施建设，理顺与周边联系的出入口，扩大游客吸入量。重点要抓好"二路"（金谷路、金溪通往山区159—161乡道）、"一桥"（新庙坛嘴桥）和"一堤"（榕江南岸堤路）。同时，抓好游客接待服务设施建设，包括镇区游客接待、服务中心以及在镇内选择环境优美、交通便捷的地段建造旅游接待、休闲度假基地，培训管理接待设施建设。

（四）生态立镇、卫生先行

环境问题是"生态立镇"和金灶旅游业可持续发展的关键，通过切实搞好环境保护和环境治理，抓好环境美学教育，形成以讲究环境卫生为荣、以污染和破坏环境卫生为耻的社会道德风尚。金灶镇通过强化环保监督力度，狠抓文明环境意识教育，使当地居民明白"污水条条穿村过，有钱无命也枉然"的道理。

（五）动员社会，多方参与

在规划编制的过程中，镇委镇政府领导班子和镇内全体干部、各村精英开动脑筋，放开思路，认真参与规划的全过程。金灶镇旅游发展规划出台后，干部积极运作，新乡贤、企业家热心支持和参与，大家遵循规划的理念、方向、目标、模式、方案，以主人翁的姿态，密切配合、同心协力、共同奋斗，成为加速金灶镇旅游业发展，实现"旅游旺镇"的关键。

为此，2017年清明节期间，镇委政府利用各地乡亲返乡祭祖的机会，召开乡贤座谈会，介绍金灶发展新优势，邀请规划编制单位进行旅游发展总体规划方案的演示说明。动员各位新乡贤、企业家、成功人士齐心协力改变家乡贫困落后面貌，为家乡百姓出谋献策、出资出力，回金灶抓商机、谋发展，希望各方携手、共谋兴镇、共创美好未来，把金灶真正建成"条条清水穿镇过、座座青山果飘香"的汕潮揭生态大花园，以及看得见山、望得见水、记得住乡愁，留得住客、创得了业、建得起金山银山的社会主义新农村。

设计者运用多年丰富的旅游规划经验，对汕头市金灶镇旅游资源进行了深度调查研究，找出了该地区存在的问题和优势，提出了一套适合本项目的战略元素要点，贯穿利用到金灶镇区总体旅游规划中，取得了适合该项目旅游规划的务实方案，指导该项目顺利实施建设，探索了乡村振兴背景下因地制宜的"金灶模式"。

一是通过先进"要素理论"整合了当地分散没有规律的杂乱景区，提升为有看头、玩头的旅游大景区，从而大大提高对外游客的吸引力和辐射力，以促进旅游市场带动其他服务业兴旺发达。

二是提出旅游规划必须因地制宜，真正吃透当地特色资源，理清宏观、中观、微观分期建设空间布局节点，逐步实施景区建设，走出了一条潮汕平原边缘纯农区以乡村旅游为引领的特色发展道路。

第二节　教育和旅游双轮驱动下的诸暨市姚江镇新桌山村振兴规划[①]

一、基本概况

（一）区位条件

新桌山村位于浙江省绍兴市诸暨市姚江镇，南为诸暨市区，北接次坞镇和店口镇，东临浦阳江，西靠龙门山脉杭坞山。新桌山村由桌西村、桌东村、俞家村、俞贯村4个自然村组成，村域面积共9.84平方公里，户籍人口共3932人。

新桌山村依托区位优势及多层次的交通网络，可便捷到达诸暨、绍兴和杭州市区。交通条件优越，15分钟上高速，半小时坐高铁，1小时快速连接杭、绍。新桌山村与杭金衢高速、诸永高速出口——直埠互通6公里，距沪昆高铁诸暨站约半小时车程，距杭州萧山机场约1小时车程，位于杭州和绍兴1小时交通圈内，距义乌、东阳、浦江、桐庐等周边县市约1小时车程，距宁波、金华等市约2小时车程，具有便捷的对外交通条件，交通出行方便。

---

① 本案例中所引数据及相关资料均源自华南理工大学建筑学院和上海同异城市设计有限公司编制的《桌山村乡村振兴规划》（2021—2025年）。

（二）优势与问题

1. 现状优势

（1）生态农业基础良好

1）生态环境优美。新桌山村地形呈现西高东低的走势，是丘陵与平原的结合地带，兼具山地和水乡的地貌特征。村西部有大量生态林地，大片农田之间点缀着几个自然村。

2）生态资源丰富。新桌山村西北部的山林中，有各类树木、竹林、茶林等，未来可发展生态产业。

3）农业基础良好。新桌山村以农业为主，有水稻、小麦等粮食作物，油菜、草莓等经济作物，同时发展渔业、活禽等养殖业，具备发展高效农业、高质农业的基础，未来可引入田园综合体、观光农业等第一、第二、第三产业融合发展的项目。

（2）建设条件优越

1）可利用的闲置房屋、土地资源丰富。新桌山村有多处闲置民宅、土地，且村民出租、流转意愿强烈，对此可进行活化利用，开展多种经营，将资源变资本，为未来村庄产业发展提供空间和资金。

2）交通条件优越。新桌山村借诸暨"接沪融杭"战略之东风，借桌山进入杭州二绕之契机，拥有15分钟上高速、半小时坐高铁、1小时快速联系杭绍的优越的交通区位，对外交通联系便利。

3）基础设施完善。新桌山村落实浙江省"千万工程""五水共治""美丽乡村建设工程"等工作，完善了村内各类市政基础设施。家家通电，自来水管网全覆盖，几户联合设污水处理设施，每户配备垃圾分类桶，并设有分类垃圾积分量化奖励制度。

（3）文化底蕴深厚

1）吴越文化交融地。新桌山村所在的诸暨市，是春秋时期的越国古都，在地形上是扼住吴国平原与越国丘陵的交界地带，吴越文化在这里交汇。

2）传统民居集中地。新桌山村有近800年的历史，有300余栋传统民居，其中最为特色的是台门建筑。为了防洪，避免房屋被水淹没，民居建于高台之上。为防御外敌，四面围合的合院守护一个大家庭。新桌山村还有建于清末的汤氏祠堂。

3）耕读传家延续地。新桌山村素有"耕读传家"之风，注重教育，古时有"请先生"的传统。1911年，新乡绅集资合力创建日新学堂。

2. 现状问题

（1）产业发展问题

1）产业结构单一。新桌山村支柱产业仅为农业，未发展第二、第三产业。第一产业仅以小规模的传统农业种养为主，村庄总体产业发展水平不高。产业发展所需的人才、资金及用地可供给量不足，发展基础薄弱。农家乐初具规模，但产业档次不高，层次较低。村庄入口处以及边缘山脚下有休闲农庄，主要提供餐饮服务，但是这些现有农庄对外地人的吸引力较差，仍属于低层次的服务业，亟须升级改造。

2）农业发展水平低。新桌山村绝大部分农田为散户种植，自给自足，少量为承包田，未形成规模化与机械化生产。人均耕地仅为510平方米，土地规模约束农业发展。

3）村集体经济薄弱。新桌山村村民自我发展意识淡薄，未形成有力带动农村发展的村集体经济。村集体收入主要来自公积公益金、耕地林地资源承包金等。2020年，村庄人均收入为35317元，低于诸暨全市农村居民42296元的收入水平。"政府干，村民看"，村民没有形成发展建设的主动性，当前发展仍属于"等、靠、要"被动式"输血"。

（2）农村建设问题

1）公共服务及基础设施不足。公共空间较少，缺少针对老人与儿童的活动设施；综合活动中心利用率不高；缺少公共停车场、公厕等市政设施，部分道路未硬化。

2）空间利用低效。新桌山村人均宅基地为167平方米，超标严重。居住建筑多为自发建设，空间利用效率低。部分自然村居民点规模过小且距中心村较远，不利于公共服务设施配置。

3）人居环境品质不佳。建筑风貌较为杂乱，且乱搭乱建现象严重；新建建筑风貌同质化严重，缺少特色；部分台门损毁严重且无人修缮，面临坍塌风险。景观原始，品质不高；宅间道路狭窄，断头路多。

（3）社区治理问题

1）村规民约流于形式。目前，有成文的村规民约张贴在祠堂以及公告宣传栏上，但整体上流于形式，内容空泛，监督乏力，难形成有效制约。

2）治理主体单一。新桌山村治理主体仅为村委会，未在居民内部形成其他自组织团体。村民对村庄事务不感兴趣，较少关注村庄公示，参与积极性低。

3）村庄节日意识淡薄，缺乏集体活动。青壮劳动力外流，村内常住人口较少，且多为高龄留守老人，导致新桌山村缺少集体活动的组织能力与参与人群，集体活动少。

（4）旅游业发展需求

桌山村现有旅游资源丰富，青山绿水、人文古筑都具有极大的旅游开发价值。但现在已有的零散的以果实采摘为主的休闲观光旅游项目"留不住游客"，旅游资源未进行联动开发，亟须完善旅游服务体系。

对于游客来说，桌东现有旅游吸引力太小，无法满足游客的饮食住宿需求，道路狭窄，客流量多时极易拥堵，缺乏停车场、公厕、垃圾桶等基础服务设施。

新桌山村现有旅游资源较为丰富，可供游客游山玩水、农事体验、赏古村落，但未整合开发。现有旅游项目少，故总体存在留不住游客的现象。亟须改善现状，加强基础服务配套设施建设，扩大旅游市场，将新桌山村由无名山村变旅游胜地。

（三）发展机遇

1. 乡村旅游迎来新趋势

在新发展格局下，推动城乡融合。在"双循环"格局下，城乡要素双向流动互通，将发展高水平开放型经济，推动经济内循环发展，乡村旅游将迎来新机遇。在国内大循环的背景下，城市投资、消费等资本下乡，助力乡村旅游发展。

后疫情时代，乡村旅游成为首选。疫情防控态势稳步好转，国内旅游市场迎来复苏，乡村旅游发展迅速。城乡居民被抑制的需求将持续释放，乡村旅游成为新形势下人们外出游玩的首选方式。城郊或乡村成为都市人远离城市喧嚣、放松身心的选择，乡村旅游成为增进家庭、朋友感情的新方式，自驾、短途、家庭亲子游成为乡村旅游市场新趋向。

浙江是乡村旅游的先驱，有良好的政策基础。过去10多年里，浙江省乡村旅游从"千万工程"到美丽乡村建设行动计划，再到深化美丽乡村、"万村景区化"工程，加上农家乐及各种乡村旅游业态的培育壮大，已经具备扎实的基础条件。在乡村旅游实践方面，浙江毫无疑问已经走在全国前列。

乡村旅游正走向4.0时代。1.0阶段——乡村观光。这个阶段分为两个部分：一部分是很多有自然人文资源的乡村，按照景区模式打造出景点；另一部分是以成都龙泉驿、红砂村农家乐为代表，按照"人造乡村生态景观＋粗犷低端农家乐"为内容核心进行打造。2.0阶段——乡村娱乐。2.0的乡村娱乐无论在项目丰富度，还是综合体验上，都有很大提升，给了消费者更多的选择，提供功能性消费的场所。3.0阶段——乡村度假。以莫干山为代表的"生态景区＋旅游集镇＋乡村度假酒店"业态开始出现。乡村度假阶段，人们实现了"住在乡村"的愿望，从一日游向两日游、三日游过渡，让游客更深层次地享受乡村。未来，乡村观光、休闲、度假并重的旅居式乡村生活将成为乡村旅游的"4.0版本"，是主客共享、休闲度假、旅游生活的完美结合。

2. 学校入驻带来新契机

杭州华德福学校（自然教育学校）将迁入新桌山村的桌东村，随之将迁入具有高素质、高消费力的200余名陪读家长。

新居民奠定乡村旅游基础。桌东村有大量闲置住房，陪读家长可迁入桌东村，形成文化社区，这批高收入的高级知识分子群体，届时将成为新桌山村社区的缔造者，成为发展乡村旅游的基础人群。华德福家长将高度参与乡村旅游经营，旅游业态将与华德福教育内容密不可分，华德福教育资源可提供优质研学项目，构建新文化旅游。结合特色商业、民俗体验、亲子活动、旅游度假等消费需求，未来可发展的项目包括：青少年研学营地、特色民宿、康养社区、文创产业（艺术、建筑、老手艺传承）、公益慈善基地等。

低效农业向现代化农业、休闲农业转型。城市人对高质量食品的需求，会推动新桌山村农业提质，供给高品质的食品，并催生农副产品加工第二产业链。桌东村大村片区农田作为华德福学校的有机农场，采用德米特有机农业标准，提供有机食品。同时，农场作为自然教育基地，可为亲子旅游提供耕读体验。另外，结合市场消费向体验经济转变的趋势，依托新桌山村大规模的农田，开发农业与旅游结合的产品和空间载体，发展休闲农业。

3. 新建道路推动新发展

新桌山村未来将有两条公路过境。官庄至弦腔公路（在建）衔接直埠互通与03省道；S310普陀至开化公路（规划），诸暨段起自柯桥，途经店口、姚江，到达次坞。桌山段以高架形式跨境，并在新桌山村设地面出口；新公路的建设将显著提升新桌山村的区域交通条件，届时游客往来将更加便利。

新桌山村划入"杭州二绕"。新桌山村东边将新建柯诸高速，高速姚江段与03省道并线，在建的官弦线经由浦阳江大桥，直连新桌山村与规划高速的店口南互通，届时从场地上高速仅需5分钟。柯诸高速同时属于杭州第二绕城高速的一部分，未来新桌山村将协同杭州都市圈、长三角城市，吸引来自世界各地的客源。

4. 新乡贤助力注入新资本

新乡贤作为农村社会中有声望、有能力且当地群众认可度较高的贤达人士，是参与乡村振兴的重要力量。新桌山村的建设，吸引了一批有温度、有见识的新乡贤回乡参与投资，拿出自家土地，翻修自家祖屋，改造基础设施，捐赠建设资金，带动产业转型，参与乡村治理，谋划乡村发展，反哺村民乡里，使老家焕发新光彩。新乡贤和村民友好互助，相互信任，形成了温馨的运营管理氛围；另外，本土新乡贤拥有广泛的人脉资源，可吸引带动外来人才入驻、外来资本投入、外来资源引入。

二、目标策略

（一）资源整合

1. 优势资源整合

新桌山村桌东大村集优越的基础及外部资源于一体，具备乡村建设的客观条件，在保护耕地的基础上，充分利用本村的优越的基础，以开发模式的创新以及教育资源的入驻为切入点，驱动土地、社会资本、科技、人才等要素聚集，为桌东村大村的可持续发展提供必要的保障与支撑。

2. 旅游市场分析

当下长三角居民出游的特征主要为频率高、自助游比例增长快、品质要求较高。受疫情影响，乡村旅游增长速度快，呈逆势增长态势。其中，家庭亲子休闲比重大，教育科普游市场潜力大，游客追求深度体验、品质生活、新奇娱乐。经分析，长三角旅游客群主要为家庭亲子周末客群、品质休闲度假客群以及研学教育体验客群。

场地周边自然生态资源丰富，旅游产品以生态观光、娱乐休闲、主题游乐为主，具有广阔的旅游市场及庞大的客源基础，主要吸引长三角地区休闲度假、家庭亲子等客群。但目前该类休闲度假产品品质不佳，设施不完善，中低端产品聚集，竞争激烈。距离场地仅为12公里的欢潭村旅游度假区亦以乡村旅游为主题，未来场地内项目规划定位应着重考虑两者的差异化发展。除此之外，场地周边研学教育资源欠缺，教育科普游市场广阔，亟待填补。

综上所述，未来场地的旅游开发应考虑向周边项目借人气、引客源、注重品质开发、错位联动发展，填补研学旅游市场的空缺。

（二）目标定位

以山水生态基底为优势，以历史文化资源为特色，通过发展教育与旅游业，带动第一产业和第二产业发展升级，形成第一、第二、第三产业联动的格局，通过高端生态农场、体验式乡村文旅与多元化社区的打造，将桌东村大村片区打造成为极具吸引力的观光、文旅、研学体验目的地，让其成为新桌山的形象名片。

（三）发展策略

1. 打造教育集群，构建桌山学村

以两所新学校入驻桌山的机遇，场地内的教育发展可从单个学校演变为教育集群，实现学前教育、义务教育、高中教育等多个教育阶段的联通，打造学校共同体。在学校共同体中，以高质量的先进学校为核心，协同小幼段学校优质发展，带动薄弱的村校发展，共享优质师资，共享学习资源，同时保障优质生源流入本村中学，避免生源流失。

除此之外，学校与桌东村共建教学生活的社区，容纳从城市中来的学生、家长及教师，提供居住空间、生活服务设施及消费空间，为桌山村第三产业的复兴带来发展空间。由此，老师在村内传道授业，学生以整个村庄为课堂，在教室、古民居、田野间学习成长，家长作为新村民融入乡村社区，带来新资本与新活力。桌山村将构建以"家校村"为核心的教育社区，形成教育与生活融合的桌山学村。

2. 整合资源，打造乡村研学旅居"一站式"体验地

以现代生态农业为本，充分利用桌东村良好的农业生产基础，重点打造瓜果与花卉两大拳头产品，同时发展休闲农业观光、教育与体验等，夯实产业基础。

以乡村教育研学为品牌，紧紧跟随乡村振兴浪潮，利用自然教育学校带来的优质教育资源，以自然教育为主题，通过学习交流与耕读研学活动策划吸引不同人群。

以乡村文化旅游为延伸，依托桌山村的秀丽山水，挖掘深厚的人文底蕴，引导村民自主建设美丽庭院与万家旅舍，为乡村旅游发展注入自下而上的动力。

3. 加强社区经营，营建乡村共同体

构建社区自治委员会。整合多方资源，形成由不同利益方代表组成的社区自治委员会，主张民主式的讨论，共同商讨社区事务，共同做出发展决策。细化组织构成，对村庄事务进行分类，明确管理主体及管理内容，招收对各类事务感兴趣的村民成为小组成员，让有志之士施展抱负。同时，应细化奖惩细则，并进行及时有效的监督。

建立社区利益共享机制。根据不同人群的收入状况，鼓励社区成员从参与社区运营所获得的收入中抽取一部分作为社区公基金，作为公共支出及照顾社区弱势群体之用，有利于社区的永续经营。

引入村民培训课程。通过生态教育、农业种植、产业运营、民宿建造等课程，把只会种地的村民培训成有一定专业技能的新农民，不仅有利于村民就业，提高其收入，而且有利于增强社区认同感。

三、规划设计

（一）总体结构

规划形成"一心两街、山水相融"的空间结构（如图17-2所示）。

"一心"：以综合居住社区和祠堂为核心打造公共活动带，修缮空置民居，出租给学校家长成组群居住，打造新旧乡民和谐共处的混合居住区。

"两街"：越风山街由14座传统台门民居串联而成，以越风为内涵，打造集传统美食、民俗体验、创意商业、特色住宿于一体的民俗文化街及网红打卡点；吴韵水街利用村庄南部水系与生态农田等优越自然资源，结合吴风文化，打造集精品民宿、生态农业观光体验于一体，极具有田园风情的吴韵水街。

山水相融：在山街与水街的交汇处增设石桥与竹桥，串联台门与滨水街区，使游客既能体验曲折山街之趣味，又能欣赏小桥流水之风情。

图 17-2　总体规划结构

图片来源：彭程遥、林芮欣等制图。

（二）旅游策划

1. 游览线路策划

依托桌东村现有的丰富资源，如农田风光、乡村人文资源、山村古韵资源，以及结合产业发展策划，壮大"漫步桌山"徒步路线服务内容及影响力，"越风山街与吴韵水街"通过"石桥竹桥"相接成环，形成一条"漫步桌山"的精品环游路线（如图17-3所示），以及研学教育游访、人文历史探寻、生态农业观光三条不同主题的游览子路线。

图 17-3　"漫步桌山"精品环游路线

图片来源：彭程遥、林芮欣等制图。

2. 重点活动策划

(1) 桌山民俗文化艺术节

规划落成后，桌东村将有多个文化展演场地，可规划一条演出巡回路径，每月邀请文化艺术团或者学校学生下乡到村为村民进行唱山歌、场景剧等表演。在特殊日子，打包水街农业观光与越风山街游览活动，进一步整合桌东村民俗文化资源，策划三天两夜的活动行程，吸引外来人流进入三青片区参观台门、观游农业、徒步西山等，于游玩中亲身体验桌东民俗文化风情。该艺术节对内可丰富村民日常娱乐休闲活动，传承民俗传统，增强宗祠之间的血缘纽带联系；对外可吸引人群，拉动消费，展示美丽乡村建设的成效，提高美丽桌东文化品牌的知名度。

(2) 桌山三校龙舟赛活动策划

规划落成后，场地内将有三所学校，可策划每年一次的三校龙舟赛。该赛事对内可拉近学生关系，促进学校的交流，有利于学校共同体的建设，还可将校园活动与村庄民俗相结合，将文化教育以日常赛事的形式展现，有利于村庄传统民俗的传承；对外可吸引人群，让其成为村庄的传统节庆之一，拉动外来消费，提升桌东文化品牌的知名度。

龙舟竞渡最重要的就是"一河两岸"的空间。考虑到龙舟赛道的长度与弯曲度，选取桌山大村南侧河道较为笔直的河段为比赛赛道。规划在赛道两端设计码头、沿河道设计比赛观赏空间，在中途的广场节点容纳人流，试想比赛时，男生在河中奋力挥桨，女生则可在岸边呼喊助威，场面激动人心，其乐融融。

(三) 重点项目

1. 综合居住社区

对传统台门建筑进行改造，出租给学校家长成组群居住，形成守望相助的校园社区氛围。保留并出租场地东侧的农民自建别墅，同时满足校园人群的居住和村民的增收需求。除此之外，通过改变现有祠堂的功能，将其打造成极具本地民俗特色的饮茶观戏场所。仿照台门建筑形制，打造具有现代生活气息的社区生活馆。于台门最高处建设欧式礼堂，唤醒人们对旧时台门洋房的乡村记忆，提供可容纳300人集会的桌东礼堂。增设亲水平台，提供可供不同年龄人群使用的户外运动健身设施，打造悠闲惬意的滨水休闲广场（如图17-4所示）。将书吧、乡村夜校、社区会议室等偏安静氛围的公共空间从祠堂转移到台地之上，营造社区活动中心。延续街巷格局，为校园家长提供工作及工艺售卖的空间，形成蜿蜒向上的台地工作坊。活动带与南侧的台门街相互渗透，与南侧活动节点共同构成桌东大村片区的精品环游路线。

图17-4　滨水广场效果图
图片来源：彭程遥、林芮欣等制图。

2. 越风山街

未来将有多种商业业态入驻现有的14座传统台门民居，形成有地形变化的"糖葫芦式山街"，使新老村民转变为营业者；在居住场所中融入商业元素，在路径中引入复合业态，增加当地特色美食、文化艺术展览、民俗文化体验、创意商业、酒店民宿、休闲娱乐等元素，同时融入山水、酒、桥、石等越风特色元素（如图17-5所示），打造具有活力、极具体验感的民俗文化街区。

调整台门内部的布局，打通路径，使台门相互串联，将主要游线控制在台门内部，台门外部用于通行，加强游览的集中性，避免游线的分散，从而在最大程度上汇聚客流，增加商业效益。将台门的庭院空间作为"点"状公共活动空间，台门走廊及街巷为"线"形交往空间，组成"点—线"式公共空间布局，通过不同功能的串联，打造更连贯、更丰富、更有趣的步行游线，感受历史文化与现代商业业态结合的魅力。

图17-5 越风山街节点效果图
图片来源：彭程遥、林芮欣等制图。

3. 吴韵水街

该片区以观光农场为核心旅游活动，设置瓜果长廊，串联河道南侧各农场，与道路北侧越风山街形成环形游线。因诸暨吴越文化交融的特点，取其吴风文化作为主题来贯穿整个河道规划设计。小桥流水、驳岸码头、滨水民宿等诸多亲水要素共同构成这条悠然恬静的吴韵水街（如图17-6所示）。在台门山墙前规划一水塘，不仅可以与河道联通，丰富水系形态，也可围绕水塘打造村庄核心空间，台门将倒影投射在水塘之上，也能形成水塘—台门—远山的景观序列。此外，可以还原曾经水塘的模样，唤起当地居民的回忆与乡愁。

图17-6 吴韵水街效果图
图片来源：彭程遥、林芮欣等制图。

四、规划理念及特色

（一）教育入村

把握优质自然教育学校入驻桌山的契机，以教育为品牌，共享优质师资，带动村校发展，构建以"家校村"为核心的教育社区，建设教育与生活和谐融合的桌山学村。教育带来的学生家长群体、回村新乡贤群体将成为乡村振兴的主力军，推动新桌山村社区治理与乡村振兴的全面升级。

（二）旅游兴村

依托新桌山村便利的交通区位条件和良好的自然生态环境，以现代生态农业为本底，以乡村教育研学为品牌，以乡村旅游为延伸，打造乡村研学旅居"一站式"体验地，策划"漫步桌山"精品环游路线和民俗文化艺术节、三校龙舟赛等特色旅游活动，用旅游振兴乡村。

（三）文化活村

根据新桌山村山地和水乡交汇的自然地形特征，提取其吴地平原与越地丘陵交界的意象，结合场地内高台山地传统台门民居，打造越风山街；依托场地内自然河道和良好的农业观光条件，打造吴韵水街。传承耕读文化、民俗文化、传统工艺等文化资源，开发具有桌山特色的乡土文化产品，留住乡村文化记忆。

案例特色小结

以上两个案例充分把握了村庄所面临的机遇，对当地旅游资源进行了深度调查研究，找出了该地区的存在问题和优势，开发具有当地特色的乡土文化的旅游业态。除此之外，设计者强调动员社会多方参与，干部积极运作，新乡贤、企业家热心支持和参与，大家遵循规划的理念、方向、目标、模式、方案，以主人翁的姿态，密切配合、同心协力、共创美好未来。

其亮点在于充分把握优质学校入驻乡村的契机，以教育为品牌，共享优质师资，带动村校发展，构建以"家校村"为核心的教育社区。优质学校带来的高素质人群、回村新乡贤群体成为乡村振兴的主力军，从而推动社区治理与乡村振兴的全面升级。

[编者：广州智景旅游规划设计有限公司（徐文雄、顾正敏、刘国雄、黄广建），华南理工大学建筑学院和上海同异城市设计有限公司（汤黎明、林芮欣、彭程遥、潘尧）]

❖ 红色旅游类型

第十八章　红色文化与乡村振兴
——以惠州麻姑峰村及韶山市东部石屏村为例

第一节　惠州麻姑峰村乡村振兴引爆点规划设计[①]

一、项目建设背景

改革开放以来第 20 个、21 世纪以来第 15 个指导"三农"工作的中央一号文件于 2018 年正式发布，文件题为《中共中央国务院关于实施乡村振兴战略的意见》，对实施乡村振兴战略进行了全面部署。

文件指出，实施乡村振兴战略，是解决人民日益增长的美好生活需要和不平衡不充分的发展之间矛盾的必然要求，是实现"两个一百年"奋斗目标的必然要求，是实现全体人民共同富裕的必然要求。

文件提出，走中国特色社会主义乡村振兴道路，让农业成为有奔头的产业，让农民成为有吸引力的职业，让农村成为安居乐业的美丽家园。文件确定了实施乡村振兴战略的目标任务：到 2020 年，乡村振兴取得重要进展，制度框架和政策体系基本形成；到 2035 年，乡村振兴取得决定性进展，农业农村现代化基本实现；到 2050 年，乡村全面振兴，农业强、农村美、农民富全面实现。

习近平总书记指出，"依托丰富的红色文化资源和绿色生态资源发展乡村旅游，搞活了农村经济，是振兴乡村的好做法"[②]。党的十九届五中全会进一步提出，推动文化和旅游融合发展，发展红色旅游和乡村旅游。中国革命是从乡村走出来的，乡村承载了中国革命的红色记忆，推动红色旅游和乡村振兴融合发展，具有天然的基础。进入新发展阶段，要接续推进红色旅游健康稳步发展，传承红色基因、弘扬革命文化、凝聚奋进力量，助力乡村全面振兴。

二、项目区位与周边环境

项目位于惠州市罗浮山冲虚观景区南侧约 1 千米处的澜石麻姑峰村小组，该地段北邻东江纵队司

[①] 本案例所引图表及部分相关资料均源自广州市尚景生态景观有限公司与北京清创华筑人居环境设计研究所《东江纵队纪念公园规划及建筑设计方案》（2021 年 7 月）。

[②] 袁学哲：《发展红色旅游助力乡村振兴》，载《经济日报》2021 年 4 月 14 日。

令部旧址冲虚观、西南邻近东江纵队政治部旧址白鹤观遗址。场地东南部地势平坦，西北部为山体，东南部沿县道 X223、罗浮大道，自西南向东北为澜石麻姑峰村村民居民点、别墅区和罗浮山管委会（如图 18-1 所示）。

图 18-1　惠州麻姑峰村区位

图片来源：清创华筑、尚景天与梁小慧制图。

三、项目规模

项目规划用地面积约 12.5 万平方米，其中建筑占比 7.2%，广场铺装占比 9.2%，水体占比 19%，道路占比 5.8%，绿地占比 76%。项目实施内容包括文化挖掘与弘扬，旅游产品与配套设施，景观与建筑建设和整体振兴策划等，总造价约 17950 万元。[①]

四、现状问题及特色

（一）优势因子

1. 自然条件优越

场地现有水塘坑水和 223 县道从地块东南部穿过，地块西部有一条宽约 5 米的道路南北向穿过，道路北部尽端有两处农家。现存大面积农田。由北向南观望基地，山环水抱，自然条件极好。

场地属南亚热带季风气候，全年气候温暖，日照时间长，热量充沛。据博罗气象站统计，该县年平均温度 21.5℃；年降水量 1900mm，干湿季明显。

---

① 数据源自广州市尚景生态景观有限公司与北京清创华筑人居环境设计研究所《东江纵队纪念公园规划及建筑设计方案》（2021 年 7 月）。

2. 资源分布广

场地是由建筑、道路、经济林、山林、水系和农田组成的，自然资源分布较广（如图18-2所示）。

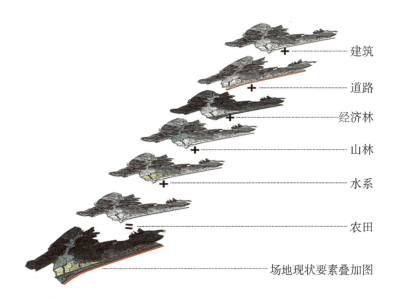

图 18-2　场地要素叠加分析图

图片来源：清创华筑、尚景天与王志伟制图。

3. 历史文化资源

广东人民抗日游击队东江纵队是在抗日战争时期，中国共产党在广东省东江地区创建和领导的一支人民抗日军队，是开辟华南敌后战场、坚持华南抗战的主力部队之一。组成人员以知识分子、港澳同胞、归国华侨、女战士为主，政治素质、文化素质较高并有广泛深厚的群众基础，东江纵队成功地创造了大城市和沿海抗日游击战争的典型范例，抢救了一大批中华民族精英、国际友人和盟军人员，促进了国际反法西斯统一战线的发展。

1944年8月，中共广东省临委和东江军政委员会在大鹏半岛的土洋村召开会议，会议做出东江纵队向西、向东、向北前进，建立和发展新的根据地和游击区的决定。同年，东江纵队派出部队向北渡过东江，进入博罗、增城、龙门等地，建立了罗浮山根据地。1945年5月，中共广东省临委、东江军政委员会、东江纵队司令部先后入驻罗浮山根据地，罗浮山成为中共广东省组织的政治和军事中心。[1]

惠州为纪念东江纵队成立70周年，弘扬东江纵队革命精神、缅怀东纵英烈，决定在罗浮山筹建东江纵队公园。

（二）劣势因子

该地的劣势主要有以下三点：①乡村振兴发展中没有实体产业支撑；②原主要的红色文化规划较为落后，没有吸引点；③文化旅游产业结构不完善。

---

[1] 刘秋伟：《土洋会议揭开全省抗日游击战新一页》，载《深圳特区报》2015年8月29日。

五、振兴发展理念与策略

(一) 设计理念

1. 文旅深度融合,优化红色旅游产业结构

加强区域协作联动,整合各地资源连片建设,充分挖掘本地红色文化资源;找准红色旅游和乡村振兴之间的最佳连接点,依据"宜融则融、能融尽融"的原则,形成集参观、学习、旅游等功能于一体,具有革命传统体验、红色精神传承、绿色休闲观光等功能的红色旅游产品,全力推进红色文化与旅游产业深度融合、高质量发展,打造乡村振兴新的经济增长点。

2. 统筹推进红色旅游与各类旅游资源融合

站在区域综合发展的高度,统筹推进红色旅游与自然生态、民俗风情、康养休闲等各类旅游资源的融合发展,让青山绿水、革命情怀、文化魅力相得益彰、相映生辉,满足多样性的旅游市场需求。打造"红色+生态农业""红色+休闲康养""红色+培训研学""红色+非物质文化遗产传承"等模式,带动乡村现代农业、茶产业、林果等产业发展,打造地标农产品和特色手工艺品等旅游衍生产品,与文化创意、红色教育、乡村民宿、观光农业等产业协同共进、融合发展,助推乡村产业兴旺。

健康城的产业选择原则是根据自身的综合优势和独特优势,合理选择和布局所要发展的产业,确定主导产业、相关产业和配套产业,形成有效的产业链。

(二) 振兴发展策略:发掘本土文化资源—资源整合—旅游引流—振兴发展

1. 发掘本土文化资源

依托本地资源、立足农业是发展乡村旅游的基本原则。对于有特色本土文化的地方来说,充分利用本地的自然资源、产业基础、历史文化、发展趋势,保持原貌并加以开发,是发展乡村旅游是实现乡村振兴的重要途径。

惠州是粤语系地区。明末人王仕性在其《广志释》一文中就曾说:"惠州诸邑皆于南支万山之中,其水西流入广城而出,则惠真广郡也。"[①] 明代成化年开始,惠州地方的外籍人口源源不断地流入,形成"客强主弱"的状况,后来经过"立乡约"措施,这些移民即客家人,逐渐成为本土居民,占据荒僻之地或山乡林立之村落。张友仁《博罗县志》有记录:"博罗立县甚古,民族当之广州、南海大……""近山则为客家语系",客家人聚族而居,以宗祠建筑为中心,沿中轴线前后布置,一般是池塘、禾坪、大门、天井,直至中堂、大堂一气呵成;左右布设廊房、横屋、各横屋以横巷相通;以前后横屋的外墙作围墙或另砌外墙当作围墙,构成一座具有防御、祭祀、生活功能,既方便,又各自相对隐私的"围龙屋"建筑群。[②] 早期客家民居多为双堂屋,如沙径功武村"五宅"右座双堂屋、城郊下角罗屋的雍正初年双堂屋以及博罗县公庄镇官山村宜秋湖雍正年间建的刘陈宗祠。早期所建的双堂屋或三堂屋,结构古朴、低矮,大量使用红砂岩,少用灰浆或只用泥浆砌砖,有明显的明代遗风,厅堂横披,门罩采用素面板。惠州土地较多,而且较为平坦,四角楼围屋最为适用。此种形式防御功能好,容易随山水择建,方便行动,房间规整,面积也易于扩大。自乾隆中期,人们开始采用更加科学合理的四角楼围屋形式,如镇隆镇大山下的"崇林世居"、秋长周田村叶亚来的碧艳楼都是四角楼围屋。

东江纵队是与八路军和新四军相提并称的华南抗日武装的主力,在抗日战争中屡立奇功。在抗日战争时期,中共在广东东江地区创建和领导的一支人民抗日军队,是开辟华南敌后战场,坚持华南抗

---

① 王宏宇:《惠州的客家民居》,见百度文库(https://wenku.baidu.com/view/1780025da4e9856a561252d380eb6294dc882268.html),访问日期:2019年2月18日。

② 张友仁:《博罗县志》,中国文史出版社2012年版。

战的主力部队之一。历史地位决定了东江纵队公园有鲜明的历史特色，东江纵队公园应有还原历史的功能，让游客在参观的时候能够认识历史，接受教育。

在长期的征战奋斗中，东江纵队塑造了伟大的东纵精神，那就是信念坚定、百折不挠的革命英雄主义精神，报国为民、敢于担当的爱国主义精神，无私奉献、开放包容的国际主义精神。它既是东江纵队克敌制胜的法宝，也是广东省人民共同的精神财富。在当前全国上下认真学习贯彻党的十八届三中全会精神、满怀信心全面推进改革开放和现代化建设的重要时刻，缅怀革命历史、弘扬东纵精神，具有十分重要的现实意义。

2. **红色文化资源整合**

传承乡村文化是发展乡村旅游业的精神内核。在乡村旅游的规划设计、建筑开发、经营管理、旅游展品设计等诸多方面要凝练乡土特色、弘扬乡土文化、挖掘乡村记忆、保护乡村原生态环境，从而使得乡村文化得以自然传承和发展；同时，要引导和激发居民对本地区、本民族文化传统和生活方式的认同感与自豪感，以此形成自发保护乡村文明的内在动力和长效机制。

东江纵队纪念公园和纪念馆地段距东江纵队司令部旧址、政治部旧址较近，所处位置便于连通黄龙观和冲虚观两大景区，以麻姑峰等山体为背景，以罗浮大道为依托，有利于提升罗浮大道沿线景区风貌，丰富罗浮山旅游多元文化；有利于提升罗浮山旅游文化的品质和内涵，展示罗浮山旅游新形象；有利于将东江纵队纪念园建设成为爱国主义教育基地、革命传统教育基地。建设旅游休闲基地成为惠州创建全国历史文化名城的重要亮点和罗浮山旅游景区的重要内容。地段西南部地势平坦，东侧、北侧、西北侧山峰成为建筑定点和形体展开的依据，同时为纪念公园与纪念馆的空间布局提供参照。地段南侧水体可以用作水景营造，与北侧山体共同成为“山水景园”。由于用地东西狭窄，在空间组织方面尽量沿南北向布局，通过建筑和景观的协调处理，营造具有场所精神的纪念空间。对于地段东南侧有现状建筑，可以通过改造用于住宿、餐饮、红色素质拓展等用途。这是对原有空间资源的综合利用，有利于纪念园整体可持续发展。

3. **旅游引流**

东江纵队纪念公园潜在客源评价表见图 18－3。

东江纵队纪念公园潜在客源评价表

项目类别	客源分类	一般旅游者 企业主、教授以及退休人员和中上收入家庭等	专业旅游者 背包客、高校师生、普通职员、野外生存等	商务休闲旅游者 高收入阶层、公司组织、商务社交、培训等	旅游衍生品 建筑师、摄影师、画家、地理爱好者等
红色旅游	爱国主义教育	●●●	●●	●●●○	●●
	真人CS项目	●●	●●●	●●●○	●●
	追寻红色记忆	●●●	●●●	●●○	●●●
文化旅游	烧香祈福	●●●●	●●	●●	●○
	民俗体验	●●	●●	●	●●
	建筑文化	●○	●●○	○	●●●
	民间工艺	●	●●○	○	●●●
	写生创作	○	●	○	●●●
生态旅游	地质旅游	○	●●●	○	●○
	森林氧吧	●●○	●●○	●●	●●
	农业观光	●●○	●●	●●●	●●
	生态教育	●○	●●	●●	●
休闲度假	体验生活	●○	●●○	●●●	●●●
	修身养生	●●	●●●○	●●●	●●●
	会议住宿	●	○	●●●	●
综合评价	尽可能的提括所有杂项，相似项目对号入座	作为主要客源市场，满足一般人群要求	次要客源市场，对开发商的商业价值不高，但可以最大程度的保护原生态环境	极度商业开发利益，主要为高收入阶层和商务活动服务	在保护原生态环境的前提下，作为人文景观的开发范围，同时是一个有效的宣传手段

【注】评价分数标准共三分，●代表1分，○代表0.5分，数据来源于对相关文献的分析整理。

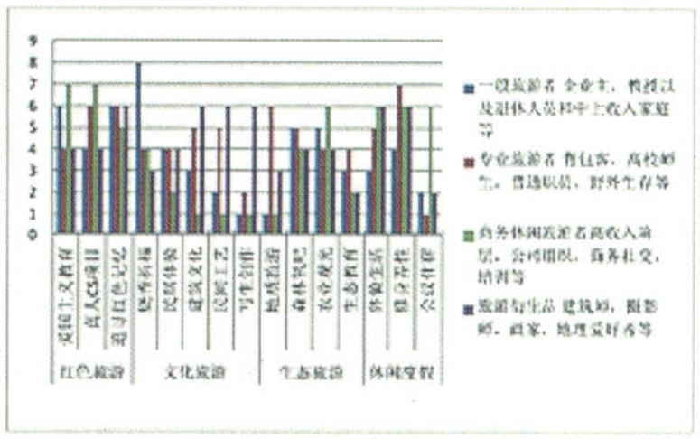

图 18－3 东江纵队纪念公园潜在客源评价表

图片来源：清创华筑、尚景天与孙倩倩制表。

4. **振兴发展**

挖掘当地本土文化，发挥本土文化特色，依托博罗整体旅游规划，将游客吸引到村里参观旅游。对乡村建筑进行改造，开发出特色餐饮和农家乐等一系列旅游产品；开发红色主题民宿（以东纵历史事件为主题，如百花洞大捷民宿、反扫荡民宿等）；建设爱国主义教育基地、深山密林园艺生态坊等游客可参与的旅游项目来促进区域旅游彼此之间以及本土旅游的良性发展。

改造规划用地西南侧现有村庄,使其成为"红色民宿"景区,丰富旅游路线和体验,兼备学习性、故事性、参与性。建筑形象方面,保留现有村庄的机理和空间格局,对建筑单体的外立面和屋顶进行适度改造整治,使其适应红色民宿和空间体验的需要。改造后的村庄遵循原真性保护、原住式开发、原特色利用的原则;保留原有村道,在人群聚集地增加景观节点。

推动乡村产业发展,"繁殖"红色"细胞"。将红色文化融入乡村产业的每一个"细胞"中,建设具有中国特色的社会主义新时代的乡村产业链。同时,把乡村产业建设纳入乡村区域发展总体规划中,整合各地资源连片建设,形成集参观、学习、旅游等功能于一体,具有革命传统体验、红色精神传承、绿色休闲观光等功能的红色主题旅游线路。大力发展乡村红色产业,拓宽农民增收渠道,将红色资源转化为经济资源,为乡村振兴添砖添瓦(如图18-4、图18-5所示)。

六、项目规划设计与实施

(一)规划设计思路

规划以北部自然山体为背景,利用场地内丰富的水系营造优美的自然景观,将各功能区有机串联,通过田园风光、凯旋船、得胜渠、行军路、万方来聚、水下通道、星火燎原等景观空间节点的有序组织和红色文字雕塑等景观小品的打造,将红色纪念主题与现代观光、旅游、休闲、养生融为一体。将东江纵队公园分为纪念园核心区、民宿区、野战体验区、配套服务区四大功能区。

陈列馆由三栋单体建筑组成,明确区分陈列、贮藏、办公等功能,通过廊道、水下通道连接和内部天井的设计,使各功能区既相对独立,又有机结合,同时在建筑物内、外部空间的不同部位、不同高度穿插设计红色的短墙构件,以唤起人们对红色年代的记忆。建筑采用灰色斜坡屋顶形式,通过建筑形体相互穿插组合设计,使建筑整体布局灵活,将传统建筑元素与现代红色纪念元素较好地结合在一起。

(二)主要节点效果展示

如图18-4、图18-5、图18-6所示。

图 18-4 纪念馆群及中庭
图片来源:清创华筑、尚景天与方中健制图。

图 18-5　万方来聚广场与田园村舍
图片来源：清创华筑、尚景天与方中健制图。

图 18-6　抗战场展示体验区
图片来源：清创华筑、尚景天与方中健制图。

七、项目实施效果

惠州麻姑峰村响应国家乡村振兴战略，一方面，结合当地乡村文化特色与红色文化条件，形成具有鲜明历史教育意义的红色文化。其中，东江纵队公园有还原历史的功能，让游客在参观的时候能够认识历史，接受教育。另一方面，结合乡村田园村舍建设与景观提升，乡村文明得到质的提升。

东江纵队纪念馆自开馆以来，便成了富有影响力的爱国主义教育基地，每年都吸引了众多游人前来参观，接受红色教育。为了更好地讲述东纵故事，2019年，东江纵队纪念馆进行了提升改造。其中，展陈方式改变了过去只有历史图片和文字的模式，在每个重要事件节点都配上视频播放，帮助游客看、听、悟相结合。同时，增设了红色故事长廊和红色课堂，更加丰富了新时代文明实践红色教育活动的开展形式。2020年国庆后，为了更好地让游人游览东江纵队纪念馆，除了严格落实好疫情防控措施外，该馆还进一步完善了馆内的导览图，同时增加了可视屏幕，让游人通过影像资料，更好地了解东江纵队以及中国的革命历史。同时，麻姑峰村在红色文化的引领下，实现从游击战到振兴战的转变，使农村的活力得到提升，劳动力回流，2020当地村民的年均收入实现增收倍增。

乡村振兴任重而道远，我们要大力弘扬"红色文化"，学习革命前辈不怕苦的艰苦精神，把握当代社会变革进程中的乡村发展规律，依托红色文化产业，引领乡村振兴。

第二节 韶山云天——科技赋能、绿色发展的红色乡村振兴旗舰[①]

一、项目概况

韶山是中华各族人民的伟大领袖毛泽东的故乡，也是他青少年时期生活、学习、劳动和从事革命活动的地方，是全国著名革命纪念地、全国爱国主义教育基地、国家重点风景名胜区、中国优秀旅游城市。韶山的旅游客流量在2019年已经达到2568万人次，过夜游客291万人。[②] 虽然如此，但游客都集中在毛泽东故居、铜像广场、滴水洞等景区，韶山众多乡村要从旅游发展中收获实际上的发展红利并不容易。

韶山市，隶属湖南省湘潭市，位于中国中南部，湖南省中部偏东湘中丘陵区。韶山地处湘潭市市区以西，其北、东与宁乡市毗连，东南与湘潭县接界，南与湘乡市接壤，西与湘乡市相邻。

韶山云天乡村旅游项目位于韶山市东北部的杨林乡杨林村、石屏村，是在现有占地300亩的韶山紫薇园的基础上进行扩建，用地总面积2080亩，其中建设用地96亩。主要用地为属于韶山风景名胜区二级保护区的山地。本项目的实施，将促进杨林乡杨林村、石屏村在新的发展时期落实乡村振兴战略，在传统的农耕生活的基础上有效地突破发展。

二、现状分析

项目是在现有韶山紫薇园的基础上进行扩建的项目。

（一）紫薇园现状

2014年，韶山紫薇园（如图18-7所示）由韶山风华生态农业开发有限公司投建，于2015年8月开园。项目现状占地300亩，已种植100余亩、数千株紫薇。

经韶山云天乡村旅游区项目进行升级、扩容改造后，项目用地总面积扩大至2080亩，计划利用紫薇园南部农田、西面（旅游环线公路对面）山地资源。

（二）山地资源特点

项目位于青沟里水库北面及东北面（如图18-8、图18-9所示），以贵龙山山体为主，局部拥有峡谷、陡崖地貌，约60%山地森林茂密，有4处采石坑需进行生态修复。

三、总体发展布局及功能分区

在伟人故里韶山开发乡村旅游，红色文化是绕不开的。将红色文化与乡村文化结合，运用生动、

---

① 案例中所引用数据及相关资料均源自广州复兴文旅规划设计有限公司《韶山云天红色文化旅游区投资方案》（2019年）。
② 《韶山市2019年国民经济和社会发展统计公报》，见韶山市人民政府网（http://www.shaoshan.gov.cn/11698/12400/12527/content_831654.html），访问日期：2020年4月20日。

可体验的模式（如图18-10所示），可在一定程度上避免红色文化在文旅项目实践中的教条化。

图18-7　紫薇园"自行车旅游活动"场景
图片来源：广州复兴文旅规划设计有限公司与陈恒制图。

图18-8　青沟里水库北面及东北面
图片来源：广州复兴文旅规划设计有限公司李群嘉摄影。

图18-9　青沟里水库北面的贵龙山、石屏峰
图片来源：广州复兴文旅规划设计有限公司李群嘉摄影。

图 18 - 10　规划总平面

图片来源：广州复兴文旅规划设计有限公司蒋鹏飞制图。

（一）红色大本营+"征途"，构成动静相生的红色主旋律

红色大本营功能板块以红色教育为主，是静态业态。"征途"以大场景历史画卷模式模拟红军长征，根据难易程度、行程长度设定红一方面军、红二方面军、红四方面军三条行军线路，既是以红色文化为主线的户外运动线路，也是对红色教育的延伸，是动态业态。

在场景构建方面（如图 18 - 11 所示），充分利用山崖、峡谷，使用了云崖、大渡桥横、四渡赤水、娄山关、腊子口、红叶谷等概念，创造出动人心魄的场景体验。

图 18 - 11　红色大本营场景构建

图片来源：广州复兴文旅规划设计有限公司蒋鹏飞、涂倍绮制图。

（二）红色文化与乡土文化的结合

为了去教条化，采用红色文化与乡土文化的结合的手法进行项目打造（如图 18 - 12 所示），主要体现在湘潭传统民居夯土建筑、杨林杂技之乡等方面。

图 18-12　森林民宿与小街建筑风貌

图片来源：广州复兴文旅规划设计有限公司陈恒制图。

（三）绿色大本营创新空间

为"征途"项目配套、集结休憩空间，打造绿色山水生态度假基地、绿色生态科普基地、配套康养基地（如图 18-13、图 18-14 所示）。

图 18-13　绿色大本营

图片来源：广州复兴文旅规划设计有限公司蒋鹏飞制图。

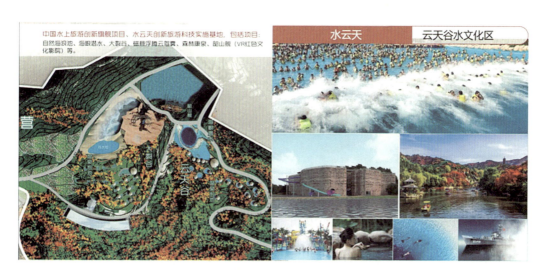

图 18-14　绿色大本营"云天谷水文化区"

图片来源：广州复兴文旅规划设计有限公司蒋鹏飞制图。

（四）生态修复创造鲜活亮点

韶山云天项目将采用三种生态修复策略，具体包括以下三种。

1. 排险、排洪、加固策略

排除采石坑有松动、崩塌隐患的坡地危石，进行锚固、护坡处理，并在坡顶修建排洪沟和相应的雨水收集处理系统。

2. 园林化、景观化生态复绿策略

本项目为旅游景区，对部分需要复绿的矿坑，进行景观化、园林化处理，以达到更好的环境效果。

3. 功能化利用策略

对有利用价值的矿坑，充分发挥特殊地貌特征、质感特征的作用，在排除地质风险的前提下，进行具有服务功能的项目建设，节约国土，发挥最大价值。

云崖红色培训中心（如图18-15所示）是采用功能化利用策略来对采石坑进行生态修复，打造一个具有红色文化印记而又独特的项目。

图18-15　云崖红色培训中心

图片来源：广州复兴文旅规划设计有限公司陈恒制图。

（五）科技赋能，创造更为新颖独特的体验价值

广东云天旅游科技有限公司是一家旅游科技创新公司，其自主创新的"水云天旅游科技"系统（如图18-16所示），包含了自然海浪池、混合现实蓝洞潜水、超级鹦鹉螺滑梯、大裂谷、木牛流马、地震桥、低空安全翼装飞行、磁悬浮腾云驾雾、飞鼠岛、奇幻森林十大技术创新项目。

通过科技赋能，韶山云天项目与同类项目相比有其独特的魅力，更为独特、更具竞争力。

四、项目实施情况

（一）强力推进

2021年3月2日，韶山市政府常务副市长崔旺在韶山市行政中心2301会议室主持"韶山云天"红色乡村旅游区项目专题会议，副市长邹正光出席，市发改局、自然资源局、水利局、商务局、文旅广体局、住建局、林业局、生态环境局、杨林乡、旅发集团、城发集团参加本项目专题会议，并形成会议纪要。

图 18-16 水云天 10 大技术创新
图片来源：广州复兴文旅规划设计有限公司蒋鹏飞制图。

该会议认为，"韶山云天"是一个充分传承红色文化、丰富韶山旅游业态、提升文旅品质、提高文旅综合效益、提升旅游消费力并自带流量的好项目，全市各级各部门要全力支持并为项目落地做好相关服务和保障工作。会议还决定由韶山市文化广电旅游局牵头，加强项目前期工作的统筹，对项目进行一周一调度，确保责任到位、履职到位。

（二）投资与经济技术指标

韶山云天乡村旅游项目总投资 3.6 亿元。规划总用地 1386667 平方米（2080 亩），规划建设用地 64000 平方米（96 亩），总建筑面积 69000 平方米，计容面积 65450 平方米，容积率 1.02，机动车泊位总数 420 个，景区最大瞬态容量（接待能力）4400 人次（人均约 300 平方米）。

（三）经济效益

1. 景区年客流量：引流 + 增量

通过项目提质改造，依托韶山冲故居、铜像广场、滴水洞等现有红色旅游资源，共建旅游目的地，预计实际年客流量 187 万人次，包含红色培训、红色旅游、生态旅游、研学及亲子游、度假。

景区年客流量测算：旺季 152 天 × 8000 人次/天 + 不适游 30 天 + 淡季 60 天 × 900 人次/天 + 平季 123 天 × 3000 人次/天 = 163 万人次/年。

其中，韶山巨量客流引流约 40%（66.64 万人次/年，相当于韶山客流量的 8% 左右）；新增客流量约 60%（99.96 万人次/年）。

2. 收入预测

本项目预计年度旅游总收入约 4.998 亿元。收入主要由景区门票收入、游客二次消费收入（主要餐饮、住宿、装备租赁、购物等）构成。

项目打造完成后，"征途" + 绿色大本营 + 云天谷 3 个园区门票总价格 200 元，人均消费（含餐饮 + 装备 + 旅游购物 + 休闲 + 住宿）约 100 元。可实现年销售收入：300 元 × 166.6 万/人次 = 49980 万元。

（四）社会效益

项目的投建，将为韶山旅游发展和乡村振兴带来以下重大改变。

在空间上，项目从"平面"的紫薇园转向"立体"韶山云天，项目具有更大的项目纵深，具有红色烂漫特质和大生态产业特质。

在品质属性上，项目从单一观光园林转向具有一日游旅游目的地特征、引领乡村发展的规模化、高品质乡村文旅综合体项目。

践行科技强国、自主创新理念，实施水云天旅游科技项目落地，为中国旅游科技开创新时代。

积极利用韶山巨大的旅游客流量，实施引流与增量并重，按 5A 级景区标准打造项目，壮大韶山旅游业。

创造约 2000 人的就业机会，为韶山市乡村振兴发展鼎力而为。

案例特色小结

惠州麻姑峰村所在地位于博罗县，是千年古县、世界长寿之乡、全国文明城市，有包容厚重的文化传承，有绿水青山，风光旖旎。坚持全域旅游与全域乡村共建，以乡村旅游推动乡村发展；进一步挖掘乡村特色，实现乡村发展差异化；全力推动乡村振兴战略深入实施，不断开创农业农村工作新局面。同时，坚持抓建设，突出因地制宜，不搞大拆大建。做到在保护中发展、在发展中保护，让每座古村落、古建筑都有历史、有温度、有回忆。

韶山云天项目投资主体机构为广东云天旅游科技有限公司，采用"红色文化＋乡村资源＋旅游科技＋资本"的模式，进行融合发展。该项目主要有以下 4 个特色亮点。①红色文化与绿色空间结合，红色大本营（培训、度假）＋"征途"（户外运动）＋绿色大本营（冷温泉、绿色基地）三大功能区结合并相互配套，构成一个可分可合的项目生态体系，最大程度地发挥接待能力和产生经营效果；②运用创新理念，推动中国旅游科技创新迈出坚实的一步；③坚守绿水青山，致力于生态修复工程和生态环境优化；④坚持乡村振兴发展，引导杨林乡杨林村、石屏村运用红色文化背景和乡村庄园走上旅游兴业之路。

以上两个案例在红色文化的引领下，实现从游击战到振兴战的转变，使农村的活力提升，劳动力回流。2020 年，当地村民实现增收倍增。乡村振兴任重而道远，我们要大力弘扬"红色文化"，学习革命前辈不怕苦的艰苦精神，把握当代社会变革进程中的乡村发展规律，依托红色文化产业，引领乡村振兴。

[编者：广州市尚景生态景观有限公司（方中健、邓惠敏、杨霓汶、张晓生）与北京清创华筑人居环境设计研究所（梁尚宇、王志伟、梁小慧、孙倩倩），广州复兴文旅规划设计有限公司（蒋鹏飞、黄文广、陈恒、雷小玲）]

第十九章 东江红色文化与旅游发展结合的乡村振兴模式

——以广东惠东县高潭"东江红都"规划为例[①]

革命老区都有一个共同的特征，就是他们大多都处于交通不便的边远地区，这给当地的经济建设和发展带来了很大的难度。党的十八大以来，中央印发的许多文件都提出"大力发展红色旅游"，中央、国办专门印发了《2016—2020年全国红色旅游发展规划纲要》，习近平总书记高度重视弘扬红色精神，传承红色基因，对红色旅游发展作出了一系列重要指示。

高潭是广东红色革命文化的高地。近年来，在省市县政府的大力支持下，当地的交通瓶颈得到了有力的打破。同时，高潭聘请在中国文旅产业规划和设计领域卓有建树的广州智景文旅研究院（如图19-1所示），整合当地文化和历史资源结合的优越生态环境，通过第三产业带动第一产业，形成了产业振兴的局面，使高潭这个著名的革命老区在乡村振兴战略的推动下，呈现前所未有的发展生机和希望。

图19-1 项目组成员在高潭实地考察
图片来源：广州智景文旅研究院提供。

[①] 本案例中所引数据及相关资料均源自《惠东高潭东江红都旅游区总体规划》。

第一节　项目概况

一、项目区位

惠东高潭"东江红都"旅游区核心位置位于惠东县东北部山区高潭镇，北纬 23°11′、东经 115°18′，毗邻海丰、陆丰、紫金县，是粤东地区通往珠三角地区的门户。

二、项目规模

本次高潭东江红都旅游景区的规划红线范围是根据现有道路环线围绕成的形似雄鹰展翅的区域，规划总面积约 11 平方公里，重点规划区域包括高潭圩镇、中洞村、甘溪村 3 个片区。

项目实施内容主要包括对红色文化的挖掘与包装、体验式旅游策划、基础设施提升和整体振兴策划等，总投资合计约 112470 万元。

三、项目建设背景

在中国共产党十九大报告、国家《"十三五"旅游业发展规划》及广东省、市、县各级政府一系列政策文件指引下，该地大力发展红色旅游，实施全域旅游战略，积极推广"旅游+"，构建山海统筹发展的特色旅游目的地势在必行，着力打造以"东江红都"为主题的红色经典旅游景区，将惠东高潭东江红都旅游区建设成新时期"发扬红色传统、传承红色基因"的生动课堂，并使其成为带动乡村振兴的主要抓手。

第二节　现状特点

一、优势因子

（一）红色旅游资源丰富

高潭镇作为革命老区，在华南乃至全国革命历程中具有举足轻重的历史地位，是东江革命斗争发祥地之一，也是东江纵队和粤赣湘边纵队活动的重要地区，被誉为"东江红都"，其丰富又独特的红色文化资源，具备唯一性、稀缺性与不可复制性（见表 19-1）。

表 19-1　高潭红色文脉梳理

年份	高潭镇	中洞村	甘溪村
1922	农民运动领袖彭湃到高潭点燃了农民运动的烈火	—	—

（续表19-1）

年份	高潭镇	中洞村	甘溪村
1923	春，成立高潭区农会，开展减租减息斗争	农民运动，中洞成立农会，组建自卫队	—
1925	夏，建立中共高潭区特别支部	中洞村成立了2个党支部	—
1927	1. 春，彭湃等省农运会领导人到高潭指导农会工作； 2. 中共东江特委指挥机关迁至中洞村，开创了海陆惠紫农村革命根据地； 3. 11月11日，在高潭圩成立中国第一个区级苏维埃政权——高潭区苏维埃政府，组建武装的赤卫大队，坚持斗争达7年之久； 4. 全国第一个以"马克思、列宁"命名的街道在高潭圩诞生	1. 5月，东江第一次武装暴动后，中共东江特别委员会由海丰转移进入中洞，东江革委也随后进入中洞； 2. 10月，南昌起义南下的部队1000余人进入中洞并改编为中国工农革命军第二师（红二师）。中洞成为东江地区武装斗争的指挥中心，史称"东江红都""广东井冈山"； 3. 11月11日，高潭区苏维埃政府成立，中洞成立了乡苏维埃政权	—
1929	—	9月，红军四十九团成立，坚持以中洞为中心，恢复和发展革命根据地	—
1931	—	5月，红军独立第二师在中洞成立	
1933	—	—	广东省委领导机关屡遭敌人的严重破坏，全省党组织机关被迫停止活动。甘溪党支部朱远平、朱正光、钟蔚强、钟金娘，钟李仁5名党员仍隐蔽在甘溪牛栏窝一带坚持地下活动，并设法秘密寻找上级党组织
1939	—	—	在坚持活动6年之后，支部不倒、信念不变的甘溪支部终于与上级党组织取得了联系。他们以坚定的信念、不屈的意志，经历了血雨腥风的考验，诠释了对党的绝对忠诚

景区拥有极其丰富独特的红色文化资源、革命遗址遗迹总计41处。其中，圩镇有高潭革命历史陈列馆、高潭革命烈士纪念碑、高潭老苏区革命纪念堂、高潭老苏区马克思街、列宁街、高潭苏维埃政府旧址（罗氏祖祠）等；中洞村有百庆楼、红军井、红军磨坊、红军兵工厂旧址、红军被服厂、红军俱乐部旧址、红军练兵厂旧址、中洞红军瞭望哨旧址、红军医院旧址、红军整编和东江特委开会旧址、湖山书社、燕子洞旧址、工农兵代表大会旧址（黄家祠）等；甘溪村有5个党员雕塑纪念公园、佛子坳伏击战遗址、四角楼阻击战遗址等（如图19-2所示）。

图19-2 高潭红色文化资源

图片来源：广州智景文旅研究院提供。

（二）研学旅游资源

惠州市委市政府提出的《高潭革命老区"建成三个基地、办好十件实事"实施方案》要求将高潭建设成为"全国爱国主义教育基地、全国党史教育基地"，并拟将高潭、中洞以马列街、百庆楼为代表的大批革命文物申报为第8批全国重点文物保护单位；汇聚成了以高潭革命历史陈列馆为代表的爱国主义教育资源，以东江干部学院为代表的党建教育资源，以中洞改编、百庆楼为代表的党史教育、革命历史教育、军队建设历史教育等旅游资源，以甘溪5个党员、3个伟大母亲的故事为代表的红色精神教育资源共同构成的高潭研学旅游资源群（如图19-3所示）。

图19-3 革命历史教育资源

图片来源：广州智景文旅研究院提供。

（三）时代趋势及政策支持

党的十九大提出了我国新时代社会主要矛盾，提出了对党建党史教育新要求，指导我国红色旅游进入新时代。全国、省、市各级政府相继推出各种红色旅游支持政策，全国各地形成红色旅游热潮。惠州市委办、市府办联合印发了《高潭革命老区"建成三个基地，办好十件实事"实施方案》，明确提出发展红色旅游产业。

（四）客源稳定充足

高潭镇是惠州市党建教育重要基地，高潭干部教育培训基地已投入使用，东江干部学院已成为聚集高潭文旅人气的重要支点，通过惠州市党政培训引入的学员为高潭旅游提供了数量稳定、消费力强的客源。粤港澳大湾区及周边城市群巨大的人口规模、消费需求为景区的发展提供了巨大的市场潜力。

（五）内生需求激发

随着现代经济的快速发展，人们的精神生活需求越来越大，爱国主义教育、党性党建教育重新回归，爱国爱党观念重新占据广大人民群众的思想领域，从而促进人民群众对红色文化、红色旅游的向往。

二、劣势因子

（一）优势资源分布不均

红色文化资源总体分布不均，红色资源在中洞最为集中，圩镇次之，甘溪很少；资源分布分散，游线较长，景点之间联系不紧密。

（二）景区缺乏协同发展

景区由高潭圩镇（镇区所在地）、中洞村、甘溪村组成，但城镇与乡村的联动不强，目前仅对历史遗留的红色遗迹进行修复及初步的开发，缺少对圩镇、中洞、甘溪的协同规划，各区域定位、功能、特色等规划不清晰，圩镇、中洞发展相对较好，甘溪红色旅游发展相对滞后，缺乏整体性。

（三）旅游产品类型单一

旅游产品类型以观光展览为主，品类单一，缺乏对产品的深入挖掘。爱国主义教育研学、革命传统文化体验、红色文化创意体验、军事拓展和团队精神塑造、乡村休闲旅游、红色文化节庆旅游等各类相关旅游产品均为空白。资源单体普遍等级偏低，产品开发档次较低，属旅游开发初级阶段，许多景点仅有建筑外观而内部空置，较好的景点（如百庆楼）也仅有图文及部分物品展示，缺少参与性、体验性，更缺乏较有吸引力的旅游景物。

（四）"红绿产业"植入不足

没有充分发挥红色文化价值，引入相关红色产业，目前仅限于将农业与红色文化结合，形成少量土特产，其余红色产业均为空白；而在绿色旅游产品方面，目前景区除了连生度假区，没有其他成形的绿色度假旅游产品，没有依托现有丰富的资源，联动形成以红色旅游为主、绿色旅游为辅的产业融合格局。

第三节　振兴发展策略

振兴发展策略包括科学规划、镇村协同、塑造品牌及市场导向。

一、科学规划，合理充分利用资源

乡村振兴必须科学规划，统一开发，避免重复建设、投资浪费。此外，必须重视红色旅游、生态旅游规划的科学性和可行性，采取行政和经济等调控手段，维护和改善景区的红色文化环境与绿色生态环境质量。要统一建设高质量、有特色的基础设施、旅游配套设施和服务设施，解决景区内外部的可进入性问题及满足各种旅游相关需求。

二、镇村协同，构建景城一体发展格局

一是做好高潭镇区与中洞、甘溪两村"一心两翼"的协同发展，不断挖掘和丰富红色旅游资源，全力打造高潭红色旅游精品线路，不断增强红色旅游景区吸引力。二是红色旅游与城乡建设发展相结合，依托城乡完善的基础设施和服务设施，为旅游者提供全方位、多方面的服务。同时，将高潭红色旅游逐步纳入"深莞惠+河汕""3+2"大旅游圈，高标准定位，高质量发展红色旅游，将高潭打造成为集旅游和红色教育于一体的红色旅游景区，构建"景城一体化"发展格局。

三、塑造品牌，加强市场营销宣传力度

景区应不遗余力地对"东江红都"品牌进行塑造，构成真正意义上的立体品牌形象，使之从众多品牌中脱颖而出，直击消费者心灵。各级政府主管部门应不断提高"东江红都"品牌内涵的品级与历史地位，提升其在全国的影响力。景区运营单位应大力加强市场营销，进行品牌宣传，同时针对不同的时间节点，开展内容丰富的营销活动，提升品牌知名度与影响力。

四、市场导向，促使资源优势转化为产品优势

确立以市场导向为原则的旅游发展理念，面向旅游市场需求，因地制宜，将旅游资源优势转化为旅游产品优势，进而实现向旅游经济优势的转变。

第四节 项目规划设计与实施

一、以思路为导向，确定规划方向

（一）凝筑底色，打造全方位的红色旅游环境

红色旅游，是"红色"与"旅游"的有机结合，"旅游"是形式，"红色"是内涵、是底色。"突出红色，坚守红色"是红色旅游的本质和主旋律。

高潭的区位交通及自然资源优势不大，整体发展滞后，但红色旅游资源底蕴深厚，红色旅游业应是高潭发展的首选。

本规划依托高潭最宝贵的底色——红色，进行全方位的红色旅游环境建设，通过革命文化教育、革命文化体验等，让来"东江红都"旅游的广大干部群众在这里接受红色精神的洗礼。

（二）创筑特色，塑造"东江红都"的特色旅游形象

高潭作为革命老区，曾诞生了首个区级苏维埃政权，是东江纵队和粤赣湘边纵队活动的重要地区，留下了不计其数的红色遗迹，红色旅游资源丰富且特色鲜明。特别是中洞村有革命遗址20多处，红色资源众多且集中，可进行全方位的军事体验基地建设。

规划依托"红色文化资源"和"生态旅游资源"，再现红色革命传奇场景，做精"革命军事体验"这一主题，再现战争年代革命斗争的"激情"岁月，展现具有广泛影响力的突出形象，建设成对旅游者富有独特吸引力的红色旅游目的地。

(三) 留筑原色，推动绿水青山的高潭乡村旅游发展

高潭山峦起伏，溪流纵横，环境优美，但山水资源的独特性不强。应以高潭的绿水青山作为红色旅游的基底，和红色旅游资源一起打造"红绿"结合的旅游环境，共同促进高潭红色旅游的发展。

中华苏维埃政权产生于广大的偏僻乡村，田园环境与农耕文化是其生存的基础。保护乡村革命旧址的原生态环境，就是保护红色政权的生存基础。对高潭的乡村革命旧址，实施田园环境与农耕文化保护，将红色旅游与绿色乡村旅游融合，引领乡村休闲农业的发展和乡村振兴。

二、规划总体定位与发展目标

(一) 总体定位

项目围绕"红色革命文化拓展体验教育基地与绿色生态康养休闲旅游度假胜地"的总体定位，以红色革命教育、红色革命体验、红色文化创意为主题，以乡村绿色旅游为依托，建设集革命传统文化教育、革命军事文化体验、红色文化创意体验与乡村休闲度假于一体的红色旅游景区。

(二) 发展目标

发展目标主要分为两大目标：一是总体目标，利用高潭丰富的红色资源，将规划区域打造成为全国知名体验型红色旅游首选地；二是因地制宜，结合各阶段发展情况制定分项目标，主要分为中央苏区红色乡村旅游扶贫示范点、粤港澳大湾区党群教育红色地标以及海陆丰革命老区产业振兴增长极三大分项目标。

三、形成"镇村联动、组团推进、全域发展"的景城一体格局

(一) 整体空间布局

"东江红都"景区以高潭镇为中心，串联周边的中洞村和甘溪村。高潭镇是首个区级苏维埃政府所在地，中洞改编在中国建军史上具有重要的意义，以5个党员为代表的红色党群文化是甘溪特色。镇区、中洞、甘溪的红色文化代表了红色政权的"党、政、军"文化。规划以"红区""红军""红党"为特色，在镇区、中洞、甘溪形成各具特色的"高潭红"，构建起"一心两翼"联动发展空间（如图19-4所示）。"一心"即为高潭圩镇红色教育基地；"两翼"则分别是中洞村红色军事文化体验基地，甘溪村红色乡村休闲度假基地。高潭镇区以革命教育为主题、中洞以革命军事文化体验为主题、甘溪以红色乡村休闲度假为主题，重点体现红色党群关系，展现在党领导下老百姓的美好生活。

(二) 功能分区布局

在功能布局上，以革命精神为轴，以红色史记为脉，以红色场景为点，布局红色革命文化游览体验空间，充分考虑功能需求及游线安排，形成"一心两翼，六区组合"的功能布局（如图19-5所示）。

1. "一心两翼"

镇区、中洞和甘溪的红色革命文化资源丰富且集中，适宜形成区域功能特色，规划集中建设三大功能片区，作为"东江红都"景区的"一心两翼"。

2. "六区"组合

根据现状资源分布条件，形成"东江红都"六大主题景区：红色传奇教育主题区、红色文化创

意产业区、红色乡村休闲度假区、红色军事文化体验区、奇峰探险体验区和红色桃花源乡村休闲区。（如图19-6所示）

图19-4 "东江红都"空间布局
图片来源：广州智景文化旅游研究院提供。

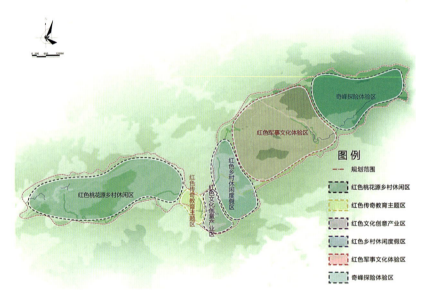

图19-5 "东江红都"功能分区布局
图片来源：广州智景文旅研究院提供。

（1）高潭镇

功能定位为"红城记忆，本色高潭"：围绕建设镇区的整体红色环境，发掘高潭红色文化研究和红色文化创意产业园，提升"东江红都"的红色地位的发展思路，打造"红色传奇教育主题区、红色文化创意产业区以及红色乡村休闲度假区"。

（2）中洞村

功能定位为"红运中洞，军号再起"：发展思路主要以"在环境上打造革命军事文化体验氛围、开展革命战争军事体验活动"为主，打造红色军事文化体验区和奇峰探险体验区两个主题景区。

（3）甘溪村

功能定位为"红色乡恋，寻梦甘溪"：甘溪村建筑环境保存良好，具有客家乡村民居特色，整个景区通过桃林的种植，形成红色桃花园的景观环境，以植物种植和乡村田园风光形成红色原生态情景体验区。甘溪村重点营造乡村休闲环境。

图19-6　总体项目布局

图片来源：广州智景文化旅游研究院提供。

四、培育"红绿农研"重点项目，构建高潭乡村振兴体系

红色文化旅游产业立足于红色基因，传承党的历史积淀，依托高潭镇、中洞村丰富的红色资源，通过党建教育基地、研学基地、红色演艺、节庆活动及旅游纪念品等产品的打造，为党政企事业单位、社会团体、学校等提供思想教育培训及团建的需求。绿色文化旅游产业则依托镇村优美秀丽的山水林田景色及丰富多彩的传统民风民俗，打造绿色康养产品，如森林SPA、乡村康养度假、农事体验等活动，还可以深化体验类产品，如山地马拉松、森林徒步、地方竞技性体验等户外体育类产品，还能结合当地的传统客家文化，如将做戏、舞草龙等文化整合为乡村民俗节庆主题活动。

乡村振兴的本质在于"乡村"二字，分解开来即是农业、农村、农民，乡村振兴产业离不开农业产业的发展。所以，以红色文化旅游为灵魂，以绿色文化旅游为框架，借助研学基地的打造，基于当地农业产业而发展的特色农业产业即是乡村振兴的源生动力，在特色农业产业中开发生态农业种植、养殖类产品，开展采摘体验、农事体验及科普教育等第一、第二、第三产业融合的活动，全方面激活乡村农业活力。

（一）东江干部学院

惠东高潭东江干部学院坐落在我国最早一批诞生区级苏维埃政权的革命老区（如图19-7所示），占地面积5.6万平方米，建筑面积4万平方米，共有大小课室15间、学术报告厅1间、学员宿舍286间，教学用房面积1.42万平方米，可同时满足1000人培训和500人食宿。学院按照"突出红色、彰显特色、联动发展"的办学理念，将东江干部学院打造成为立足粤港澳大湾区、面向全省、辐射全国的国内一流的干部学院，通过帮助广大党员进一步坚定理想信念，夯实理论基础，助推高潭革命老区振兴发展，点燃投身"双区"建设的热情，为粤港澳大湾区建设和支持深圳建设中国特色社会主义先行示范区注入强大势能。

图19-7　东江干部学院
图片来源：广州智景文旅研究院提供。

（二）"重走红军路"

高潭古驿道红军路位于广东省惠州市惠东县高潭镇（如图19-8所示），起于连生度假区，止于中洞广场，全程长5.5公里。通过梳理、整治红军路，沿线恢复生态野趣的环境和革命时代的场景，开展徒步长征体验旅游。例如，活动可设计为体验者穿红军军装、戴斗笠、穿草鞋和绑腿、背步枪机枪，前面的队伍负责举旗、做路标记号等，后面的队伍负责涂毁路标记号和迷惑追兵等，沿途播放《十送红军》歌曲、飞机轰炸、枪炮声等背景音乐；沿路设置战争场景、摆放红军时代的器物、设置战争游戏场地，让游客可以触摸历史，带来强烈的触觉冲击。此外，还可举办红军路徒步体验旅游摄影比赛和DV拍摄比赛等。

图19-8　高潭镇红军路
图片来源：广州智景文旅研究院提供。

现状红军路植物以次生林为主，植物的景观性不强。需精心规划梳理红军路的植物景观，但植物梳理需以保持和展现完整的野生环境为基础，在主要景点配植乔灌木，在主要观景点打开空间。同时，做好植物配植，逐步完善红军路的植物景观效果。沿路点缀种植可增加山野风光，点缀种植野生花草，使体验者沿路可摘果观花，既体验当年红军行走的山野环境，又增加体验的趣味性。

（三）特色民宿

对高潭中洞的现状民宿进行整改扩大，结合中洞村特色和当地农家特色，建设特色生态民宿。同时，打造私家花园休闲区域，营造独立安静的私密空间，提升建筑品质和旅游服务质量，在大自然中学习红色文化，让游客在文化的熏陶中感受自然生态。让游客到此缅怀先烈，学习革命精神，体验独特民宿，以此逐步带动周边乡村休闲旅游服务设施的发展。

五、打造"政府+企业"模式，共谋高潭乡村振兴新出路

高潭镇是著名的革命老区，有着辉煌的革命历史，是广东经典的红色旅游景区。就如何保护好、开发好高潭丰富的红色旅游资源，2016年，惠州市委办、市府办联合印发《高潭革命老区"建成三个基地，办好十件实事"实施方案》（以下简称《方案》）。《方案》指出，至2017年11月，把高潭革命老区建成全国爱国主义教育基地、全国党史教育基地、特色产业基地，推动高潭革命老区经济社会全面发展，实现与全市同步迈入全面小康社会。[①] 政府高度重视对高潭红色旅游资源的传承与发展，出台相应的优化和保障以及奖励激励政策措施，积极招商引资，引进企业，以更好地激活市场力量，破解企业"下乡、进村"的障碍，为"企业兴乡"创造良好的政策环境，共同推进高潭红色旅游资源进行合作发展。

2021年，高潭镇当地政府与广州智景文旅研究院合作，成立了惠州市高潭老区旅游文化发展有限公司，为高潭镇提供旅游管理服务，并对高潭红色旅游发展进行专业线路设计，提供咨询策划、景区游览等相关服务。

第五节　项目实施效果

东江干部学院自设立以来，发挥自身优势并融合外部资源，打好"红色牌""生态牌""统战牌""人文牌"及"基层牌"，与省市党校、知名高校及干部学院互为补充、相互促进，是完善全省干部教育培训基地体系，打造广东党员干部教育培训品牌的有力举措。

自2017年开始建设以来，东江干部学院便以高潭党性教育基地的名义开展试训，通过边建设边试训的模式，积累办学经验，锻炼教师队伍，惠州市县两级党校共统筹安排55名专职教师和20多名兼职教师参与课程开发与授课，形成本土特色突出、外部优势互补、丰富多元的课程体系。其中，已开发出"东江革命历史与革命文化""问道高潭"等20多门专题课程。截至2019年年底，东江干部学院累计举办培训班173期，培训1.2万多人次。[②]

随着高潭镇红色旅游快速发展，中洞村的村民看到发展前景，陆续返乡创业，把自家老房子改建成独特的民宿，通过"美食+美景+民宿+红色旅游"的发展思路，带动了中洞村民宿经济的发展，让不少农民实现了"在家门口就业"。其中，某村民的民宿里，目前有7个工人，其中有6个是本地村民，每个月工资在3000元到7000元不等。[③]

据统计，2008年惠东县旅游接待人数达241.19万人次，实现了旅游收入5.74亿元。到了2018

[①]《力争明年底高潭建成"三个基地"》，见惠州市人民政府网（http://www.huizhou.gov.cn/zwgk/hzsz/zwyw/content/post_199970.html），访问日期：2016年8月24日。

[②]《惠东东江干部学院正式揭牌启用》，见金台资讯（https://baijiahao.baidu.com/s?id=1677868511664963438&wfr=spider&for=pc），访问日期：2020年9月15日。

[③]《惠东高潭村民致富走出"新路子"》，见惠东文明网（http://wmw.huidong.gov.cn/2019/focus_0723/18000.html），访问日期：2019年7月23日。

年，惠东县接待游客 1309.4 万人次，旅游营业收入 69.55 亿元，分别增长 15.83% 和 21.11%。在 2008 年—2018 年这 10 年里，接待游客增长 14.6 倍。2019 年，到高潭学习和旅游人数达 47.2 万人，比 2016 年增长 5 倍，旅游总收入达到 1.6 亿元，比 2016 年增长 17 倍，地区生产总制 6.75 亿元，比 2016 年增长 23%。全镇居民人均可支配收入 20799 元，比 2016 年增长 47%。① 革命老区乡村振兴发展取得明显成效，以人民为中心的发展理念在高潭得到有力践行。

2021 年，是中国共产党建党 100 周年，也是"十四五"规划开局之年。2021 年 5 月 15 日，惠东县文化广电旅游体育局与惠东县高潭人民政府在高潭中洞革命纪念广场举办"重走红军路 传承东江红"庆祝建党 100 周年活动，惠州市高潭老区旅游文化发展有限公司作为本次活动的协办单位，活动策划以 5 月 19 日中国旅游日为契机，以红色文化旅游为主线，通过惠东红色旅游推介会、惠东红色徒步等系列活动，深入挖掘惠东红色旅游资源，整合中洞革命纪念广场、红军路等红色旅游点，以徒步活动为契机带动旅游产业发展。广州智景文旅研究院发挥企业在乡村振兴中的力量，以专业的视角与服务管理理念促使活动顺利开展与完满完成。

案例特色小结

规划项目以高潭丰富的红色资源为核心，紧跟乡村振兴的时代步伐，在对高潭红色文脉进行梳理后，摸清高潭"东江红都"的现状，规划提出镇村协同、市场导向等的发展策略，形成"镇村联动、组团推进、全域发展"的景城一体格局，构建起"一心两翼"的联动发展空间，以城代乡，以乡促城。培育红绿农研重点项目，把红色文化激活，将无形的文化以有形的载体进行展现，依托东江干部学院、红军路等载体将高潭东江红色文化进行传承及发扬光大。同时，通过政府与企业合作的加强，发挥不同主体间的优势，共同为高潭乡村振兴谋出路。项目实施效果也显示，高潭镇红色旅游得到了快速发展，革命老区乡村振兴发展取得了明显成效，以人民为中心的发展理念在高潭得到了有力的践行。

[编者：广州智景文旅研究院（胡辉伦、胡辉丽、何松涛、梁子茵、马胡）]

---

① 《惠东县 10 年接待游客增长 4.6 倍 旅游收入增长 11.6 倍》，见惠东县人民政府网（http://www.huidong.gov.cn/hdxwz/zjhd/lyxx/content/post_700013.html），访问日期：2019 年 5 月 17 日。

❖ 科技振兴类型

第二十章 基于"点状供地"政策及新技术指南指引下的村庄规划

——从化"万花风情"特色小镇村庄规划编制及其指标研究[①]

第一节 本项目的特色与要点

《广州市从化区城郊街西和村、光联村和红旗村村庄规划（2020—2035）》是《广东省村庄规划编制基本技术指南》实施后广州市审批的第一批新型村庄规划，采用了多维度、有深度的技术数据支撑，以科学的理论支撑，在全方位政策指引下编制了实用型村规划技术文件，指导乡村振兴及发展。

根据本项目研究编制经验，新型村庄规划应包括既相互独立、也紧密结合的四部分内容。

一是点状供地实施方案，即街道、集体、村民、企业的用地需求摸查及相关概念规划、强排方案及修建性详细规划，"点状供地"实施方案是实施型村庄规划的技术依据和基础。

二是产业规划研究及景观风貌规划。内含产业评估—景观风貌研究—村镇核心区概念规划—景观风貌实施导则，规划内容具逻辑性且互为因果，以产业发展规划与村庄景观风貌维育研究为依托，以村庄核心区概念规划为载体，研究论述以乡村产业发展与景观维育为核心的村庄振兴愿景。

三是规划评估。以环境、交通、历史、地灾四大评估为主体，对综合用地需求、产业发展、景观维育的核心区规划进行精细化、针对性的研究评估，作为村庄规划技术文件的综合参数支撑。

四是村庄规划技术文件，即村庄规划编制核心成果，以《广东省村庄规划编制基本技术指南》的成果指引为核心内容，自上而下村规统筹、自下而上"精细化"信息反馈，在各专项概念规划、技术评估的支撑下，形成可实施、可推广、可复制型乡村振兴型村庄规划技术文件。

[①] 本案例所引数据及相关资料均源自广州市城市规范勘测设计研究院《广州市从化区城郊街西和村、光联村和红旗村村庄规划（2020—2035）》。

第二节 村庄规划

一、项目背景

西和万花风情小镇（以下简称"西和小镇"）是 2016 年广州市从化区规划的 20 个特色小镇之一，西和村、光联村、红旗村是西和小镇主要的产业核心、经济核心。2020 年，受从化区城郊街街道委托，编制《广州市从化区城郊街西和村、光联村和红旗村村庄规划（2020—2035）》。项目结合政策规范及现状、区域与发展条件分析、产业与案例分析，将西和小镇定位为"广东省级特色小镇、华南地区高科技农创研发引擎、国家 AAA 级旅游景区、国家级现代农业产业园"。本项目在 2019 年《广东省村庄规划编制基本技术指南》、"点状供地"政策及乡村景观维育的指引下开展编制，是广州市在新技术指南指导下第一批通过审批的村庄规划。目前，项目已完成规划编制、公众参与、部门审批以及省厅备案工作（如图 20-1 所示）。

图 20-1 西和小镇鸟瞰
图片来源：赖斌制图。

二、项目区位及自然概况

西和万花风情小镇位于广州市从化区中南部，属于从化区北传统温泉旅游片区，具有优越的地理区位条件，北临佛冈县四九镇，紧邻温泉镇，西南与明珠工业园相邻，距离大广高速温泉镇出口 10 公里，20 分钟车程连通从化中心城区，无缝对接从化城区主要交通干道国道 G105。国道 G105 贯穿温泉小镇、良口温泉、从都会议中心等多个从化著名景区，交通便利，距离广州市区 60 公里、东莞市区 90 公里，适合广州市、珠三角地区自驾游出行。

西和小镇属亚热带海洋性季风气候，气候温和，雨量充沛。年气温 19.5～21.4℃，年降雨量 1800～2200 毫米。四季特征为春季冷暖多变，阴湿多雨，有"倒春寒"；夏季晴多温高，时有大风和暴雨；秋季气爽少雨，常遇干旱和"寒露风"；冬季多晴天，气候干燥，常见霜冻。主导风向为西北-东南风，另一风向的方位是东北。小镇内地势北高南低，北部是山地区，有多个水库、山林片区，中部分布有灌溉渠和多个池塘，西灌渠由西向东穿过村中部。南部地势平缓，村居与水塘相互交错融合。

三、村庄规划技术文件

村庄规划是做好农村地区各项建设工作的基础，是各项建设管理工作的基本依据（如图 20 - 2 所示），对改变农村落后面貌，加强农村地区生产设施和生活服务设施、社会公益事业和基础设施等各项建设，推进社会主义新农村建设具有重大意义。

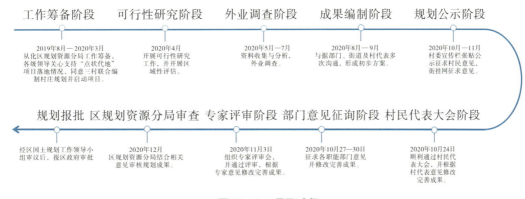

图 20 - 2　项目过程

图片来源：赖斌制图。

传统村镇规划容易出现乡村产业用地规划覆盖不到位、规模指标难落实、用地模式不灵活，街道企业需求无法与规划相匹配等问题。依照《广东省村庄规划编制技术指南》（2019 年版）规划原则："坚持先规划后建设，通盘考虑土地利用、产业发展、居民点布局、人居环境整治、生态保护和历史文化传承，编制'多规合一'的实用性村庄规划。坚持农民主体地位，尊重村民意愿，反映村民诉求。坚持节约优先、保护优先，实现绿色发展和高质量发展。坚持因地制宜、突出地域特色，防止乡村建设'千村一面'。坚持有序推进、务实规划，不面面俱到、贪大求全。"西和万花风情小镇村庄规划编制过程采取高定位、多策略、自上而下村规统筹、自下而上"点状供地"信息反馈，解决了传统村庄规划技术文件的局限性。规划编制在"点状供地"政策的指引下，形成了以风貌规划作为村庄规划的重要抓手，以规划导则指导实施作为技术手段的新型村庄规划工作方法。

2019 年，广东省建设厅颁布了《广东省村庄规划编制基本技术指南》，作为新的村庄规划编制依据，在"一图一表一规则"的基础上，要求对村庄发展用地以及发展目标、生态保护修复、耕地与永久基本农田保护、历史文化传承与保护、产业与建设空间安排、村庄安全与防灾减灾、近期建设七个专项进行研究规划。

为了实现上述目的，在"点状供地"政策背景下的西和小镇村庄规划，在《广东省村庄规划编制基本技术指南》（见表 20 - 1）的指引下，采用了综合性的编制手段，在各专项评估、产业研究的技术支撑下，对村庄规划技术文件进行了深入研究和探讨：①政府部门、街道、企业与村民共编共建。政府各部门提前审查，组织多次部门协调会议，确保项目规划红线符合开发要求；街道加强沟通，为企业和村民排忧解难，企业与村民广泛参与，积极配合。以部门、镇街多方联动，进行综合性征询、审查及公众参与等工作。②编制专项规划评估。项目规划编制过程，邀请了专业评估单位，对环境评估、地灾评估、历史文化评估、交通评估四个专项评估进行了详细研究，为小镇内产业可持续开发的可行性评估提供了基础技术资料。③相关经济开发单位。村庄规划编制期内，提供相关单位的点状供地实施方案、修建性详细规划方案及建筑概念方案。④乡村规划师及乡村设计师。规划阶段及规划编制期间，在方案实施前，审查建筑方案效果，提供技术审查服务，以村庄规划中的设计导则为依据，核查相关内容。⑤规划编制单位开展大量专项研究：规划编制中增加了景观风貌规划、旅游规划研究、小镇产业经济研究等专项研究，以最新土地变更调查数据为工作底图，进行合理化规划（如图20-3所示）。

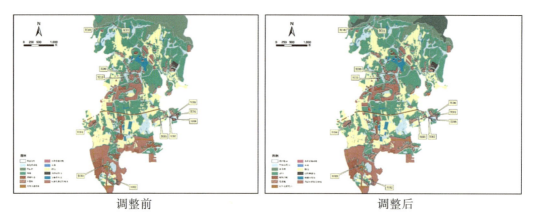

图20-3 土地指标调整

图片来源：李信枝制图。

表20-1 规划调整前后土地利用主要调控指标对比表

（单位：公顷）

行政区		建设用地总规模	城乡建设用地规模	交通水利用地	其他建设用地
					其中：风景名胜设施用地规模
西和村	调整前	45.07	13.42	1.92	29.73
	调整后	45.50	14.84	1.92	28.74
	增减	0.43	1.42	0.00	-0.99
光联村	调整前	39.98	21.05	3.33	15.60
	调整后	39.55	20.00	3.33	16.22
	增减	-0.43	-1.05	0.00	0.62
红旗村	调整前	169.30	42.8	19.22	107.28
	调整后	169.30	42.43	19.22	107.65
	增减	0.00	-0.37	0.00	0.37
总计	调整前	254.35	77.27	24.47	152.61
	调整后	254.35	77.27	24.47	152.61
	增减	0.00	0.00	0.00	0.00

（一）"点状供地"政策落地

为进一步完善广东省乡村产业用地保障政策体系，助力乡村产业振兴，推进城乡融合发展，广东省自然资源厅在充分调研论证的基础上，根据《国务院关于促进乡村产业振兴的指导意见》（国发〔2019〕12号）等文件的精神，借鉴省外采取"点状供地"保障城镇开发边界外项目落地的做法和经验，结合我省实际并经省人民政府同意，制定出台了《广东省自然资源厅关于实施点状供地助力乡村产业振兴的通知》。

"点状供地"政策明确点状供地实施范围和负面清单、规模预留、规划调整、指标保障途径、用地审批模式和报批方式、供地方式、供地条件和用途混合、发证方式和分割限制、项目准入和实施监管要求。点状供地政策还创新了规划管理体系、分类审批管理、土地供应方式、创新登记发证模式、实施监管方式（如图20-4所示）。

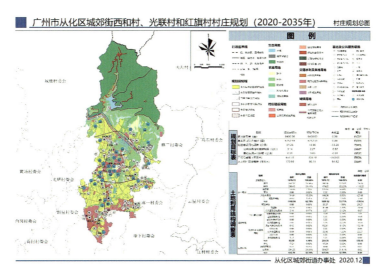

图20-4 村庄规划总图

图片来源：李信枝制图。

在村庄规划编制过程中，规资局、编制单位及专家召开了多次专题会议，对点状供地文件编制、实施流程、规划指标等细节进行多轮会议专项研究，最终形成"点状供地"实施方案（如图20-5所示）、村庄规划"点状供地"专章、"点状供地"规划技术指标等多个成果。"点状供地"政策的落地，为西和小镇的土地高效利用、合理利用闲散用地、降低企业负担、提升街道经济做出了积极的尝试，具有重要意义。

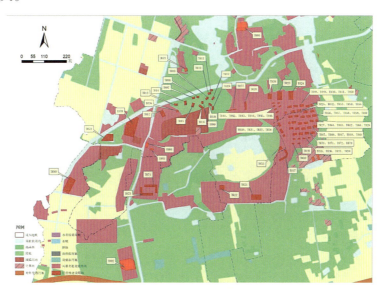

图20-5 "点状供地"实施方案总平面

图片来源：李信枝制图。

（二）"点状供地"政策的有益效果

1. 规划先行，注重实施

突出规划的引领作用，以目标为导向制定切实可行的行动计划，建立建设项目库按照"先规划、后建设，不规划、不实施"的工作模式，提高规划的科学性和可操作性，强化村庄规划的法定地位。

2. 优化村庄布局，提高空间响应

坚持节约、集约用地原则，落实上位规划控制指标，计算城乡建设用地、其他建设用地规模情况；对照乡村振兴战略部署等工作要求，优化调整农村生产、生活、生态空间布局。划定有条件建设区，与上位国土空间规划相衔接。为保障产业发展和村庄设施建设，结合高清航拍、历年土地利用现状数据库展开现状调研，确定可挖掘存量建设用地范围，调入调出建设用地保持平衡（如图20-6所示）。

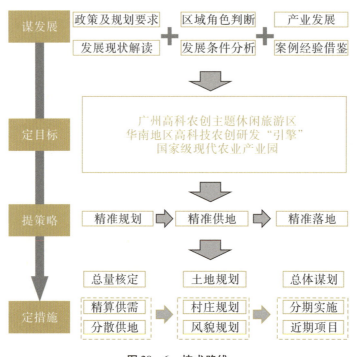

图 20-6 技术路线
图片来源：赖斌制图。

3. 谋划产业发展，实施精准供地

强化"点状供地"政策对村庄规划编制的引导，通过街道与企业、村民多次协调，依据需求侧使用单位需求压实用地红线，提高用地效率，增加土地供给侧的有效性，为用地单位、企业减负。用好"点状供地"政策，创新用地指标控制，保障规划方案精准落地。

4. 保障住房需求，加强农房管控

结合"房地一体"数据和各村人口情况，摸清村庄住房需求，解决现状农村宅基地问题。严格落实农村住宅建设管理有关要求，提出"示范建设—局部整治—全面整治"的民房整治方法，体现岭南"美丽乡村"风貌和乡村景观特色。

5. 因地制宜，彰显特色

充分考虑村庄生态环境、资源条件、建设基础、社会经济发展水平等各项因素，编制因地制宜、切合实际的村庄规划。尊重地方民俗风情和村民生活习惯，强化乡村特色资源的保护、传承和活化利用，彰显广东地域文化特色。

6. 专家论证，规划指标合理化

召开多轮规划指标专家论证会，对"点状供地"项目规划指标进行分析，结合总体开发强度、村庄建设需求、产业发展、村庄风貌、生态融合等要求，对规划成果进行合理性研究。经过多次讨论，对村庄规划中的容积率、绿地率、建筑密度、建筑限高、建筑后退红线等指标进行了论证，最终在村规中落地，以满足村庄规划期内的发展需求。

7. 多规融合，生态宜居

做好规划衔接、促进"多规合一"。通过多部门联动会议，统筹生态保护、农田生产、用地开发、企业生产等目标，保障生产空间集约高效、生活空间宜居适度、生态空间山清水秀。以建设生态宜居"美丽乡村"为导向，加强生态治理和保护，优化提升乡村建设质量，培育发展绿色生态新产业、新业态。

8. 形成简单易懂的规划成果

规划成果以"一图一表一规则"为主要内容，简明扼要、规范严谨、通俗易懂，编制的村庄规划总图、近期建设项目表在村庄公共场所张贴公告，以村规民约的方式提炼管制规则，做到村民易懂、村委能用、政府好管。

第三节 景观风貌规划

规划团队在本次村庄规划编制中对乡村景观进行了深入研究，并将风貌提升技术指引融入村庄规划实施中。规划以乡村景观风貌维育思想为指引，保护农田基底，保护山水肌理，打造"西和水环"，打造"西和农创"展示"绿核"，打造高新国家现代农业产业园，打造西和农业科技城品牌ID的"两保四创多规合一"景观规划理念，保护西和山水环境，提升西和现代农业产业园、农创水环、农创展示核、农业科技城ID等风貌，把保护自然载体和提升景观品质两方面相结合，实现西和小镇乡村景观维育和风貌提升目标。（如图20-7所示）

图20-7 核心区总体风貌

图片来源：赖斌制图。

乡村景观维育规划成果主要由四部分组成：核心区概念规划、景观风貌规划、旅游专项规划、风貌提升技术指引。核心区概念规划以从化区、城郊街以及西和小镇的经济研究、产业分析等经济技术分析为基础数据，对西和小镇核心区内产业布局与用地规划进行深入研究，形成核心区村庄设计成果（如图20-8、图20-9、图20-10、图20-11、图20-12所示）；景观风貌规划是支撑西和小镇村庄规划的研究成果与规划总纲；旅游专项规划是建设西和小镇AAA级国家旅游景区的风貌提升规划文件（如图20-13所示）。

风貌提升技术指引则是以导则为技术手段的村庄规划建设最终实施文件。最终实现小镇村庄规划产业发展与环境保护相互结合，保护自然景观与人文景观，避免与周边区域乡村发展同质化竞争，合理利用规划用地，保护绿水青山，保护村居。景观风貌规划的研究区范围包括西和村、光联村、红旗村三个村，约1879.73公顷。而本次景观风貌规划的范围为核心区，以点状供地分布的200公顷范围为主。西和小镇风貌核心区的景观以"一水、一核、三廊、八区"的结构呈现不同的景观风貌，对景观分区、建筑限高、建筑风貌都进行了规划设计、保护维育。

作为西和小镇村庄规划的重要研究成果，景观风貌规划、产业规划和规划评估等专项内容是项目

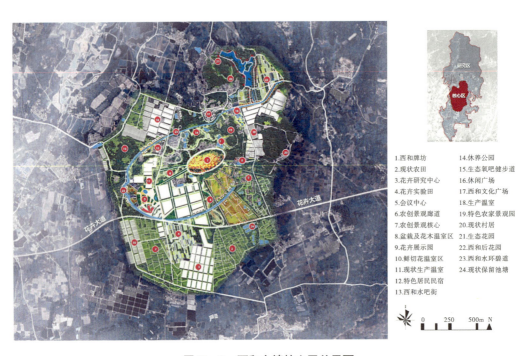

图 20-8 景观分析

图片来源：梁淑榆制图。

图 20-9 西和小镇核心区总平面

图片来源：赖斌制图。

组对西和小镇进行综合性研究的结果。各专家对西和小镇的自然风貌、地址地灾、环境保护、市政交通、历史文化、经济产业、旅游策划等进行了研究分析，并形成了核心区概念规划，以此对西和小镇村庄规划进行了用地、指标及各专项的研究，形成"点状供地"政策、乡村景观维育规划以指引西和小镇村庄发展。

项目组在进行景观风貌规划编制时贯彻落实《广州市从化区城郊街西和村、光联村和红旗村村庄规划（2020—2035年）》规划目标，探索从化西和规划片区乡村景观风貌品质提升的策略，打造从化西和万花风情。规划打造以"农创花海、主题田园、水环碧道、传统村居"等为特色的乡村景观。

在规划实施层面，建立乡村景观导则体系，利用定性、定量和图文结合的方式来对乡村景观进行弹性控制，更多地维护公众的利益，避免少数个体为了私人利益损害大众的利益。设计导则的最终目的是为保护、建设乡村环境提供一种有理性的弹性控制。经过研究论证后的西和规划片区乡村景观导

图 20-10 景观风貌功能 1

图片来源：https://www.photophoto.cn/pic/20076011.html。

图 20-11 景观风貌功能 2

图片来源：https://g.itunes123.com/a/20180418121630503/。

图 20-12　旅游节令策划

图片来源：https://www-beta1.duitang.com/blog/?id=660033960。

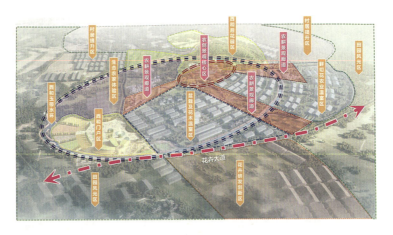

图 20-13　核心区概念方案产业分区

图片来源：梁淑榆制图。

则，从传统村庄规划的"指标控制"转向"效果管理"，在乡村建设管理直接相关的单元层面上的片区、地块当中植入设计导则的元素，使规划管理工作从二维平面化管理向三维空间化管理转变。通过"指标管理"和"效果管理"双管齐下，实现规划管理的精细化与品质化，同时，政府规划意图和市场实施建设达到统一，有效保证城郊街西和万花风情小镇的景观品质和环境质量。

风貌提升技术指引（如图 20-14 所示）是西和小镇村庄规划的重要成果文件，也是规划实施的重要抓手。规划管理、城管、代建等部门以在总体风貌规划的指引下编制的风貌提升技术指引作为技术依据，可对西和小镇范围内各类建设项目进行风貌管控，是村庄规划实施的重要技术文件。技术指引类似城市设计的导则指引系统，分为建筑、街道、绿化、市政、第五立面 5 个专项指引。规划指引对不同要素采用标准化尺寸、色彩、材料控制等管控手段，综合考虑环境影响、造价、人文等因素，对西和小镇核心区内的人文风貌、自然景观进行保护和提升。

以乡村风貌提升导则（如图 20-15、图 20-16 所示）为空间总抓手，构建具有地域性特色、面向实施管理、刚弹有序结合的西和小镇设计管控体系，并提供各专项的技术指引。在广州市城市设计上位规划的指引下，为从化地区中的西和万花风情特色小镇片区编制适合西和小镇风貌特色的乡村风貌提升导则。风貌提升导则以乡村设计中建筑、道路、绿化、市政、城市家具、第五立面等相关要素作为引导内容进行衔接。在导则体系下，通过对乡村产业发展、公共空间、乡村建设项目库、专项景

第二十章 基于"点状供地"政策及新技术指南指引下的村庄规划

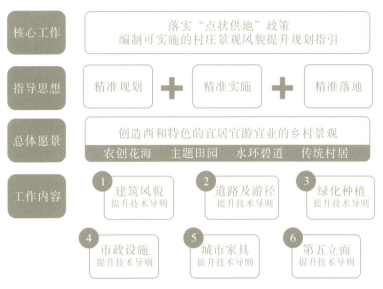

图20-14 乡村风貌提升导则总则
图片来源：梁淑榆制图。

观设计、旅游专项设计等综合研究分析，形成西和特色的设计导则、村庄规划、风貌规划等一系列管控工具，以此作为街道、规资局、西和小镇管委会、乡村设计师管控体系的技术抓手。设计导则为形成带有西和特色小镇风貌的空间提供了一个有效的管理文件，提高了小镇空间品质和村民生活幸福感。导则将乡村设计核心控制要素的管控要求纳入土地出让的条件中，形成"小镇总体导则—核心区导则—地块导则"三级管控体系。

图20-15 建筑风貌提升导则1
图片来源：https://www.thepaper.cn/newsDetail_forward_7434362。

323

图 20-16　建筑风貌提升导则 2

图片来源：https://www.sohu.com/a/227100445_100020262。

第四节　规划评估

专业规划评估是《广州市从化区城郊街西和村、光联村和红旗村村庄规划（2020—2035）》的重要的组成部分，为村庄规划技术文件、"点状供地"政策、风貌规划等技术文件提供了详尽可靠的技术数据，为"精细规划、精细供地、精细落地"提供了专业论证。本轮西和小镇村庄规划结合"点状供地"政策，邀请专业评估单位对西和小镇项目进行了环境影响评估、交通影响评估、地质灾害危险评估、历史文化遗产保护专题评估等多项专业评估工作。通过规划评估，在大量技术数据支撑下，西和小镇村庄规划实现精准规划、精准供地、精准落地，对小镇内产业升级、调入调出项目、规划用地调整、"点状供地"项目、技术指标、景观风貌规划等进行合理性研究，最优化土地功能，保护永久基本农田与耕地，保留民宅留用地、历史文化遗产、市政设施等规划设计。经过规划评估，对项目范围内敏感性较强的"西气东输"管道、跨区域灌溉渠等设施用地规划进行会议讨论研究，并融入村庄规划成果中。

《广州市从化区城郊街西和村、光联村和红旗村村庄规划（2020—2035）》通过多部门、多环节的协调配合，聚焦乡村产业振兴，以全覆盖乡村产业用地规划、可落地规模指标、灵活的用地模式等为导向，以解决基层实际问题为目标，聚焦多点发力的思路，通过规划、用地、供地、登记、监管全流程的制度创新，切实加强乡村产业用地保障，推动城乡融合发展。

西和万花风情小镇在"点状供地"政策、乡村景观风貌规划的指引下，遵循《广东省村庄规划编制基本技术指南》要求，编制综合性、专业性、多规合一的新型村庄规划。只有通过科学性的编制方法，才能实现"精准规划、精准供地、精准落地"的目标。在建设"广东省级特色小镇、华南地区高科技农创研发引擎、国家 AAA 级旅游景区、国家级现代农业产业园"目标的指引下，项目组与街道、经济开发单位沟通，进行产业、景观、建筑空间研究，编制"点状供地"实施方案、规划强排方案、修建性详细规划方案及建筑概念方案。"以产业定空间、以空间定规划",以总量核定、精准供需、分散供地等手段实现土地规划、村庄规划、风貌规划多规合一,在规划中进行总体谋划、分期实施,并制定近期项目,以"一图(规划总图)、一表(项目建设表)、一规则(管制规则)"指导村庄规划、村庄建设的规划落地实施(如图20-17所示)。

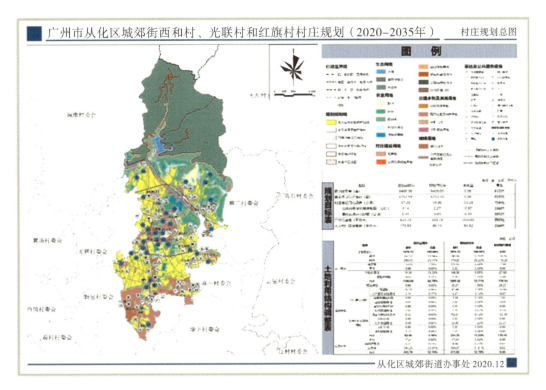

图 20-17 村庄总规划

图片来源:李信枝制图。

案例特色小结

本案例采用了多维度、有深度的技术数据支撑,以科学的理论支撑,在全方位政策的指引下编制实用型村规划技术文件,通过多部门、多环节的协调配合,聚焦乡村产业振兴,以全覆盖乡村产业用地规划、可落地规模指标、灵活的用地模式等为导向,以解决基层实际问题为目标,聚焦多点发力的思路,通过规划、用地、供地、登记、监管全流程的制度创新,切实加强乡村产业用地保障,推动城乡融合发展。案例对新型村庄规划进行了较好的探索与尝试,指导并推动了乡村振兴及发展,为广东省在"点状供地"政策背景下编制的新型村庄规划提供了一定的参考与借鉴价值。

案例通过乡村景观指引,指导村庄实现绿色宜居、带活产业,实现高质量发展。

[编者:广州市城市规划勘测设计研究院(胡峰、邹楠、朱伟鹏、刘禹、李开猛、李晓军、徐进勇、李滔)]

第二十一章　新时代乡村振兴规划新理念，成就城乡融合十大乡愁新愿景

——展望未来：迈向城乡现代化全面推进乡村振兴战略新思考

历时一年有余，经过十余次编委会座谈，数十人实地走访、广泛收资、反复研讨、反复增补、反复研磨，数易其稿，众编委倾囊尽授各自之丰富乡村规划建设经验，终于完成《新时代乡村振兴战略理论研究与规划实践》一书，实现了众编委为我国乡村振兴贡献力量之夙愿。我作为编委会成员，见证经历了书稿最终成形的全过程，受编委会之托，撰写本书编后记以作全书总结，实感愧不敢当，惶恐未能尽收各编委之静僻见解，难以用一篇文章来系统归纳全书浩瀚文字。唯有借个人在本书成稿过程中所受各编委及众多友人之启发，以自成一体的系统，顺着本书前文之鸿篇，浅论新时代全面推进乡村振兴的一些思考。

从百余年前的乡村救济、乡土重建，到土地革命、土地改革，再经历了人民公社化运动、农村改革，改革开放以来从乡村建设、村庄整治，社会主义新农村建设，特色小镇、美丽乡村建设到扶贫攻坚全面胜利，一轮又一轮的乡村建设探索随着时代的演变，其内涵与目标也不断在变。2020年12月，习近平总书记在中央农村工作会议上强调"举全党全社会之力推动乡村振兴，促进农业高质高效、乡村宜居宜业、农民富裕富足"。2021年，中共中央、国务院出台了《关于全面推进乡村振兴加快农业农村现代化的意见》，成立了乡村振兴局，实施了《乡村振兴促进法》，开启了我国"三农"工作重心从脱贫攻坚到全面推进乡村振兴的历史性转变。全面推进乡村振兴战略的提出，标志着党和国家推动乡村建设进入了一个新的历史阶段，需要以新的思维、新的理念来开展乡村规划设计、开发建设和管治运营。

第一节　全面推进乡村振兴关系国之命脉

梁漱溟在百年前就提出"乡村建设，实非建设乡村，而意在整个中国社会之建设"[①]。中国有近万年农业的历史，农业农村一直以来都是国家发展的基石。习近平总书记在2018年首届农民丰收节致贺词时指出，"我国是农业大国，重农固本是安民之基、治国之要"[②]。

农村是中国现代化的稳定器，在新时期全面推进乡村振兴，既是巩固脱贫攻坚成果，解决当前区域发展不平衡不充分的主要矛盾的必然要求，更是实现中华民族伟大复兴、建设美丽中国的重要抓手，是中国能从容应对各种不确定性风险挑战的底气和保障。从供给端来看，乡村地区是各类自然资源之所在，承载着矿物原料、粮食等产业链、食物链的最上游要素，是粮食安全、经济安全的基石；从消费端来看，人民对美好生活的需要日益增长，尤其是当居民收入达到一定水平后产生消费升级，绿色消费、生态消费需求将不断增加，而乡村地区将是绿色消费、生态消费的主战场。

[①] 转引自崔军伟、孙念超《论民国时期乡村建设运动的历史价值》，载《湖北社会科学》2014年第3期。
[②] 新华社：《习近平向全国亿万农民祝贺中国农民丰收节》，见新华网（http://www.xinhuanet.com//politics/leaders/2018-09/22/c_1123470893.htm），访问日期：2021年3月10日。

一、应对当前全球百年未有之大变局的压舱石

从世界百年未有之大变局看，稳住农业基本盘、守好"三农"基础是应变局、开新局的"压舱石"。构建新发展格局，把战略基点放在扩大内需上，农村有巨大空间，可以大有作为。习近平总书记在中央农村工作会议上的分析论断指出了乡村振兴所战略的重大现实意义。

受新型冠状病毒肺炎（以下简称"新冠"）疫情影响，全球流动网络受阻，全球化发展趋势面临重大调整和多重挑战，去全球化风潮加剧，国际物流中断、国际贸易下降、全球供应链断裂、外向型加工贸易萎缩等一系列负面影响出现，对我国尤其是东部沿海以外向型加工贸易为主要特征的先发地区带来了前所未有的冲击，外需下降造成了本地就业不足。2021年第一季度全国城镇调查失业率分别为5.4%、5.5%和5.3%，外来农业户籍人口（主要是进城农民工）失业率达到5.4%[1]，若按全面外出务工贫困劳动力3000万人[2]计算，则有超过162万农民工处于失业状态，进城农民面临较大就业压力。同时，进入数字经济时代，工业部类随着数字化、信息化深入发展，将释放出大量的劳动力，单靠城市服务业难以全部吸纳这部分劳动力，需要通过乡村振兴创造和搭建更大的平台，为溢出的劳动力提供广阔的就业空间。

从人口发展趋势来看，联合国预测到2100年，全球人口达109亿，因此而带来的食物需求将增加超过70%[3]，未来粮食安全问题和粮食供需平衡矛盾将更加突出，耕地保护的重要性不言而喻，乡村振兴的首要重任就是保障国家粮食安全。

为摆脱对全球化的完全依赖，国家作出了以国内大循环为主体、国内国际双循环相互促进的重大战略调整。"十四五"规划明确了扩大内需战略基点，把实施扩大内需战略同深化供给侧结构性改革的战略部署有机结合。正如前文所述，供给侧始端和需求侧增量在广大乡村，全面推动乡村振兴，就是"练好内功、夯实基础"，把农村农业这个底仓做大，为应对危机逆周期运作积累安全垫，是国家综合安全战略基础。

二、从工业文明走向生态文明的基础

人类社会文明经历原始文明、农业文明、工业文明和生态文明，是一个螺旋上升的过程（如图21-1所示）。生态文明是人类文明发展的一个新阶段，是遵循人、自然、社会和谐发展这一客观规律而取得的物质与精神成果，强调人与自然和谐共生；同时，它与农业文明强调以自然为先的认识一脉相承，是对传统"天人合一"思想的升华。生态文明的发展，需要以生态产业化和产业生态化为支撑，生态产业化是通过科技创新介入、社会化生产、资本化运作、市场化交易实现生态资源的价值实现和增值，如生态农业、立体林业等；产业生态化在狭义上是指通过仿照自然生态的有机循环模式来构建产业的生态系统，如生态工厂、循环工业园等，进而此理念从生产活动扩展至人类活动的转变，将人类活动对自然生态环境的影响降低到最小的程度，出现了生态城市、公园城市等模式创新。

新冠疫情反映的城市公共卫生安全问题，以及近年来环境污染、交通拥堵、城市超负荷开发、高能耗高碳排等"城市病"日益显著，这些都促使人们对绿色发展的诉求更为迫切。而乡村地区占全国面积90%以上（根据自然资源部2016年统计数据计算得出），是绝大部分自然生态资源所附的广大地域。因此，乡村振兴在新时代被赋予了新内涵，是承担自然资源的合理利用与绿色化发展、纾解城市因过度集聚而产生的"城市病"及安全威胁等重要载体，是生态文明建设的重要抓手，更是实

---

[1] 参见张毅《一季度就业形势保持稳定》，见国家统计局网（http://www.stats.gov.cn/tjsj/zxfb/202104/t20210416_1816457.html），访问日期：2021年3月15日。

[2] 参见刘强、赵新宁《人社部：全国外出务工贫困劳动力已近3000万人》，见中国农民网（http://www.farmer.com.cn/2020/11/19/99862210.html），访问日期：2021年3月15日。

[3] 参见［美］比尔·盖茨《气候经济和人类未来：比尔·盖茨给世界的解决方案》，陈召强译，中信出版社2021年版，第155页。

现中华民族文明伟大复兴的关键所在。

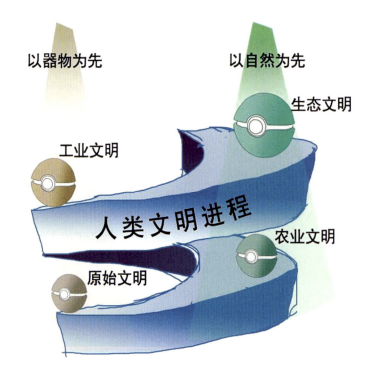

图 21-1 人类文明螺旋上升之进程

图片来源：徐建华绘制。

三、解决区域发展不平衡不充分、缩短城乡差距的重要举措

近年来，我国大力推进脱贫攻坚、美丽乡村等建设，乡村地区发展成果喜人，城乡差距呈现逐步缩小的趋势。近年城乡居民人均收入及消费支出的差距指数分别从 2013 年的 2.81、2.56 下降至 2020 年的 2.47、1.97（如图 21-2 所示），农村居民人均收入增速连续多年高于城镇居民。2020 年，城镇和农村居民人均收入增速分别为 3.48%、6.93%，虽然与 2019 年同比分别下降 4.4、2.6 个百分点，但农村居民人均收入增速是城镇居民的两倍（根据国家统计局数据计算）。数据变化不仅说明加大对乡村建设的投入对缩小城乡差距确有成效，更说明了在 2020 年受新冠疫情影响经济下行的情况下，农村地区在外部经济下行冲击时的抵御能力表现得更为出色。未来，通过乡村振兴促进广大县域社会经济综合发展，进而调节社会财富和资源分配，能克服经济部类生产效率差，有效平衡城市经济和农村经济的差距。

当前，随着各地城市群、都市圈建设加快，当核心城市容量达到一定上限，会出现人口与产业外溢到郊区乡村地区的情况，正如 20 世纪 70 年代被美国称为"逆城市化"的现象，是大都市区进一步扩张的结果。但与美国是移民国家有本质差别的是，中国是原住民农业大国，乡村是华夏文明的文化之根，人民对村庄田园有不可割舍的乡愁情结，这决定了中国不会出现像美国那样有 85%～90% 的人口住在城市的情况，有专家推测我国农村常住人口可能在 35% 左右。[①] 而且，根据联合国《世界人口展望（2019 年）》报告预测，中国人口将于 2030 年前后达到峰值，约为 14.6 亿，同时人口老年

---

① 参见孙群郎《20 世纪 70 年代美国的"逆城市化"现象及其实质》，载《世界历史》2005 第 1 期。

化进一步突出，预计2030年60岁以上人口超过3.6亿，占总人口比重将达24.83%[①]，美丽乡村、归田园居将是解决庞大老龄人口养老养生问题的重要突破口。习近平总书记提出"城镇化、逆城镇化要相得益彰、相辅相成[②]"的论断，我国农村地区是调解城市过度集聚的缓冲区，乡村振兴是城市可持续发展的保障。

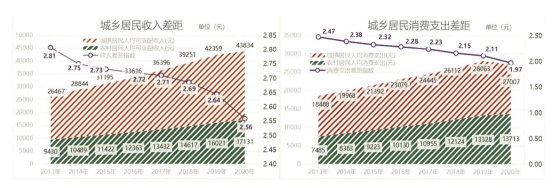

图21-2 城乡居民人均收入、消费支出差距指数减少

图片来源：徐建华绘制；数据来源：国家统计局。

第二节 新时期乡村振兴的切入点和着力点

乡村是兼具生产、生活、生态及文化、政治等功能特征的地域综合体，乡村振兴是农村地区从经济基础建设到上层建筑提升的综合系统工程。要准确把握乡村振兴的方向，持续缩小城乡区域发展差距，让乡村地区共享现代化发展成果。系统化从乡村振兴内外动力机制出发，因地制宜，制定乡村振兴任务，整合多方资源，共同推进乡村振兴发展建设。

一、从扶贫攻坚到全面推进乡村振兴，做好衔接与革新

脱贫攻坚与乡村振兴目标统一、主体一致、时间接续、内容共融，脱贫攻坚为乡村振兴奠定了良好基础，乡村振兴是脱贫攻坚的延续和升级。国家提出从脱贫攻坚转向乡村振兴的五年过渡期，既要延续政策稳定、巩固成果，也要推动乡村地区向更高层次发展，兼顾做好衔接过渡和变革调整。

（一）目标任务要衔接转化

脱贫攻坚、乡村振兴都是我国解决"三农"问题的重要部署，促进农业升级、农村进步、农民发展是一以贯之的主线。在新时期推进乡村振兴，将从原来脱贫攻坚实现"两不愁三保障"的基本生活保障上升到实现"产业兴旺、生态宜居、乡风文明、治理有效、生活富裕"。在具体任务上，从原来的"到人到户"精准帮扶转向整条村乃至区域的产业升级，从过去解决农村"路、水、电、厕"困难到城乡基本公共服务均等化、基础设施一体化，从保障贫困户的生存底线转向农村社会保障覆盖面的扩大和保障力度的提升等。

[①] Department of Economic and Social Affairs of the United Nations Secretariat. *2019 Revision of World Population Prospects*. https://population.un.org/wpp/Download/Standard/Population/.

[②] 参见《南方日报》《城镇化逆城镇化要同时推进相得益彰》，见搜狐网（https://www.sohu.com/a/227632677_161794），访问日期：2021年3月18日。

（二）资产积累要衔接转化

针对脱贫攻坚，中央、省、市财政及相关帮扶资金累计投入超过 13.7 万亿元[①]（据习近平《在全国脱贫攻坚总结表彰大会上的讲话》内容统计），另据全国农村集体清产核资工作统计，乡村组三级账面资产达到 6.5 万亿元。[②] 过去的乡村建设已经形成了巨大的资产沉淀，要通过农村金融服务创新、产权管理交易机制完善、经营组织改革优化等措施，积极盘活乡村的沉睡资产，形成资产保值增值的长效措施，把脱贫攻坚内化到乡村振兴。

（三）政策机制要衔接转化

脱贫攻坚全面胜利体现了我国新型举国体制的优越性，集中力量办大事，出台一系列超常规政策举措，构建了一整套行之有效的政策体系、工作体系、制度体系。全面推进乡村振兴战略的深度、广度、难度都不亚于脱贫攻坚，要在原已形成的政策机制基础上，进一步向乡村倾斜，以更有力的举措汇聚更强大的力量，加快农业农村现代化步伐。

（四）路径侧重要衔接转化

乡村振兴需梯次分类、循序渐进，切忌一哄而上、急于求成、脱离实际、搞"一刀切"。对于发达地区、集体经济强的地区等有条件的乡村，应发挥首创精神，为乡村振兴先行示范、探索经验。而原来的贫困地区要循序渐进，既要尽力而为，又要量力而行，精准发力，其近期重点工作是查漏补缺，先保底固基础，防止大规模返贫，再逐步推进乡村发展。

二、推动"新型五化"深度融合，弥补乡村短板

2021 年 4 月 29 日，全国人大常委会审议通过的《乡村振兴促进法》，其第一条即强调"为了全面实施乡村振兴战略，促进农业全面升级、农村全面进步、农民全面发展，加快农业农村现代化，全面建设社会主义现代化国家，制定本法"。但我们不能孤立地看待农业农村现代化，不仅要将农业现代化和农村现代化一体推进，更要推动农业农村现代化与新型城镇化、新型工业化、信息化和绿色化互促互进、互联互动。这既是解决发展短板和"城乡发展不平衡、农村发展不充分"的有效途径，也为农业农村现代化提供了不竭动力。

（一）农业农村现代化与新型城镇化的融合

农业农村现代化是推力，新型城镇化是拉力，两者相辅相成，共同推进城乡融合的现代化发展。农业的现代化需要城镇服务的支持，特别是县城、小镇在金融、流通、营销等领域对区域农村经济的支持。同时，城市的文化、教育、卫生等公共服务网络及通信、燃气等基本设施网络下沉到乡村基层，并将城市现代生产生活方式与乡土文化、乡村田园空间相结合。让乡村地区拥有与城市平等的产业发展机会和就业机会，设施水平、生活水准达到或接近城市水平。但这绝不是乡村地区的城镇化，不能把城市的形态、开发建设方式简单地复制到乡村，要与乡村的生产生活生态特色相结合，注重内涵增长，提高乡村质量。更重要的是对城镇化与农业农村的发展要辩证看待，有相当多的人认为农民城镇化是个必然的趋势，但这种观点忽略了中国是一个原住民农业大国的本质，农民的根在乡村，在当前的土地制度、所有制制度之下，农民的先天资产（承包权、宅基地使用权、集体资产收益分红

[①] 参见习近平《在全国脱贫攻坚总结表彰大会上的讲话》，见学习强国网（https://www.xuexi.cn/lgpage/detail/index.html?id=7313757613009423781&item_id=7313757613009423781），访问日期：2021 年 3 月 19 日。

[②] 参见农业农村部新闻办公室《扎实开展全国农村集体资产清产核资工作——农业农村部有关负责人答记者问》，见中华人民共和国农业农村部网（http://www.moa.gov.cn/xw/zwdt/202007/t20200710_6348455.htm），访问日期：2021 年 3 月 17 日。

权等）捆绑在农村，而在城市里的农民如果要形成与之相当的资产，需要付出很大的成本，从经济角度考虑，农民一般不愿意离开乡村；在精神层面，中国的宗族文化、乡里文化让很多农民对其乡土有一种特别的情怀或者感情，这就是离土不离乡的乡愁，每年春运的返乡高峰是最鲜活的印证。因此，在乡村振兴中要解决当前城乡之间的制度机制障碍，畅通城镇与乡村之间的要素便捷流动，既要给农民进城的便利，也要为人员返乡入乡提供途径。

（二）农业农村现代化与新型工业化的融合

建立以工补农、工农互促的新型工农关系，要破除工业至上、重工轻农的思维路径和政策机制。过去，中国通过提取农业剩余，以农养工，实现了工业现代化的起步和发展，这一发展惯性一直延续至今。为实现农业农村现代与新型工业化的融合，要让生产要素资源在工业部门和农业部门间公平流动，推动先进科技技术融入农村农业，加快先进农机装备、生物技术等在农业的应用，加快农业机械化转型升级，提供农村农业生产效率，实现"藏粮于技"。促进产业链、供应链融合，推动农村第一、第二、第三产业融合发展，探索循环农业、设施农业、创意农业等新业态、新产品，提高农业现代化产业园、食品产业工业园区等的生产制造能力，加强在资金、经营组织等方面对农业的支持。

（三）农业农村现代化与信息化的融合

发挥信息技术创新的扩散效应、信息和知识的溢出效应、数字技术释放的普惠效应，以数字乡村建设为重点，推动新一代网络、大数据、信息技术等信息化新要素与农业农村经济社会发展相融合，是加快农村农业现代进程的强力支撑，也是建设数字中国的重要内容。加强乡村信息基础设施建设，逐步实现基本信息网络在乡村的全覆盖，有条件的地区先行探索农业农村大数据中心、农业区块链等的建设。发展农村数字经济，建设智慧农（牧）场，发展科技农业、智慧农业推动农业数字化转型；线上线下结合，推动"互联网＋"农产品出村进城，构建乡村智慧物流配送体系，并发展创意农业、认养农业、共享农业等新业态。利用信息技术优化农业科技信息服务和加强乡村文化建设，建设集创业孵化、技术创新、技能培训等功能于一体的农民新技术创业创新中心，并强化乡村网络文化监管和优质文化内容创作。逐步推进农村公共服务信息化和数字治理体系建设，互联网教育、互联网治理、互联网医疗等向农村延伸。

（四）农业农村现代化与绿色化的融合

乡村是生态资源的主要载体，绿色发展本就是乡村建设的应有之义。但在过去，乡村建设由于技术、资金、环境等的约束，农药面源污染、废水排放、侵占农田等问题普遍存在。推进农村农业绿色发展是乡村振兴的关键所在，重点是在农业结构、农村建设、环境治理等方面实现生产生活方式的绿色、低碳、生态化发展。一是优化农业空间布局，以田园综合体、农业现代化示范区等建设为载体，大力发展绿色生态产品，推广绿色生产技术，塑造绿色生态品牌，强化监督管理。二是推动农村生态化建设，倡导对环境低冲击的设施建设布局，广泛应用绿色低碳集成技术，探索人与自然和谐共生的绿色乡村形态。三是把乡村振兴与生态修复、低碳发展等工作部署相结合，强化乡村自然生态资源的保护与治理。

三、推进"三变改革"，盘活沉淀资源，赋能内生动力

2017年中央一号文件提出"鼓励地方开展资源变资产、资金变股金、农民变股东等改革"，是盘活农村"三资"（资源、资产、资金），激活农民"三权"（土地承包经营权、住房财产权、集体收益分配权），建立农业增效、农民增收、集体资产增值的长效机制①，更是全面推进乡村振兴的内生

---

① 参见孔令刚、蒋晓岚《农村"三变"改革目标、问题与难点突破》，载《地方财政研究》2017第7期，第14－18页。

动力基础。从资本运作的角度看，城乡要素流动客观上是城市资本要素下乡寻求可被资本化的资源，通过"资源资本化"占有收益，并不断寻求要素价格低谷以获取资源资本化的超额收益。"三变"改革要通过改革创新，把乡村空间资源、劳动力、集体资产等沉睡资产转化为对新型集体经济和合作经济的资源性投资，让农村资产在与城市资本的博弈中提高议价能力，建立能保障农民合理权益的农业要素市场，实现国家投资形成的沉没资产和低投资回报空间资源的高效和科学利用。

（一）资源变资产

要激活沉睡乡村资源。乡村资源包括土地、生态环境、劳动力乡土文化等，从经济角度看，所谓资源即是乡村地区的是生产要素，其核心是空间资源，主要由土地（包括承包农地、宅基地、集体建设用地等）来承载。建立以放活土地经营权为核心的农村要素市场化机制，通过机制优化保障村集体、农民拥有与外部资本对等的议价能力和地位，同时要降低外部资本（城市资本）下乡的交易成本，防止城市资本的逐利性超额获取乡村的资产价值，造成新的剪刀差。

（二）资金变股金

使用金融杠杆放大资金使用效益。每年政府财政专项资金、贴息奖励、补贴等支农资金通过各种渠道投入农村，但资金来源渠道繁多、项目分散、单项金额不高、一次性投入等特征导致支农资金管理混乱、效果局限的问题。在不改变资金使用性质及用途的前提下，加大支农资金的整合能力，通过将各级财政投入到农村的发展类、扶持类资金等量化为村集体或农民持有的股金，投入各类经营主体，实现享有股份权利，变"一次性"投入为"持续性"获益。

（三）农民变股东

要体现农民主体地位和最大化农民收益。核心是实行"股份合作"，让农民拥有股份，发展"股份农民"，在"耕者有其田"的基础上实现"耕者有其股"。在市场经济条件下，下乡资本与农民的关系在本质上是处于初级市场中的产品买断关系，下乡资本利用自己所掌握的市场资源，可以单方面决定价格、选择品种，而分散的农户缺乏议价能力，很难获得合理的市场利益分配。为了避免在市场机制下，入乡资本与分散农户在市场活动中的地位差距导致农户从合作经营中难以获益的问题，通过让农民自愿将其土地经营权、宅基地使用权以及其个人资金、技术甚至是劳务等，入股到经营主体，成为股份持有者，参与分享经营红利。还需注意的是，零散的农户自接入股仍无法避免经营话语权缺失的问题，需要发挥农村双层经营体制的优势，通过农村集体组织创新，把农户资源和资产组织起来成为整体，让农户相对安全地进入市场。通过外来资本与农村集体组织、农户结成紧密的利益联结合作经营主体，不仅能够有效地降低各方市场交易的成本，提高农产品竞争力，更能调动农民的积极性、主动性、创造性，培育农民的主体意识和市场意识。

四、加强"融合五链"，保障要素落地，导入外源动力

乡村振兴需要产业、技术、资金、服务以及人才等要素支撑，通过构建产业链、创新链、资金链、政策链和人才链（合称"五链"）的协同共生系统，各链条环节相互融合、联合运作，实现乡村资源的优化配置与价值的增值增效，加快乡村经济社会结构转型升级。

（一）以全产业链发展释放乡村经济活力

过去，大部分乡村地区是以原料生产、产品制造环节为主导的单一功能产业区，即便近年来第一、第二、第三产业发展模式兴起，但这类尝试大多仍处于以"农业+农产品加工+农旅"为主体的初级阶段。乡村市场主体规模性、数量少、集成度低，配置产业资源能力不足，向外让渡了创新、流通、营销、金融等高附加值环节的剩余价值，导致了乡村地区经济效率相对较低、活力不足的问

题。要树立创新、开放的思维，以特色优势产业为牵引构建产业生态圈，在一定区域范围（一般为县域或具有同质特色的经济发展区）内形成特色功能区，纵向、横向发展上下游环节和关联部门的业态功能，实现产业链、供应链、价值链的高效协同和产业资源要素的高效配置。

（二）以创新链联动强化乡村科技驱动力

乡村创新具有分散性、间断性、被动性等特征，在调动和整合人、财、物、信息和知识等创新要素方面的能力较弱。目前，大部分乡村在科技创新从目标需求、要素整合、研发创新、成果转化到推广应用的整个链状结构中，被动地处于链条的末端，难以发挥创新链的作用和实现知识技术的创造、转化和增值。而过去在乡村技术创新中做出大量贡献的高校、科研院所的作用主要集中在创新链上游，未能与乡村及创新、应用场景形成良好的互动。建立城乡一体的区域创新网络，通过"校村合作""校企村"合作等方式加强产、学、研相结合，推动科技创新要素与乡村互动，把田间地头变成科技创新基地，释放涉农企业、涉农组织创的新潜能。

（三）以资金链融通提升乡村要素市场吸力

资金缺乏是乡村振兴的一大难题，多渠道、多元化加大乡村地区资金投入，形成资金、资产良性循环，需要提高乡村地区的"吸金能力"。一是整合和加强财政资金投入，在注重原有涉农扶持的基础上，更应发挥财政资金对其他资金的撬动作用。二是推动农村金融机构回归本源，解决农村金融机构"偏农离农"问题，通过改革农村金融体制机制，创新农村金融产品，让农村金融机构不再成为农村资金的"吸血机"，而是成为乡村振兴的"造血器"。三是鼓励社会资本投入，通过各级招商平台、活动和专用招商引资机构，探索多种类风投、股权基金等多种融资模式，引导更多社会资本等投向农业农村。四是优化完善分配制度，切实提高土地征收、指标异地转移等增值收益返还村集体和农民的比例。

（四）以服务链延伸增添乡村营商环境引力

建立以村集体组织为主体，政府、企业和社会机构联合的精准服务体系。增强基层集体组织服务意识，特别是避免传统小农意识导致的排外、损坏外来下乡人员或资本的利益等问题，营造乡村良好营商服务环境。加强以政府服务为主的服务链条建设，加强公共政策、公共产品的供给创新和倾斜，在乡镇组织专业人员建立"一站式"的代办服务机构，为乡村企业、人才提供服务。形成线上线下相结合的公共服务平台，针对乡村发展建设的全生命周期，提供创业孵化培训、项目策划咨询、科技中介、技术支持、工程建设、生产辅导、营销流通等全方位的服务支持。

（五）以人才链流动赋能乡村持续发展能力

人才链构建是乡村振兴的主动力和落脚点。关于乡村振兴的人才队伍建设，要建立社会人才下乡、专业技术人才培训、新型职业农民转型三种人才形成路径，积极实施更开放的人才政策，在乡村地区形成"领军人才＋辅助人才＋示范人才"的骨干人才队伍。要鼓励优秀企业家、新乡贤等领军人才到乡村地区，发挥带领农民群众一起干的领头作用。要扩大专家学者、医生教师、规划师、建筑师、律师、技能人才等具有专业技术能力的人才下乡队伍，建立技术人员服务乡村长效制度，为乡村振兴提供智力、技术支持，帮助农民发展。还要加大对种植能手、经营能手、专业户等示范人才的支持和鼓励力度，发挥其树立标杆、先行示范的作用。

五、凝聚"各方参与"联动合作，激发发展活力

乡村振兴需要多方共同参与，以"村民主体、政府引导、市场运作、社会协同"为原则，坚持农民的主体地位，充分发挥政府服务功能，强化市场配置作用，汇聚社会力量参与，形成一个各尽其

责、各尽所能的乡村发展格局（如图21-3所示）。

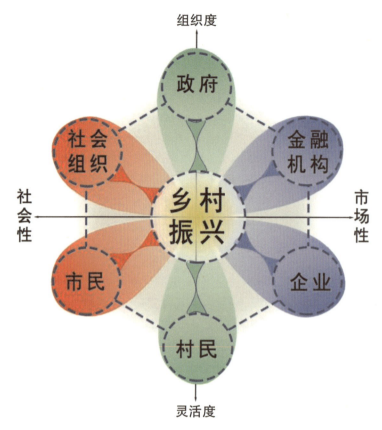

图21-3　乡村振兴参与主体构成关系
图片来源：徐建华绘制。

（一）坚持村民主体地位

乡村本土"原住民"是乡村的经营主体、建设主体、治理主体和受益主体，乡村振兴要充分尊重农民意愿，保障农民权益，调动农民的积极性、主动性、创造性，核心是通过深化改革，建立起切实保障村民权益的政策机制，完善乡村自治制度，让村民在自己的土地上做得了主。我国农业大国小民情况普遍存在，小农户数量占农业经营主体的98%以上，小农户从业人员占农业从业人员的90%[①]。分散化的农民难以较好行使其作为乡村主体的权益和作用，需要通过建立新型农村集体组织，把农民组织起来参与乡村事务协商、决策和监督，培育新型农业经营主体，引导农民协同推进乡村建设并保障农民分享发展红利。

（二）发挥政府引导功能

在乡村振兴中，各级政府应转变职能，做好顶层设计，发挥统领、服务和监督作用。强化政府服务能力，加强农村公共服务体系建设，搭建好资源交易平台、招商对接平台、科技服务平台等服务"三农"的平台，倾力扶持乡村振兴。加强统筹监督管理，建立定期核查涉农政策的落实情况和效果的机制，并加强对乡村集体资产、生态环境、基本农田等的底线监督管理。

（三）强化市场运作作用

发挥市场资源配置的决定性作用，重点引导涉农龙头企业、金融机构在乡村振兴中发挥更大的作

[①] 参见龚齐珍《四方发力 全面推进乡村振兴》，载《老区建设》2021年第6期。

用。鼓励龙头企业与合作社、家庭农场、普通农户等形成利益联结经营主体，建立"订单收购＋分红""土地流转＋优先雇用＋社会保障""农民入股＋保底收益＋按股分红"的多元化收益分享模式，引导农村经营主体向市场化运作、公司化经营转变。改进、加强金融机构对乡村振兴的金融支持和服务，通过发展惠农富农的涉农贷款、担保、保险、期货和证券等金融产品，为乡村振兴提供有力的资金支持。

（四）汇聚社会协同参与

在近百余年的乡村建设探索中，社会力量是不可或缺的部分，其主要是以社会组织（包括公益机构、智力机构、协会联盟等各类社会机构、人民团体或其他形式组织）和下乡市民（个人）两类主体承载。社会组织具有资源广、渠道多、技术强等优势，可通过"结对子"等方式深入乡村，为农民的生产生活提供多元全方位的服务支持。而市民下乡更是近年来随着中产阶层崛起、绿色消费需求升级所带来的新趋势，市民下乡与农民形成联合创业或返乡定居的格局，将促进城乡要素的双向流动和融合发展。制定市民下乡、推动城乡融合的鼓励政策，对市民下乡创新创业的给予财政奖励、贷款优惠、贴息补贴、教育培训，为相关项目优先配套基础设施建设，批准下乡人员享有村民同等待遇，享有社保、子女教育等权利，条件好的可探索赋予返乡下乡创新创业人员集体股权、分红权等权利。

第三节　实现城乡融合十大乡愁的实施策略

乡村是中华民族的根，承载着14亿人民的乡愁。乡村振兴建设不能再以过去城镇化的粗放方式进行，要避免城市建设中产生的环境污染、风貌破坏、过度拥堵集聚等问题转移到农村，重视乡愁的重塑、传承和持续发展，要树立新发展理念。以县域为主要载体，以村、社、企、政等联结为实施主体，围绕全面实施乡村振兴战略的20字总要求，以产业化、城镇化、现代化、信息化、绿色化融合为路径，从空间资源利用布局到全产业链发展，从创新、金融、技术以及人才等要素的导入到生活、游憩、景观环境及基础设施等硬件的配套，从软环境营造、乡村治理提升到软实力构建、乡土文化重塑，本节从10个方面剖析了乡愁构成并提出了其实现的路径策略，期望能以此形成较为系统化的思路，为乡村振兴全面推进提供参考，促进产业、人才、文化、生态、组织振兴，推进城乡融合发展见实效。

一、乡土——以县域为"城乡融合"落地单元，实现全域国土空间资源整体高效保护和利用

乡村是具有自然、社会、经济特征和生产、生活、生态、文化等多重功能的地域综合体，作为山、水、林、田、湖、草等生命共同体的主要载体，要在一定范围内将其作为一个整体来进行规划和开发利用。县域被认为是打通城与乡的关键节点，《中华人民共和国乡村振兴促进法》也明确提出了"加快县域城乡融合发展"的要求。以县域为单位统筹全域城乡发展，要避免过去"城市本位"的思路，平衡城乡发展关系，核心是要实现城乡两个要素市场有序流动、平等交换和公共资源均衡配置，形成工农互促、城乡互补、共同繁荣的新型工农城乡关系。因此，要突破"就乡村论乡村"的思维局限，构建从县域、乡镇到乡村的层层推进的乡村振兴体系。

（一）逐点突破——乡村点

实施策略以自然村或行政村为单位，重点聚焦村庄人居环境提升、田园风貌营造、乡土文化传

承、自治组织建设、基层经营主体发展等实施层面内容。以村为单元开展实用性村庄规划编制，村作为国土空间规划体系中最基础的编制单元，在当前自上而下的空间规划体制下，不能成为传导和分解上位规划指标的单纯工具，要结合乡村实际发展需求，注重空间资源治理及开发利用的成本效益（效果），兼顾约束性和灵活性。结合农村集体资产（资源）管理、集体土地（农用地、宅基地及集体建设用地等）流转的要求和需要，明确相应空间资源利用安排。村庄规划还应在统筹乡村各类用地布局和设施建设的基础上，明确近期实施项目安排。同时，应以产业项目策划、基本民生服务设施建设为近期重点，制定乡村振兴详细行动计划，指导具体工作开展。

（二）聚点成片——精品片

实践证明，传统"离散式、小农化、同质化"的发展模式已不适应当前乡村发展需要，从最早的"天下第一村"华西村到近年来发展较好的"'两山'理念典"的范鲁家村、"乡村旅游"典范袁家村，其成功经验都一再验证：簇群状、集群式是乡村的发展态势。组合若干有共同文化特色、空间联系紧凑、地缘亲缘紧密、产业特色相同的自然村或行政村为联合发展体，甚至可以突破行政边界，形成跨县联合的特色乡村群。重点以"一品一策"发展特色产业，共建生产生活设施，共享地缘品牌，构建乡村生活服务圈，打造产村人文融合的发展综合体。如广州从化（县级市）万花园美丽乡村群，联合集聚成片、特色相近的村落，打造新型乡村发展平台，制定美丽乡村群规划，起到"承上启下、补缺增色"的作用。

（三）连片成面——融合区

在县域层面统筹各片区发展，侧重"求同存异"，引导多个片区齐头并进，推动全域发展。"求同"即注重解决各片、各村难以靠其自身解决的共同问题，如资本金融资源支持、规模化特色农产品精深加工集聚区建设、农产品贸易及流通物流网络、大型公共服务设施供给等；"存异"即突出对各片的差异化、特色化引导，协调各片区的发展方向，保持县域城乡的多元活力。在做好县域国土空间规划的基础上，更要制定县域乡村振兴战略规划，做好全域资源要素统筹，促进城乡资源要素双向流动。广州从化在全域范围内打造七大美丽乡村集群，结合各片的蔬果、花卉、温泉、森林等不同资源条件，指导各集群形成自身特色，并通过城区新城建设，强化对全域乡村的辐射带动和服务功能，弥补一般乡村地区能级不足，成为区域要素集散和配置的平台，加快县域城乡融合发展。

二、乡业——立足县域打造"小精特"产业链，系统推进农村第一、第二、第三产业融合发展

全球的农业现代化先后出现了以机械化为特征的规模农业（如美国、加拿大，可称为农业现代化1.0）、以庄园化为特征的设施农业（德国、法国，农业现代化2.0）、以全产业链为特征的综合农业（日本、韩国，农业现代化3.0）等发展模式。我国作为原住民农业大国，不仅各地区的地形条件差异巨大，而且乡村社群结构、产权所有制度等与国外存在较大差异，应因地制宜选择农业现代化的发展方向。随着网络技术发展、中产市民入乡势头萌发，乡村基础设施建设的改善为我国农业发展进入"4.0"时代提供了条件。"社会化、智慧型的生态农业"将是我国农业发展、乡村振兴的合适模式，是因应不同地区农业的基础条件，通过"农业1.0+农业3.0"或"农业2.0+农业3.0"，并以家庭承包经营为基础、社会联合参与农村农业经营的社会化经营为特征，应用互联网等信息技术以提高农机农技水平，强调绿色、低碳、循环、可持续的生态型产业发展路径，体现生态文明建设战略，传承中华民族万年农耕文化的农业发展模式。

（一）培育根植乡土、综合发展的乡村经济

农村农业现代化在一定程度上是知识技术革新提升"三农"发展水平，以"三资"（资金、资产

和资源)、"三权"(土地承包经营权、宅基地使用权和集体收益分配权)资本化转变为动力的发展变革。有别于我国工业化是农业剩余由农业部门流向工业部门而成为工业发展的资金积累,农村农业现代化将是通过农业部门剩余积累以及工业部门剩余积累以资金形式流入农村的方式,完成资本化的转变。

从国内外的经验看,百年前张謇(江苏南通,县域经济实践)、卢作孚(重庆北碚镇,镇域经济实践)、黄展云(福建营前村,村级经济实践)等先辈实践构建本地供应链的在地化综合发展;日本"地产地销"模式在一定区域内建立乡村内部产销链条,实现价值剩余的区域内循环,成为融合本地社会,支持本地教育、民生服务等发展的"社区经济""地域经济"。村级经济的融资能力相对较弱,很难实现"三资""三权"的资本化转变,而县城以及平台功能较强的小(城)镇是外源资本流入乡村的重要节点。因此,要以县域为单位,把县域经济作为农村农业现代化的主要载体。

在新时期推进农村农业现代化,结合我国国情,以县域经济综合发展为单元,在以国内大循环为主体的新格局下,构建内源微循环与外源良性交互相结合的县域经济格局。各地应探索建设县域经济综合发展、镇域经济综合发展、县乡村统筹综合发展实现农村现代化的先行示范,通过以本土生产(农产品在本地生产、加工)、本地销售(物流、营销环节由本地企业提供,利润剩余留在本地)、内外消化(消费对象以本地为主、面向外部地域消费者)的方式建立农业供应链和消费链,并更多地将利润、税收用于本地乡村公共建设,形成以乡土社群为基础的微型区域经济圈。

(二)以第一、第二、第三产业融合的全产业链为导向发展农村新业态

农村第一、第二、第三产业融合发展理念,最早兴起于 20 世纪 90 年代的日本,进入 21 世纪以后逐渐被广泛认同。2015 年,国务院印发《关于推进农村一二三产业融合发展的指导意见》,明确了构建农业与第二、第三产业交叉融合的农村产业发展思路。但目前存在两方面的误区:一是各地一些相关部门在政策实践中仍把农村产业主要作为第一产业,追求第一产业简单生产力的外延扩张。二是很多农业经营主体在发展实践当中把第一、第二、第三产业融合简单地理解为"农产品种(养)殖生产 + 农产品加工 + 乡村旅游",忽视了农村产业链各关键环节和组成业态的完整性。

把两山理论落实到以县域经济为主要载体的第一、第二、第三产业融合,要充分挖掘本地资源价值,把山、水、田、林、湖、草等全要素纳入农村产业生态型经济发展的考量中,推进生态产业化。要识别本地资源特色,挖掘和激活产品差异化价值和核心竞争力,加强产、学、研合作,应用先进技术和管理提高产业化水平,结合本地资源特色,科学筛选特色产品。通过打造地理标志产品等手段塑造区域共有品牌,培育发展优势特色产品,强化产品的有效供给和质量保障。围绕优势特色产品延伸产业链条,形成产品研发创新、特色农业生产、现代农产品加工业、乡村手工业、乡村物流、电子商务、涉农金融服务、休闲农业、康养旅居等业态,在县域构建覆盖全产业链条的农村产业生态圈。

(三)以社会化、多元化为导向,建立新型集体经济利益联结机制

要让农村农业发展红利惠及本地,实现农业产业剩余价值内化的最大最优。一方面,需要有代表本地农户利益的经营主体,使经营获利回流到本地的发展建设和社会民生上。另一方面,需要把高附加值的农业产业链高端环节锚定在本地,离不开生产经营主体组成的多元化发展。

近百年来,通过社会化经营组织方式以解决我国分散化、规模小的小农经济问题的探索一直持续不断,从张謇的大生集团承担起地区的农业生产营销、社会服务等职能,到新中国成立后的人民公社统筹了农村基础生产、生活和政治活动组织,改革开放初期以华西村为代表的村办股份制企业承担了经济发展、民生服务等功能,新世纪初浙江的"三位一体(信用社、供销社、农民专业合作社)"农民合作经济组织联合会(简称"农会")构建起省、市、县、乡上下联动提供生产、供销、信用服务的农村新型合作体系。一轮一轮的实践探索证明,社会化组织对于当时的乡村基层产业发展有着良好的适应性,特别是浙江"农会"的探索,能解决农户市场灵敏度不足、缺乏议价能力、单独经营成本较高等问题。

而日本农业协同工会、农业协会联盟等农业先进国家的"农协"实践，也验证了社会化经营组织不仅能通过联合经营实现农村产业价值利润最大化，同时通过兼顾农村社会公共服务事业供给，实现了乡村地区生产生活的同步提升。如日本"农协"为其会员（农村农业从业人员）提供的主要业务包括指导和教育培训业务，农产品销售与生产生活资料采购，储蓄、借贷、担保等农村信用及金融服务，会员及其资产保险及救助服务，医疗、保健、康复、照护等综合健康服务，老年人福利事务，乡村建设及资产管理，生产生活等公用设施建设运营，农产品生产和加工，受托生产经营管理服务，农田水利设施建设等，基本覆盖了农村生产生活所需的方方面面。通过一体化服务整合，为利益联结组织的成员谋求共同利益，提供综合服务，有利于调动激活乡村经济活力，营造更优经营环境和社会环境。

同时，要鼓励农业龙头企业、创新型中小企业等市场企业联结家庭农场、农民合作社等经营主体，与小农户、农业个体等合作，开展全产业链开发和一体化经营、标准化生产。需注意的是，妥善发挥好社会资本投资农业农村、服务乡村全面振兴的作用，合作总要实现多方互利共赢。要避免资本下乡挤占农民利益，引导社会资本在乡村经营组织公司中的合理分配股权比例，如日本实施的"农工商合作事业计划"，鼓励中小企业者与农林渔业者合作，促进农林渔者成长为农工商经营主体，并为保护农林渔业者的利益，出台《农工商合作促进法》，限制了农工商合作中工商业的出资股份不能超过49%。

（四）以区域性、系统性为特征，引导农村产业空间整体开发

优化县域农村产业空间布局，统筹农产品生产地、集散地、展销售地及服务配套建设。各地应以现代农业园区为载体，打造一批特色农产品优势区、现代农业产业园、农业产业强镇、"一村一品"示范村镇、农业科技园、农村创业园、农业合作示范区、田园综合体等发展载体。应鼓励农业用地的立体化复合利用，探索农田高尔夫、田园艺术、农产品生产加工深度体验、精深加工中央厨房等农地功能跨界组合、跨业态发展，促进多业态创新，并充分利用农村闲置宅基地整理、农村土地整治等新增的耕地和建设用地，优先用于农村产业融合发展。

探索农村农业区域整体开发模式，最大化各类资源产业化的协同效应。以产业融合乡村绿色化发展的理念，在一定的乡村经济连片发展范围内，统筹乡村高标准农田、农林牧渔业种养殖基地、农产品生产加工区、物流仓储及营销展贸区、基础设施和公共服务等建设，并注重对生态脆弱、生态价值大于经济价值的生态区域进行保护，形成区域性、系统性布局安排和开发建设方案，增强对社会资本、产业资源的引导和聚集功能，促进农业提质增效，带动农村人居环境显著改善。加强产业生态化发展导向，推广鱼菜共生、立体林业等一体化种养结合布局，打造关于有机肥料、有机饲料、有机加工、生物质能源等的循环农业，不断提升农业绿色化、低碳化水平。

三、乡创——加强农村金融科技创新，推动农村金融科技回归本源

过去，农业发展长期处于"生产在地、两头在外"的发展状态，农业价值链微笑曲线两端的前端的科技研发创新和后端的金融、营销、物流服务等高附加值环节都集中在城市，乡村地区价值剩余十分有限。因此，农村产业的全产业链发展应着力加强农业科技和金融服务创新，协同推进生态产业化和产业生态化，通过县域农村产业业态的完备和发展，整体提升农村经济效益和生产效率，实现农村农业的现代化升级。

（一）推进农村农业科技创新

坚持科技引领，建立产、学、研协同的农村农业创新平台，逐步提升农村科技创新能力。强化农业高新技术产业区、农业科技园等农业技术创新平台的建设，打造促进共性关键技术和产品研发的农业技术创新中心。在广大乡村地区推广星创天地等新型农业科技创新创业服务平台建设，构建"创

业苗圃+孵化器+加速器"的创新创业孵化服务链条，为农民、返乡入乡人员在乡村创业创新的过程中提供创业培训、技术推广、项目孵化等服务，促进农业科技成果转化与产业化。应用大数据、云计算等技术支持农村数字化建设和农业技术推广传播，建设开放共享的农业科技资源开放共享与服务平台，利用线下孵化载体和线上网络平台，聚集创新资源和创业要素。

以粮食安全保障、农业生产效率提升为导向，加强农业重点领域技术创新。首要是良种育种、生物种业创新。尤其是由于欧美发达国家的种业渗透与种源市场垄断，农产品市场充斥着跨国种业公司输入、在国内生产的转基因食品，已威胁到我国粮食安全。要避免未来种业受制于人，必须加大育种科研攻关的力度，加快"南繁硅谷"等种业科技创新基地建设，加强农机装备领域创新。一方面，要跟各地农业种养特色结合，因地制宜，开展研发工作，如南方丘陵农业生产带应加强中小型农业机械设备研发，贫困落后山区侧重开发适合老人、妇女操作的简易农机设备，都市圈近郊乡村着力发展立体农业、设施农业技术等；另一方面，要与互联网、物联网等技术结合，发展远程监控、农用无人机等智慧农业设施。

（二）推进农村金融服务创新

长期以来，农村地区的金融服务缺位，农村金融机构偏重于乡村的储蓄吸纳业务，对本地的涉农信贷发展不足，乡村的巨大金融需求一直未能得到充分满足。随着乡村振兴的全面推进，农村金融需求面将进一步扩大，需要农村金融机构提供更充分、更广泛和创新性的金融服务。

强化县域普惠金融服务功能。依托县城打造服务本地农村农业的涉农金融服务平台，鼓励金融机构将更多资源配置到乡村发展的重点领域和薄弱环节。改变农村金融是城市金融延伸的旧模式，针对乡村金融服务对象金融需求变化，因应农村经营主体多元、资源要素复杂非标、发展业态跨界融合等特征，形成定制化金融服务机制。

以农村信用合作为主体，形成各类金融机构，分工协作，共同推进乡村金融服务体系建设。改变农村商业银行、农村合作银行、农村信用社"离农"现状，推动其业务主要为本地农业、农村、农民服务，发挥好支农支小、服务基层的作用。商业银行应扩大基础金融服务覆盖面，下沉服务重心，优化网点布局，增加涉农信贷规模。保险公司、融资担保机构、投资公司等增加乡村业务网点，开展农业保险、融资担保、创业投资等业务。

鼓励金融机构创新涉农金融产品。乡村的土地产权特殊性、自然生态资源非标性导致了一般的交易市场、企业主体、金融工具的不适应，这要求深化金融改革。要鼓励农村土地信托等金融产品创新，将农民土地承包经营权转化为农民财产权，将土地承包经营权的信托收益转化成为合法的可抵押可转让的金融产品。应鼓励开展农村固定资产证券化，借鉴基础设施不动产投资信托基金（REITs）等方式，创新设计经营性资产和基础设施不动产投资信托基金（REITs）。深化农村金融体制改革，逐步建立专业化的农村资金拆借市场、证券市场和票据贴现市场。构建"三农"绿色金融市场，结合农村地方特色产业和生态农业低碳经济发展碳汇交易市场，推出绿色信贷、绿色保险、绿色基金等绿色金融市场工具。

四、乡智——多层次打造懂农爱农人才队伍，引才引智参与乡村建设

人才是乡村振兴、创新发展的先决条件，乡村人力资本开发是乡村振兴全面推进的关键。然而，当前乡村振兴创新人才队伍短板明显，还存在结构分布不均、激励保障不足、培育成长机制有待改善等问题。优化人才发展环境，提升乡村集聚人才能力，引导城市人才下乡，推动专业人才服务乡村，加强乡村本土人才培养投入，通过外部招引和内部培育加快乡村人才队伍建设。

（一）优化乡村振兴人才队伍结构

吸引各类人才在乡村振兴中建功立业，要优化乡村人才队伍构成。首先要提升农村农业生产经营

人才的素质，一方面，做好家庭农场经营者、农民合作社带头人以及高素质农民等农业从业人才培育；另一方面，要加强对农村创业创新带头人、乡村工匠、手艺传承人、农村电商人才等二、第三产业发展人才的培育，形成支撑农村农业产业链延伸的强大人才队伍。二是加强农村科技创新人才队伍建设，既要注重农业科技领军人才的培育，也要加强农村科技推广人才、入乡科技特派员等基层农技人才培育。三是注重乡村公共服务人才建设，特别是教育、医疗卫生、文化旅游、规划建设、法律咨询等领域的专业服务人才的输入和培育。四是加快完善乡村治理人才队伍的建设，包括乡村基层干部、党政管理人才、乡村社会工作人才等的培育。

（二）建立人才入乡激励机制

探索人才下乡激励机制，鼓励和支持城市人才入乡、进城人员返乡创新创业。设法增加乡村对城市人才的吸引力，要让返乡入乡人员看到留乡发展的前景。目前，由于乡村集体收益分配权等权益封闭于乡村集体内部，外来人员对乡村发展贡献和应享有的权益不对等，这是乡村难以留住人才的重要原因。

解决城市人才下乡的后顾之忧，探索建立乡村振兴人才卡制度，让下乡人才在所服务乡村属地县市享有住房、交通、医疗、教育、社保、金融甚至消费等优惠待遇。在乡村户籍和村民权益分配上要有所突破，允许符合条件的返乡入乡就业创业人员在当地乡村落户，并合理享有村民权益和相关的福利待遇，鼓励利用农村闲置宅基地和农房建设农村人才公寓。

加强城乡、区域之间的人才培养合作与人才流动。一是建立鼓励人才向艰苦地区和基层一线流动激励制度，对长期在基层一线和艰苦边远地区工作的人才，给予工资待遇、考核评价、子女教育等方面的倾斜政策。二是建立各类人才城乡双向流动机制，一方面，建立城市医生、教师、科技、文化等人才定期下乡服务机制，加强城市人才对乡村输出；另一方面，建立乡村基层人才定期到城市对口部门轮岗挂职、锻炼培训制度，逐步提高乡村人才队伍素质。充分保障双向流动人才在职称评审、工资福利、社会保障等方面的权益和待遇，特别是在专业人才职称评价上应给予政策倾斜，让专业人才更愿意参与乡村发展建设。如广东2021年在全国首创乡村工匠专业人才职称评价，聚焦乡村实用人才资源开发，让活跃在乡村一线的"土专家""田秀才"等人才能脱颖而出。

（三）完善乡村人才培养体系建设

培养有文化、懂技术、善经营、会管理的高素质农民和农村实用人才、创新创业带头人。加强深入乡村基层的教育培训设施建设，通过支农企业联合科研院所、高等学校，在乡村地区当地设立"三农"技术培训学校、教育实训基地、协同创新基地，加强对职业农民、能工巧匠、科技创新人才等本土专业技术人才的培养。鼓励涉农高等院校、职业教育院校加强涉农技术专业课程的建设，增设新兴涉农学科专业，加快培养拔尖创新型、复合应用型、实用技能型农林人才。

为乡村农民接受教育创造便利条件。通过互联网远程教育、乡村基层流动特色学习班等形式，送技术、送课程下乡，为农民提高实用精品培训课程，让其享受优质教育资源。鼓励农民工、留守妇女、职业农民等报考职业教育院校，并对报考农民放宽入学条件、适当降低文化素质测试录取分数线、减免学习培训费用等，促进农民素质提升。

五、乡居——强化乡村基层公共服务网络建设，实现乡村公共服务和人居环境水平与城市相当

一直以来，乡村生活服务设施配套不完备、公共服务质量与城市水平差距较大，是乡村留不住人的重要原因之一。近年来，农村"三清三拆"、乡村环境整治、美丽乡村建设等工作的开展使乡村地区人居环境风貌得到了极大的改善，各地涌现出一批又一批的美丽乡村示范点。然而，乡村生态宜居并不能仅仅靠给村庄"涂姿抹粉"的表面工作实现，需要切实提升村民生基础设施服务水平。

（一）创新乡村住房供给

"归田园居"是很多居住在城市的人心中抹不去的乡愁，特别是随着人民生活水平普遍提高，对绿色生态环境的需求日益突出，希望能入乡生活养生和创业就业的城市人员规模在不断增加。由于城市下乡人口无法享有乡村住房的所有权，乡村宅基地分配及集体建设用地产权制度成了城市人下乡定居的障碍。

在坚持乡村土地集体所有制的前提下，通过宅基地所有权、资格权、使用权"三权分置"，探索允许和支持宅基地使用权抵押、质押和流动交易，放活宅基地和农民房屋使用权。在强化住房建设管理的前提下，应探索允许农村集体经营性建设用地和宅基地入市交易，有条件的适当放开禁止城市人到农村购买宅基地、建设用地的管控。如对于入乡创业就业的创业人才、为当地乡村提高公共服务和技术服务的专业人才，应允许其购买当地宅基地，享有宅基地的资格权和使用权。此外，还应通过共享庄园、长租公寓等形式，向城市人有偿让渡乡村宅基地、集体建设用地等的使用权，并通过该转让收益反哺当地乡村建设，尤其是加强对低收入人群的住房保障。

提高农村住房建设质量安全管理水平，突出住房设计，体现地域、民族和乡土特色。各地应加强农村建房技术培训和指导，可通过设计图册等方式，为农民提供高颜值、低成本的住房建设指引。注重传统地域建筑文化特色与现代建筑建设技术的相互融合，鼓励农村住房建设采用新型建造技术和绿色建材，提高农村租房建设水平。

（二）搭建乡村便民服务平台

构建县城—乡镇—乡村三级民生服务网络，推动城市设施服务网络覆盖乡村。强化县城作为服务城乡的区域性、综合型公共服务中心功能，以规模化建设综合性强的公共服务设施为主。把乡镇建成农村服务资源配置中心和乡村治理中心，培育社会服务、生活服务、知识服务等专业服务机构和社会组织，强化专门化公共服务能力。乡村社区要提高基本生活服务供给能力，因应乡村地区居民点相对分散的特征，建设泛在化、分布式的基本生活服务设施，形成乡村便民生活服务圈。

健全乡村社会化服务体系，应用智能化、数字化提升乡村公共服务供给水平。鼓励农民专业合作社、家庭农场、农业企业等多种经营主体参与乡村公共服务、生活服务提供，为村民及旅居人员提供文化艺术、文体娱乐、休闲游憩、家政服务、老人照料、幼儿托管等半公共半经营性生活服务。完善村级综合服务设施和综合信息平台，通过互联网医院、互联网学校等，弥补乡村医疗、教育服务的短板；通过设立智慧药房、无人零售商店、乡村快递配送等，提高乡村生活便利度。

六、乡旅——立足乡野乡趣的吸引物特色，多元开发乡村旅游精品

近年来，乡村旅游投资热度不断攀升，乡村旅游已成为社会资本参与乡村振兴的重要渠道。但目前乡村旅游发展仍面临旅游同质竞争、整体品质不高、产品培育不足、资金人才土地资源约束、运营模式落后等现实困境。乡村旅游发展要在新时期乡村振兴中发挥作用，需要以乡村区域全面振兴为目标，以重乡愁、重体验、重生态的乡村旅游新需求为导向，以个性化、特色化旅游产品为主要供给，以多方主体联合经营为主要开发模式，以大数据、互联网等技术应用为支撑，提升乡村旅游发展水平。

（一）建立全域旅游思维

提高乡村地区生产生活生态空间融合度，山水田林湖草等自然生态，民居建筑、历史文化、非遗传承等人文生活，种养殖基地、农产品加工作坊、特产展销店铺等经济生产，皆可转化为乡村旅游资源并加以利用。乡村地区旅游资源遍在化决定了乡村旅游发展需要建立全域旅游的发展思路，把乡村旅游发展与本地经济振兴、生活品质提升和生态环境保护相融合，深入挖掘本地资源特色，让乡村旅

游赋能地方的可持续发展。

打造乡村全时全域旅游发展格局。一是围绕食、住、行、游、购、娱、体,加强核心旅游资源点的建设,强化各个个性化特色旅游产品供给,完善旅游基础设施配套,丰富旅游资源点的吸引力。二是构建全域旅游精品线路,通过"旅游景观道""绿道""碧道"等游线,串点成面,形成主题特色鲜明的旅游体验区。三是优化旅游产品组合和构成,建设丰富的日间旅游与夜间旅游项目,针对乡村一年四季不同时段的特色,塑造旅游产品的功能和特点、亮点;同时,还需要细化各类协调机制,促进各景点功能之间相互协调,确保各部门行政管理之间的政策衔接。

(二) 开发特色旅游产品

旅游消费需求的多样化、体验化转变,催生乡村旅游的供给要形成更个性化的体验型的旅游产品,并在产品开发过程中注重利用乡村地区的自然生态、历史文化、特色产业等资源,增加游客的参与度和体验感,开发独具特色的乡旅产品,实现乡村全域资源价值的整体提升。开发旅游主题来满足游客需求,可以有以下几种产品类型方向。

开发文化体验、艺术创意等体验游乐型乡旅产品。结合乡村原有基础进行开发,如结合田园的农家乐体验、采摘、农事体验等,更可形成共享农庄、认养农业等新业态,让游客可以在乡村认领一块地、一棵树或者认养一只动物等,与乡村产生更紧密的联系。也可结合农耕文化和乡村民俗的乡村非遗传承基地、民宿庭院、农家餐厅等,让游客获得更丰富的乡土文化活态体验。还可在田间地头结合大地景观,打造露天艺术公园、田园文化走廊、露天剧场等文化艺术娱乐设施,让其成为乡土文化、现代艺术碰撞交流的舞台。

开发田园康养、休闲度假等养生度假型乡旅产品。主要利用城乡环境、氛围的差异性,突出空气洁净、环境清幽的乡村慢生活,打造养生庄园、田野酒店、野奢度假村、森林疗养院等产品业态,侧重自然环境与优质健康服务的结合,让现代城市人能在乡村得到放松、调整。

开发科普研学、亲子教育等科普教育型乡村产品。乡野有城市里不常见的花草果木和飞禽走兽,村落里有代代相传的家训教导和传奇故事,可以成为接触大自然、回味历史、学习新常识的独特场所。利用乡村郊野建立生态科普营地、野外科考体验基地,结合村内闲置建筑、宗祠等打造国学学堂、爱国教育基地等,打造以面向学生、青少年为主的研学旅游基地。

(三) 创新乡村旅游开发运营模式

随着数字经济发展、互联网思维植入,"共享""众筹"等创新运营模式与乡村旅游深度结合,衍生出共享农庄、认养田园、"民宿+"等乡村旅游产品开发新模式,旅游营销方式也随之出现了线上营销、智慧旅游、目的地营销等方式。

共享农庄指农户通过线上共享交易服务平台,出租闲置的乡村房屋,租客可在租赁期间获得房屋使用权的同时,可以分享附属于房屋的田园、菜园或果园的产出。如广州艾米共享农场,通过农田托管平台接受农户委托管理闲置的房屋、农田,并对托管农田、房屋进行统一经营管理,以城市家庭为主要客源招揽承租会员,会员有偿租赁房屋、可获得定期农产品直供,平台公司与农户分享经营收益。该模式实现了闲置农资活化、农户增收、企业利润和城市居民对绿色食品、安全食品的消费需求的满足,未来更可与金融产品结合,派生更多与共享产权价值挂钩的金融产品。

"民宿+"复合发展模式是把"民宿"作为承载文化、价值追求的平台,利用民宿有别于刻板的规模化、标准化酒店的"非标性",灵活叠加文化、艺术、教育、康养、生态、农耕、美食等多元化主题,可派生出"民宿+田园养生""民宿+露营基地"等乡村项目业态。打造个性化突出的旅游标的,精准对接特有客群需求,形成较强的引流能力,从而带动其周边协同发展。如长沙民宿典范的"慧润模式",以"一宅一品一主人"运营理念满足市场个性化、特色化需求,并通过"631"收益分配权比例联结农户、企业和村集体组成联合经营主体,经营收益按照农户60%、企业30%、村集体10%进行分配。2019年,以慧润为代表的民宿产业共有床位1129张,全年共实现民宿销售收入

3150万元，带动农产品销售1890万元，带动就业3650余人①，壮大了农村集体经济，实现农民就近致富。

依托互联网开展目的地型旅游营销，有别于传统以客源市场开发为导向，依托客源所在地进行旅行产品的策划、实施和销售的客源地型营销，它更多是应用大数据、互联网、云计算等信息技术，通过平台直播、手机客户端、门户网站等，建立客源与目的地的直接联系，引导游客进入和产品输出。它发挥新媒体、电商、OTA等线上平台的作用，开展乡村旅游宣传推广，更能适应乡村旅游较为分散、非标化产品的特征，针对特点潜在客源社群进行更详细、精准的产品信息发布。同时，通过乡村周边设施配套的智慧化，比如高速无线网络、数字化标识、视频直播VR体验等，能实现乡村智慧旅游发展的升级，打造更具数字经济时代特征的乡村旅游产品。

七、乡景——坚持"三生合一"理念，塑造与众不同的乡村景致

乡村具有不同于城市的特有的美丽。过去，有些地区的乡村建设生搬硬套城市建设模式，对村落及文化景观进行粗暴的改造，不仅使乡村失去原有的特色和韵味，更人为地割断历史文脉。乡村景观营造应深入挖掘当地的乡土特色，注重乡土特有的场所精神、场所历史，延续现场所文脉，是乡村生产生活场景的凝聚和再现。

（一）彰显乡村聚落景观个性

一方水养一方人，乡村聚落是当地乡村居民世代生活形成的场所空间，具有显著的原生文化、地域文化特性。通过挖掘乡村特色，整体构建具有标识性的聚落景观，从村落整体格局延续原有文脉，优化民居、宗祠、巷道、水系、田园等布局，形成具有明显地方村落特征的建筑景观。例如岭南广府文化村落的宗祠和风水池、客家文化村落的围屋、潮汕文化村落的梳式冷巷。在空间序列组织上，注重对村落公共空间、庭院空间、建筑空间的层次组织，通过新业态功能注入，活化原有空间，营造新的空间场所。注重乡村建筑所承载的乡土文化和时代烙印，在乡村景观中注意对传统建筑工艺、独有建筑符号、本地化建筑材料等应用和再现。

（二）增添自然田园景观魅力

田园景观是自然生态与农耕文化交融的共同体，是乡村地域特色景观的独特标签。田园景观的营造应更多展现其自然属性，降低、弱化或隐去人为干预因素。即使近年开始在国内流行的田园大地景观塑造，如稻田画、花海造型等，都应强调其自然特质，取材于自然、构筑像自然。避免出现有些地方明明是花海绿化主题，却以人工假花堆砌，让人难以融入。即使是应用新兴造景技术，如垂直绿化、花草造景等新型农业景观，也要体现自然和谐之美。纯粹的自然的乡村景观，才是人体验自然静谧、远离烦恼喧嚣的向往和追求。

（三）丰富乡土人文景观内涵

乡村人文景观是对乡村文化的传承，是乡土文化的标识。日本和台湾地区的乡村之所以广获美誉，是因为其人文景观所营造和展现出的艺术审美是其魅力之所在。通过艺术化利用，形成既具有乡村淳朴氛围，又不失现代时尚气息的乡村景观，德清莫干山的洋家乐、西湖西侧的安缦法云已成为享誉国际的知名乡村景观。审美的提升使得乡村的一草一木都能焕发出乡村的特有魅力。对乡村文化景观的升级，要注重对乡村文化的显性表达和隐性传承，构建具有品赏价值的乡村景观。

---

① 周虔：《湖南"慧润模式"开创了乡村振兴新道路——关于湖南慧润民宿"631"发展模式的调查与思考》，见人民论坛网（http://www.rmlt.com.cn/2020/0628/584966.shtml），访问日期：2021年3月20日。

(四) 营造生态低碳景观环境

乡村景观营造应体现低碳、生态、循环、可持续的发展理念。结合生态循环农业等技术应用，在乡村景观中推广采用节水、节肥、节药、节能等先进的种植养殖技术，并推进农业投入品减量化、生产清洁化、废弃物资源化、产业模式生态化。同时，乡村生态景观的营造，更应与乡村地区生态修复、流域治理、水土治理相结合，加强农业面源污染防治，降低乡村建设对自然生态环境的影响。

八、乡味——挖掘和重塑乡土韵味，提升乡村消费环境和生活品质

如果说乡村景观是乡愁的物质承载，乡土味道则是乡愁的非物质承载。习近平总书记对乡村建设提出要"充分体现农村特点，注意乡土味道，保留乡村风貌，留得住青山绿水，记得住乡愁"。乡村振兴不是盲目粗暴的大开发、大建设，要守住乡土文化的根，保存好乡村的味道，并挖掘和释放乡土文化、乡村风味的传世价值，让乡村振兴不只是冰冷的设施建设，还有温暖的人文关怀。

(一) 传承乡村文化脉络

乡村文化遗产保护历来备受关注。在近年的乡村建设中，乡村大部分的历史建筑、文化遗产在一定程度上获得了较好的保护。但随着农村发展开发深入，乡村文化传形而不传神，乡土文化的独特性逐渐消失，"商业化""庸俗化"现象频现，"假古董""伪文化"问题时有发生，传统乡土文化面临外来文化的冲击和通俗文化的同化，乡土味道日渐弱化。

乡村文化的活化传承，不仅需要把历史建筑、文保文物等物质文化遗产"凝固住"，更要让风俗节庆、传统技艺、戏曲舞蹈、文学美术等非物质文化遗产"活起来"。一是要从空间上营造文化氛围，依据本地乡土文化特色塑造主题鲜明的文化环境，不仅是在建筑的物质形态上与文化主题形象保持一致性，更需要赋予空间功能、场所活动同样的文化内涵，让人在其中获得精神上的享受。二是要活化传承传统技艺，建设非遗传承基地、乡土工匠作坊等，为非遗传承人、乡村工匠等特殊技能人才创造良好的创作空间，通过传统技艺的合理商品化实现传统技艺的价值，鼓励乡村文创产品、创意农业等的发展。三是要活化传统文艺和节庆活动，通过举办传统节庆纪念、风俗礼仪再现、传统文艺表演等乡土文化活动，带领现代人回味传统风俗魅力，感受乡土文化自信。

(二) 挖掘乡野美食特色

乡村美食是一种文化、一种生活、一种艺术。时下随着绿色消费成为热点，乡村美食越来越受到追捧。首届"中国农民丰收节"推选发布的"100个乡村美食"引发社会热议，恰是其勾起了人们心底的乡愁和"老家的味道"①。

"美食+"成为乡村振兴的新引擎。乡村美食是绿色生态、返璞归真的象征，经过与文化旅游、地方特产、田园生活等整合创新，已超越了单纯餐饮的概念，乡村美食成为极具生命力的乡土文化印记。袁家村的美食、沙县的小吃都以实践证明了乡村美食具备促进就业、创造收益、吸引资本、提升发展质量的现实价值，解决了数以万计的农村劳动力的就业问题。

乡村美食的开发和创新，要突破传统农产品的思维局限，应从乡村美食自身的特色出发，从多角度寻求乡村美食资源的价值转化。近年来，"李子柒""滇西小哥"等乡村美食类短视频在国际各大社交平台和视频网站上迅速兴起，不仅展现了乡村特色美食的内容，更展示了乡村的风土人情、生活场景和自然风光，真实而富有感染力。乡村美食通过网红引流，不仅带动了当地特色产品的销售，更倡导乡村田园生活方式，促进了当地乡村旅游、乡村文化事业等的发展。

乡村美食要塑造区域特色品牌。乡村美食推广尤其需注重地方文化印记和特色品牌，加强地理标

---

① 参见王小川《丰收节"5个100"系列笔谈（4）——乡村美食：让乡愁更有味道》，载《农民日报》2018-09-20 第1版。

志产品、注册商标等品牌知识产权保护，优化原材料生产、成品加工技艺传承、食品体验和销售展示、物流配送以及电商平台推广等环节布局，细化产品差异化设计，塑造独具地方特色的乡村美食 IP。

九、乡治——以举国体制推进乡村振兴，创新乡村基层组织建设和治理

健全乡村治理体系是乡村振兴顺利推进的重要保障。脱贫攻坚战时期，我国已形成一套行之有效的管治体系。进入乡村振兴新时期，应通过顶层设计与基层首创互促共进，建立起共建共治共享的现代社会治理新格局，确保广大农民安居乐业、农村社会安定有序。

（一）建设"三治结合"的乡村治理体系

乡村治理要注意中国乡村社会是传统伦理型社会，具有独特的农村宗法体系文化底蕴。历史实践已证明，单纯采用人治或法治并不适合乡村社会基层治理。推进自治、法治、德治相结合的乡村治理体系，推动农村基层自我管理、自我教育、自我服务，是符合我国农村社会传统和特色的治理方式。以农村自治为载体，以法治为工具，以德治为感召，过去的农村治理并未重视"德治"在乡村中的重要作用和传承。南方村落的宗祠、北方村落的村规、西部村落的民约，这些都是农村德治体系的体现。在这样的秩序管理下，我国的乡村走过了几百上千年的健康发展。通过发挥村规民约的积极作用，以德以贤为牵头，建立新乡贤理事会、请氏族宗亲长辈承担公共管理职能，有利于破除城市资本在进入乡村时所带来的重商主义、功利主义等思想弊端。

（二）强化"五级联动"推进机制

在脱贫攻坚战中，省市县乡村"五级书记一起抓"的工作机制硕果累累，乡村振兴将进一步强化这五级联动的工作机制。《中华人民共和国乡村振兴促进法》已明确提出"建立健全中央统筹、省负总责、市县乡抓落实的乡村振兴工作机制，建立乡村振兴考核评价制度、工作年度报告制度和监督检查制度"。发挥党集中统一能力，协调不同利益部门并统一到乡村振兴工作当中，避免各部门各自为政，导致政策错位、步调不一致的情况。

十、乡魂——建设新时代农村精神文明，挖掘传承优秀乡土文化菁华

乡村振兴既要塑形，更要铸魂，乡风文明是乡村振兴全面推进的重要保障。市民的乡愁、村民的乡愁，从乡愁到"乡振"，既是人民对内心深处田园梦想的抒发和释放，也融汇了现代城市文明对乡村文明的促进和提升。乡村振兴通过文化教化、唤醒自觉，重建乡土内生精神力量，实现文化的振兴、人心的振兴。

（一）便利公共文化服务

目前，乡村公共文化服务普遍存在着村民群众参与度不高、文化服务内容单一且品质不高、文化活动供需不匹配等问题，急需加快弥补公共文化服务的短板，以群众基本文化需求为导向，提高乡村公共文化服务的精准供给，培育基层文化服务供给的内生动力，提高乡村公共文化服务的实效。

乡村公共文化设施建设要精准对接乡村百姓的文化需求，建立乡镇综合文化活动站、村级综合性文化服务中心等基层公共文化服务设施，要在设施布局中结合本地文化活动特色和习惯，尊重本地文化活动传统，将基础文化服务设施打造成为乡土文化的地标。根据群众日常文化活动需要，完善文化服务设施内部功能，设立传承传统文化价值的乡村文化讲堂、承载传统风俗礼仪的文化活动场所、展现乡村历史故事的特色博物展馆等特色化文化服务设施。

引导和鼓励社会专业力量入乡提供文化服务。地方政府应大力支持社会文化组织参与乡村文化供

给，引入社会力量参与送戏下乡、阅读推广培训。如威海市转变政府直接采购服务，通过实施公共文化服务公益创投，扶持专业的文化组织孵化中心，对具有成长潜力的文化组织进行培育孵化，让经过培育的社会文化组织重点面向基层社区和农村开展类型丰富的公共文化服务。

应用信息化技术提高乡村公共文化服务效率。利用互联网、物联网建立县、镇、村三级文化服务网络，构建"公共文化资源信息采集—信息推送—信息获取和反馈—实物化使用"的公共文化服务模式[①]，建立文化服务信息复合传播渠道，形成线上线下共建联动的公共文化服务资源整合共享模式，弥补乡村基层公共文化资源的不足。

（二）提升农民精神风貌

重塑乡土文化的认同感，增强乡土社会的凝聚力。乡村社区的精神面貌源自耕读文化、宗族文化、民俗文化等精神文明，通过对承载这种乡土精神的文化进行传承，起到立管宣教的作用。比如珠三角地区的广府文化村落，通过赛龙舟、舞狮子等活动，宣扬团结拼搏之精神。

不断提高乡村社会的文明程度，既要遏制城市劣质文化对乡土文化的侵蚀，也要破除传统乡土文化中的陈规陋习。深入挖掘乡土文化中蕴含的社会和美、公平正义、诚实守信等优秀思想观念和精神力量，培育文明乡风、良好家风、淳朴民风，结合时代要求，在保护传承的基础上创造性转化、创新性发展。

第四节　久久为功，长期推进乡村全面振兴

乡村作为最基层单元的社会、经济、文化、生态综合体，其单元规模小又综合性强，使得"三农"相关的工作比城市同类型工作的投入比重大、效益规模小、回报率低，导致了社会很多资源包括人才无法投入乡村建设当中。但作为中华民族子孙的一员，乡村是中华文化根基之所在，守护和建设好这片根基，才有中华民族的伟大复兴。

乡村振兴战略的全面推进已经具备了较好条件，脱贫攻坚全面胜利、《中华人民共和国乡村振兴促进法》的出台、实施乡村振兴解决"三农"问题成为全党工作的重中之重，已给予乡村振兴坚强的政治制度保障。《乡村振兴理论与实践》一书的编著，是我们规划人抒发心中历久弥深的乡村情结，盼望以此唤醒社会各界对乡村的情怀，期望能为身在乡村振兴当中的同仁带来一点思想的火花，更期望能促使更多人投入参与到这场长期持续的乡村发展变革当中的创作。新时期的乡村振兴建设，是我国应对全球发展变幻、保障国家经济社会稳定和粮食安全的重要基础。

在综合各地经验的基础上，需要把握新时期乡村振兴的根本目的和内涵，找准发力点，全面、系统推进乡村振兴建设。乡村振兴对于行政管理者、规划设计师、企业经营者、创业村民市民等参与者来说，需要形成系统思维，贯穿农村经济社会发展、空间资源利用、场所构建、组织运营、文化塑造等，融为一体，不断深化创新改革，推动形成更为全面的、可复制的乡村发展建设经验，实现中华民族伟大复兴。

［编者：广东省产城融合规划研究院（徐建华、黄译榡、曾永浩、严冬）］

参考文献

[1] 刘重来. 乡村建设运动三杰：晏阳初 梁漱溟 卢作孚 [N]. 光明日报，1999-1-29.

[①] 参见佚名《构建信息化乡村公共文化服务新模式》，见物联中国网（http://www.50cnnet.com/ar/159205.html），访问日期：2021年3月2日。

[2] 费孝通. 乡土重建[M]. 中信出版社, 2019.

[3] 贺雪峰. 农村：中国现代化的稳定器与蓄水池[J]. 党政干部参考, 2011 (06).

[4] 徐春. 生态文明建设与中国道路[J]. 中国周刊, 2015 (01).

[5] 尚嫣然, 温锋华. 新时代产业生态化和生态产业化融合发展框架研究[J]. 城市发展研究. 2020 (07).

[6] 程思炜, 冯群星. 国务院参事仇保兴：中国城镇化率65%到顶，"逆城市化"现苗头[OL]. (2017-03-18) [2021-03-18]. http://ipaper.oeeee.com/ipaper/A/html/2017-03/18/content_15219.htm.

[7] 王正谱. 全面推进乡村振兴[N]. 学习时报, 2021-04-23 (1).

[8] 张永丽, 高蔚鹏. 脱贫攻坚与乡村振兴有机衔接的基本逻辑与实现路径[J]. 西北民族大学学报（哲学社会科学版）, 2021 (3).

[9] 温铁军, 刘亚慧, 袁明宝. 创新农地金融制度[J]. 中国金融, 2018 (10).

[10] 温铁军, 逯浩. 国土空间治理创新与空间生态资源深度价值化[J]. 西安财经大学学报, 2021 (2): 5-14.

[11] 陈林. 习近平农村市场化与农民组织化理论及其实践：统筹推进农村"三变"和"三位一体"综合合作改革[J]. 南京农业大学学报（社会科学版）, 2018, 18 (2).

[12] 刘宏曼, 温世彬. 南财快评：构建现代乡村产业体系重点在于县域经济[N/OL]. 21世纪经济报道, (2021-03-01) [2021-03-01]. https://m.21jingji.com/article/20210301/herald/b61577cb854f63517ebc1fa225206987_zaker.html.

[13] 李俊鹏. 国土空间规划：绕不开的悖论与困局[N/OL]. 大鹏视野, (2021-05-06) [2021-05-7]. https://mp.weixin.qq.com/s/O6HivfniZf5VfBpaSyHYTQ.

[14] 温铁军. 农业的演进[J]. 风流一代, 2021 (9).

[15] 梅世文, 郭梦云. 以"三资""三权"资本化推进现代农业发展[J]. 开发性金融研究, 2016 (5).

[16] 习近平. 中国农村市场化研究[D]. 北京：清华大学, 2001.

[17] 高强, 高桥五郎, 李洁琼. 日本"地产地销"经营模式与农协的作用：以爱知县尾东农协实地调查为例[J]. 农业经济与管理, 2014 (1).

[8] 汪小亚, 李洪树. 提升乡村振兴金融服务能力[J]. 中国金融, 2021 (8).

[21] 全国首创！广东发布乡村工匠专业人才职称评价标准[N/OL]. 广东省人民政府门户网站, (2021-03-16) [2021-03-18]. http://www.gd.gov.cn/gdywdt/bmdt/content/post_3242849.html.

[19] 孙丛丛. 乡村公共文化服务走向精致化[N/OL]. 中国文化报, (2020-05-28) [2021-03-28]. http://cn.cccweb.org/portal/pubinfo/2020/05/28/200001004002/bf8fde88518e4edca7c6b2f5995349cf.html.

编后记与启示

又是一年春好处，《新时代乡村振兴战略理论研究与规划实践》一书终于与大家见面了！对本书而言，这是一个重要的历史时刻。当前，在全国脱贫攻坚目标任务如期完成的基础上，中国已经踏上全面推进中国特色社会主义乡村振兴大道的新征程，这意味着一个新时代的开端和启航，也意味着国家的战略责任与中国新的发展使命。在"十四五"开局之年，乡村振兴如何破题？广大乡村如何谋划一幅农业高质高效、乡村宜居宜业、农民富裕富足的"富春山居图"？编者希望读者诸君在读完这本书之后能有更清晰的"答题"思路。

中国自古以来就是农业大国，农耕文化是中华民族传统文化的根基。过年时，农民喜欢张贴的《五谷丰登》《六畜兴旺》反映的是产业融合、百业兴旺的蓬勃生机和繁荣景象；陶渊明的"采菊东篱下，悠然见南山"描绘的是恬静美好的乡村生态；陆游的"莫笑农家腊酒浑，丰年留客足鸡豚"呈现的是热情淳朴的乡村风土人情；各式的村规民约、乡约家法折射的是乡村熟人社会的"善治之道"；成语"岁稔年丰""穰穰满家"体现的是农业丰收、农民生活富足的美好画卷。

党的十九大提出的"产业兴旺、生态宜居、乡风文明、治理有效、生活富裕"的乡村振兴战略20字方针，无不能够从这些传统农耕文化遗产中找到文化根源和生态智慧。乡村振兴离不开繁荣的产业、美丽的村貌、和谐的风尚、有序的环境和富足的生活。只有这些方面都得到发展，乡村才能真正地"活"起来，进而"火"起来。

那么，我国当前的乡村现状和"振兴"之间还存在多大距离呢？这种距离取决于我们如何认识中国乡村现状以及如何定义乡村振兴。

近年来，中国许多乡村陷入了农业边缘化、农民老龄化、农村空心化的困境。这些现象集中呈现了中国乡村目前面临的令人担忧的三个问题。

第一个问题："人"

随着我国城镇化水平的进一步提高，越来越多的农村家庭青壮年劳动力外出打工，流入城市，农村剩下的大部分是老人和小孩，生产劳动这种重力活只能由老人来承担，在许多农村，六七十岁的老人还要下地干活。但他们耕种主要是为了自给自足，这直接导致了大量田地撂荒。从全局的角度来讲，这也是中国粮食安全的一个隐患。同时，农村老人的养老和留守儿童的心理问题，至今也没有很好的解决办法。而随着年轻人的外流，农村文化传承无以为继，乡愁里的"诗与远方"今向何寻？"人"与乡村之间一旦失去了情感连接，只会渐行渐远。

第二个问题："业"

现在许多农村，"业"都是凋敝的。以前，整个中国的经济基本都来自农业；现在，中国的第二产业、第三产业都非常发达。但在农村，还是以农耕为主。而随着农民老龄化日益严重，农业的机械化和土地的规模化需要的成本更高，农民靠农业生产增收难的问题就更难解决。尽管农村人口与城乡居民在教育、医疗等各个方面长期被差别化对待，使得农村人口的知识技能难以满足城市现代化需要，但进城打工依然是当前中国乡村的主旋律，因为到城市去打工获得的工资性收入相对更高，农村的这种"业"的状态不改变，农村继续"失血"的趋势就难以根本扭转。

第三个问题:"地"

用地是掣肘乡村产业发展的难题之一。总的来看,乡村产业既有农业用地,也有非农建设用地,乡村产业用地难主要是非农用地获得难。针对这一难题,有的地方希望通过整治"空心房"和宅基地来腾出一些建设用地指标。虽然说很多农民进城打工了,但城市并不能给他们一颗安身立命的定心丸,他们中的大部分还是不得不循着祖辈叶落归根的思维定式——打工赚了钱还是要回家盖房子的。这样,想从空心房的宅基地腾出非农用地又会备受阻扰和牵制。

还有,改革开放以来,乡村面貌最大的改善就是农民住房的改善。但这些房子,每年入住的天数可能还不足20天,其余时间都是处于闲置状态,造成了农民资产资源的极大浪费。最近几年,不少地方都在鼓励农民将不种的土地流转出去,而有的企业也希望集约土地使用,可是很多农民还是不愿意参与进来,即使自己不种也不愿意把土地流转出去。农民们并不傻,农村出现的这些"囚徒困境"的问题和悖论,有待政府通过创新体制机制和政策去破解。

中国自古就是农业立国。从原始社会到现代,几千年来,农耕始终是中华民族的衣身之源、文明之根。"人""业""地"这三件事,对中国来说,是永恒的课题。今日,政府立足于这个课题,也是跳出这个课题来看待乡村振兴,从经济、政治、文化、社会和生态五个方面出发,更全面地对乡村振兴提出了"产业兴旺、生态宜居、乡风文明、治理有效、生活富裕"的具体而明确的目标。到此,我们对乡村现状和乡村振兴战略要求之间的差距已经有了清晰的感觉,我们对开展乡村振兴工作的难度应当有充分的思想准备,对乡村振兴战略更需要备以长期奋斗的精神和意志。

虽然目标是一致的,但中国的乡村各有特色和优势,必须因地制宜、量体裁衣,找到合适的"破题"方法,这也是编者和读者诸君需要努力的方向。

参编本书的包括国内一线的乡村振兴战略研究机构、重点高校教科研人员和长年扎根基层的乡村策划及规划设计团队等。将这么多团队和专家多年的理论研究成果和实践经验智慧凝结成书,实属不易。需要说明的是,虽然我们一直秉持着精益求精的态度,反复审阅,几易其稿,但由于水平、时间和精力所限,疏漏和不足之处在所难免,敬请各位读者批评指正。同时,再一次衷心感谢同仁志士们对本书的大力支持和指导!

本书编辑委员会
二〇二一年四月